Ralf Georg Reuth
1923 – Kampf um die Republik

Ralf Georg Reuth

1923

Kampf um die Republik

PIPER

Mehr über unsere Autorinnen, Autoren und Bücher:
www.piper.de

Von Ralf Georg Reuth liegen im Piper Verlag vor:
Rommel
Das erste Leben der Angela M.
Hitler. Eine politische Biographie
Annäherung an Helmut Kohl
Goebbels
Hitler. Zentrale Aspekte seiner Gewaltherrschaft
1923 – Kampf um die Republik

Unser Versprechen für mehr Nachhaltigkeit
• Klimaneutrales Produkt
• FSC®-zertifiziertes Papier
• Hergestellt in Europa

FSC www.fsc.org MIX Papier | Fördert gute Waldnutzung FSC® C014496

ISBN 978-3-492-05932-9

Satz: Eberl & Koesel Studio, Kempten
Gesetzt aus der Minion
Litho: Lorenz & Zeller, Inning am Ammersee
Druck und Bindung: GGP Media GmbH, Pößneck
Printed in Germany

Zur Erinnerung an Hella Reuth

Inhalt

Vorwort

Deutschland 1923. Vier Jahre waren vergangen seit dem Ende des Ersten Weltkriegs – vier Jahre der Demütigungen und Bedrohungen, vier Jahre bürgerkriegsähnlicher Zustände, die das geschlagene, zerrissene Deutschland zu erleiden hatte. 1923 hatte dieses Deutschland um seine nackte Existenz zu kämpfen: Frankreich, das schon den Ton bei den Friedensverhandlungen in Versailles vorgegeben hatte, die mit beträchtlichen Gebietsabtretungen, gewaltigen Reparationsleistungen und einer historisch beispiellosen Kriegsschuldzuweisung zu Ende gegangen waren, nahm sich neben dem ohnehin schon besetzten Rheinland das Ruhrgebiet, die Herzkammer der deutschen Industrie. Und es unterstützte ganz offen den militanten Separatismus, um den Zerfall des deutschen Staates voranzubringen, während sich dessen östliche Nachbarn anschickten, ihm weitere Gebiete zu entreißen.

Im Inneren befeuerten die in Versailles Deutschland auferlegten Reparationszahlungen die Inflation. Sie war eine Folge der Schuldenpolitik des Reiches im Weltkrieg. Die Unmöglichkeit, den passiven Widerstand zu finanzieren, mit der Berlin auf die Ruhrbesetzung antwortete, ließ sie schließlich davongaloppieren. Die Hyperinflation 1923 – der amerikanische Dollar kostete am 11. November die bizarr anmutende Summe von 631 Milliarden Mark – führte zum völligen Zusammenbruch des Finanzsystems mit verheerenden Folgen für die Wirtschaft und die

Menschen. »Ganze Bevölkerungsklassen wurden enteignet, ein uraltes Vertrauen zerstört und ersetzt durch Furcht und Zynismus; auf was war noch Verlass, auf wen konnte man bauen, wenn dergleichen möglich war«, schrieb der Historiker Golo Mann in seiner *Deutschen Geschichte*.[1]

Fatal war, dass es besonders die Mittelschichten waren, die alles verloren, jene Schichten, die den Staat traditionell trugen. Zusammen mit der Arbeitslosigkeit und der bitteren Not von Millionen bildete das den Nährboden für die weitere Radikalisierung und Polarisierung der Gesellschaft. Die junge Demokratie, der die Massen nach Kriegsende so begeistert gefolgt waren, schien in den Augen nicht weniger ungeeignet, mit den Herausforderungen, vor denen das Land stand, fertigzuwerden. Bei den Deutschnationalen und Völkischen wurde der Ruf nach der Diktatur laut – der Ruf nach der Rückkehr des autoritären Staates, der mit dem verlorenen Weltkrieg untergegangen war. Er würde mobil machen gegen Frankreich, den alten Feind des Reiches, und der sozialistischen Gefahr ein für alle Mal ein Ende bereiten.

Während darbende Arbeitermassen die Sozialdemokratie nach links trieben, wähnten die stärker werdenden Kommunisten, die seit Kriegsende immer neue Anläufe unternommen hatten, die Macht im darniederliegenden Deutschland an sich zu reißen, dieses nunmehr endgültig revolutionsreif. Unter der Federführung der Moskauer Bolschewisten sollte im »Deutschen Oktober« 1923, ausgehend von Sachsen und Thüringen, wo Volksfront-Kabinette regierten, der Aufstand entfacht und die Berliner Regierung gestürzt werden. In den russischen Ostseehäfen stand Leo Trotzkis Rote Armee bereit, um den deutschen Proletariern zu Hilfe zu eilen, nicht zuletzt gegen die erwartete Intervention der Westmächte. Ziel der russischen Bolschewisten war es, mit dem Umsturz in Deutschland die zweite, entscheidende Phase der proletarischen Weltrevolution einzuleiten, an deren Ende die Bolschewisierung ganz Europas stehen sollte.

Zur gleichen Zeit rüstete sich im bajuwarisch-nationalistisch überhitzten München ein größenwahnsinniger Lokalagitator namens Adolf Hitler für die erste Etappe seines »Weltkampfes«.[2] Das war seine Antwort auf den Bolschewismus und auf die Macht der Börse gleichermaßen, hinter denen er das Wirken des »internationalen Judentums« zu erkennen glaubte. Er wähnte das zersetzte und verratene Deutschland in deren Würgegriff. Zusammen mit der bayerischen Reichswehr und den Wehrverbänden wollte er deshalb nach Berlin marschieren, die Macht im Reich an sich reißen und als Führer dieser letzten Bastion des »arischen« Menschen den ganz großen Rassenkampf gegen die »Allmacht Judas« führen.[3] Der von Weltverschwörungsszenarien geleitete, selbst ernannte Retter des Abendlandes kam jedoch nur bis zur Münchner Feldherrnhalle, wo sein Revolutionsaufzug im Feuer der bayerischen Landespolizei endete. Und auch die deutschen Vasallen Moskaus versagten, sodass der Umsturz in Deutschland abgesagt werden musste. Die zweite Phase der Weltrevolution kam nicht über einen zweitägigen Barrikadenkampf in Hamburg-Barmbek und Schießereien in Mitteldeutschland hinaus.

Sie alle scheiterten an einer Handvoll entschlossener demokratischer Politiker um den Reichskanzler und Außenminister Gustav Stresemann. Sein politisches Geschick und sein Durchhaltewille ermöglichten es, nach all den Rückschlägen mithilfe Großbritanniens und der Vereinigten Staaten einen Weg zu finden hin zu einer akzeptablen Regelung der Reparations- und Ruhrfrage. Vor allem aber gelang es ihm, die Inflation durch die Einführung einer neuen Währung zu beenden, der Staatsverschuldung Einhalt zu gebieten und die deutsche Wirtschaft wieder auf Kurs zu bringen. Der Kampf um die von allen Seiten aufs Ärgste bedrohte Republik konnte so von den Demokraten gewonnen werden. Es war eine politische Glanztat, die ihnen sogar im Lager der Weltkriegsgegner Respekt und Anerkennung einbrachte.

Männer und keine gesellschaftlichen Strukturen bestimmten demnach 1923 den Lauf der Geschichte. Gängige Thesen der Sozialhistoriker, wie die von dem tief im Kaiserreich wurzelnden Antisemitismus, der zwangsläufig über Hitler nach Auschwitz habe führen müssen,[4] werden gerade durch dieses neben 1919 wohl dramatischste Jahr der ersten deutschen Republik mehr als erschüttert. Das Jahr 1923 zeigt vielmehr, dass das Phänomen

Hitler samt seinem Vernichtungsantisemitismus kein strukturell zwangsläufiges war. Es war vielmehr untrennbar verbunden mit der Krise. Als sich nämlich Deutschland erholte, als die Jahre begannen, die – sicherlich verklärt – als die Goldenen Zwanziger in die Geschichte eingingen, versank die antisemitisch-völkische Partei in der Bedeutungslosigkeit.[5]

In vielerlei Hinsicht wird das Jahr 1923 so zu einem Lehrstück für Politik. Es zeigt Banales, aber oft im heutigen Bewusstsein nicht mehr Gegenwärtiges; so zum Beispiel, dass politische Radikalisierung und wirtschaftliche Not zwei Seiten einer Medaille sind. Im Umkehrschluss folgt daraus, dass Demokratie halbwegs stabile wirtschaftliche Verhältnisse braucht. Sind diese nicht gegeben, verbreitern sich die weltanschaulichen Gräben zwischen den Parteien und sogar in den Parteien selbst. Wie schwer es dann ist, diese noch zu überbrücken, zeigt der Blick auf die damalige Sozialdemokratie, für die es in der Regierungsverantwortung nicht möglich war, ihre Flügel zusammenzuhalten. Die Radikalisierung der Linken bedingte wiederum die der Rechten. Was die nationalsozialistische Bewegung anlangt, so hätte diese sicherlich ohne ihren kommunistisch-bolschewistischen Konterpart nie die Fahrt aufgenommen, die sie im Herbst 1923 aufnahm. Überhaupt stellt sich in diesem Kontext die Frage, inwieweit Hitlers wahnwitzige Weltanschauung überhaupt ohne Bolschewismus und Marxismus gedacht werden kann.[6]

Was die internationalen Beziehungen angeht, so verdeutlicht 1923 ein weiteres Mal, wie sehr nationale Egoismen bis hin zu brutalem Hegemonialstreben die europäische Geschichte bestimmten und auch noch bestimmen – Einsichten, die offenbar in der deutschen Gesellschaft verloren gegangen zu sein schienen, verdrängt von der trügerischen Gewissheit eines ewigen europäischen Friedens und von der Konzentration auf das Klima als dem Weltproblem schlechthin. Es bedurfte erst der neuerlichen Kriegskatastrophe, ehe die Wirklichkeit – als »Zeitenwende« apostrophiert – zumindest von den politisch Verantwortlichen in Deutschland zur Kenntnis genommen wurde. Übrigens schon 1923 waren die europäischen Demokratien alleine nicht in der Lage, den Konflikt zwischen Deutschland und Frankreich zu lösen, der einer Befriedung des alten Kontinents im Wege stand. Damals bedurfte es hierfür der Rückkehr der Vereinigten Staaten auf den europäischen Schauplatz.

Es lohnt sich also in vielerlei Hinsicht, auf das Jahr 1923 zurückzuschauen, insbesondere in Zeiten von Inflation und Krieg in Europa. Dabei soll das komplexe Geschehen von damals in seiner ganzen Dimension erfasst werden. Das heißt, die außen- und innenpolitischen, aber auch die finanz- und wirtschaftspolitischen Aspekte sollen gleichermaßen berücksichtigt werden. Dies geschieht in einer chronologischen Darstellung, um die jeweiligen Wechselwirkungen und Zusammenhänge transparenter zu machen – Wechselwirkungen und Zusammenhänge, die in der Geschichtsschreibung über das Jahr 1923 oft vernachlässigt werden. So wird zum Beispiel bei der zumeist einseitigen Fixierung auf die Bedrohung der Republik von rechts die nicht minder folgenschwere umstürzlerische Politik der von Moskau angeleiteten deutschen Kommunisten in aller Regel marginalisiert. Dies geht so weit, dass der »Deutsche Oktober« in den Darstellungen des Jahres 1923 mitunter nicht einmal stattfindet.[7]

Die Geschichte des Jahres 1923 zu erzählen macht keinen Sinn, ohne auf die Vorgeschichte einzugehen, bildete doch 1923 den Höhepunkt einer Entwicklung, die mit dem verlorenen Weltkrieg 1918, der Novemberrevolution und dem Vertrag von Versailles vom Mai 1919 ihren Ausgang genommen hatte. (Die gewaltige Staatsverschuldung des Reichs hatte sogar ihren Usprung im Krieg selbst.) Aber auch ein Ausblick auf die Zeit danach soll nicht fehlen, denn als das Jahr 1923 zu Ende ging, waren erst die Weichen in Richtung einer besseren Zukunft gestellt, einer Zukunft, die dann so hoffnungsvoll begann und am Ende dennoch in die Katastrophe führte.

Der Weg in die große Krise

November 1918–Dezember 1922

In der Silvesternacht 1922/23 wird in Berlins Ballhäusern und Varietés gefeiert, als gäbe es kein Morgen, zumindest von denen, die es sich leisten können. Dahinter verbirgt sich eine trotzige Gier nach Leben, haftet doch der deutschen Gegenwart etwas Finales an. Ein diffuses Gefühl hat sich breitgemacht, dass alles ohnehin zu Ende gehe. Denn Deutschland ächzt unter der Last der Kriegsfolgen, unter der Last der äußeren Bedrohungen und der ins Uferlose angestiegenen Inflation, die so vielen alles genommen hat. Hinzu kommt, dass nichts mehr ist, wie es einmal war. Einen gemeinsamen Kanon mit seinen althergebrachten Tugenden gibt es längst nicht mehr, genauso wenig ein verbindendes und verbindliches Weltbild, das die Nation einmal zusammengehalten hat. Stattdessen herrschen Klassenkampf und Klassenhass und als Antwort darauf die Angst vor dem bolschewistischen Schreckgespenst; und weil man es für ein »jüdisches Schreckgespenst« hält, nimmt auch der Antisemitismus zu. Überhaupt ist die Angst vor dem Morgen die Grundstimmung, die die deutsche Gesellschaft beherrscht, eine Gesellschaft, in der sich die einen nach weggeworfenen Zigarettenstummeln bücken oder als Kriegskrüppel auf Brettern über die Bürgersteige rollen, während die anderen auf dem Vulkan tanzen und das Trugbild einer faszinierenden Zeit vermitteln. Der Maler und Karikaturist George Grosz schreibt in seiner Autobiografie darüber: »Es war eine völlig negative Welt, mit buntem Schaum obenauf [...]. Dicht unter dieser lebendigen Oberfläche, die so schön wie ein Sumpf schillerte und ganz kurzweilig war, lagen der Bruderhass und die Zerrissenheit [...].«[1]

***

Bruderhass und Zerrissenheit hatten mit dem Trauma des verlorenen Weltkriegs zu tun, der zwei Millionen deutschen Soldaten das Leben gekostet hatte. Und sie hatten mit der Revolution des Novembers 1918 zu tun, als die Matrosen in den Kriegshäfen meuterten und rote Fahnen auf den Schiffen aufzogen. Jene, die seit Jahren tatenlos herumgelungert hatten, war doch die Kriegsflotte seit der Skagerrak-Schlacht im Sommer 1916 nicht mehr ausgelaufen, wollten sich nicht mehr in einem letzten Gefecht verheizen lassen. So taten sie es vielmehr ihren russischen Brüdern gleich, die im Jahr zuvor mit den Schüssen des Panzerkreuzers *Aurora* in Petersburg die Revolution eingeleitet hatten. Von den norddeutschen Küsten weitete sich die Revolte, die eigentlich eine Friedensrevolte war, einem Flächenbrand gleich auf ganz Deutschland aus. Der Kaiser musste abdanken, und die Reaktion, die diesen fürchterlichen Krieg mitverantwortet hatte, lag am Boden. Das Ancien Régime fand ein klägliches Ende. Doch die, die jetzt die Macht in Händen hielten, waren uneins, wie das politische Deutschland in Zukunft aussehen sollte. Die dominierenden Mehrheitssozialdemokraten (MSPD) um Philipp Scheidemann und Friedrich Ebert wollten eine parlamentarische Demokratie. Die äußerste Linke um Rosa Luxemburg und Karl Liebknecht trat mit Teilen der Unabhängigen Sozialdemokraten (Unabhängige Sozialdemokratische Partei Deutschlands, USPD) für eine Räterepublik nach russischem Vorbild ein. So wurden am 9. November 1918 zwei ganz und gar unterschiedliche Republiken ausgerufen. Und die Gräben zwischen den Gemäßigten und den Radikalen, die sich zunächst unter Führung der MSPD zu einer provisorischen Regierung, dem Rat der Volksbeauftragten, zusammengefunden hatten, sollten bald immer tiefer werden.

Im Dezember 1918 kam es dann zum Bruch. Die USPD kündigte der MSPD die Zusammenarbeit auf, indem sie den Rat der Volksbeauftragten verließ und sich gegen die schnelle Wahl einer Nationalversammlung aussprach. Die zum Jahreswechsel 1918/19 aus Teilen der USPD und anderen linken Gruppierungen gegründete KPD verweigerte sich diesen Wahlen vollends und ging den Weg der revolutionär-außerparlamentarischen Opposition – denselben Weg, den Lenin 1917 in Russland beschritt, nachdem er erkannt hatte, dass seine Bolschewiki auf demokratischem Weg nicht die Macht würden erringen können. Im Januar 1919 probten die deutschen Kommunisten den Umsturz. Doch der Berliner Spartakusaufstand wurde unter der Verantwortung des Sozialdemokraten Gustav Noske mit Waffengewalt niedergeschlagen. Der Tod Rosa Luxemburgs und Karl Liebknechts – Freikorpsangehörige liquidierten sie – zerschnitt unwiderruflich die letzten Bande innerhalb der Linken. Die Folge: In Deutschland zogen für die kommenden Jahre bürgerkriegsähnliche Zustände herauf.

Und dennoch fasste die Demokratie unter Führung der MSPD Tritt, da sie den Pakt mit dem alten Heer geschlossen hatte, dessen neuer Chef Wilhelm Groener sich zur Republik bekannte. Was hätten die Mehrheitssozialdemokraten auch anderes tun können, wollten sie der »große[n] Drohung [...], die 1918 über Deutschland hing«,[2] begegnen? Der linksliberale Hugo Preuß, der die Weimarer Reichsverfassung entwarf, brachte auf den Punkt, um was es ging: »Die Wahl ist Lenin oder Wilson.«[3] Und diese Wahl konnte nur mithilfe des Heeres entschieden werden, zumal auf der Seite der Linken nicht nur bewaffnete Arbeiter standen, sondern auch reguläre Marineeinheiten. Ein wichtiger Grund für das Bündnis mit dem Heer war für die führenden Mehrheitssozialdemokraten – allen voran für Friedrich Ebert, den Vorsitzenden des Rates der Volksbeauftragten und baldigen Reichspräsidenten – außerdem das Ziel, die Millionen Kriegsheimkehrer in den neuen Staat »mitzunehmen«. So gelang es, dass am 19. Januar 1919 eine Nationalversammlung gewählt werden konnte, die dann wegen des Spartakistenaufstands in der Reichshauptstadt ins abgelegene Weimar einberufen werden musste.

Die Wahl war eine Sternstunde der Demokratie in Deutschland, handelte es sich doch um die erste freie, gleiche und geheime Abstimmung im Lande, an der jetzt auch Frauen teilnehmen durften. Die sogenannte Weimarer Koalition aus MSPD, der katholischen Zentrumspartei und liberaler Deutscher Demokratischer Partei (DDP), die die Regierung stellen sollte, erreichte dabei 76,2 Prozent der abgegebenen Stimmen. 37,9 Prozent davon entfielen auf die MSPD. Die Kräfte der Reaktion waren vernichtend geschlagen. Die Deutschnationale Volkspartei (DNVP) erhielt gerade einmal 10,3 Prozent. Die Deutsche Volkspartei (DVP) 4,4 Prozent. Die USPD kam auf 7,6 Prozent der Stimmen. Es war dies ein beeindruckendes Zeugnis der Deutschen für eine demokratisch-republikanische und damit friedfertige Zukunft ihres Landes, ein Zeugnis aus der Geburtsstunde der deutschen Demokratie, das heute nahezu in Vergessenheit geraten ist.

Doch diese friedfertige Zukunft war den Deutschen nicht vergönnt. Die radikalen Revolutionäre, die sich zum Jahreswechsel 1918/19 mit Teilen der USPD zur KPD zusammenschlossen und sich als Vorhut der von Moskau ausgerufenen proletarischen Weltrevolution ansahen, ließen nichts unversucht, diese jetzt auch in Deutschland zu entfachen. Sie waren hierbei schon seit dem Herbst aus der russischen Botschaft in Berlin unterstützt worden, worauf die Reichsregierung die diplomatischen Beziehungen zu Moskau abgebrochen hatte. Mit dem beginnenden Frühjahr 1919 dauerten in der Hauptstadt die revolutionären Unruhen an. Im März kam es in Berlin zu Kämpfen. Doch es gelang der durch Freikorpsverbände verstärkten Reichswehr, die Spartakisten ein weiteres Mal niederzuwerfen. Das änderte jedoch nichts daran, dass in fast zwanzig Städten über ganz Deutschland verteilt Räte die Macht übernahmen. Begeistert telegrafierte Grigori J. Sinowjew, der Vorsitzende des Exekutivausschusses der Kommunistischen Internationale (Komintern), nach München, wo sowjettreue Revolutionäre die Macht übernommen hatten, dass nunmehr »drei Sowjetrepubliken [existieren]: Russland, Ungarn und Bayern«. Und er fügte noch hinzu, dass in einem Jahr Europa kommunistisch sein werde.[4] Lenin richtete eine Grußbotschaft an die Führer der Räterepublik und bat darum, informiert zu werden, »welche Maßnahmen sie zum Kampf gegen die bürgerlichen Henker Scheidemann und Co. durchgeführt haben«.[5]

Die Angst ging seitdem in der bürgerlichen Gesellschaft in Deutschland um, die Angst vor den »russischen Verhältnissen«, also vor nie da gewesener Gewalt und Grausamkeit, wie man es vom russischen Bürgerkrieg immer wieder hörte. Ein düsteres Bild der Zukunft breitete sich aus. Pessimismus überall. Der in Berlin lebende russische Publizist Elias Hurwicz analysierte damals, es überwiege in Deutschland das Gefühl, der Bolschewismus sei ein »reißender Strom oder zumindest eine geistige Welle von übergroßer Ansteckungskraft oder doch endlich eine unabwendbare, eine neue Ära der Menschheit einleitende, sozialistische Reaktion auf den Weltkrieg, die, ob schnell oder langsam, aber jedenfalls sicher die ganze zivilisierte Welt überfluten wird«.[6] Zeitgenossen wie der Schriftsteller Thomas Mann, der Diplomat und Schöngeist Harry Graf Kessler oder der protestantische Theologe und Kulturphilosoph Ernst Troeltsch sahen die Arme der »bolschewistischen Krake« das alte Europa umschlingen.

Mit der bolschewistischen Bedrohung wurde der Antisemitismus befeuert. Denn nicht nur in Deutschland war es seit den Revolutionstagen eine sich rasch ausbreitende, bald vorherrschende Auffassung, dass der Bolschewismus jüdisch sei. Überall war es zu lesen. Mitunter wurde der Eindruck der Zusammengehörigkeit von Bolschewismus und Judentum von Juden selbst genährt, wenn zum Beispiel der Londoner *Jewish Chronicle* im April 1919 schrieb, dass die Botschaft des Bolschewismus in zentralen Punkten mit den Ideen des Judaismus übereinstimme.[7] Man hob dabei offenbar auf die zionistische Weltbewegung ab, die eine sozialistische war. Theodor Herzl, ihr Begründer, hatte bereits in seinem kurz vor der Jahrhundertwende erschienenen Buch *Der Judenstaat* geschrieben, dass seine Glaubensbrüder »nach unten hin zu Umstürzlern proletarisiert« würden und »die Unteroffiziere der revolutionären Parteien« bildeten.[8] Dass der Bolschewismus jüdisch sei, schien tatsächlich vor allem die große

Anzahl seiner jüdischstämmigen Führer nahezulegen. So waren im ersten siebenköpfigen Politbüro der Kommunistischen Partei Russlands (KPR) mit Trotzki (Bronstein), Sinowjew (Apfelbaum), Lew Kamenew (Rosenfeld) und Grigori Sokolnikow (Hirsch) vier Mitglieder jüdischer Herkunft. Bei den Revolutionären in Ungarn und Deutschland war der Anteil der jüdischstämmigen Männer und Frauen ebenfalls ein hoher. Zu ihnen gehörten – um nur einige zu nennen – Béla Kun, Rosa Luxemburg und Paul Levi, ebenso die meisten der führenden bayerischen Räterevolutionäre.

So wundert es nicht, dass auch der amerikanische Präsident Wilson überzeugt war, dass der Bolschewismus jüdisch geführt werde.[9] Winston Churchill, der britische Kriegsminister, bezeichnete die bolschewistischen Juden als »bemerkenswerte Bande«, die sich zu den unbestrittenen Herren im russischen Riesenreich aufgeschwungen hätten. »Ein bedeutender, wenn nicht tatsächlich der Hauptteil des Terrorsystems [...] wurde von Juden ausgeübt [...]«, meinte Churchill zu wissen.[10] Und er irrte sich offensichtlich nicht, denn Trotzki beklagte – laut Protokoll einer Politbürositzung vom April 1919 –, dass »unter den Tscheka-Mitarbeitern an der Front, den Exekutivkomitee-Mitarbeitern an und hinter der Front sowie bei den zentralen Sowjetbehörden [...] der Anteil der Letten und Juden sehr hoch« sei.[11]

Gustav Stresemann, der DVP-Vorsitzende, schrieb 1920: »Jüdische Führer waren an der revolutionären Bewegung in Deutschland ebenso beteiligt, wie in der bolschewistischen Umwälzung in Russland, Ungarn und Bayern. In den Tagen der letzten Märzereignisse wurde an jeder Straßenecke des Berliner Westens der Bolschewismus von jüdischen Persönlichkeiten galizischen Ursprungs gepredigt [...].« Gleichzeitig hätten »die Fälschung von Geld, von Zinsscheinen der Kriegsanleihen, Schiebungen und Schleichhandel in den gemeinsten Formen [...] ihren Einzug in Berlin gehalten«.[12] Für Stresemann, der mit einer jüdischstämmigen Frau verheiratet war und viele einflussreiche Juden seine Freunde nannte, war klar, dass diese »Ostjuden« nichts im Reich verloren hatten – eine Auffassung, die auch von Vertretern jüdischer Organisationen geteilt wurde.

Der Mythos vom »jüdischen Bolschewismus« verbreitete sich vor allem auch im von der Revolution erschütterten Bayern. So hieß es Anfang Dezember 1918 im inoffiziellen Organ der katholischen Bayerischen Volkspartei (BVP): Die Parteimitglieder »achten und ehren jeden ehrlichen Juden. [...] Was aber bekämpft werden muss, das sind die zahlreichen atheistischen Elemente eines gewissenlosen internationalen Judentums mit vorwiegend russischer Färbung«.[13] Gemeint waren damit die von Russland angeleiteten bolschewistischen Revolutionäre. Diese wurden von den alteingesessenen Glaubensjuden ebenso als große Bedrohung für die bürgerliche Welt, zu der sie gehörten, angesehen. Nicht wenige jüdischstämmige demobilisierte Soldaten hatten sich sogar entschlossen, in Freikorpsverbänden gegen die russischen Bolschewisten zu kämpfen.

Die Gleichsetzung von Kommunismus und Judentum war eine der »desaströsesten Konsequenzen« der russischen Revolution.[14] Denn hierin lag die Hauptursache für den sich ausbreitenden Antisemitismus, besonders in den von Not und Elend heimgesuchten Ländern der Kriegsverlierer. Vermengt mit dem sozial motivierten Ressentiment wurde der Kampf der äußersten Rechten gegen den kulturzerstörerischen Bolschewismus in Deutschland oft zu einem Kampf gegen das Judentum als solchem – gegen ein Judentum, das ein zentraler Träger der Kultur war, die man zu verteidigen vorgab.

Nicht minder folgenschwer für die Zukunft der sich tapfer behauptenden Republik war der Ausgang der Friedensverhandlungen, die seit Januar 1919 in den Pariser Vororten stattfanden. Jäh zerstoben die mehrheitssozialdemokratischen Hoffnungen, Deutschland werde einmal – so wie es dem amerikanischen Präsidenten Woodrow Wilson ursprünglich vorgeschwebt hatte – einen gleichberechtigten Platz in der Gemeinschaft der westlichen Demokratien erhalten. Wilsons Vorstellungen von einer künftigen Neuordnung Europas beruhten auf den Grundsätzen der Demokratie und des Rechts sowie auf dem Selbstbestimmungsrecht der Völker. In Versailles war davon keine Rede mehr, und dies, obwohl Berlin mit dem Ende der Monarchie und der Einführung der Demokratie den Vorstellungen und Forderungen des Amerikaners voll entsprach. Und mehr noch: Deutschland hatte zudem die überaus harten Waffenstillstandsbedingungen von Compiègne akzeptiert. So räumte es die besetzten Gebiete, zog Truppen hinter den Rhein zurück und erbrachte darüber hinaus beträchtliche Sachleistungen. Aus dem Blickwinkel der sozialdemokratisch geführten Reichsregierung stand einem gerechten Frieden wenig im Wege.

Doch die Wunden, die der furchtbare Krieg geschlagen hatte, waren zu tief, der Hass noch zu jung und der Wunsch nach Abrechnung noch zu brennend. So hatte das, was Anfang Mai 1919 in Versailles den Deutschen diktiert wurde, nichts mit den Vorstellungen der Reichsregierung von einer künftigen Friedensordnung zu tun. Es hatte auch nichts mehr mit den Prinzipien eines Woodrow Wilson zu tun. Und es hatte auch nur sehr bedingt mit den Vorstellungen des britischen Premierministers David Lloyd George zu tun, der Deutschland im Zuge der Londoner Gleichgewichtsdoktrin als wirtschaftlichen und politischen Faktor im Spiel der kontinentaleuropäischen Mächte halbwegs erhalten wissen wollte. Beide beugten sich dem Druck des französischen Ministerpräsidenten Georges Clemenceau, für den es darauf ankam, den Erbfeind durch die Friedensbedingungen so nachhaltig wie möglich zu schwächen.

Dies geschah, indem dem Deutschen Reich eine Vereinigung mit Deutsch-Österreich untersagt wurde, wie sie die demokratisch gewählten und sozialdemokratisch geführten Regierungen in Berlin und Wien beschlossen hatten. Außerdem mussten beide Staaten auch fast ausschließlich deutschsprachige Gebiete abtreten, etwas, vor dem Lloyd George gewarnt hatte, könne er sich doch »keinen stärkeren Grund für einen künftigen Krieg denken«.[15] So kam Südtirol zu Italien, das Sudetenland zur neu entstandenen Tschechoslowakei. Nicht ausschließlich von Deutschen besiedelte Reichsgebiete wie Posen und Westpreußen gingen an das wiedererstandene Polen, Eupen-Malmedy an Belgien, Nordschleswig an Dänemark. Hinzu kamen Gebiete, wie ein Teil Oberschlesiens und das Saarland, bei denen erst Volksabstimmungen über ihren Verbleib entscheiden sollten. Und das Rheinland sollte für einen Zeitraum von 15 Jahren besetzt werden. Am

Ende ging ein Siebtel des Reichsgebiets verloren, auf dessen Fläche sich wichtige Schlüsselindustrien befanden und sechseinhalb Millionen Menschen lebten.

Doch damit nicht genug. Die Vertragsbedingungen sahen vor, Deutschland, das auch sämtliche Kolonien abzutreten hatte, militärisch zu einer Quantité négligeable zu machen. Das Heer, der einstige Stolz der Nation, sollte hierzu auf 100 000 Mann, die Marine auf 15 000 Mann begrenzt werden. Die Kriegsflotte, das Lieblingskind des Kaisers, war größtenteils abzuliefern. In der Bucht von Scapa Flow versenkten sich dann im Juni 1919 74 deutsche Kriegsschiffe selbst, worauf die Entente die Ablieferung fast der gesamten deutschen Handelsflotte verlangte. Ergänzend zu alldem sah der Vertrag von Versailles die Entmilitarisierung der linksrheinischen Gebiete und eines 50 Kilometer breiten Streifens rechts des Rheins vor, samt der Schleifung der dortigen Festungen sowie der Auflösung sämtlicher Garnisonen.

Darüber hinaus wurden Deutschland in dem monströsen Vertragswerk mit seinen 440 Artikeln, in dem selbst der Umfang der Polizeikräfte der Reichsländer festgeschrieben war, gewaltige Sachleistungen abverlangt. So sollten 60 Prozent der deutschen Kohleförderung für einen Zeitraum von zehn Jahren an die Entente-Mächte abgeführt werden. Ferner sollten 90 Prozent der deutschen Handelsschiffe, fast alle modernen Lokomotiven, Hunderttausende Eisenbahnwaggons, jedes zweite Binnenschiff, mehr als die Hälfte des Milchviehbestands sowie ein Viertel der Erzeugung an chemischen und pharmazeutischen Produkten abgegeben werden – und dies, obwohl die verlangten Gebietsabtretungen allein bereits zu einem Verlust von 50 Prozent der Eisenerzversorgung, 25 Prozent der Steinkohleförderung, 17 Prozent der Kartoffel- und 13 Prozent der Weizenernte führten.

Doch die »Großen Vier«, die Staatenlenker Frankreichs, Großbritanniens, der Vereinigten Staaten und Italiens, die der deutschen Verhandlungsdelegation den Zutritt zum Versailler Schloss nur durch einen Nebeneingang gestatteten, wollten es damit noch nicht bewenden lassen: Deutschland sollte auch noch finanzielle Wiedergutmachung leisten. Auf deren Größenordnung hatten sich die Siegermächte noch nicht geeinigt. Lediglich eine Abschlagszahlung in Höhe von 20 Milliarden Goldmark in Form von Devisen und Sachleistungen war für die Jahre 1919, 1920 und die ersten vier Monate des Jahres 1921 vorgesehen. Das entsprach 7168 Tonnen Gold. Die endgültige Summe sollte eine alliierte Wiedergutmachungskommission am 1. Mai 1921 festlegen. Die Besiegten mussten jegliche Entschädigungssumme im Voraus akzeptieren. Denn gegen alle historische Wirklichkeit verfügte der sogenannte Kriegsschuldartikel (Artikel 231), »dass Deutschland und seine Verbündeten als alleiniger Urheber des Krieges für alle Verluste und Schäden verantwortlich sind, welche die Alliierten erlitten haben«.[16] Deshalb blieb Deutschland auch die Aufnahme in den Völkerbund der zivilisierten Nationen verwehrt.

Die Schuld einer Nation an einem Krieg zu bestimmen und diese, damit einhergehend, weltweit zu ächten war ein Novum in der Geschichte. Und die Gebietsabtretungen und Reparationen mit all ihren Folgen für die deutsche Wirtschaft suchten ihresgleichen. Es gab im Lager der Sieger nicht wenige, die angesichts des Versailler Diktates ihre Stimme erhoben. Das Mitglied der britischen Verhandlungsdelegation, der Nationalökonom John Maynard Keynes, war nur einer von ihnen. Er konstatierte eine »Politik der Versklavung Deutschlands für ein Menschenalter, die Erniedrigung von Millionen lebender Menschen und die Beraubung eines ganzen Volkes«.[17] Die weitsichtigen unter den Konferenzteilnehmern warnten vor einem neuen Waffengang, wie der Ministerpräsident der Südafrikanischen Union, Jan Christian Smuts, der der Delegation des britischen Empire angehörte. Er schrieb an Wilson: »Dieser Friede könnte […] ein noch größeres Unheil für die Welt bedeuten, als es der Krieg war.«[18] Doch der durchsetzungsschwache amerikanische Präsident sah sich selbst als Opfer seiner Verbündeten.

Versailles war in seinem Ergebnis für die Deutschen ein Schock. Sie waren bis ins Mark getroffen, zutiefst gedemütigt. All die Hoffnungen auf eine bessere, friedfertige Zukunft, auf ein Ende des Hungers, die mit dem Waffenstillstand aufgekommen waren, mündeten in schiere Verzweiflung. Doch die geschlagene Nation rückte nun in dem Bewusstsein zusammen, dass dieser

Vertrag niemals akzeptiert werden könne und auch nicht akzeptiert werden würde. Reichsministerpräsident Scheidemann erklärte am 12. Mai 1919 in der Berliner Friedrich-Wilhelms-Universität, wo das Parlament tagte: »Ich frage Sie, wer kann als [...] ehrlicher vertragstreuer Mann solche Bedingungen eingehen? Welche Hand müsste nicht verdorren, die sich und uns in diese Fesseln legt? [...] Dieser Vertrag ist nach Auffassung der Reichsregierung unannehmbar!« – »Minutenlanger brausender Beifall im Hause und auf den Tribünen. Die Versammlung erhebt sich«, vermerkte das Protokoll.[19] Dieser 12. Mai 1919 war die letzte große Artikulation des parlamentarischen Konsenses im Deutschland der Weimarer Republik.

So wie die Nation unter dem Eindruck des in Versailles Diktierten zunächst zusammenstand, so jäh wurde sie nun durch den Fortgang der Ereignisse auseinandergerissen: Die Sieger des Weltkriegs stellten am 16. Juni 1919 der Reichsregierung ein Ultimatum. Wenn Deutschland die Friedensbedingungen nicht innerhalb von fünf Tagen annähme, würden sie den Krieg fortsetzen. Berlin hatte nun die Wahl zwischen Skylla und Charybdis. Ließ man das Ultimatum verstreichen, würde das kriegsmüde Deutschland, das durch die Waffenstillstandsbedingungen von Compiègne kaum noch eine Chance hatte, das Reichsgebiet zu verteidigen, vollends im Chaos versinken. Die Folge wäre angesichts der von Frankreich nach Kräften beförderten Separatismusbewegung im Rheinland, in der Pfalz und in Bayern womöglich nicht nur der Zerfall des Landes, sondern auch ein Aufflammen der schwelenden Revolution. Nähme Berlin die alliierten Bedingungen an, schien dies einem Verrat an den Weltkriegskämpfern und aus der Sicht nicht nur der Rechten einer Ehrlosmachung der Nation gleichzukommen. Aus der Sicht der noch ganz unter dem Eindruck des furchtbaren Weltkriegs stehenden Reichsregierung war die Entscheidung, sich dem Ultimatum zu beugen, das kleinere Übel. Aus Protest und in dem Bewusstsein, nur falsch handeln zu können, trat Scheidemann, gefolgt von seinem Kabinett, zurück, bevor er, seine Partei, die USPD und nur Teile des Koalitionspartners vom Zentrum sowie einige Abgeordnete der DDP für eine Annahme des Diktats stimmten und eine Mehrheit zusammenbrachten. Alle Übrigen, der andere Teil des Zentrums, die Masse der DDP sowie die DVP und die DNVP, stimmten dagegen.

Das Verhängnisvolle an der von den Siegern des Weltkriegs erpressten Zustimmung war, dass sie nunmehr die deutsche Politik und Gesellschaft spaltete. Entsprechend war die unter der Führung des SPD-Politikers Gustav Bauer fortgesetzte Weimarer Koalition unter Dauerbeschuss. Die Gemäßigten, die das Ultimatum abgelehnt hatten, sahen in seiner Billigung Schwäche und Versagen. Von der wieder Tritt fassenden Reaktion wurde in der Folge von Versailles zunehmend auch vom »Verrat am Vaterland« gesprochen. Dieser wurde nun in einen größeren Zusammenhang gestellt. Denn mit dem Verhalten der Reichsregierung schienen diejenigen recht bekommen zu haben, die bereits in der Unterschrift des Zentrumspolitikers Matthias Erzberger in Compiègne den »Verrat der Heimatfront« gewittert hatten. Dabei interessierte es jetzt nicht mehr, dass Berlin den Rückzug aus den besetzten Gebieten sowie den linksrheinischen Territorien, der von der Entente als Bedingung für den Waffenstillstand verlangt worden war, als vertrauensbildende Maßnahme und Willensbekundung verstanden wissen wollte, an einer »gerechten« friedensvertraglichen Regelung der europäischen Belange der Völker ehrlich mitzuarbeiten. Compiègne wurde danach für die Verschwörungstheoretiker zum ersten Schritt zur dauerhaften militärischen Eindämmung und wirtschaftlichen Ausbeutung des Landes, dem nun mit der Billigung der Versailler Vertragsbedingungen der entscheidende zweite Schritt gefolgt sei.

Vom »Dolchstoß« der Heimat in den Rücken der Front fabulierten jetzt ausgerechnet jene, die für das Weltkriegsdesaster die Verantwortung trugen und traditionsgemäß die jetzt erstarkende DNVP als ihre Partei ansahen. Erich Ludendorff, der zusammen mit Paul von Hindenburg seit 1916 an der Spitze der Dritten Obersten Heeresleitung im Weltkrieg gestanden hatte, formulierte mit dem Wortführer der DNVP, Karl Theodor Helfferich, eine Erklärung, die der angesehene von Hindenburg im November 1919 vor einem Untersuchungsausschuss der Verfassungsgebenden Nationalversammlung vortrug. Darin wurde der ebenso unzutreffende wie ungeheuerliche Vorwurf erhoben: »Die Parteien haben den Widerstandswillen der Heimat erschüttert [...]. Hinzugekommen sind die planmäßige Zersetzung von Flotte und Heer und die revolutionäre Zermürbung der Front. So mussten unsere Operationen misslingen, es musste der Zusammenbruch kommen.«[20] Womit sich Ludendorff und Hindenburg von ihrem Versagen 1918 selbst freisprachen, ging als »Dolchstoßlegende« in die Geschichte ein. Sie war die Folge des alliierten Ultimatums und des damit verloren gegangenen gesellschaftlichen Konsenses im Reich und nicht die Antwort auf den verlorenen Krieg, wie es oft verbreitet wurde. Erst jetzt begann der vermeintliche »große Verrat« für Millionen Deutsche zur Ursache der Niederlage im Weltkrieg zu werden. Für die aufgeputschten antisemitischen Nationalisten stand nun fest: Die Sozialdemokratie und das Judentum trügen die Schuld.

Besonders bei den Männern, die an den Fronten des großen Krieges für Deutschland gekämpft hatten, verfingen solche Verschwörungserzählungen. Doch auch für viele, die ihnen nicht anhingen, war die Billigung des alliierten Ultimatums vom Juni 1919 völlig inakzeptabel. Diese führte zu einer massenhaften Abkehr von der Sozialdemokratie. Sie war nicht mehr die Kraft, die Deutschland nach dem Versagen der alten Eliten in eine lichte Zukunft führen könnte. Vorbei war die Hoffnung, die den Frontkämpfern das Gefühl vermittelt hatte, das doch nicht alles umsonst gewesen sei. Einer, der so dachte, war ein aus dem Weltkrieg heimgekehrter irrlichternder Gefreiter namens Adolf Hitler, der in München nach der Niederschlagung der Räterepublik die mit dem Diktat der Alliierten einhergehende große Verunsicherung mit ihrer Revolutionsangst, dem Standrecht und dem eskalierenden Antisemitismus hautnah miterlebte. In jenen Monaten erfolgte seine Ideologisierung, in deren Folge er sich einer Münchner politischen Splittergruppe namens »Deutsche Arbeiterpartei« (DAP) anschloss.

Auch Hitlers erklärtem Todfeind, der äußersten Linken und ihren Moskauer Hintermännern, boten das Versailler Diktat und das Ultimatum neue Perspektiven. Lenin soll, nachdem die Vertragsbedingungen auf dem Tisch lagen, gesagt haben, dass jener

»bestialische und niederträchtige Friede« die »beste Agitation für den Bolschewismus« sei.[21] Mehr noch: Die kommunistischen Führer glaubten – insbesondere nach dem Ultimatum und der damit einhergehenden gesellschaftlichen Spaltung –, dass das wirtschaftlich darniederliegende Deutschland wie eine »reife Frucht« in ihre Hände fallen würde. Man ging davon aus, dass zunächst die Konterrevolution gegen die schwächelnde Reichsregierung losschlagen würde, was wiederum die gesamte Linke auf die Barrikaden brächte, wobei sich schließlich die KPD mit Moskaus Hilfe an die Spitze der Bewegung setzen, die Macht übernehmen und Sowjet-Deutschland schaffen würde.

Um die Demontage der Reichsregierung voranzutreiben, hatten Kommunisten und andere radikale Linke für Mitte Januar 1920 zu einer Großdemonstration in der Hauptstadt aufgerufen. Das unmittelbar vor seiner Verabschiedung stehende Betriebsrätegesetz, das zwar grundlegende Verbesserungen für die Arbeiterschaft brachte, von USPD und KPD jedoch als Instrument zur Unterdrückung des Proletariats angesehen wurde, diente ihnen als Vorwand. Um die direkte Konfrontation mit der Staatsmacht zu suchen, hatte man die Demonstration in die »Bannmeile« verlegt. Mit der Angst vor dem Putsch im Nacken griff die Polizei schließlich so rigoros durch, dass am Ende 42 Tote und mehr als 100 Verletzte gezählt wurden. Dies zog kommunistische Unruhen andernorts nach sich, sodass in mehreren Reichsländern der Ausnahmezustand verhängt und Reichswehrminister Noske mit der Übernahme der vollziehenden Gewalt im sozialdemokratisch geführten Berlin und Brandenburg beauftragt wurde.

Die Reaktion der Rechten ließ nicht lange auf sich warten. Sie sah ein weiteres Mal den Beweis erbracht, dass die Regierung nicht in der Lage war, die Situation im Reich zu beherrschen. Nicht zuletzt auch die Zweifel daran, dass mit einem 100 000-Mann-Heer, wie es die Sieger in Versailles bestimmt hatten, die Lage im Lande überhaupt zu konsolidieren sei, veranlassten den ostpreußischen Generallandschaftsdirektor Wolfgang Kapp – zusammen mit dem General Walther Freiherr von Lüttwitz – zu putschen. Letzterer, der sich auf die berüchtigte Freikorps-Marinebrigade des Fregattenkapitäns Hermann Ehrhardt stützen konnte, die schon bei der Niederschlagung der Räterepublik in München dabei gewesen war, stellte der Regierung ein Ultimatum, in dem er Neuwahlen und die sofortige Beendigung des diktierten Truppenabbaus forderte. Die Reichsregierung setzte sich jedoch nach Dresden und dann nach Stuttgart ab und ließ das Ultimatum verstreichen, worauf Ehrhardt seine Freischärler das Berliner Regierungsviertel besetzen ließ. Kapp erklärte am 13. März 1920 die Nationalversammlung für aufgelöst, Reichspräsident und Reichsregierung sowie die preußische Regierung für abgesetzt und ernannte sich selbst zum Reichskanzler und preußischen Ministerpräsidenten.

Die Reichswehr sah dem tatenlos zu. Hin- und hergerissen zwischen der Pflicht zur Loyalität gegenüber der Regierung des Sozialdemokraten Gustav Bauer und der mit den Putschisten geteilten Auffassung, dass der von der Entente diktierte Truppenabbau den Lebensnerv des Reiches treffe, zog sich die Führung des 100 000-Mann-Heeres auf eine neutrale Position zurück. Mit den Worten »Truppe schießt nicht auf Truppe«,[22] hatte der Chef des Truppenamts, General Hans von Seeckt, versucht, sich aus der Affäre zu ziehen und damit nicht zuletzt auch der Tatsache Rechnung zu tragen, dass die Herzen vieler seiner Soldaten für die Sache der Putschistenkameraden schlugen, mit denen man im Weltkrieg Seite an Seite gekämpft hatte und mit denen man in der Ablehnung Versailles' mehr als einig war.

Die Illoyalität weiter Teile der Reichswehr brachte die Regierung in eine nahezu aussichtslose Lage. Sie griff nun zum einzig ihr verbliebenen Mittel: Sie mobilisierte die Arbeiterschaft, indem sie den Generalstreik ausrief. Die KPD versagte sich dem zunächst, schwenkte dann aber rasch ein. Erstmals seit Kriegsende war die Linke im Wesentlichen vereint. In Moskau verkündete Nikolai Bucharin auf dem IX. Kongress der Russischen Kommunistischen Partei (RKP) Ende März 1920, das deutsche Proletariat schreite »festen Schrittes zur Arbeiterdiktatur«.[23] In Bochum und Elberfeld sahen sie es ähnlich: MSPD, USPD und KPD schlossen ein Bündnis gegen die Reaktion zur Erringung der politischen Macht durch die »Diktatur des Proletariats«. Überall entstanden Vollzugsräte, in denen auch Vertreter der anarchosyndikalistischen Freien Arbeiter-Union Deutschlands (FAUD) saßen. Der Kapp-Putsch war bereits am Dilettantismus seiner Initiatoren gescheitert, als schließlich – ganz nach den Vorstellungen Moskaus – eine bald 50 000 Mann zählende »Rote Ruhrarmee« die Macht im Revier übernahm.

Es war dieselbe Reichsregierung, deren Gefolgschaft soeben noch mit den Linksradikalen Seite an Seite gestreikt hatte, die genau diesen nun entgegentrat, konnte sie doch nicht zulassen, dass Moskau über die KPD die Geschicke in Teilen Deutschlands mitbestimmte. Berlin entsandte nach einem verstrichenen Ultimatum reguläre Truppen, aber auch Freikorpsverbände in den Westen der Republik. Stadt um Stadt säuberten diese von den Aufständischen. Dabei gingen besonders die Freikorps, die nichts mit der Republik zu schaffen hatten, wiederum mit unerbittlicher Härte – mit Standgerichten und Erschießungen – gegen die »Roten« vor. Anfang April war alles vorüber im Ruhrgebiet, in dem am Ende mehr als 1600 Tote zu beklagen waren.

Doch damit waren für die Reichsregierung die Probleme nicht gelöst. Denn französische Truppen besetzten Frankfurt und einige andere Städte im Rhein-Main-Gebiet, weil die Militäraktion Berlins auch auf dem, nach den Buchstaben des Versailler Vertrags, entmilitarisierten Gebiet stattgefunden hatte. Das größere Problem ergab sich jedoch aus der Partnerschaft der Regierung bei dem Kampf gegen die »Rote Ruhrarmee« mit denen, die soeben noch mit Kapp geputscht hatten oder mit den rechten Putschisten sympathisierten. Dies führte nämlich zum Aufbegehren in Teilen der MSPD und der Gewerkschaften, die eine mangelnde Distanz gegenüber der Bedrohung von rechts beklagten. Noske, der Sozialdemokrat, der seit dem November 1918 ohne Rücksicht auf Verluste die Republik verteidigt hatte, musste nun seinen Hut nehmen – sehr zum Ärger des Reichspräsidenten Ebert. Schließlich trat auch der mehrheitssozialdemokratische Reichskanzler Bauer zurück, dem sein Parteifreund Hermann Müller im Amt folgte.

Müller musste sich nun dem Drängen der rechten Parteien beugen, die ursprünglich für Herbst 1920 vorgesehenen Reichstagswahlen vorzuverlegen. Die Abstimmung vom 6. Juni 1920 endete dann für die Regierungsparteien – wie erwartet – mit schwersten Verlusten. Die sogenannte Weimarer Koalition fiel von 76,2 auf 43,6 Prozent zurück. Allein die SPD verlor 16,3 Punkte und ging mit ganzen 21,6 Prozent aus der Wahl hervor. Gewinner waren vor allem diejenigen oppositionellen Parteien, die gegen die Annahme der Versailler Friedensbedingungen gestimmt hatten – die DNVP (14,3 Prozent) und die DVP (13,8 Prozent). Zu den Wahlsiegern gehörte aber auch die USPD (18,4 Prozent), während die diesmal zu den Wahlen angetretene KPD lediglich 3,0 Prozent der Stimmen erhielt. Eine Minderheitsregierung ohne die nach wie vor stärkste Partei, ohne die MSPD, gebildet aus Zentrum, DDP und erstmals der DVP unter der Kanzlerschaft des Zentrumspolitikers Konstantin Fehrenbach, lenkte nun die Geschicke des Reiches. Es war dies das vierte von zehn Kabinetten, die Deutschland bis zu den Wahlen des Jahres 1924 regieren sollten.

Auch im bayerischen Freistaat war die Zeit der SPD inzwischen zu Ende gegangen. Demonstrationen der Münchner Arbeiterschaft gegen den Kapp-Putsch hatte Arnold von Möhl, der Kommandeur der bayerischen Reichswehrverbände, geschickt dazu genutzt, der Regierung Johannes Hoffmann die Übertragung der vollziehenden Gewalt abzunötigen. Möhl wurde daraufhin »Staatskommissar für München-Stadt und München-Land«. Mit der Ernennung Gustav von Kahrs zum Regierungskommissar war die Entmachtung der Mehrheitssozialdemokratie in Bayern schließlich besiegelt worden. Der resignierende Hoffmann trat zurück. Am 16. März 1920 wurde Kahr, der überzeugte Monarchist, der nie ein Hehl aus seiner ablehnenden Haltung gegenüber dem »roten Berlin« und dem vermeintlichen Einfluss des Judentums gemacht hatte, zum bayerischen Ministerpräsidenten gewählt. Die vorgezogenen Landtagswahlen vom Juni 1920 bestätigten seine rechtskonservative Regierung, während die Mehrheitssozialdemokraten die großen Verlierer waren.

München wurde so zu einem Eldorado für völkische Verschwörungstheoretiker und Rassenfanatiker. Der Auffälligste unter ihnen war unterdessen aufgrund seiner Redegewalt der ehemalige Weltkriegsgefreite Hitler geworden, der mit seiner ganz eigenen rassenideologischen Deutung der Welt Säle und Brauhäuser der Stadt zu füllen verstand. Im Zirkus-Krone-Bau hatte er schon im Februar 1920 eine Art Parteiprogramm, die »25 Punkte«, vorgelegt, in deren Mittelpunkt die Revision von Versailles sowie der Kampf gegen das »internationale Judentum« standen. Doch die Nationalsozialistische Deutsche Arbeiterpartei (NSDAP), die aus der DAP hervorging, blieb eine Splittergruppe, deren Reichweite kaum über die Grenzen der bayerischen Metropole hinausreichte. Doch auch sie war Ausdruck einer verhängnisvollen Polarisierung der deutschen Gesellschaft, wie sie mit dem Versailles-Ultimatum der Siegermächte des Weltkriegs eingeleitet worden war.

Auf der Konferenz vom 21. bis 22. Juni 1920 in Boulogne-sur-Mer nannten die Alliierten erstmals eine Summe, die Deutschland an Reparationen aufzubringen hatte. Sie betrug astronomische 269 Milliarden Goldmark (96 415 Tonnen Gold), die über einen Zeitraum von 42 Jahren, zunächst in 3-Milliarden-Tranchen pro Jahr, am Ende bis zu 7 Milliarden, beglichen werden sollten – Forderungen, die vor dem Hintergrund der Verschuldung Deutschlands infolge des Weltkriegs nicht annähernd erfüllt werden konnten. 164 Milliarden Mark hatte dieser gekostet. Davon waren lediglich 10 Milliarden durch Steuern und Kriegsabgaben finanziert worden, 97 Milliarden durch Kriegsanleihen und der Rest durch Schatzanweisungen und ähnliche Schuldverschreibungen. Die Staatsverschuldung war so zwischen 1914 und 1918 von 5 auf 156 Milliarden Mark gestiegen. Neben den drohenden Reparationskosten waren da noch die Millionen Invaliden-, Witwen- und Waisenrenten, die der Staat aufzubringen hatte. Reichsfinanzminister Matthias Erzberger vom Zentrum hatte sich der Staatsverschuldung entgegengestemmt, indem er zwischen September 1919 und März 1920 16 Finanz- und Steuergesetze durch das Berliner Parlament gebracht hatte, mit denen die Abgaben im Reich nicht nur vereinheitlicht, sondern auf ein neues Niveau angehoben wurden. So stieg der Spitzensatz bei der Einkommensteuer, der in Preußen bei ganzen 4 Prozent gelegen hatte, auf 60 Prozent.

Da sich die umlaufende Geldmenge alleine bis Kriegsende

verfünffacht hatte, stiegen in der Folgezeit die Preise an. Da Reichsregierung und Reichsbank der Inflation nicht durch eine Politik der höheren Zinsen entgegentraten, wie dies in den Ländern der Kriegsgegner der Fall war, profitierte die deutsche Wirtschaft davon, deren Leistung 30 bis 40 Prozent unter dem Niveau von 1913 lag. Die Gefahren der Geldentwertung wurden durch eine regelrechte Hochkonjunktur der deutschen Wirtschaft verdeckt. Denn die Inflation machte deutsche Güter auf dem Weltmarkt billiger und damit konkurrenzfähiger. Deutschland mit seiner exportorientierten Industrie schien damit die Nachkriegsdepression und die Umstellung auf die Friedenswirtschaft besser zu bewältigen als Staaten wie Frankreich und England; und dies, obgleich ihm mit dem Versailler Vertrag ein beträchtlicher Teil seiner Ressourcen und Möglichkeiten genommen worden war. Diese Scheinblüte führte zu missgünstigen Blicken aus den Siegerländern des Weltkriegs, die Einfuhrzölle für deutsche Produkte erhoben, und beförderte Tendenzen, deutschen Beteuerungen, die gewaltigen Reparationssummen nicht aufbringen zu können, wenig Glauben zu schenken.

Da die deutsche Arbeiterschaft diesseits des Existenzminimums agierte, war das Reich, in dem wegen der inflationsbedingt niedrigen Löhne eine weitgehende Vollbeschäftigung herrschte, aus der Sicht der Kommunisten noch nicht revolutionsreif, auch wenn sich die parteipolitischen Bedingungen für einen Umsturz maßgeblich verbesserten. Im Oktober 1920 spaltete sich nämlich die USPD über der Frage, ob sie der von Lenin gegründeten und von Sinowjew geführten Kommunistischen Internationale (Komintern) beitreten solle oder nicht. Die Mehrheit der Delegierten hatte sich auf ihrem Hallenser Parteitag im Oktober 1920 dafür entschieden und trat folgerichtig mit etwa 350000 Mitgliedern der jetzt Vereinigten Kommunistischen Partei Deutschlands (VKPD) bei, die als Vollmitglied der Komintern ihre Direktiven aus Moskau erhielt. Die deutsche Partei wurde damit eine beachtliche parlamentarische Kraft, auch wenn ihre Hauptaktivität weiterhin im außerparlamentarischen Kampf gegen die Republik liegen sollte, getreu dem leninschen Motto: »Ohne Bürgerkrieg ist die Sowjetmacht in Deutschland nicht zu haben.«[24] Im Parteiorgan, in der *Roten Fahne,* hieß es dazu ergänzend, dass das Proletariat »das Wort Rosa Luxemburgs, an das der nach Halle gereiste Sinowjew erinnerte, sich wieder in sein Gedächtnis einprägen [muss], dass der Kampf um den Sozialismus der gewaltigste Bürgerkrieg der Weltgeschichte ist«.[25]

Doch damit waren in der neuen Massenpartei nicht die Fragen der künftigen Taktik entschieden. Stand zunächst noch die Einheitsfront der gesamten Linken als Ziel im Mittelpunkt, so änderte sich dies nach dem Ausscheiden Paul Levis, Clara Zetkins und Ernst Däumigs aus der Führung. Unter dem Vorsitz Heinrich Brandlers war nun keine Rede mehr von der Einheitsfront. An ihre Stelle sollte die revolutionäre Aktion treten. Entscheidend hierfür war offenbar das Drängen der Komintern, namentlich ihres Vorsitzenden Sinowjew. Denn Moskau brauchte einen Erfolg, der suggerieren sollte, dass die Weltrevolution unaufhaltsam voranschreite – einen Erfolg, der vor allem auch ablenken sollte. Denn die Lage in Russland, in dem der Bürgerkrieg zu Ende ging, war keine Propaganda für die Bolschewisten. Misswirtschaft, Hungersnöte und Massenproteste hatten das Land an den Rand des Abgrunds geführt. In Kronstadt, dem einstigen Zentrum der Revolution, kam es zum Aufstand. Die Matrosen probten die Revolution in der Revolution. Doch sie wurden von Trotzkis Roter Armee niedergemetzelt.

Zur selben Zeit – im März 1921 – schlugen die Kommunisten nun im mitteldeutschen Industriegebiet Halle, Leuna, Merseburg sowie im Mansfelder Land los. Zu Beginn des Jahres hatten sich hierzu 24 kampf- und strategieerprobte sowjetische Bürgerkriegsexperten auf den Weg nach Deutschland gemacht. Mit der Führung der sogenannten Märzaktion wurde von Lenin Béla Kun beauftragt, dessen ungarische Räterepublik nach 133 Tagen gegenüber einer von der Entente unterstützten rumänischen Armee und einer ungarischen Nationalarmee unter dem ehemaligen k.u.k. Admiral Miklós Horthy hatte kapitulieren müssen. In der *Roten Fahne* rief dieser Béla Kun nun dazu auf, »die Entwaffnung der Bourgeoisie« zu besorgen,[26] um dem Proletariat, sprich der KPD, wie die vereinigte Partei bald wieder hieß, endlich zur

Macht zu verhelfen. Kun posaunte in eilfertiger Ergebenheit gegenüber Moskau hinaus: »Die Waffe bringt die Entscheidung.«[27]

Der Mitteldeutsche Aufstand scheiterte jedoch am entschlossenen Einschreiten von Polizei und Reichswehr, aber vor allem an der mangelnden Bereitschaft der deutschen Arbeiterschaft, den Revolutionären zu folgen. 145 Tote und mehrere Hundert Verletzte waren die traurige Bilanz der »Märzaktion«, über die Levi schrieb, dass nach seiner Auffassung durch sie »die Frucht eines zweijährigen Kampfes und einer zweijährigen Arbeit der Kommunistischen Partei in Deutschland mit zerstört« worden sei.[28] Tatsächlich begann infolge der gescheiterten »Märzaktion« eine erbitterte Auseinandersetzung in der KPD. Während Brandler und die Mehrheit der neuen Führung den Aufstand rechtfertigten, wurde er von Levi, Ernst Reuter alias Friesland und zunächst auch noch von Clara Zetkin, die aber bald auf die Moskauer Linie einschwenkte, aufs Schärfste verurteilt. Es war letztendlich eine Auseinandersetzung zwischen blinder Moskautreue auf der einen und politischem Realitätssinn eigenständig denkender Genossen auf der anderen Seite – eine Auseinandersetzung, die mit dem Parteiausschluss und der Verdammung Levis ihren Höhepunkt erreichen sollte. Auch wenn die KPD weiterhin entschieden die Reichsregierung bekämpfte, war doch der revolutionäre Elan der von Moskau finanzierten Partei vorerst erlahmt und die innenpolitische Lage im Reich etwas entspannter.

Anders auf dem Feld der Außenpolitik. Hier blieb der Druck auf die Berliner Regierung in Gestalt der maßlosen Reparationsforderungen der Siegermächte des Weltkriegs bestehen. In der Pariser Note von Ende Januar 1921 modifizierten die Alliierten ihre Forderung auf 226 Milliarden Goldmark, zahlbar in ansteigenden Raten von zwei bis sechs Milliarden pro Jahr. Hinzukommen sollten 12 Prozent des jährlichen Wertes der deutschen Exporte. Auf der Konferenz in London Anfang März 1921 wurde die Gesamthöhe der Zahlungen zwar auf 132 Milliarden inflationssichere Goldmark reduziert. Doch dies war noch weit von dem von Deutschland stemmbaren und der Konferenz vom deutschen Außenminister Walter Simons vorgeschlagenen Betrag von 50 Milliarden entfernt. Der wurde dann auch von Lloyd George im Namen der Konferenz schroff zurückgewiesen. Flankierend dazu besetzten alliierte Truppen die Städte Düsseldorf, Duisburg und Ruhrort. Anfang Mai 1921 stellte der britische Premierminister der deutschen Seite schließlich ein auf sechs Tage befristetes Ultimatum. Danach sollte sich Berlin verpflichten, die Zahlungen nach dem von den Entente-Mächten verabschiedeten Zahlungsplan (Vierteljahresraten zu jeweils zwei Milliarden Goldmark) zu akzeptieren. Eine erste Milliarde sollte innerhalb von 25 Tagen aufgebracht werden, andernfalls – so hieß es – würde das Ruhrgebiet besetzt werden.

Schon am Tag bevor das Ultimatum ergangen war, trat Fehrenbach nach nur einem Jahr als Reichskanzler zurück. Er hatte die unterschiedlichen Positionen in der Koalition gegenüber der unnachgiebigen Haltung der Siegermächte nicht überbrücken können – so wie Scheidemann im Juni 1919. Die vom Zentrumspolitiker Joseph Wirth geführte Nachfolgeregierung, der neben der DDP jetzt wieder die SPD angehörte, nahm dann das Ultimatum, in dem im Reichstag abgestimmt worden war, bedingungslos an, obgleich die von den Siegermächten verlangten Raten von Deutschland kaum aufzubringen waren. Die Politik Wirths wurde von denen, die sie machten, zynisch »Erfüllungspolitik« genannt. Sie verstanden darunter nicht das, was die Nationalsozialisten darunter verstanden wissen wollten. Die Regierung wollte damit vielmehr den Alliierten, besonders aber Briten und Amerikanern, fortlaufend nachweisen, dass die Erfüllung der Reparationsforderungen nicht geleistet werden könne und das Beharren darauf die deutsche Wirtschaft zerstören würde, was wiederum verheerende Folgen für die europäische Wirtschaft hätte.

Vollends desillusionierend war für die neue Reichsregierung auch noch ein anderes Problem, nämlich das oberschlesische. Die Region war neben dem Ruhrgebiet das wichtigste Industriegebiet Deutschlands. In Versailles war entschieden worden, die Zugehörigkeit des zwischen Deutschen und Polen umstrittenen Gebiets durch eine Volksabstimmung klären zu lassen. Nach schweren Auseinandersetzungen und blutigen Kämpfen zwischen deutschen Freikorpsverbänden und polnischer Armee brachte die Abstimmung ein klares Mehrheitsvotum für Deutschland. Der Völkerbund setzte daraufhin im April 1921 eine Kommission ein, die das umstrittene Gebiet im Herbst parteiisch zugunsten Polens teilte. In Berlin kam es zur Regierungskrise, die im Oktober 1921 in dem Rücktritt des ersten Kabinetts Wirth gipfelte.

Doch der Reichspräsident ließ nicht von Wirth ab. Er beauftragte ihn umgehend mit der Bildung einer neuen Regierung, der neben den Parteien der alten nun auch die Bayerische Volkspartei angehörte. Die bedeutendste personelle Neubesetzung im Kabinett war für die Minderheitsregierung, die sich lediglich auf 209 der 459 Abgeordneten stützen konnte, die Vergabe des Postens des Außenministers an Walther Rathenau. Ende 1921 konnte der Sohn des Großindustriellen und AEG-Gründers Emil Rathenau immerhin ein Abkommen mit Frankreich schließen, in dem vereinbart wurde, dass Paris mehr Sachleistungen – vor allem Kohle – anstelle von Bargeld akzeptierte. Die deutsche Schwerindustrie hatte dies aus Empörung über die Teilung Oberschlesiens zu verhindern versucht, genauso wie eine Erhöhung der Steuern auf Unternehmensgewinne. Doch das Reich musste sich dem Druck Frankreichs beugen und über eine internationale Hypothek verhandeln, die durch das kollektive Vermögen der Industrie und Landbesitzer Deutschlands abgesichert werden sollte. Die Industrieführer verlangten im Gegenzug von der Reichsregierung nunmehr die Rücknahme der sozialen Leistungen aus der Revolutionszeit, wie etwa den Achtstundenarbeitstag. Außerdem forderten sie eine Privatisierung der meisten staatseigenen Betriebe sowie der Reichsbahn, die nach dem Ersten Weltkrieg durch den Zusammenschluss der Länderbahnen entstanden war. Dies rief die zerstrittene Linke auf den Plan, die im Wesentlichen die Reparationen aus den Privatvermögen finanziert wissen wollte.

Nichts bewegte sich. Nur der Verfall der Mark, der seit Sommer beschleunigt voranschritt. Im Sepember 1921 mussten für einen Dollar 127 Mark bezahlt werden und damit doppelt so viel wie noch im Juni. Importwaren wurden für die Deutschen so unerschwinglich, und im Kabinett Wirth suchte man einen Ausweg aus der sich verschlechternden Finanzlage. In dieser Situation hoffte die Reichsregierung auf England, wohin Rathenau und Hugo Stinnes im darauffolgenden Dezember reisten, um dort über Lösungen zu sprechen. Stinnes gebot über ein Industrieimperium mit mehr als 600 000 Beschäftigten in 1500 Unternehmen. Zudem verfügte er über ein Zeitungsimperium und einen Sitz im Reichstag für die DVP. In der britischen Führung war man grundsätzlich aufgeschlossen gegenüber dem Stinnes-Plan einer gesamteuropäischen privatisierten Eisenbahn, hatte man doch kein Interesse daran, die deutsche Kaufkraft und die industrielle Produktion der Kriegsverlierer zu ruinieren. Ihrem Premierminister Lloyd George schwebte allerdings Größeres vor. Er dachte an eine europäische Wirtschafts- und Finanzordnung, in der neben Deutschland auch Russland einen gleichberechtigten Platz einnehmen sollte.

Als der Oberste Alliierte Rat im Januar 1922 in Cannes zusammentraf, wurden mit Blick auf eine in Genua geplante Konferenz eine Reihe von Resolutionen verabschiedet, die sich um die Vision einer künftigen internationalen Ordnung drehten. Kein Staat dürfe einem anderen die Ausgestaltung seiner nationalen Eigentumssysteme, seiner nationalen Wirtschaft oder seiner Regierungsform vorschreiben, wurde in den Papieren festgehalten. Für eine europäische Wirtschaftskooperation bedeutete dies, dass alle beteiligten Länder sich allgemeingültigen Regeln unterordnen sollten. In diese neue kapitalistische Wirtschaftsordnung sollte auch die kommunistische Sowjetunion einbezogen und damit in die internationale Gemeinschaft zurückgeholt werden. Wie dies geschehen sollte, darüber hatten die Verfasser der Arbeitspapiere keine konkreten Vorstellungen.

Was von Wirth auf das Wärmste begrüßt wurde, stieß in der französischen Mitte-rechts-Regierung unter Aristide Briand auf wenig Gegenliebe. Zum einen fürchtete Paris, weiter ins Hintertreffen gegenüber Großbritannien zu geraten. Solches ließ sich nur schwer vereinbaren mit dem Selbstverständnis der Grande Nation, das bereits auf der noch tagenden Flottenkonferenz in Washington litt, wo Frankreich hinter den großen Seemächten –

Vereinigte Staaten, Großbritannien und Japan – eine Nebenrolle zugewiesen wurde und sich mit einer drittklassigen Marine bescheiden sollte. Die französische Regierung befürchtete nunmehr, dass Großbritannien die Washingtoner Abrüstungskonferenz dazu nutzen würde, um sich seiner sicherheitspolitischen Verpflichtungen gegenüber Frankreich zu entziehen, nachdem bereits die Vereinigten Staaten ihre in Versailles zugesagte Sicherheitsgarantie zurückgezogen hatten.

Der neue französische Ministerpräsident Raymond Poincaré – ein nationalistischer Deutschlandhasser, dem die Kommunisten im eigenen Land nachsagten, er habe durch seine Geheimdiplomatie mit dem russischen Zaren wähend seiner Amtszeit als Staatspräsident, der er damals war, den Krieg im August 1914 erst heraufbeschworen – legte als Antwort Frankreichs auf die internationale Entwicklung noch im Januar 1922 London einen Vertragsentwurf für ein Sicherheitsbündnis gegen Deutschland vor. Gleichzeitig versuchte der Neue im Élysée, die Forderungen der Gläubiger Frankreichs abzuwehren. Denn das Land war durch den Krieg bei den Vereinigten Staaten und Großbritannien verschuldet, das seinerseits auch in Washington in der Kreide stand. Dass die dortige Regierung keinerlei Bereitschaft zu einem Schuldennachlass oder gar Schuldenschnitt zeigte, blieb nicht ohne Rückwirkungen auf die französische Haltung gegenüber den Reparationsforderungen an Deutschland.

Noch parallel zum Führungswechsel in Paris hatte die Reparationskommission eine gewisse Konzessionsbereitschaft gegenüber einem von dem von der Zahlungsunfähigkeit bedrohten Deutschland erbetenen vorläufigen Zahlungsaufschub an den Tag gelegt und die am 18. März fällige Rate auf lediglich 720 Millionen Goldmark reduziert – allerdings unter zwei Voraussetzungen: Deutschland sollte zusätzliche Sachleistungen im Wert von 1450 Millionen Goldmark erbringen und ein umfassendes fiskalisches Sanierungsprogramm in Anfgriff nehmen. Wirth ging auf die Forderungen ein, zu denen Steuer-, Tarif- und Gebührenerhöhungen ebenso gehörten wie die Erhöhung der Kohlepreise, die Unterbindung der Kapitalflucht und vor allem die Streichung der Lebensmittelsubventionen, die einerseits Einsparungen in

Milliardenhöhe ermöglichte, andererseits zu sozialen Unruhen führte, stiegen doch die Lebensmittelpreise dramatisch an.

Die deutsche Bitte nach einer Überprüfung der Reparationsfrage als Ganzem wurde zurückgewiesen, denn Poincaré – inzwischen federführend mit der Sache befasst – lehnte jegliche Zugeständnisse gegenüber Berlin ab. Er beharrte stattdessen auf die Einhaltung der im Londoner Zahlungsplan festgelegten Rahmenmodalitäten. Gegenüber Lloyd George setzte er dann auch durch, dass bei der von dem Briten initiierten und für den April 1922 in Genua anberaumten Konferenz das Thema Reparationen nicht auf die Tagesordnung gesetzt wurde. Erwartet wurden die Vertreter Großbritanniens, Frankreichs, Belgiens, der Tschechoslowakei, Rumäniens, Japans, Italiens und zwei Dutzend anderer Länder. Die Vereinigten Staaten hatten ihre Teilnahme abgesagt. Erstmals bei einer großen internationalen Konferenz sollten Deutschland und Russland dabei sein.

Vor allem die Politik Frankreichs, die, für jedermann in Deutschland erkennbar, das Reich in den Ruin treiben sollte, verschaffte dort nicht nur der Rechten Zulauf, sie beförderte auch die Aktivitäten ultranationalistischer und völkisch-antisemitischer Untergrundgruppen. Ihnen schlossen sich jene an, die die fortgesetzten Demütigungen der Nation nicht mehr ertrugen, diejenigen, die sich ausgegrenzt und von den im Lande Regierenden politisch bevormundet fühlten. In das Fadenkreuz jener Männer, die sich als Freiheitskämpfer fühlten und von den Nationalisten als solche gesehen wurden, rückten dann auch die »Erfüllungspolitiker«, die von ihnen für die »Wehrlosmachung« des Reichs verantwortlich gemacht wurden. Eine Serie von als Fememorde bezeichnete Attentate, denen Hunderte zum Opfer fielen, erschütterte Deutschland. Nachdem im Juni 1921 der bayerische USPD-Politiker Karl Gareis einem Anschlag zum Opfer gefallen war, wurde im August desselben Jahres der Zentrumspolitiker Matthias Erzberger, der in Compiègne den Waffenstillstand unterschrieben hatte, von Angehörigen der ultranationalistischen Organisation »Consul« des ehemaligen Kapitäns Hermann Ehrhardt ermordet.

Am 24. Juni 1922 – im selben Monat überlebte Scheidemann

ein Blausäureattentat – wurde der als Vertreter der »Judenrepublik« bei der äußersten Rechten verhasste Rathenau auf der Fahrt von seinem Berliner Wohnsitz ins Außenministerium getötet. Die drei von dem ehemaligen Marineoffizier Erwin Kern angeführten Täter, die wiederum der Organisation »Consul« angehörten, eröffneten das Feuer auf ihn und warfen eine Handgranate in seinen offenen Wagen. Ernst von Salomon, der an den Vorbereitungen zum Mord an Rathenau beteiligt war, nannte in seinen Zuchthausaufzeichnungen als Grund dafür, dass Rathenau als Opfer ausgewählt worden war, dass er der brillanteste Vertreter der alten bourgeoisen Herrschaftsschicht war, der Hauptagent des wirtschaftlich orientierten kapitalistischen Deutschlands, das nach dem verlorenen Krieg wieder die wirtschaftliche Kooperation mit den westlichen Nachbarn suchte und dafür den Weg der Erfüllungspolitik einschlug.[29]

Der Tod Rathenaus führte nicht, wie die Täter erhofft hatten, zur weiteren Destabilisierung des Reiches, schon gar nicht wurde er zum Fanal für einen Bürgerkrieg, sondern er ließ die Demokraten zusammenrücken. Eine Welle der Empörung richtete sich vor allem gegen die DNVP und ihren Wortführer Helfferich, der den Außenminister noch Stunden vor seiner Ermordung im Reichstag ungewöhnlich scharf attackiert hatte. Die Folge war, dass liberale Journalisten wie Theodor Wolff vom *Berliner Tageblatt* Helfferich und seiner Partei die Verantwortung für das Attentat gaben. Er schrieb, hier liege die Schuld »so klar [...], dass es unmöglich ist, nicht Anklage zu erheben und die krass hervortretende Wahrheit zu verwischen«.[30] Der linksliberale Graf Kessler, der mitunter im Dienst des Auswärtigen Amtes stand, meinte, nachdem er am offenen Sarg Rathenaus verweilt hatte, dass die Zeit für einen reinigenden Vergeltungsschlag gegen die antirepublikanische Rechte definitiv gekommen sei. Und er änderte auch seine ablehnende Haltung gegenüber Wirth, der in seiner ergreifenden Trauerrede die Worte sprach, »der Feind steht rechts«.[31] Dem trug der Reichspräsident Rechnung, der per Präsidialverordnung ein »Gesetz zum Schutze der Republik« erließ, das am 23. Juli 1922 in Kraft trat. Es schuf eine Handhabe, gegen all diejenigen vorzugehen, die sich gegen aktive und ehemalige Regierungsmitglieder verschworen hatten. Neu ins Leben gerufen wurde auch ein »Staatsgerichtshof zum Schutze der Republik«, der in Leipzig seinen Sitz haben sollte. Ihm kam das Recht zu, Ermittlungen zu führen oder andere Gerichte anzuweisen, solche aufzunehmen, was die Souveränität der Länder beschnitt.

Rathenau wurde posthum als großer Politiker gewürdigt, was mit einem Ereignis zu tun hatte, das gerade einmal zwei Monate zurücklag. Mitte April 1922 hatte der Reichsaußenminister nämlich zusammen mit Reichskanzler Wirth an der großen Konferenz von Genua teilgenommen, auf der Lloyd George seine Pläne einer europäischen Nach-Versailles-Finanz-und-Wirtschaftsordnung voranbringen wollte. Poincaré war demonstrativ ferngeblieben. Er hatte den Vorsitzenden der Reparationskommission, den für seine deutschlandfeindliche Haltung berüchtigten Louis Barthou, entsandt. Das Ziel, das Frankreich mit den Verhandlungen im Palazzo San Giorgio verband, war klar: die Ordnung von Versailles zu verteidigen. Die Bolschewiken wollten dagegen eine Einbindung Deutschlands in den Westen verhindern, die mit den Vorstellungen Lloyd Georges verknüpft gewesen wäre. Angeführt wurden die russischen Vertreter vom Volkskommissar für auswärtige Angelegenheiten Georgi Tschitscherin. Mit dabei war auch der ehemalige Botschafter Moskaus in Berlin, Adolf Joffe, der im November 1918 den Verfechtern der Räterepublik logistische Unterstützung hatte zukommen lassen und deshalb im Zuge des Abbruchs der diplomatischen Beziehungen zwischen beiden Ländern ausgewiesen worden war.

Die Wahrnehmung der sowjetischen Delegation wäre eine Marginalie der Konferenz von Genua, zeigte sie nicht den damals in Europa weitverbreiteten Blick auf den Bolschewismus. So hielten die Mitglieder der britischen Delegation in ihren Tagebüchern und privaten Briefen unter anderen Herabwürdigungen fest, dass die Abgesandten Moskaus aussähen, als hätte man sie »geradewegs aus einer Drury-Lane-Pantomime verpflichtet«. »Tschitscherin sieht nach dem Entarteten aus, der er ist, und natürlich sind sie mit Ausnahme von ihm und Kassim[32] allesamt Juden«, heißt es dort, ausgehend von der Annahme, dass der

Bolschewismus eine jüdische Angelegenheit sei. Doch auch der gemeine Antisemitismus spiegelt sich in der Überlieferung wider, wenn Rathenau, auf den sie in Berlin die Hoffnungen setzten, als »degenerierter jüdischer Glatzkopf« bezeichnet wird.[33]

Doch diese Männer waren es, die die Augen der Weltöffentlichkeit auf sich lenkten – und auf eine bislang namenlose italienische Kleinstadt, keine halbe Stunde Autofahrt von Genua entfernt: auf Rapallo. Dort unterzeichneten am Rande der Konferenz von Genua Rathenau und Tschitscherin einen umfassenden Vertrag zwischen dem Deutschen Reich und der Russischen Sozialistischen Föderativen Sowjetrepublik. Der Schritt in Richtung Russland war so etwas wie eine Verzweiflungstat der Regierung Wirth, war es doch angesichts der Haltung Frankreichs die einzige Möglichkeit, die sich für ihre Außenpolitik bot. Rathenau, der eigentlich auf die Westbindung des Reichs setzte, soll erst am Vorabend der Unterzeichnung des Vertrags im Verlauf des als »Pyjama-Konferenz« in die Geschichten um Rapallo eingegangenen nächtlichen Treffens der Deutschen dazu gedrängt worden sein. Betrieben und vorbereitet worden war der Coup mit den Sowjets vom Leiter der Ostabteilung, dem Russlandexperten und Englandhasser Adolf Georg Otto von Maltzan. Der britische Botschafter in Berlin, Lord D'Abernon, beschrieb dessen Vorstellungen dahingehend: »Ein klarer und entschiedener politischer Standpunkt, der auf der alten Konzeption gründet, dass die Freundschaft mit Russland unverzichtbar ist, selbst wenn sie teuer kommt, sicherlich verstärkt durch eine persönliche Sympathie für die Sowjets.«[34]

Es kreisen viele Geschichten darum, wie Rathenau eine solche Wendung vollziehen konnte. So soll es die Drohung Wirths gewesen sein, er werde an Rathenaus Stelle unterschreiben, die den Außenminister dazu bewog. Die Rede ist auch von einer geschickt eingefädelten Täuschung. Danach sollen »Informationen« zu Rathenau gelangt sein, wonach in Lloyd Georges Genueser Residenz Geheimverhandlungen über einen britisch-französisch-russischen Vertrag geführt würden – Geheimverhandlungen, die unmittelbar vor dem Abschluss stünden. Der deutsche Außenminister habe sich daraufhin zum unverzüglichen Handeln entschlossen.[35] Kolportiert wurde auch, dass Rathenau den unterschriebenen Vertrag von Rapallo auf Drängen des britischen Premierministers Lloyd George habe annullieren wollen, dies aber von den Bolschewisten abgelehnt worden sei.[36] Dem widerspricht eine Meldung Karl Radeks nach Moskau. Der Sekretär für Deutschland im Exekutivkomitee der Komintern, der im Auswärtigen Amt die Vorverhandlungen für Rapallo führte, berichtete darin, dass Rathenau in der »Verbindung Russlands die Rettung Deutschlands« sehe.[37] Das war im Februar 1922. Bereits am 6. Mai des Vorjahres war nach Vorbereitung des Auswärtigen Amts ein deutsch-russisches Handelsabkommen geschlossen worden, das die Einrichtung einer sowjetischen Handelsvertretung in Berlin vorsah. So entstanden einige gemischte deutsch-russische Gesellschaften. Vom Reichsinnenministerium wurde diese beginnende wirtschaftliche Zusammenarbeit abgelehnt, biete sie doch der Sowjetunion die Möglichkeit, »in noch größerem Umfang als bisher bei der Untergrabung der Staatsordnung mitzuwirken«.[38]

Eine ähnliche wirtschaftliche Vereinbarung wurde zuvor von Sowjetrussland und Großbritannien getroffen. Es war für die bolschewistische Macht, die mit dem Sieg über die »Weißen« auf der Krim im November 1920 den Bürgerkrieg für sich entschied, nachdem sich die Entente-Armeen zurückgezogen hatten, ein erster kleiner Schritt in Richtung Europa. Wie Deutschland war Russland isoliert und wurde auch geostrategisch seit Versailles durch einen »Cordon sanitaire« mittlerer und kleinerer Staaten, die größtenteils einmal zum Zarenreich gehört hatten, von Finnland über die baltischen Länder und Polen bis hinunter nach Rumänien von Mitteleuropa ferngehalten. Mit der Konferenz von Genua beziehungsweise mit Rapallo verbanden die bolschewistischen Machthaber, neben der Streichung der Staatsschulden des zaristischen Russlands bei den Alliierten, den Beginn einer verheißungsvollen Zusammenarbeit mit Deutschland.

Rapallo wirkte in Europa wie ein Paukenschlag. Die Kriegsverlierer, die Habenichtse, schickten sich an, aus der politischen und ökonomischen Isolation auszubrechen und ihre Position gegenüber den Westmächten zu stärken. Vereinbart wurde zwischen Deutschen und Russen, auf jegliche Reparationen zu verzichten sowie die diplomatischen und wirtschaftlichen Beziehungen wiederaufzunehmen. Besonders Letztere waren für Deutschland wichtig, denn es wurde immer schwieriger, seine Waren in westeuropäische Länder zu exportieren. Der brisanteste Punkt des Vertrags war die Fixierung einer geheimen militärischen Zusammenarbeit zwischen den beiden so gegensätzlichen Ländern.

Es entbehrte dabei nicht einer gewissen Schizophrenie, dass die deutsche Generalität mit jenen zusammenarbeiten wollte, die den Bürgerkrieg im Reich schürten und somit den politischen Umsturz betrieben. Der unbedingte Wille, militärtechnisch nicht völlig von der Entwicklung abgekoppelt zu werden, ließ sie glauben, was Tschitscherin seinen Gesprächspartnern an Lügen auftischte. Dieser beteuerte nämlich immer wieder, dass die Komintern für den Klassenkampf verantwortlich sei und nicht die Sowjetregierung. Hinzu kam bei der Reichswehrführung eine ideologieferne Grundhaltung, sodass sie das Wesen des Bolschewismus kaum erfassen konnte. Der Feind war für sie Frankreich und Polen, das in Versailles beträchtliche deutsche Gebiete zugesprochen bekommen hatte. Analog zur Reichswehrführung, die früh Operationspläne für einen Feldzug gegen den östlichen Nachbarn ausgearbeitet hatte, sah auch der Zentrumspolitiker Wirth durch den Vertrag mit dem Kreml, den er für »ein ehrliches, aufrichtiges Friedenswerk« hielt,[39] längerfristig die Chance, Polen zu »zertrümmern«, wie er es im vertraulichen Kreis gesagt haben soll.[40] Aus diesem Grund stimmte der Kanzler, wie auch seine Nachfolger, einer geheimen Aufrüstung der deutschen Streitkräfte zu, wie sie von Seeckt anstrebte.

Die SPD war mehr als skeptisch, ja ablehnend gegenüber dem Vertrag mit Russland, also jener Macht, in deren weltrevolutionärem Anspruch eine existenzielle Bedrohung für das Reich gesehen wurde. Der sozialdemokratische Reichspräsident Ebert soll getobt haben, hatte er doch vor ihrer Abreise Wirth und Rathenau jegliche unabgestimmte Einigung mit Russland untersagt. Die verantwortlichen Funktionäre der SPD wussten, mit wem sie es zu tun hatten. Sie waren geprägt von dem erbittert geführten Bürgerkrieg mit den seit Halle vollends aus Moskau gelenkten Kommunisten, deren oberster Führer Lenin seinen Gefolgsleuten Radek, Trotzki und Stalin ins Stammbuch geschrieben hatte, mit Deutschland müsse man »klüger wie eine Schlange« sein.[41] Manche SPD-Politiker sahen dann auch die Tücke, die die Sowjetführer mit Rapallo verbanden. So erhoffte sich nämlich der Kreml, mit dem Vertrag nicht nur die Isolation Russlands zu durchbrechen, sondern auch den von Rückschlägen gekennzeichneten Klassenkampf seiner deutschen Gefolgsleute in der KPD vorantreiben zu können. Der Vertrag – so wurde kalkuliert – würde nämlich den Konflikt Deutschlands mit den Siegermächten des Weltkriegs eskalieren, was nicht ohne Auswirkung auf seine innere Stabilität bleiben würde. Und für die Revolution bedurfte es der Krise, ja des Zusammenbruchs aller Ordnung. Doch das lag aus sowjetischer Sicht noch in der ferneren Zukunft.

Rapallo sprengte um ein Haar die sich über Wochen hinziehende Konferenz von Genua. In einer gemeinsamen Note forderten die Mächte den Ausschluss der Deutschen, der dann durch die Intervention Rathenaus abgewendet werden konnte. Der deutsch-russische Vertrag ließ die europäischen Ambitionen Lloyd Georges scheitern und damit auch die Integration Deutschlands in die westliche Staatengemeinschaft. Der britische Premierminister musste stattdessen befürchten, dass sich ein deutsch-russischer Block zu formieren begann. »Mit seiner Gesamtbevölkerung von über zweihundert Millionen, stellt die Kombination aus den technischen Fähigkeiten Deutschlands und den Rohstoffen und Arbeitskräften eine furchtbare Gefahr für [den] Frieden in Europa dar«, urteilte er und nahm damit vorweg, was 16 Jahre später mit dem Hitler-Stalin-Pakt Wirklichkeit geworden zu sein schien.[42]

Auch Paris, das beharrlich auf die Einhaltung der Reparationsverpflichtungen pochte, sah mit Rapallo eine Veränderung der europäischen Kräfteverhältnisse und damit der Versailler Nachkriegsordnung heraufziehen. Für Poincaré bedeutete das die eklatante Gefahr, dass Deutschland wiedererstarken würde. Deshalb wurden in Paris militärische Interventionen erwogen, die allesamt das Ziel haben sollten, den verhassten Erbfeind nachhaltig zu schwächen, ja den wirtschaftlichen und politischen Zerfall Deutschlands voranzutreiben. Auch eine Besetzung des Ruhrgebiets wurde erwogen. Dass diese Politik, zu der auch die französischen Bemühungen zählten, das Rheinland sowie die Pfalz mithilfe einer Separatismusbewegung von Deutschland abzutrennen, dieses immer mehr in die Arme des bolschewistischen Russlands treiben und eine Achse Berlin-Moskau befördern könnte, wurde von Poincaré aufgrund seines Hasses auf den Erbfeind verdrängt.

Rapallo konnte die Lage Deutschlands, wo die Reichsregierung seit dem Hallenser Parteitag, nach dem sich die gemäßigten Teile der USPD der MSPD angeschlossen hatten, über eine parlamentarische Mehrheit verfügte, freilich nicht entspannen. Zu den erdrückenden Kriegsfolgekosten und den Reparationsleistungen, die das Haushaltsdefizit immer größer werden ließen, war von 1921 an noch eine weltweite Konjunkturkrise gekommen. Da deutsche Exporte ohnehin schon wegen der zunehmenden Zollschranken abnahmen und so immer weniger Devisen ins Land kamen, verfiel die Mark immer schneller. Ende Juli 1922 kostete ein amerikanischer Dollar 615, Ende August bereits 2400 Mark. Als Antwort darauf erhöhte die Reichsregierung den Geldumlauf. So druckten die Notenpressen unter der Oberhoheit der Reichsbank gegen die Schuldscheine des Finanzministeriums immer neues Papiergeld. Dies trieb die Preise und damit die Inflation weiter nach oben. Da die Gehälter dem Tempo der Geldentwertung nicht nachkamen, brachte das eine allmähliche Verarmung weiter Bevölkerungsteile mit sich.

Der deutsche Mittelstand, der Kriegsanleihen gezeichnet hatte, Freiberufler, Angestellte und Beamte verloren so Zug um Zug ihr Erspartes. Die Folge war der gigantische soziale Abstieg einer Gesellschaftsschicht, die keine mächtigen Gewerkschaften im Rücken hatte, die für die Anpassung der Löhne an den Kaufkraftschwund der Mark stritten und so wenigstens einen Teilausgleich erzielten. Reichsaußenminister Gustav Stresemann ging in seiner Nobelpreisrede 1927 in Oslo darauf ein, wenn er sagte: »Der Geschichtsforscher sieht heute noch den Ausgang des Krieges für Deutschland vielfach nur in verlorenen Gebietsteilen, verlorener praktischer Kolonialbetätigung, verlorenem Staats- und Volksvermögen. Er übersieht vielfach den schwersten Verlust, den Deutschland miterlitten hat. Dieser schwerste Verlust bestand meiner Auffassung nach darin, dass jene geistige und gewerbliche Mittelschicht, die traditionsgemäß Trägerin des Staatsgedankens war, ihre völlige Hingabe an den Staat im Kriege mit der völligen Aufgabe ihres Vermögens bezahlte und proletarisiert wurde.«[43]

Sich der dramatischen Entwicklung, die schwere soziale Spannungen mit sich brachte, bewusst, wandte sich Reichskanzler Wirth am 14. November 1922 noch einmal mit einer Note an die alliierte Reparationskommission, von der er ein Moratorium für alle Bar- und einen beträchtlichen Teil der Sachleistungen für die Zeit von drei bis vier Jahren erbat, nachdem er bereits am 12. Juli um einen Zahlungsaufschub gebeten hatte. Er wollte in dieser Zeit mit ausländischen Krediten die Währung halbwegs stabilisieren und den Haushalt ins Gleichgewicht bringen, um die Reparationen bewältigen zu können – für diese suchte er bei den Siegern eine Neufestlegung in einer realistischen Höhe zu erreichen, einer Höhe, die von der Reichsregierung würde aufgebracht werden können. Unabhängig von alldem sollten die Lieferungen Deutschlands zum Wiederaufbau der zerstörten französischen und belgischen Gebiete – soweit es irgendwie ging – fortgesetzt werden. Doch Wirths Vorstoß scheiterte an der Haltung Frankreichs. Poincaré betrachtete ihn als unannehmbar, hielt er doch starr an den Vorgaben des Londoner Zahlungsplans vom Vorjahr fest.

Gescheitert war auch der Plan des Reichskanzlers, angesichts der eskalierenden Krise seine Regierung auf eine noch breitere Basis zu stellen und die DVP in das Regierungsbündnis mit aufzunehmen. Vom Eintritt Letzterer in die Koalition versprach sich der linke Zentrumspolitiker, die Schwerindustrie, deren Interessen vor allem die DVP vertrat, mit in die Verantwortung nehmen zu können. Doch die Verhandlungen, die vom ehemaligen Reichskanzler Fehrenbach vom Zentrum und dem ehemaligen sozialdemokratischen Kanzler und Außenminister Hermann Müller mit dem Vorsitzenden und Gründer der DVP, Gustav Stresemann, geführt wurden, scheiterten. Die durch den Zugang der USPD-Abgeordneten nach links gerückte SPD versagte sich dem Gedanken, mit den Vertretern des großen Kapitals am Kabinettstisch zu sitzen, mit einer Partei, in der ein Stinnes lautstark die Abschaffung des Acht-Stunden-Tages und die Modifikation des Streikrechts zuungunsten der arbeitenden Bevölkerung forderte. So sah der mit seiner Weisheit ans Ende gelangte und resignierende Wirth schließlich keinen anderen Weg mehr, als am 14. November 1922 nach 18 Monaten als Reichskanzler zu demissionieren. Der Dollar wurde an diesem Tag mit 7500 Mark gehandelt.

Die Nachfolgefrage gestaltete sich schwierig. Schließlich berief Ebert qua seiner Vollmachten als Reichspräsident den parteilosen Direktor der Hamburg-Amerikanischen Packetfahrt-Actien-Gesellschaft (HAPAG) und früheren Generalreferenten für Kriegswirtschaftsfragen Wilhelm Cuno. Der unpolitische Wirtschaftsmann, dem jede parlamentarische Erfahrung fehlte, wollte sein Kabinett in Absprache mit den Reichstagsfraktionen bilden, gab das Unterfangen jedoch bald auf. Ohne Wahl wurde er nach einigem Zögern schließlich Kanzler einer bürgerlichen Minderheitsregierung aus DVP, Zentrum, DDP und BVP. Ebert hatte ursprünglich gehofft, seinem Kandidaten werde es gelingen, die SPD – sie war die stärkste Fraktion im Reichstag – mit einzubeziehen, doch diese weigerte sich abermals, mit der DVP zusammenzuarbeiten. So musste die Regierung, der mit Frederic Hans von Rosenberg (Außen), Hans Luther (Ernährung), Wilhelm Groener (Verkehr) und Heinrich Albert (Reichsschatzamt) zunächst vier parteilose Fachminister angehörten, vom ersten Tag an auf einem konfliktträchtigen Terrain zwischen dem deutschnationalen Lager auf der einen und dem sozialdemokratischen auf der anderen Seite agieren. Dies war alles andere als eine gute Voraussetzung, die schwierigen Probleme zu meistern, vor denen Deutschland stand.

Ebert war nichts anderes geblieben, als seine Erwartungen darauf zu setzen, dass der parteilose Wirtschaftsmann ausgleichend auf die politische Situation würde wirken können. Vor allem aber von den guten Beziehungen Cunos in die Vereinigten

Staaten versprach sich der Reichspräsident positive Rückwirkungen auf die Reparationsfrage. Sie war das A und O für die Wiederherstellung der inneren Stabilität. Ohne ihre Regelung – darin waren sich Reichsfinanzministerium und Reichsbank einig – würden jegliche Versuche, die Mark zu stabilisieren und damit den Haushalt auszubalancieren, zum Scheitern verurteilt sein. Entsprechend gering war die Neigung ausgeprägt, hierfür auf die Goldreserven des Reiches zurückzugreifen. Man glaubte, durch die Vermehrung des Papiergeldes die Finanzen halbwegs unter Kontrolle halten zu können, zumal der Notenumlauf mit etwa 644 Milliarden Mark noch in einem halbwegs erträglichen Verhältnis zur schwebenden Schuld des Reiches von rund 766 Milliarden Mark lag. Nicht zuletzt der Anstieg der Mark gegenüber dem Dollar um annähernd 30 Prozent – Letzterer notierte am Tag der Regierungsübernahme Cunos an der Berliner Börse bei 6200 Mark – verdeutlichte, dass von dem angesehenen Wirtschaftsführer Cuno und seinem »Kabinett der diskontfähigen Unterschriften«[44] eine Entspannung der Finanzlage erhofft wurde.

In seiner Regierungserklärung vom 24. November 1922 knüpfte Cuno an die deutsche Reparationsnote vom 14. November an. Auch erklärte er, dass die von den Gläubigerstaaten geforderten Summen die Möglichkeiten Deutschlands weit überschritten. Und auch er erfuhr die unerbittliche Härte des Élysées, wo man nach Rapallo am harten Kurs unbeirrbar festhielt und weder an eine Reduzierung der deutschen Gesamtschulden noch an eine Verlängerung des Zahlungsaufschubs dachte. Stattdessen meldete sich Poincaré zu Wort und beharrte auf seinem Standpunkt, wonach Deutschland zahlen könne, aber nicht wolle. Am 27. November fand dann unter dem Vorsitz des französischen Staatspräsidenten Alexandre Millerand ein außerordentlicher Kabinettsrat statt, an dem Marschall Ferdinand Foch, der Vorsitzende der Reparationskommission Louis Barthou, der Oberkommissar der Rheinlande Paul Tirard und andere teilnahmen. Sie stimmten Poincaré zu, der vorschlug, nunmehr »produktive Pfänder« von den verhassten Deutschen zu nehmen und hierfür das Ruhrgebiet zu besetzen.

Poincarés Entscheidung zur Intervention war bereits unmittelbar nach Rapallo gefallen, von dem Lloyd George später in der Rückschau meinte, ohne diesen Vertrag wären die Franzosen niemals ins Ruhrgebiet einmarschiert.[45] Im Sommer sprach der französische Ministerpräsident ganz offen davon, dass er beabsichtige, das Ruhrgebiet zu besetzen, und wies seinen Generalstab an, mit den militärischen Planungen zu beginnen. Darüber hinaus plante er, das besetzte Rheinland wirtschaftlich mit Frankreich zu verbinden. Steuer- und Zolleinnahmen sollten ebenso in die französische Staatskasse fließen wie der Großteil der Profite der großen Chemieunternehmen der Region, die zu 60 Prozent von Frankreich übernommen werden sollten. Hinzu kamen Besitzansprüche auf staatliche Liegenschaften und Bergwerke sowie die nicht minder maßlose Forderung, dass Deutschland 26 Prozent des Wertes der gesamten deutschen Exporte in harter Währung an Frankreich abzuführen habe.

Als im August die alliierten Staatsführer in London zusammentrafen, um über das Moratoriumsgesuch von Wirth zu beraten, versagte sich Lloyd George Poincarés Vorstellungen. Die Konferenz endete dann auch ergebnislos. Während sich die Vereinigten Staaten zunehmend zurückzogen, ließ die britische Regierung, die sich gegen eine Besetzung des Ruhrgebiets aussprach, den französischen Ministerpräsidenten dennoch gewähren. London bemühte sich zwar im Zuge der traditionellen britischen Europapolitik, das Gleichgewicht der Kräfte wiederherzustellen und Frankreichs Drang zur Dominanz auf dem Kontinent einzudämmen, ohne es allerdings zum Bruch mit dem Weltkriegsverbündeten kommen zu lassen. Daran änderte sich auch nichts, als Lloyd George im Oktober gestürzt wurde und es zur Bildung einer konservativen Regierung unter Andrew Bonar Law kam.

Auch von den anderen Entente-Mächten hatte Frankreich keinen Widerstand gegen eine Ruhrbesetzung zu erwarten. Die Belgier hatten unter dem deutschen Vormarsch und der Besatzung im Weltkrieg sehr zu leiden gehabt und würden sich gewiss einem solchen Vorhaben anschließen. Mit Italien, einer der Hauptsignatarmächte des Versailler Vertrags, waren die Dinge etwas komplizierter. Das Land hatte seit Oktober einen neuen Premierminister, den Faschistenführer Benito Mussolini. Der »Duce«, wie er sich nennen ließ, war nicht sonderlich gut beleumundet, und seine Schwarzhemden übten eine eher abstoßende Wirkung auf die westlichen Demokratien aus. Dennoch ging man in Paris davon aus, dass er einen Einmarsch ins Ruhrgebiet zur Durchsetzung der französischen Reparationsforderungen billigen würde, war er es doch, der während des Krieges lautstark gegen einen »Frieden ohne Sieg« aufgetreten war.

Insofern waren die Voraussetzungen schlecht, als Cuno der Reparationskonferenz, die seit Anfang Dezember in London tagte, eine Note mit dem modifizierten Wirth-Vorstoß vom 14. November zukommen ließ. Auch die darin gemachten Konzessionen – das Moratorium sollte nur noch zwei Jahre gewährt werden – änderten nichts daran, dass die Alliierten den deutschen Vorschlag als völlig unbefriedigend zurückwiesen. Gegen die Stimme des Engländers John Bradley stellte die Reparationskonferenz stattdessen fest, dass Deutschland bei den zu erbringenden Sachleistungen im Rückstand sei. Bis zum 30. August seien statt der geforderten 200 000 Telegrafenmasten 65 000, von den 55 000 Kubikmetern Holz nur 35 000 und statt 13,86 Millionen Tonnen Kohle 11,71 Millionen Tonnen geliefert worden.[46] Obgleich der Umfang der nicht erfüllten Reparationsforderungen geringfügig war, obgleich die deutschen Zahlungsverpflichtungen erfüllt worden waren, gelangte die Kommission zu dem Urteil, dass es sich bei den Rückständen um eine vorsätzliche Nichterfüllung des Versailler Vertrags handele. Ansonsten wurde auf die Pariser Reparationskonferenz am 2. Januar 1923 verwiesen, wo die Sache weiter beraten werden könnte.

Poincaré hatte damit den Vorwand für die Besetzung des Ruhrgebiets, den er für die Weltöffentlichkeit brauchte. Deutsche Bemühungen um eine ernsthafte Lösung der Reparationsfrage waren damit von vornherein zum Scheitern verurteilt. Dies galt auch für den wohlgemeinten Vorschlag des amerikanischen Staatssekretärs und späteren Außenministers Charles Evans Hughes, der in einer Rede vor der Historischen Gesellschaft im US-amerikanischen New Haven am 29. Dezember forderte, die

Höhe der deutschen Zahlungen von einer unabhängigen Expertenkommission festlegen zu lassen. Und selbst das geheime, schon Mitte Dezember über Washington an die französische Regierung herangetragene deutsche Angebot eines feierlichen Sicherheitspakts für die Rheinlande, der zwischen Deutschland einerseits und Frankreich, Großbritannien, Belgien und Italien andererseits geschlossen werden und die Unterzeichner dazu verpflichten sollte, die im Versailler Vertrag festgelegten Grenzen anzuerkennen und dreißig Jahre keinen Krieg gegeneinander zu führen, wurde von Poincaré zurückgewiesen.

Sein Ziel war es, mit der Besetzung des Ruhrgebiets Frankreichs Dominanz gegenüber dem Erbfeind Deutschland auszubauen, ja zu vollenden. Lord D'Abernon hielt darüber in seinem Tagebuch fest: »Was sie anstreben, ist die politische Kontrolle über die Bergwerke an der Ruhr, um Frankreich den Nachschub an Koks zu sichern, nicht nur für Friedenszeiten, sondern auch für den Fall eines längeren Krieges. Aus französischer Kohle lässt sich kein Koks machen und ohne Koks kann Frankreich keinen längeren Krieg führen, weil sie nicht im ausreichenden Maß Stahl erzeugen können. Während des Weltkrieges war Frankreich von England und Amerika abhängig [...] Wenn sie das Ruhrgebiet beherrschen sind sie unabhängig.«[47] Über die Schaffung günstigerer Voraussetzungen für den Fall eines weiteren Krieges mit Deutschland hinaus ging es dem französischen Ministerpräsidenten Poincaré darum, dessen staatliche Einheit zu zerstören und hierfür den separatistischen Tendenzen Vorschub zu leisten. Er wurde jedoch nicht nur von dem Willen getrieben, das Reich als Machtfaktor in der Mitte Europas ein für alle Mal auszuschalten, sondern auch von der Sorge um die schwierige Finanzlage seines hoch verschuldeten Landes, die in einem schroffen Gegensatz zu seiner militärischen Stärke stand. Wenn er schon nicht in der Lage war, die Finanzen zu konsolidieren, so wollte er doch wenigstens der Welt zeigen, dass die Grande Nation nach wie vor groß war.

1

Januar und Februar

Man hat das Gefühl, als ob man auf einem Vulkan sitzt, dessen erstes Brodeln und Grollen man bereits vernimmt.
Das Berliner Tageblatt über die Stimmung am 23. Januar 1923

Als der 1. Januar 1923 heraufzieht, ahnen die ernüchterten Deutschen nicht, dass auf der anderen Seite der westlichen Reichsgrenze die Vorbereitungen für den französisch-belgischen Einmarsch in das Ruhrgebiet auf Hochtouren laufen. Die Menschen schauen gleichwohl voller Sorge auf das vor ihnen liegende neue Jahr. Ferner denn je ist die Hoffnung, endlich aus dem langen Schatten des Krieges heraustreten zu können. In den offiziellen Ansprachen der Verantwortlichen ist dann auch viel die Rede von Frieden, wie immer in Zeiten, in denen ebendieser Friede nicht ist. Reichskanzler Cuno erklärt, es gehe darum, ob mit dem alten Jahr die Politik der Gewalt zu Grabe getragen werden könne und mit dem neuen der Frieden komme, den Europa so dringend brauche, und er fährt fort: »Wir glauben nicht besser als auf dem von uns betretenen Weg an der Erreichung dieses hohen Zieles mitarbeiten zu können. Dass das neue Jahr uns hierzu verhelfen wird, bleibt unsere Hoffnung.«[1] Der nicht gerade als religiös bekannte sozialdemokratische Reichspräsident Ebert bedankt sich beim Neujahrsempfang für das diplomatische Korps im Reichspräsidentenpalais besonders beim Vertreter des Vatikans, Nuntius Eugenio Pacelli, für die Segenswünsche des Heiligen Vaters. An die Versammelten gewandt versichert auch er, »dass das deutsche Volk und die aus seiner Mitte hervorgegangene Regierung alles tun werden, damit die immer noch getrennten Völker den wahren Frieden und in gemeinsamer Arbeit für die der ganzen Welt so notwendige Neugestaltung des wirtschaftlichen und geistigen Zusammenlebens der Nationen wirken«.[2]

Davon will Frankreich nichts wissen. Staatspräsident Millerand attackiert – wie erwartet – beim Neujahrsempfang des diplomatischen Korps im Élysée das Deutsche Reich scharf. Berlin wolle sich seinen Reparationsverpflichtungen entziehen, indem es die Schuld am Weltkrieg bestreite. Damit ist auch die Tonlage für die tags darauf in Paris beginnende Reparationskonferenz gesetzt. Für diese will die Reichsregierung ihren im Zusammenwirken mit den Spitzen der Industrie und des Finanzwesens ausgearbeiteten Plan zur endgültigen Regelung der Reparationsfrage einbringen. Danach soll eine 5-prozentige internationale Anleihe in Höhe von 20 Milliarden Goldmark aufgelegt werden, deren Schuld- und Zinsdienst aber erst nach vier Jahren beginnen soll, damit Deutschland in der Zwischenzeit seine Währung sowie seine Finanzen konsolidieren kann. 1927 und 1931 sollten dann zwei weitere Anleihen in Höhe von jeweils 5 Milliarden Goldmark aufgelegt werden, insgesamt sollen demnach 30 Milliarden bezahlt werden.

Doch alles ist vergeblich. Die Bemühungen der Reichsregierung, den sogenannten Bergmann-Plan, der schriftlich vorliegt, auf der Pariser Reparationskonferenz an höchster Stelle vorstellen zu dürfen, scheitern. Und auch der liberale Aristokrat Graf Kessler, der im Auftrag des deutschen Außenministers Frederic Hans von Rosenberg hinter den Kulissen Gespräche mit einflussreichen Persönlichkeiten Frankreichs führt, hat daran nichts ändern können. Bei dem in der Manier eines Tribunals abgehaltenen alliierten Treffen sind auch vier Jahre nach dem Ende des großen Krieges deutsche Vertreter nicht zugelassen. Dazu passt auch der Auftritt des französischen Ministerpräsidenten Poincaré. Einem Chefankläger gleich fordert er zur Sicherstellung der deutschen Geldzahlungen und Sachleistungen die Besetzung des Ruhrgebiets als »produktives Pfand«. Hinter ihm steht die französische Schwerindustrie, und die will die Kohle des Ruhrgebiets für die Hütten Lothringens, und zwar nicht nur die festgelegten Reparationslieferungen. Hat Deutschland bereits mit Versailles vier Fünftel der Eisenerzvorkommen verloren, so verfügt es doch noch über eine beträchtliche Kohleförderung, die vor dem Krieg mit 190 Millionen Tonnen Steinkohle und 87 Millionen Tonnen Braunkohle mehr als sechs Mal so groß gewesen ist wie die Frankreichs. Dies soll mit der Besetzung des Ruhrgebiets nun ganz anders werden.[3]

Angesichts dieser Wirklichkeit müssen die Ausführungen des konservativen britischen Premierministers ins Leere gehen. Bonar Law fordert zwar ungleich höhere Zahlungen als im Bergmann-Papier vorgesehen, schlägt aber aufgrund des drohenden deutschen Staatsbankrotts einen Zahlungsaufschub für vier Jahre vor, so wie ihn schon Reichskanzler Joseph Wirth erbeten hat. Dies lehnt der empörte Poincaré, sekundiert vom belgischen Ministerpräsidenten Georges Theunis, kategorisch ab, genauso wie die von der italienischen Delegation vorgeschlagenen Kompromisslösungen. Bereits am 4. Januar wird die Pariser Reparationskonferenz ergebnislos abgebrochen. In einer Stellungnahme Bonar Laws heißt es, dass eine Umsetzung der französischen Vorstellungen »wahrscheinlich ernste und sogar unheilvolle Folgen für die wirtschaftliche Entwicklung Europas nach sich ziehen [...] [wird]. Unter diesen Umständen kann sich die britische Regierung diesen Vorschlägen weder anschließen noch eine Verantwortung für sie übernehmen.«[4]

Während die bürgerliche Presse in Frankreich und Belgien die Haltung ihrer Regierungen begrüßt und die Zeitungen auf der anderen Seite des Ärmelkanals und des Atlantiks scharfe Kritik am Verhalten Poincarés vorbringen, üben sich die europäischen Siegermächte des Weltkriegs trotz aller tiefgreifender Meinungsverschiedenheiten letztendlich ein weiteres Mal in Solidarität. In Washington wird der Abzug der verbliebenen amerikanischen Truppen für den Fall einer Besetzung des Ruhrgebiets angekündigt. In Berlin bringt die Reichsregierung ihre Enttäuschung zum Ausdruck, dass es nicht gelungen sei, eine vernünftige Lösung der Reparationsfrage zu finden, um Europa vor dem sonst unvermeidlichen Ruin zu bewahren. Mehr scheint der deutschen Politik nicht zu bleiben.

Am 10. Januar 1923 gehen im Außenministerium in Berlin

gleichlautende Noten aus Paris und Brüssel ein. Darin wird die eigentliche Absicht der beiden Alliierten verschleiert, wenn es heißt, dass aufgrund der Nichterfüllung der Verpflichtungen des Versailler Vertrags eine Ingenieurkommission zur Kontrolle des Kohlesyndikats ins Ruhrgebiet entsendet werde, damit die Kohlelieferungen gewährleistet würden. Lediglich zu deren Schutz würden Besatzungstruppen eingesetzt werden. Die Wirklichkeit ist eine ganz andere: Am darauffolgenden Tag marschieren fünf französische Divisionen und ein belgisches Infanteriebataillon – insgesamt 60 000 Soldaten mit Panzerwagen und schwerer Artillerie – ins Ruhrgebiet ein. Sie schicken sich an, das Zentrum der deutschen Industrie in Besitz zu nehmen. Zusammen mit den besetzten Gebieten des Rheinlands und des Saarlands bringen sie – abgesehen von den anderen Industriezweigen – damit 84 Prozent der deutschen Steinkohleförderung und mehr als 82 Prozent der Rohstahlproduktion unter ihre Kontrolle.

Die französisch-belgischen Truppen besetzen zunächst Essen und Gelsenkirchen. Zu besonderen Zwischenfällen kommt es nicht. Über den Einmarsch in Essen berichtet die *Berliner Börsen-Zeitung*, dass sich dieser »mit einem ungeheuren militärischen Apparat« vollzogen habe. Die Bevölkerung habe sich der größten Ruhe befleißigt. Die Hauptstraßen seien wie ausgestorben, die Vorhänge an den Fenstern zugezogen gewesen, »sodass die waffenstarrenden ›Eroberer‹ nicht die geringste Gelegenheit fanden, sich provoziert zu fühlen«.[5] Im Rathaus der Stadt hält sich zu dem Zeitpunkt Reichsernährungsminister Hans Luther auf, der bis zu seinem Eintritt ins Kabinett Cuno Essener Oberbürgermeister war. Als der Führer einer Vorausabteilung Luther auffordert, den französischen General Rampond zu empfangen, weigert der sich. Ein paar Kilometer davon entfernt in Essen-Bredeney schlägt der französische Oberbefehlshaber General Jean-Marie Degoutte derweil sein Hauptquartier – überaus symbolträchtig – in der Villa Hügel auf, der Residenz der Krupps.

In Berlin richtet Reichspräsident Ebert zusammen mit dem Kanzler einen Aufruf an die Nation, in dem sie zunächst die Pariser »Gewaltpolitik« scharf verurteilen. Da ein Eingreifen der Reichswehr keine Option ist, müssen sie den Deutschen sagen, dass dem Vaterland die Macht fehle, »diese Tat der Verblendung, die sich gegen Deutschland wie die gesamte Wirtschaft richtet, aus eigenen Kräften zu verhindern. Was geschehen konnte, um das Unheil abzuwenden, haben wir versucht«, heißt es in dem Aufruf weiter. Schließlich bleibt den Unterzeichnern nur, die Deutschen auf die »schwere Zeit« einzustimmen, die »wohl schwerer noch [sein wird] als die Jahre, die wir seit dem Kriege durchlebten«. Nur »festes Zusammenstehen des ganzen Volkes« könne diese schwere Zeit verkürzen.[6]

Für die Deutschen, die am Leben der Nation teilnehmen, ist der Einmarsch ins Ruhrgebiet, an dem auch eine Gruppe italienischer Ingenieure beteiligt ist, wohl die größte Demütigung seit dem Schock von Versailles. Die materielle Not infolge der immer schneller steigenden Inflation tut ein Übriges. Hat der Dollar am 11. Januar noch bei 10 000 Mark gelegen, so wird er binnen einer Woche fast doppelt so teuer sein. Und das bedeutet für das Gros der Bevölkerung, dass das Durchkommen immer schwieriger wird. Denn die Gehälter steigen nicht annähernd so schnell, wie der Kurs der Mark fällt. Hinzu kommen die psychologischen Verwüstungen durch die immer größer werdenden sozialen Gegensätze. Und was mag erst in den Köpfen der Menschen vorgehen, die sehen, dass Besucher aus dem Ausland, für die Berlin längst zum Geheimtipp geworden ist, fast umsonst in den Grandhotels logieren können und großbürgerliche Wohnungen in Bestlagen den Besitzer für ein paar Hundert Dollar wechseln?

Besonders in den völkisch-nationalen Kreisen quält die Verbitterung, wenn sie die Ohnmacht der deutschen Politik sehen, einer Politik, die seit Jahren vom Frieden spricht, obgleich doch der Krieg nicht aufgehört hat. Schwer erträglich ist es für sie, mitansehen zu müssen, dass für eine militärische Lösung im Jahr vier nach Versailles die Voraussetzungen fehlen. Denn mit einem 100 000-Mann-Heer ohne Fliegertruppe und ohne Seestreitkräfte lässt sich kein Krieg führen, zumal die wichtigen strategischen Positionen im Westen bereits im Zuge des Waffenstillstands von Compiègne in Erwartung eines gerechten Friedens aufgegeben worden sind. Gänzlich unerträglich ist die Situation für die vielen Weltkriegskämpfer, die an der Marne, der Somme oder vor

Verdun gekämpft und das massenhafte Sterben mitangesehen haben. Ihnen bleiben nur die Wut auf die Regierung in Berlin und der Hass auf den »Erbfeind Frankreich«. Gegen ihn würden viele lieber heute als morgen wieder ins Feld ziehen. Und für diesen Tag üben sie in den noch nicht verbotenen Wehrverbänden, denen sie sich angeschlossen haben. Dort, wo die warme Mahlzeit aus der Gulaschkanone sicher ist, pflegen sie unter Gleichgesinnten das in ihren Augen bessere Deutschland.

Im Lager der Kriegsgegner des Reichs ist man besorgt. In Downing Street No. 10 ist der Premierminister erschrocken über die Brachialität des französischen Einmarschs ins Ruhrgebiet. Bonar Law durchschaut natürlich, um was es Poincaré dabei geht, wenn er auf einem Memorandum des Foreign Office überaus polemisch notiert, dass er »immer gedacht habe, die Franzosen seien eigentlich nicht so dumm zu glauben, dass eine Vorgehensweise wie die jetzige die Reparationszahlungen beschleunigen würde, und dass Sicherheit (wie sie sie verstehen) ihr oberstes Ziel sei. Doch aus verschiedenen Gründen ist die Reparationsfrage der Vorwand, den sie der Welt präsentieren«.[7] Zu viel Machterweiterung Frankreichs auf Kosten einer dauerhaften Schwächung Deutschlands ist aus Bonar Laws Sicht nicht im Interesse Großbritanniens. Dennoch verhält sich der Premierminister gegenüber seinem französischen Kollegen in der Sache weiterhin neutral, zumal sein Kabinett in der Angelegenheit unterschiedlicher Meinung ist. Im Kriegsministerium ist man profranzösisch, im Schatzamt prodeutsch und im Außenministerium indifferent.

Auch das Weiße Haus verbindet mit dem Einmarsch ins Ruhrgebiet neues Ungemach für Europa. Der Oberbefehlshaber der amerikanischen Rheintruppen, Henry Tureman Allen, kleidet es in seinem Tagebuch in die Worte: »Der 11. Januar 1923 wird meiner Meinung nach ein schicksalsreicher Tag für das Wohlergehen der Welt sein, denn die augenblickliche Lage verspricht für den Frieden und den europäischen Wiederaufbau sehr wenig.«[8] Allens Oberbefehlshaber, der amerikanische Präsident Warren G. Harding, ordnet, wie er für den Fall einer Besetzung des Ruhrgebiets angekündigt hat, den Rückzug der Rheintruppen an. Auf der Festung Ehrenbreitstein bei Koblenz holen sie bald darauf das Sternenbanner ein, begleitet von den besten Wünschen Cunos, der ein gutes Verhältnis zu den in der deutschen Bevölkerung beliebten Amerikanern pflegt.

Nach dem Willen der Administration in Washington soll sich fortan alles um das eigene Land drehen. *Splendid Isolation* werden sie das dort später nennen. Das hat auch damit zu tun, dass das politische Washington, sofern es sich überhaupt für die europäischen Belange interessiert, zwischen Anglophilen und Frankophilen zerrissen ist. Leute wie der Republikaner Theodore Roosevelt stellen sich hinter Poincaré, während auf der anderen Seite die Sympathien für die Deutschen zunehmen. Die Äußerung des amerikanischen Außenministers Hughes verdeutlicht die Haltung seines Landes, wenn er gegenüber dem britischen Botschafter Lord D'Abernon meint, dass Frankreich und Deutschland jedes für sich »das ihnen zustehende Maß an Chaos« durchleiden müssten, bevor sie willens seien, sich auf eine »faire Regelung« zu verständigen.[9]

Entschieden reagiert der Kreml, wo Stalin als Generalsekretär sowie die Politbüromitglieder Kamenew und Sinowjew – Letzterer ist Vorsitzender des Exekutivausschusses der Komintern – seit der schweren Erkrankung Lenins die Parteigeschäfte führen. In einem Aufruf »an die Völker Europas«, der in der *Iswestija* veröffentlicht wird, warnen die Bolschewisten vor der durch die Besetzung des Ruhrgebiets von Frankreich heraufbeschworenen Gefahr eines neuen Krieges.[10] Das ist freilich nur Rhetorik. Glaubwürdiger ist es da schon, wenn sie die Proletarier aller Länder, besonders aber die in Deutschland und Frankreich, zur Einheit im Kampf gegen die Imperialisten mahnen. Der Sonderkorrespondent des *Berliner Tageblatts* in Sowjetrussland berichtet, dass »überall in Moskau [...] Lastautos mit Demonstranten umher[fahren] mit roten Aufschriften ›Nieder Frankreich! Nieder Imperialismus!‹«.[11] Die Sowjetführung entsendet sogar eine Militärkommission nach Deutschland, die die Lage abklären soll. Denn im Kreml wird nicht ausgeschlossen, dass Russland möglicherweise in den erwarteten Krieg involviert werden würde. Dies wäre der Fall, wenn es in Deutschland zur Revolution käme und die internationale Solidarität der Arbeiterklasse den Kampf Seite an Seite mit den deutschen Proletariern zur Pflicht machte. Auch deshalb will Moskau die in Rapallo vereinbarte gemeinsame Rüstungszusammenarbeit voranbringen, auch mit den Vertretern der Reaktion, deren Tage man ohnehin für gezählt hält.

Die deutsche Regierung, die ihren Botschafter in Paris, Wilhelm Mayer-Kaufbeuren, und ihren Gesandten in Brüssel, Otto Landsberg, zurückbeordert, ist in der Bredouille. Vorübergehend war sogar beabsichtig, die diplomatischen Beziehungen mit Paris abzubrechen und dem Botschafter in Berlin, Pierre de Margerie, die Akkreditierungspapiere auszuhändigen. Doch in letzter Minute nimmt die Regierung Cuno Abstand von einem solchen Schritt, fürchtet sie doch, dass die Franzosen dann auf die Reichshauptstadt marschieren würden.[12] Doch sie weiß, sie muss ein Zeichen setzen, um vor allem auch die Nation zusammenzuhalten. Am 13. Januar setzt sie es. Die Koalition bringt nach einer umfassenden Erklärung Cunos einen Antrag ins Parlament ein, in dem es heißt: »Der Reichstag erhebt gegen den Rechts- und Vertragsbruch der gewaltsamen Besetzung des Ruhrgebiets feierlichen Protest. Der Reichstag wird die Regierung bei der Anwendung der zur entschlossenen Abwehr dieses Gewaltaktes zweckdienlichen Maßnahme mit allen Kräften unterstützen.«[13] Die Regierung Cuno erhält das eingeforderte Vertrauen von 311 Abgeordneten bei 16 Enthaltungen der USPD und 11 Gegenstimmen der Kommunisten. Sie hat damit freie Hand für die Abwehrmaßnahmen, für den passiven Widerstand.

Zu diesen gehört neben der bereits am 12. Januar angekündigten Einstellung sämtlicher Reparationsleistungen an Frankreich die Verweigerung jeglicher Art der Zusammenarbeit mit den Besatzern. In der kurz darauf ergehenden Anweisung an die deutschen Behörden wird noch einmal hervorgehoben, dass die Aktion der französischen und belgischen Regierung im Ruhrgebiet eine schwere Verletzung des Völkerrechts und des Vertrags von Versailles darstelle. Infolgedessen seien Befehle und Anordnungen, die an deutsche Beamte ergingen, rechtsunwirksam. »Es ergeht daher seitens der Regierungen […] die Anweisung, Anordnungen der besetzenden Mächte keinerlei Folge zu geben, sondern sich ausschließlich an die Anweisungen ihrer eigenen Regierung zu halten.«[14] Es folgen Ausführungsbestimmungen, die mit der sozialdemokratisch geführten preußischen Regierung abgestimmt sind, gehört doch das Ruhrgebiet zum Reichsland Preußen. Auch wird den Zechenbesitzern verboten, Kohle oder Koks an Frankreich beziehungsweise Belgien zu liefern. Ziel ist es, die gesamte Industrieproduktion im Ruhrgebiet lahmzulegen und den Alliierten damit zu zeigen, dass dessen Besetzung kontraproduktiv ist.

Daneben wurde der 14. Januar zum nationalen Trauertag erklärt. Er wird wie der Reichsgründungstag am 18. Januar kurz darauf zu einer deutschlandweiten, nahezu alle gesellschaftlichen Gruppen berührenden Manifestation von Wut und Ohnmacht. In den Städten des Landes, ob in Hamburg, Leipzig oder Berlin, sind Hunderttausende auf den Straßen und Plätzen. In der Reichshauptstadt haben DDP, DVP, Zentrum und die DNVP zu einer Großkundgebung vor dem Reichstag aufgerufen. Es sei »der Ausdruck eines geschlossenen Volkswillens, der der brutalen Gewalt der Bajonette die Massen der Vernunft und des guten Rechts entgegensetzt«, schreibt das *Berliner Tageblatt*.[15] Es ist ein wenig so wie in den Augusttagen des Jahres 1914, als Deutschland den Deutschen als einig Volk von Brüdern erschienen ist, als alle Gegensätze sich im patriotischen Rausch auflösten, in einem patriotischen Rausch, dem sehr bald die brutale Ernüchterung auf den Schlachtfeldern folgte. Selbst eher abgeklärte Köpfe, wie der DVP-Vorsitzende Gustav Stresemann, sprechen jetzt vom kleinen »Parteigeist«, aber von der großen Zukunft Deutschlands. Und sie geben sich sicher, wenn sie beteuern: »Diesen Glauben kann uns weder der Versailler Vertrag noch die Sanktionspolitik rauben.«[16]

Am martialischsten ist der Protest in München. Dort haben die »Vereinigten Vaterländischen Verbände Bayerns« eine Kampfdemonstration gegen die Entente anberaumt, allen voran gegen das verhasste Frankreich. Auf der Großveranstaltung auf dem Königsplatz, zu der Zigtausende gekommen sind, spricht auch der bayerische Ministerpräsident und Außenminister, Eugen

Ritter von Knilling. Der ehemalige königlich-bayerische Kultusminister ist durchdrungen vom katholischen Geist eines freistaatlichen Sonderbewusstseins, das sich als Bastion gegen die verderbte Welt des protestantischen Nordens, insbesondere des Sündenbabels Berlin, versteht. Gestützt auf seine BVP, den Bayerischen Bauernbund und die Bayerische Mittelpartei, regiert der von Ludwig III. geadelte Knilling das Land. Auf der Kampfdemonstration beschwört er im Verlaufe seiner Rede die Entschlossenheit des Freistaats und die Geschlossenheit der deutschen Nation. Mit dabei sind die bayerischen Honoratioren, wie der Kronprinz Rupprecht oder der ehemalige Ministerpräsident Ritter von Kahr. Auch Hitler und seine Sturmabteilung sind gekommen. Er hat sich dem weiß-blauen, schwarz-weiß-roten Spektakel nicht entziehen können, obgleich er es ablehnt, sich mit den Veranstaltern gemeinzumachen, die sich mit der Politik der Reichsregierung voll und ganz solidarisieren.

Hitler schaut vielmehr voller Verachtung auf die herab, die sich jetzt über die Besetzung des Ruhrgebiets durch Frankreich echauffieren. Denn er glaubt, im Gegensatz zu ihnen die wahren Zusammenhänge des Weltenlaufes und damit der deutschen Tragödie verstanden zu haben. Sein »Lernprozess« begann mit der Bayerischen Räterepublik, damals in jenem unglückseligen April 1919, als moskowitisch-jüdische Berufsrevolutionäre in München eine Sowjetrepublik ausriefen. Es waren aber nicht die wenigen Tage der kommunistischen Herrschaft selbst, die ihn prägten, sondern es war die Zeit danach. Erst jetzt, nachdem die Reichswehr und die Freikorps der Räterepublik ein blutiges Ende bereiteten, erst jetzt, als es der Zufall wollte, dass der ehemalige SPD-Sympathisant und Ersatzbataillonsrat der bayerischen Roten Armee, der gegen Juden nichts gehabt hatte, zu einer Art Politoffizier ausgebildet wurde, nahm er die jüdischen Revolutionäre und die »jüdischen Wucherer«, die sich im Kleinen wie die »Jüdische Börse« im Großen an der Not der Bürger bereicherten, als Bedrohung wahr. Die Inflation war für ihn folgerichtig das Werk der weltweit operierenden »Börsenjuden«, deren Ziel die »Aussaugung« der nationalen Substanz Deutschlands sei. Schon früh glaubte er, ein Zusammenspiel dieses internationalistischen

»Börsenjudentums« mit dem ebenfalls internationalistischen Bolschewismus ausmachen zu können.

Unter dem Einfluss völkischer Sektierer, wie des abgehalfterten Schriftstellers Dietrich Eckart, wird alles in Hitlers Welt zu einem gigantischen Rassenkampf zwischen Juden und Ariern. In Deutschland, der letzten Bastion des arischen Menschen, entscheidet sich das Schicksal des abendländischen Kulturkreises und damit – nach dem Verständnis der Zeit – das Schicksal der ganzen Welt. Einem Getriebenen gleich macht sich Hitler diesen Kampf zum Lebenszweck. Es ist für ihn eine regelrechte Obsession, von der er fortan beherrscht wird. In Wahnbildern sieht er im Falle seines Scheiterns eine heraufziehende »jüdische Weltherrschaft« und als Resultat derselben einen »für Jahrmillionen« menschenleer durch den Äther ziehenden Planeten Erde, wie er bald schreiben wird.

Angstphobien vor dem »jüdischen Bolschewismus«, die besonders von Russlandkennern in den Reihen der frühen NSDAP befeuert werden, von Leuten wie Alfred Rosenberg oder Max Erwin von Scheubner-Richter, der seit 1921 »als Sendling der weißrussischen und ukrainischen Emigranten«[17] bei den Rechtsverbänden gelandet ist, sind im unmittelbaren Umfeld Hitlers weitverbreitet. So warnt Hitlers Sekretär Rudolf Heß, dessen Freundin Haila von Westarp während der Räteherrschaft von den Roten als Geißel brutal ermordet wurde, im September 1921 vor der »jüdischen Infiltration« in Deutschland und gelangt zu dem Ergebnis: »Für den Norden Deutschlands ist es wahrscheinlich für eine Gegenbewegung zu spät. Die Verhetzung der Massen ist soweit fortgeschritten, die Organisation soweit durchgeführt, dass der Bolschewismus losbrechen wird. Die einzige Rettung kann Bayern bedeuten.«[18] Jetzt, im Januar 1923, ist das alles aktuell.

Der, dem Heß bedingungslos folgt, begreift sich als dieser Retter aus dem »gesunden Süden«. Doch noch muss er diesen Kampf mit dem Wort führen, das vorerst seine einzige Waffe ist. Bereits am 11. Januar hat er seine Anhänger im überfüllten Münchner Zirkus-Krone-Bau auf dem Marsfeld zu einer Großkundgebung zusammengerufen. Er geißelt weniger Frankreich, sondern aufs

Neue die »Novemberverbrecher«, die er seit Jahren gebetsmühlenartig attackiert. Sie – Sozialdemokraten, Kommunisten, aber auch die feigen Bürgerlichen als Handlanger des »internationalen Judentums« – trügen durch Verrat und »Dolchstoß« in den Rücken der Front die Verantwortung für die Niederlage im Weltkrieg. Sie verschuldeten die »verbrecherische Wehrlosmachung Deutschlands«. Paris hätte es niemals gewagt, ins Ruhrgebiet einzumarschieren, hätte nicht das ehrlose »jüdisch-marxistische Regime in Berlin« Deutschland so geschwächt. Es würde die Franzosen mehr beeindrucken, wenn das deutsche Volk, statt hilflose Parolen zu skandieren, die eigenen Verräter »reihenweise aufhängen« würde. Denn »die deutsche Wiedergeburt nach außen ist erst dann möglich, wenn die Verbrecher im Inneren zur Verantwortung gezogen und ihrem gerechten Schicksal überliefert werden«.[19]

Am 15. Januar beginnt der passive Widerstand im Ruhrgebiet mit einer einstündigen Arbeitsniederlegung. Alle Betriebe, Banken, Büros, Geschäftshäuser und Gastwirtschaften haben in dieser Zeit zu schließen. Ein Gewerkschafter der Zeche »Unser Fritz« in Wanne erinnert sich: Um 11 Uhr sei das Ereignis mit Sirenengeheul angekündigt worden. Die öffentlichen Gebäude seien auf halbmast geflaggt gewesen. Der neue Alltag der Bergarbeiter hat auch eine angenehme Seite, wenn er berichtet: »Wir fuhren zwar in den Schacht ein, bekamen auch unseren Durchschnittslohn, durften aber keine Kohle fördern. Wir blieben also in unseren Revieren zusammen und diskutierten über alle Ereignisse sowie über Mittel und Wege, wie es weitergehen sollte.« Unter den Kumpels habe der Spruch kursiert: »Arbeiter, findest du eine Kiste, dann lass dich ruhig nieder, der passive Widerstand kehrt niemals wieder!«[20] Bald stehen im ganzen Ruhrgebiet die Räder an den Fördertürmen der Zechen still, die Feuer in den Hochöfen erlöschen, und die Lokomotiven der Reichsbahn sind nicht mehr unter Dampf. Nur 375 ihrer 170 000 Mitarbeiter sollen bereit gewesen sein, für die Besatzer zu arbeiten.[21]

Flankiert wird der Beginn des passiven Widerstands durch improvisierte Kundgebungen und Demonstrationszüge gegen die Besatzer. In Bochum eröffnet französisches Militär, das ständig

Verstärkungen nachführt, das Feuer auf eine Menschenmenge, die patriotische Lieder singt. Ein 17-jähriger Schüler stirbt. Er ist der erste Tote der Besetzung. Das lässt die Empörung wachsen und die Deutschen zusammenrücken. Vom Zechenbetreiber bis zum gewerkschaftlich organisierten Arbeiter und zu den staatlichen Bediensteten und Beamten stehen sie zusammen. Sie sind entschlossen, das Ruhrgebiet, das industrielle Herzstück des Reiches, stillzulegen und Franzosen und Belgiern zu zeigen, dass sie nicht ein Volk von Knechten sind. D'Abernon veranlasst dies zu der Feststellung: »Die Franzosen haben mit ihrer Invasion des Ruhrgebiets mehr getan, alle Parteien und Klassen in Deutschland zusammenzubringen, als es mit anderen Mitteln möglich war.«[22]

Die Besatzer sind von der Stärke und Geschlossenheit des deutschen Widerstands überrascht. Umso entschiedener reagieren sie. Sie verhängen den verschärften Belagerungszustand und suchen nach Wegen, den passiven Widerstand zu unterlaufen. So beginnen sie damit, Staatsdiener zu verhaften und ins unbesetzte Reichsgebiet auszuweisen, wenn sie sich weigern, die Befehle der neuen Herren auszuführen. In Essen, wo die Interalliierte Kommission zur Kontrolle der Fabriken und Kohlevorkommen ihre Arbeit aufgenommen hat, werden der Zechenbesitzer Fritz Thyssen und fünf andere Bergwerks-Generaldirektoren festgenommen, weil sie sich standhaft geweigert haben, Kohle zu liefern. Sie berufen sich dabei auf die Weisungen der Reichsregierung. Die Industriellen werden nach Mainz gebracht, das seit der Besetzung des linken Rheinufers unter französischer Verwaltung steht. Dort werden sie vor ein Militärtribunal gestellt. »Niemand kann gezwungen werden, gegen sein eigenes Vaterland zu handeln«, verteidigen sie sich. Reichswirtschaftsminister Johannes Becker telegrafiert an Thyssen, er habe »Empfindungen wärmster Anteilnahme und des freudigen Stolzes« für die »tapferen Verteidiger deutschen Rechtes gegen fremde Gewalt«.[23]

Der Prozess sorgt in ganz Europa für Aufsehen. Mehr als hundert Journalisten sind gekommen, und 20000 Menschen demonstrieren vor dem Justizgebäude. Schließlich wurden die französischen Militärrichter aus Paris instruiert, den Hauptanklagepunkt fallen zu lassen und gegen die Industriellen wegen eines Bagatelldelikts zu verhandeln. Poincaré will nicht aus Thyssen einen Märtyrer machen. Friedrich Grimm, einer der Strafverteidiger, beschreibt in seinen Memoiren die Minuten, nachdem sich das Gericht zur Beratung zurückgezogen hat: »Im Saal herrschte tiefe Stille, und dann geschah etwas Unerwartetes, Ergreifendes, das niemand vergessen wird, der das miterlebt hat. Von unsichtbarer Hand waren die Fenster geöffnet worden und von draußen drang zu uns der Gesang einer tausendköpfigen Menschenmenge: ›Deutschland, Deutschland über alles!‹, ›Oh Deutschland hoch in Ehren!‹«[24] Dass sie auch *Siegreich woll'n wir Frankreich schlagen* singen, behält Grimm in seinen Nachkriegserinnerungen für sich. Thyssen und die fünf anderen Angeklagten werden lediglich zu einer Geldstrafe verurteilt. Ihre Heimreise mit der Eisenbahn gerät zur Triumphfahrt. Überall an der Strecke stehen winkende Menschen. Als der Zug den Bahnhof unterhalb des Niederwalddenkmals passiert, singt die herbeigeströmte Menschenmenge ein weiteres Mal die Nationalhymne. Auch in Essen, dem ersten Ziel, ehe es weitergeht nach Duisburg, ist der Teufel los. Wiederum sind Abertausende unterwegs. »Man hat das Gefühl, als ob man auf einem Vulkan sitzt, dessen erstes Brodeln und Grollen man bereits vernimmt«, schreibt der Korrespondent des *Berliner Tageblatts,* der dabei gewesen ist.[25]

Auch wenn sich die Besatzer an diesem Tag rar gemacht haben, um die aufgeheizte Lage nicht weiter zu eskalieren, sind sie doch bald allgegenwärtig. Zu Fuß, zu Pferd oder per Panzerwagen beherrschen sie mit ihren aufgepflanzten Bajonetten das Bild der Städte. Die dort ihren Dienst tuenden deutschen Beamten müssen vor den Offizieren salutieren, Passanten für sie die Bürgersteige frei machen. Bald werden sie auch die Trikolore grüßen müssen. Obgleich das Besatzungsregiment der Franzosen und Belgier als immer bedrohlicher empfunden wird, demonstrieren die Menschen weiter. In Trier und Duisburg sterben mehrere Kundgebungsteilnehmer, und Dutzende werden verletzt, als französische Soldaten wieder einmal brutal das Feuer eröffnen und Kavallerie die Menge auseinandertreibt.

Die Regierung Cuno reagiert darauf, aber auch auf die Abschiebung der Beamten, die mit ihren Familien ihre Heimat verlassen müssen, um irgendwo im unbesetzten Gebiet ein Obdach zu finden, mit geharnischtem Protest. Überhaupt gibt sich der Kanzler als entschlossener Patriot, der er sicherlich ist. Und als solcher hat er es geschafft, dass die große Mehrheit der Deutschen hinter ihm und dem passiven Widerstand steht. Dennoch ist der ehemalige Generaldirektor der Hamburg-Amerika-Linie nicht unumstritten. Schon als der kühle Hanseat, der gar kein Hanseat ist, sondern aus Thüringen kommt, Kanzler wurde, brachten nicht wenige ihre Ressentiments gegenüber dem Quereinsteiger, wie man ihn heute nennen würde, vor. Bürgerliche zweifelten daran, ob der DVP-nahe Cuno, der mit dem Parteibetrieb wenig anzufangen weiß, dem Amt in dieser schweren Zeit gewachsen ist. Unter ihnen ist auch Stresemann. Er schreibt: »Es macht mir viel Sorgen. Er ist nicht der starke Mann.«[26] Reichswehrminister Otto Geßler von der DDP hält den Kanzler gar für einen »Blender«.[27] Und Otto Braun, der sozialdemokratische Ministerpräsident Preußens, wird später in seinen Erinnerungen schreiben: »So angenehm der persönliche Verkehr mit Cuno war, was auch erklärt, dass Ebert für ihn ein Faible hatte, so war ich doch oft erschreckt über seine fast kindliche Naivität und Ratlosigkeit, mit der er schwierigen politischen Situationen gegenüberstand.«[28] Ketzer im politischen Berlin fragen dann auch, was angesichts des passiven Widerstands zuerst eintreten werde: die Einsicht Frankreichs und dessen Abrücken von den maximalen Reparationsforderungen oder Deutschlands Zusammenbruch, hat doch die Reichsregierung für den passiven Widerstand keinerlei wirtschaftliche oder finanzpolitische Vorkehrungen getroffen. Und die Kosten für das Erwerbslosengeld, für Lohnersatzzahlungen und für Entschädigungen steigen mit jedem Tag, der ins Land geht.

Doch das ist kein Thema im winterlichen Deutschland. Der nationale Trubel, die Empörung über die schändliche Ruhrbesetzung überdecken alles, sogar die schwierige Situation der von Cuno geführten Minderheitsregierung. Obwohl die oppositionelle SPD deren Kurs mitträgt, traut die Partei dem parteilosen

Kanzler nicht über den Weg. Der Grund: sein unbeschwerter Umgang mit der Rechten. So verbindet Cuno eine Bekanntschaft mit Helfferich, den er schon während seiner Zeit im Reichsschatzamt kennenlernte. Der Reaktionär, als den ihn die meisten kennen, war Direktor der Anatolischen Eisenbahngesellschaft in Konstantinopel und Staatssekretär im Reichsschatzamt und gilt in Fachkreisen als Wirtschafts- und Finanzexperte, der über die Geldtheorie habilitierte und 1903 ein viel beachtetes Buch unter dem Titel *Das Geld* vorlegte. Ungleich mehr Öffentlichkeit ist ihm allerdings zuteilgeworden, als er bei der Verbreitung der Dolchstoßlegende entscheidend beteiligt war, der Legende, nach der die Sabotage der Linken an der »Heimatfront« zur Niederlage im Weltkrieg geführt habe. Seine Ausfälle gegen Erzberger und gegen seinen Intimfeind Rathenau im Parlament unmittelbar vor dessen Ermordung sind vielen unvergessen. Als führender Mann der DNVP lässt der leidenschaftliche Antibolschewist Helfferich nicht nach, von der Wiedergeburt der Nation, von der anderen Republik und vom Einsatz der Kampforganisationen der äußersten Rechten im besetzten Gebiet zu sprechen.

Das unterscheidet sich diametral von den Vorstellungen der SPD zum Vorgehen im Ruhrgebiet. In der Partei und den ihr nahestehenden Gewerkschaften ist man sich zwar einig, dass alles getan werden muss, um den passiven Widerstand gegen die »französischen Imperialisten« zu unterstützen. Es »soll aber auch ein Trennungsstrich gezogen werden zu allen nationalistischen Elementen, die den Rechtsbruch der französischen Regierung zu einer neuen allgemeinen Völkerverhetzung ausnutzen wollen«, heißt es auf der Konferenz der Spitzen der SPD-Reichstagsfraktion und der Länderfraktionen der Partei vom 19. Januar.[29] In der SPD-Führung wird darüber hinaus befürchtet, dass die nationale Erhebung, die mit dem passiven Widerstand einhergeht, zusätzliche Gefahren für die ohnehin schon instabile Republik birgt.

In einem solchen Fall kommt alles auf die Reichswehr an. Doch so zuverlässig sie im Kampf gegen die radikale Linke ist, so ungeklärt erscheint vielen in der SPD ihr Verhältnis zur radikalen Rechten. Noch allgegenwärtig ist die Erinnerung an den

Kapp-Putsch von 1920, als Reichswehreinheiten und Freikorps putschten und der Oberbefehlshaber des 100 000-Mann-Heeres, der Chef der Heeresleitung, Generaloberst Hans von Seeckt, erklärte, Truppe schieße nicht auf Truppe. Um das deutsche Militär angesichts der stürmischen Zeiten stärker an den Staat zu binden, trifft der sozialdemokratische preußische Innenminister Carl Severing am 30. Januar eine Vereinbarung mit Geßler. Danach sollen in Preußen »engstes Einvernehmen und dauernde Zusammenarbeit zwischen den Militär- und Verwaltungsbehörden hergestellt und aufrechterhalten werden«. Die Wehrkreiskommandos sollen mit den jeweiligen Oberpräsidenten eng kooperieren. Außerdem soll die »Unterstützung von privaten Organisationen seitens der Reichswehr abgebaut werden, und zwar bis zur endgültigen Trennung mit dem 31. März 1923«.[30] Mit »privaten Organisationen« sind die Wehrverbände und Freikorpsgruppen auf der äußersten Rechten gemeint, die von der Reichswehr oft mit Waffen versorgt und sogar ausgebildet werden.

Auf der Linken sieht sich die SPD mit der KPD konfrontiert. Die rechten sozialdemokratischen Funktionäre, Leute wie der preußische Ministerpräsident Otto Braun, Severing oder Ebert, gelten aus der Sicht der Kommunisten als »Sozialfaschisten«, haben sie doch nach der Lesart der äußersten Linken die Revolution von 1918 verraten. Insofern wird ihnen auch abgesprochen, dass sie die Interessen der Arbeiterschaft vertreten. Das reklamiert die unter dem Schirm der Komintern unter der Führung Moskaus agierende KPD, die sich dann auch dem proletarischen Internationalismus verpflichtet fühlt, wie es ihre Funktionäre auf der Konferenz der kommunistischen Parteien Westeuropas am 6. Januar in Essen bekräftigt haben. Da sie mit ihren französischen Genossen zusammenarbeiten, die innerhalb der Besatzungstruppen geheime Zellen bilden, verbietet sich ein Mittun beim passiven Widerstand gegen die Franzosen. Denn nicht die sind der Feind, sondern Bourgeoisie und Großkapital, und die sind international.

Die Genossen unter den roten Fahnen mit Hammer und Sichel sind sich einig: Der Klassenkampf erhält durch die Ruhrbesetzung und die sich damit verschärfende soziale Lage der deutschen Arbeiterschaft eine gesteigerte Aktualität. In einer Ausarbeitung des »Büro Varga« – Eugen Varga ist die maßgebliche Stimme der marxistisch-leninistischen Wirtschaftstheorie mit großer Wirkung auf die Komintern – wird Mitte Januar 1923 die Auffassung vertreten, dass mit der Ernennung Cunos zum Reichskanzler eine »neue Epoche« für die Arbeiterbewegung begonnen habe. Seine Kanzlerschaft bedeute die Alleinherrschaft des Bürgertums und den Verlust der Macht der Arbeiterführer. Daraus folgert Varga: »Die nahende Wirtschaftskrise, eine gewisse Erleichterung des reformistischen Druckes auf die sozialdemokratischen Arbeiter, die soziale Gärung unter den christlichen Arbeitern und Angestellten und die wachsende Empörung der kleinbürgerlichen Schichten [...] gegen die Herabdrückung ihrer Lebenslage unter das allgemeine Niveau müssen schon für die allernächste Zeit die Vorbedingungen schaffen für eine Einheitsfront der breitesten Volksschichten. Und zwar entweder Konterrevolutionär unter Führung des mehr oder weniger geeinten Bürgertums [...] Oder revolutionär unter der Führung der K. P. D.«[31]

Doch der Verfasser der Studie ist pessimistisch, was die Herstellung einer revolutionären Einheitsfront angeht, die er als Voraussetzung für einen Erfolg der KPD ansieht. Denn die Partei ist zerstritten ob der Taktik. Auf dem VIII. Parteitag, der Ende Januar 1923 in Leipzig beginnt, werden diejenigen, die den Einheitsfront-Kurs vertreten, von den Parteilinken heftig kritisiert. Dieser wird aber von der tonangebenden Moskauer Zentrale vorgegeben – der IV. Weltkongress der Komintern hat sich im November 1922 ausdrücklich dazu bekannt –, auch wenn dort die Theorie über den Haufen geworfen wird, wenn es die konkrete politische Lage erforderlich macht. Denen, die einer entsprechenden Grundsatzerklärung Lenins, Trotzkis, Sinowjews, Radeks und Bucharins folgen,[32] wird auf dem Parteitag vorgeworfen, seit dem Scheitern der »Märzaktion« eine Tendenz »der Passivität, des Opportunismus und des Revisionismus« geduldet zu haben. Wortführerin der linken Aufbegehrer ist Ruth Fischer, die der Leipziger Musikerfamilie Eisler entstammende Berliner Vorsitzende, die in Wien die Kommunistische Partei Österreichs

(KPÖ) mitbegründete. Sie will keine Bündnisse mit sozialistischen Parteien und schon gar nicht mit den Sozialdemokraten, sondern »die Kämpfe führen allein mit der Kommunistischen Partei in der Erkenntnis, dass die Frage des Sieges eine Frage des Werdens und Erstarkens der Kommunistischen Partei ist«.[33]

Doch Ruth Fischer und die ihr folgenden Genossen der Bezirke Wasserkante, Mittelrhein und Hessen müssen sich in Leipzig maßregeln lassen, dass die Begriffe »Einheitsfront« oder »Arbeiterregierung« nur Mittel zum Zweck seien. »Aber wir wissen dabei«, so der KPD-Propagandist Karl Korsch, »dass für die kommunistische Partei das wirkliche Ziel ihrer Propagandatätigkeit in nichts anderem besteht als in der Organisation des wirklichen revolutionären Kampfes der proletarischen Klasse.«[34] Mit anderen Worten: Die Einheitsfront dient zur Instrumentalisierung aller Arbeiterparteien auf dem Weg zur Verwirklichung der Diktatur des Proletariats unter Führung der KPD. So scheitern die Fundamentalisten um Ruth Fischer auf dem Parteitag, wie der Ausgang der Wahlen für die Zentrale, das spätere Zentralkomitee, zeigt. In das oberste Führungsgremium der deutschen Kommunisten werden ausschließlich ihre Gegner gewählt – unter anderen Heinrich Brandler, August Thalheimer, Hugo Eberlein, Walter Ulbricht, Wilhelm Pieck und Clara Zetkin, die in einer kraftvollen Rede die Ruhrbesetzung als das Werk der Kapitalisten und Imperialisten verurteilt.

Der Hitler-Partei widmen die Genossen noch wenig Aufmerksamkeit. Wenn bei ihnen von den Faschisten die Rede ist, sind neben der Bewegung Mussolinis vor allem die ultrarechten Wehrverbände gemeint. Sie alle sind angesichts der durch die Ruhrbesetzung herbeigeführten Erschütterungen des Landes auf dem Vormarsch. Und damit auch Hitler und seine Nationalsozialisten. Der österreichische Weltkriegsgefreite verkündet den national fühlenden Deutschen unaufhörlich seine »letzten Wahrheiten«. Dabei glaubt er an das, was er sagt, und viele, die ihm in den Saalbauten Münchens oder in der freistaatlichen Provinz zuhören, folgen sogar seinen krudesten Thesen. Die Zeit, in der sie leben, räumt Konventionen ab. Alles hat seine Gültigkeit verloren, das Unvorstellbare ist längst Realität geworden. Warum soll es da die »jüdische Weltverschwörung« nicht geben, über die sie ja seit dem Ende des großen Krieges nicht nur in Deutschland sprechen, sondern in ganz Europa und sogar in Nordamerika.

Ein gefälschtes Traktat, das das Geheimprotokoll einer internationalen Judenkonferenz in Basel wiedergeben soll, wonach dort geplant worden sei, Terror und Zerstörung über den ganzen Globus zu bringen, ist zum Bestseller diesseits und jenseits des Atlantiks geworden. Millionen glauben an die Echtheit der apokalyptischen Szenarien, wie sie in den *Protokollen der Weisen von Zion*[35] beschrieben werden. In der Londoner *Times* diskutieren sie über diese Frage. Und in Chicago hat ein Amerikaner, der von Hitler verehrte Automobilbaupionier Henry Ford, ein Traktat unter dem Titel *Der internationale Jude*[36] verfasst, das sich mit den *Protokollen* auseinandersetzt und ebenfalls in millionenfacher Auflage den Antisemiten Gewissheit über die Verderblichkeit der »Weltmacht Zion« vermittelt. In der Münchner Parteileitung der NSDAP wird die deutsche Übersetzung des Buches, das für die Volksgenossen ein Katechismus ist, vertrieben.

Dass der weltberühmte Automobilbaupionier das schreibt, was er »schon immer gesagt« habe, ist für Hitler Bestätigung und Antrieb zugleich. Getragen von einer schier wahnhaften Kraft redet und redet er in diesem Januar 1923. Am 14. im Münchner *Bürgerbräukeller*, am 15. im *Café Neumayr* und am 18. im Zirkus Krone. Für den 27. Januar sind gleich zwölf Redeauftritte Hitlers geplant. An diesem Tag soll der erste Parteitag der NSDAP stattfinden. Doch das Vorhaben wurde infrage gestellt, denn der bayerische Ministerpräsident von Knilling hat den Belagerungszustand verhängt. Gerüchte kursieren, wonach die Nationalsozialisten, unterstützt von eingeschleusten Trupps aus Österreich und der Tschechoslowakei, putschen würden. Außerdem werden Zusammenstöße zwischen Sozialdemokraten und Kommunisten befürchtet. Dabei hat Hitler seine ganze Kraft auf die Vorbereitung dieses Großereignisses konzentriert. Zwei Tage soll es dauern mit Kundgebungen, Aufmärschen und einem Fahnenappell. Mit dem Propagandaspektakel will er sich und seine Partei ein weiteres Mal vom »passiven Widerstand« abgrenzen, dem – seiner Meinung nach – falschem Weg aus dem Desaster. Er will sich als den eigentlichen Träger des »nationalen Gedankens« in den Vordergrund spielen – eines »nationalen Gedankens«, der immer berücksichtigen müsse, »dass bei irgendeinem neuen außenpolitischen Konflikt der deutsche Siegfried wieder den Dolchstoß von hinten bekommen wird«. Denn »während mündlich und schriftlich gegen Frankreich protestiert wird, lauert der wahre Todfeind des deutschen Volkes innerhalb seiner Mauern«.[37]

Als Hitler vor dem Parteitag im Zuge des ausgerufenen Belagerungszustands massive Einschränkungen der Veranstaltung angekündigt werden, droht er dem Münchner Polizeipräsidenten Eduard Nortz mit pathetischem Gestus, seiner SA »die Zügel frei[zu]geben«.[38] Die Staatsregierung könne Polizei und Militär alarmieren. Wenn sie wollten, könnten sie schießen. Er selbst werde sich in die vorderste Reihe seiner Leute stellen. Die ersten Schüsse würden eine »rote Sintflut« auslösen, und zwei Stunden später würde die Regierung weggefegt sein, bricht es aus Hitler heraus. Derweil sprechen der einflussreiche Hitler-Sympathisant Ernst Röhm, ja sogar der angesehene Freikorpsführer Ritter von Epp beim Befehlshaber des bayerischen Wehrkreises der Reichswehr, Otto von Lossow, vor. Dieser teilt nach einigem Zögern mit, die Staatsregierung ersuchen zu wollen, »dass er im Interesse der nationalen Verteidigung eine Schikane gegen die nationalen Elemente bedauern würde«.[39] Den Abgrund hinter Hitlers mitunter so patriotisch klingenden Worten sieht der General wie viele andere nicht.

Knilling bleibt standhaft. Er hat keinerlei Sympathien für die gottlose NSDAP. Gleiches gilt für sein Umfeld. Der prominente Parteifreund des Ministerpräsidenten, Georg Heim, ist davon überzeugt, Hitler sei gefährlicher, als es Kurt Eisner, der linkssozialistische Ministerpräsident der Revolutionstage, je gewesen sei. Deshalb müsse ihm Einhalt geboten werden. So holt die Staatsregierung Polizeiverstärkungen aus dem ganzen Land nach München und lässt die bayerische Reichswehr in Alarmbereitschaft versetzen. Da es der Regierung jedoch nicht gelingt, die Wehrverbände auf ihre Seite zu bringen, um die Nationalsozialisten damit zu isolieren, vermeidet sie dann doch die in ihren Auswirkungen nicht mehr kalkulierbare Konfrontation mit Hitler und seiner Anhängerschaft. Der setzt sich also durch und verkündet, dass sie triumphiert hätten. »Trotz Ausnahmegesetz und Belagerungszustand finden unsere Massenversammlungen statt, und morgen wird unsere Fahnenweihe abgehalten werden.«[40]

Der Parteitag wird zum Erfolg, denn Tausende sind gekommen. Sie wollen dabei sein oder Hitlers Reden lauschen. Im *Löwenbräu* ist der Historiker Alexander von Müller im Auditorium. Er hält darüber fest: »Niemand beschreibt das Fieber, das in dieser Atmosphäre um sich griff. [...] Er sprach nur eine Viertelstunde lang, mit demagogischer, höhnischer, sich überschlagender Ironie, fast von Satz zu Satz von Stürmen des Beifalls, des Gelächters getragen.«[41] Es ist sein Getriebensein von seiner Mission, die Hitler zu einem begnadeten Redner macht. Aber letztendlich ist es die Situation in Deutschland, die die Menschen zu den Kundgebungen und damit zu den Nationalsozialisten kommen lässt.

Denn die nationalen Demütigungen scheinen kein Ende zu nehmen. Am 27. Januar hat die alliierte Reparationskommission die Eingabe Berlins zurückgewiesen, wonach Frankreich und Belgien durch die gewaltsame Besetzung des Ruhrgebiets den Vertrag von Versailles verletzt hätten und die Einstellung der Reparationszahlungen und -lieferungen rechtens sei. Die Kommission stellt vielmehr fest, dass Deutschland den Friedensvertrag gebrochen habe, weil es seinen darin eingegangenen Reparationsverpflichtungen nicht nachgekommen sei. Nur widerwillig hat sich John Bradbury vom britischen Schatzamt, der in der Kommission sitzt, der Stimme enthalten. Doch er ist Beamter Seiner Majestät Regierung und hat deren Politik umzusetzen, obgleich er in England zu den Unterstützern der deutschen Position gehört. Er ist davon überzeugt, dass Poincarés Kurs der »produktiven Pfänder« nicht mit den Buchstaben des Versailler Vertrags vereinbar ist. Und er ist damit nicht allein im Königreich. Denn die britischen Kronjuristen sind zu demselben Ergebnis gelangt. Doch das ist streng geheim.

Die Reichsregierung, die immer wieder die Unrechtmäßigkeit der Ruhrbesetzung hervorhebt, sieht in dem Votum der alliierten

Reparationskommission einen neuen Willkürakt Poincarés. Sie weist darauf hin, dass dieses alleine schon wegen des Artikels 13, Annex 2, des Versailler Vertrags keinen Rechtsbestand haben könne, denn dort ist festgehalten, dass eine derartige Entscheidung hätte einstimmig getroffen werden müssen.[42] Doch das ändert nichts. Die vorsätzliche Vertragsverletzung durch Deutschland wurde festgestellt und der Weg für die Zwangspolitik der Besatzungsmächte formal legalisiert. Schon zuvor hat die Reparationskommission Deutschland wegen der ausbleibenden Zahlungen aufgefordert, dies zu ändern, worauf die Reichsregierung in einer Note am 2. Februar den Vorwurf einer allgemeinen Verfehlung zurückweist. Ungeachtet des alliierten Votums über die Rechtmäßigkeit der Ruhrbesetzung insistiert sie ein weiteres Mal auf deren Vertragswidrigkeit und verwahrt sich gegen eine Wiederinkraftsetzung des Londoner Zahlungsplans vom Mai 1921.[43]

Dass von der Regierung Bonar Law nicht viel zu erwarten sei, hat Cuno aus dem Kölner Rathaus, wo sie über gute Kontakte zu den britischen Besatzungsstellen verfügen, schon zuvor erfahren. Ein Vertrauter des Londoner Handelsministers habe dort berichtet, das Kabinett in Westminster sei in einer ganz furchtbaren Lage, es erkenne den Ernst der Situation auch für England, könne aber nichts tun. Eine Intervention Englands bei Frankreich komme nicht infrage. Ihre einzige, wie er selbst sagte, schwache Hoffnung sei, dass der deutsche Widerstand länger andauere und dass dann in Frankreich ein Umschwung eintrete.[44] Stresemann bringt es in einem Beitrag für die *Deutsche Stimme* auf den Punkt: »Es kommt auf eine Nervenprobe an. Letzten Endes handelt es sich darum, wer zuerst stürzt, Poincaré oder Cuno.«[45]

Die Aussichten für Berlin werden nicht günstiger angesichts der Entwicklung im Ruhrgebiet. Frankreich beschlagnahmt die Zechen, die im staatlichen Besitz sind. Doch ihre Inbetriebnahme ist eben nicht leicht, angesichts der Verweigerungshaltung der Bergleute, die jetzt unter Androhung von Waffengewalt zur Arbeit gezwungen werden. Hinzu kommt, dass das Rheinisch-Westfälische Kohle-Syndikat, das private und staatliche Bergwerke unter einem Dach zusammenfasst und zwei Drittel der Kohleförderung kontrollierte, unmittelbar vor dem französischen Einmarsch seine Zentrale mit sämtlichen Unterlagen von Essen nach Hamburg evakuiert hat. Damit wurde den Besatzern der Betrieb der Zechen zusätzlich erschwert, denn niemand kann die Fördermengen der Zwangsarbeit bewerten. Was an Kohle gefördert wird, ist zum Monatswechsel im Vergleich zur Zeit vor dem Einbruch, wie die Besetzung des Ruhrgebiets von deutscher Seite genannt wird, um 30 Prozent zurückgegangen. Und »die Abführung nach Frankreich sei bisher verhindert [worden], und man werde sie auch weiter zu verhindern suchen«, wird in einer Ministerbesprechung in Berlin festgehalten.[46]

Für das Reichskabinett tun sich jetzt Probleme auf, über die sich bei der Ausrufung des passiven Widerstands niemand Gedanken gemacht hat. Was geschieht, wenn Frankreich eine eigene Währung im besetzten Gebiet einführt? Zum Schreckgespenst wird die Vorstellung, dass die Einbruchmächte eine sogenannte Zollabschließung des von ihnen besetzten Gebiets vornehmen und dieses damit wirtschaftstechnisch vom übrigen Deutschland abriegeln. Die Folgen für die Wirtschaft wären verheerend. Die Antwort des Reichsfinanzministers auf eine Anfrage aus der Reichskanzlei, ob eine solche Zollabschließung möglich sei, stimmt wenig optimistisch, wenn es heißt, dass man die Frage wird »wohl bejahen müssen«. Doch das würde ihnen angesichts des Widerstands der Bevölkerung und der Beamten »wenn überhaupt, erst nach längeren Vorbereitungen« gelingen, wird noch hinzugefügt.[47]

Sorgen bereitet in Berlin auch die Lebensmittelversorgung. Die Zeitungen berichten – sofern sie noch nicht verboten sind – über sich mehrende Engpässe, die zuletzt durch die wahllosen Beschlagnahmungen von Lebensmitteln durch die französischen Truppen, die Anfang Februar ins Bergische Land einrücken, verschärft wurden. Probleme über Probleme tun sich auf. Hinzu kommen die Nachrichten über Gewaltaktionen der Besatzer, wenn immer wieder auf Demonstranten geschossen wird; in Düsseldorf sogar auf eine Kindergruppe. Ein siebenjähriges Mädchen stirbt dabei. Die Todesschützen sind betrunkene Franzosen. Vor Gericht gestellt werden sie nicht. Umgekehrt fällt die Justiz der Besatzer recht willkürliche Urteile gegen Deutsche, so gegen Otto Havenstein, den Oberbürgermeister von Oberhausen, der drei Jahre ins Gefängnis soll, weil er den Kohleabtransport nach Frankreich verhindert hat. Dagegen muten die vielen Ausweisungen, darunter diejenigen ranghoher deutscher Staatsdiener, fast harmlos an. Unter ihnen sind der Oberpräsident der Rheinprovinz Hans Fuchs, die Regierungspräsidenten von Düsseldorf Walther Grützner und von Wiesbaden Konrad Haenisch sowie der Duisburger Oberbürgermeister Karl Jarres, der zugleich Präsident des Rheinischen Provinziallandtags ist.

Angesichts solcher Repression bricht Reichskanzler Cuno am 3. Februar zu einer Reise ins Ruhrgebiet auf. Er will Mut machen. In Essen, der ersten Station, trifft er mit Vertretern der Schwerindustrie, der Gewerkschaften und der Behörden zusammen. Bochum und Dortmund sind die nächsten Stationen. Überall stößt er auf die Entschlossenheit, den passiven Widerstand so lange fortzusetzen, bis die Besatzungsmächte einsehen, dass ihre Gewaltpolitik sie nicht weiterbringe. Auf seiner Rückreise kommt Cuno mit den Abgeordneten des Rheinischen Provinziallandtags zusammen, der von Düsseldorf in das noch nicht besetzte Barmen ausgewichen ist. Vor seiner Abreise spricht er vor dem Elberfelder Hotel Kaiserhof noch ein paar Worte zu den »deutschen Männer[n] und Frauen«, die sich dort versammelt haben. Als Fazit seines Besuchs im Ruhrgebiet verkündet er, dass er die Überzeugung gewonnen habe, »dass das Rheinland und Westfalen zusammenhalten und den französisch-belgischen Einbruch abwehren«, ehe er abschließend das Vaterland hochleben lässt.[48] Kurz darauf stößt sein Eilzug, der ihn zurück nach Berlin bringen soll, bei Hagen – einem Menetekel gleich – mit einem Güterzug zusammen. Verletzt wird dabei niemand.[49]

Zunehmend werden Cuno die Folgen des passiven Widerstands – und vor allem die der französisch-belgischen Antwort darauf – bewusst. Denn die Wirtschaft im nicht besetzten Gebiet gerät schneller als erwartet in Schwierigkeiten. Die Franzosen haben nämlich damit begonnen, die Ausfuhr der Kohle ins unbesetzte Gebiet zu blockieren. Nicht nur der Reichsbahn, die ihren Zugverkehr einschränken muss, sondern auch der gesamten Industrie mangelt es bald am schwarzen Gold. Nach dem Stopp der Kohle- und Stahllieferungen ergeht bald darauf ein Verbot für die Ausfuhr aller im Ruhrgebiet gefertigten Produkte ins unbesetzte Deutschland, das unerwartet schnell mit einer Zollgrenze abgesperrt wird. Das behindert die dortige Produktion. Firmen können nur noch eingeschränkt arbeiten oder müssen gar dichtmachen. Und die noch niedrige Arbeitslosigkeit steigt.

Verschlimmert wird alles durch den dramatischen Verfall der deutschen Währung. Für den amerikanischen Dollar müssen am 31. Januar 49 000 Mark hingelegt werden. Innerhalb weniger Wochen der Besatzung hat die Mark 80 Prozent ihres Wertes verloren. Die Preise für lebenswichtige Importgüter explodieren damit. Reichsregierung und Reichsbank müssen handeln. Letztere stützt die deutsche Währung, indem sie Devisenkredite für deutsche Unternehmen verknappt, damit diese ihre oftmals im Ausland angelegten Devisen nutzen. Daneben greift sie selbst durch den Verkauf von Fremdwährungen in den internationalen Devisenmarkt ein, um damit im Ausland Mark zu kaufen. Damit erhöht sie die Nachfrage nach der deutschen Währung künstlich, was ihren Wert steigen lässt. So schafft es die Reichsbank binnen zweier Wochen, die Mark bis Mitte April bei etwa 20 000 Dollar zu stabilisieren. »Die Zurückbiegung der Devisenkurse ging nicht ohne privatwirtschaftliche Verluste ab«, heißt es in einem Bericht der Reichsbank, in dem darauf hingewiesen wird, dass die Stabilisierung wichtig gewesen sei für die Einfuhr englischer und tschechischer Kohle und für die Beschaffung von Getreide.[50] Doch die Markstützung kann nur eine Atempause verschaffen, denn die Ursachen der Inflation werden von der Regierung nicht angepackt. Berlin befördert sie stattdessen, indem es immer neues Papiergeld drucken lässt, um damit den passiven Widerstand zu finanzieren.

Eine Folge davon ist: Die soziale Schere öffnet sich weiter. Denn die Geldwertanpassungen hinken der Inflation hinterher, was nur den Vermögenden zugutekommt. Da Unternehmer zum Beispiel nur alle drei Monate die einbehaltenen Steuern ihrer Arbeitnehmer an den Fiskus abführen müssen, kommen sie faktisch um die Abgaben herum. Vermögende können jetzt in kürzester Zeit fantastische Inflationsgewinne einfahren, wenn sie bei den Banken Kredite aufnehmen und diese in Sachwerten wie Gold oder Devisen anlegen. Ein Angestellter der Dresdner Bank in Köln, ein armer Teufel namens Joseph Goebbels, meint dazu: »Ihr sprecht von Kapitalanlage; aber hinter diesem schönen Wort verbirgt sich doch der tierische Hunger nach mehr. Ich sage tierisch: das ist beleidigend für das Tier; denn das Tier frisst nur bis es satt ist.«[51]

Um etwas für den sozialen Frieden zu tun, der zunehmend vor die Hunde geht, was immer mehr Menschen in die Arme der Radikalen treibt, erlässt die Reichsregierung eine Reihe von Gesetzen und Verordnungen. Mit ihnen sollen die Auswüchse der Inflation, wie Schieberei und Wucher, bekämpft werden. Im sogenannten Notgesetz von Ende Februar wird die Handhabe des Staates gegen das Unwesen vergrößert, Strafen werden drastisch erhöht. So wird jetzt zum Beispiel in schweren Fällen von Preistreiberei eine Mindeststrafe von 100 000 Mark erhoben. Bislang waren es 20 000. Doch all die Maßnahmen haben einen Haken. Sie lassen sich nur bedingt umsetzen und im besetzten Ruhrgebiet, wo die Franzosen das Sagen haben, so gut wie gar nicht. So ist die Wirkung der wohlgemeinten Aktivitäten der Reichsregierung lediglich eine psychologische.

Die Inflation ist und bleibt der Freund der Spekulanten. Für Arbeiter und Angestellte wird sie zur Geißel. Denn sie werden in Form der Lohnsteuer vollumfänglich zur Kasse gebeten. Ihr Verdienst, der zunächst noch wöchentlich, bald aber schon täglich ausgezahlt wird, rutscht unter das Existenzminimum. Dieses liegt im März 1923 bei 71121 Mark pro Woche. Ein Maurer verdient zum Beispiel nur 68 263 Mark. Am härtesten trifft es aber die Arbeitslosen, die Kriegsversehrten und Rentner. Ihre Anpassungen hinken hoffnungslos hinterher. Sie beziehen im Februar 1923 in Berlin gerade einmal 1500 Mark. Da ein Laib Brot zu diesem Zeitpunkt 389 Mark kostet, sind sie auf Almosen angewiesen. Ehe sie betteln gehen, drehen manche den Gashahn auf. Die Selbstmordrate ist in Deutschland so hoch wie nie zuvor.

Es ist die Leidensgeschichte einer Nation, die keine zwanzig Jahre später tiefe Genugtuung empfinden wird, als der Lokalagitator in München, inzwischen »Führer des Großdeutschen

Reiches«, im Eisenbahnwagen von Compiègne die Kapitulation des niedergeworfenen Frankreichs entgegennehmen wird. 1923 scheint diese deutsche Leidensgeschichte kein Ende zu nehmen: Am 16. Februar stimmt die alliierte Botschafterkonferenz der Übergabe des deutschen Memelgebiets an Litauen zu. Anfang Januar haben litauische Truppen das unter alliierter Verwaltung stehende, zu Ostpreußen gehörende Gebiet besetzt. Es wurde in Versailles vom Reich abgetrennt. Eine Entscheidung über die Zukunft des Memellands hatte zu einem späteren Zeitpunkt fallen sollen. Doch die Litauer haben vollendete Tatsachen geschaffen, die auf Drängen Frankreichs nun anerkannt werden. Es ist eine Antwort auf den passiven Widerstand der Deutschen im Ruhrgebiet. Protest gibt es nur von sowjetischer Seite.

Die nationalen Empfindungen der Deutschen aufwühlende Nachrichten kommen auch aus den ehemaligen Ostgebieten, genauer gesagt aus den früheren deutschen Provinzen Posen und Westpreußen, deren größte Teile nach den Bestimmungen des Versailler Vertrags an das neu entstandene Polen abgetreten werden mussten. Die noch dort lebende deutsche Minderheit wird diskriminiert, ja regelrecht verfolgt. Der polnische Ministerpräsident Władysław Sikorski macht daraus kein Hehl, wenn er ganz offen vom »verschärften Kampf« gegen die Deutschen spricht. Zur »Entdeutschung«[52] gehören auch zahlreiche Gesetze, die der Minderheit die Existenzgrundlage entziehen und sie zur Aussiedlung zwingen. Doch damit nicht genug: Warschau will auch das unter der Verwaltung des Völkerbunds stehende Danzig unter seine Kontrolle bringen. Im April sperrt es unter wohlwollendem Blick Frankreichs den Warenverkehr in die Freie Stadt.

Diese Entwicklungen müssten Deutschland, dessen Beziehungen zur Sowjetunion unter Cuno abgekühlt sind, geradezu in die Arme der östlichen Macht treiben. Dies befürchten seit Langem die Briten. Als Tschitscherin Anfang Februar für einen Tag in Berlin weilt und mit Reichsaußenminister von Rosenberg und Maltzan zusammentrifft, der Edgar Haniel von Haimhausen als Staatssekretär in der Wilhelmstraße abgelöst hat, ist die Verunsicherung entsprechend groß. Dem tritt kurz darauf der oberste deutsche Diplomat bei Londons Botschafter Lord D'Abernon entgegen. Mit nüchterner Sicht stellt Rosenberg fest: »Was die Ruhrfrage angeht, so ist die grundsätzliche Sicht Tschitscherins, dass sich damit für Russland eine große Möglichkeit auftun könnte, einen flächendeckenden Konflikt zu entfachen und den Kapitalismus in Europa zu Fall zu bringen. Das ist die große Linie.« Falls dies misslinge, so der Reichsaußenminister, wolle Tschitscherin offenbar eine deutsche Annäherung an Frankreich unterstützen. In diesem Zusammenhang versichert er gegenüber D'Abernon, dass Deutschland nichts hinter dem Rücken Großbritanniens unternehmen werde. Der Botschafter notiert dazu in seinem Tagebuch: »Ich hörte, dass sich auch Maltzan in diesem Sinne geäußert hat. Das kann stimmen oder auch nicht. An Rosenberg zweifele ich nicht.«[53]

Londons Befürchtungen bleiben, auch wenn dort nichts von der geheimen militärischen Zusammenarbeit zwischen Reichswehr und Roter Armee bekannt ist. Mehrmals thematisiert deshalb D'Abernon gegenüber Rosenberg den – aus britischer Sicht – Horror eines deutsch-sowjetischen Zusammengehens. Als er ihm sagt, dass dies viele in seinem Land erwarteten, beteuert der deutsche Außenminister seine Abneigung gegenüber den Sowjets mit klaren Worten: »Wie können die Engländer nur so einen Unsinn glauben. Wie können sie annehmen, ich betreibe eine solche Politik, habe ich mich doch monatelang in Brest-Litowsk mit diesen schrecklichen Leuten herumschlagen müssen. Und Cuno als Mann der Wirtschaft ist entschieden anti-kommunistisch. Jedwede Annäherung zwischen der gegenwärtigen deutschen Regierung und Moskau steht außer Frage.«[54]

Obwohl es auch in Frankreich Stimmen gibt, die vor den Folgen einer aggressiven Politik gegenüber Deutschland warnen, setzt Poincaré diese fort. Paris und Brüssel weiten im Februar das besetzte Gebiet aus. Belgische Truppen ziehen in den niederrheinischen Städten Emmerich und Wesel ein, aber auch in das westfälische Gelsenkirchen. Weiter im Süden werden die rechtsrheinischen Brückenköpfe um Köln, Koblenz und Mainz von den Franzosen miteinander verbunden. In Baden haben sie schon außerhalb des Brückenkopfs Kehl die oberrheinischen Orte Appenweier und Offenburg besetzt. Im Ruhrgebiet bauen die Besatzer weiter ihre eigene Infrastruktur aus; sie entsenden deshalb Arbeiter, Ingenieure, Beamte dorthin und natürlich neue Truppen. Und die führen ein immer brutaleres Regiment. Der ins Ruhrgebiet entsandte Korrespondent des *Berliner Tageblatts* berichtet über das Gebaren der Besatzer: »Die Reitpeitsche erschien ihnen als das beste Mittel, um wehrlosen Deutschen, Männern, Frauen und Kindern, französische Kultur einzubläuen. Aus dem geringsten Anlass heraus gebärdeten sie sich wie die Wilden, schlugen um sich, versetzten Fußtritte und schossen, als ob sie sich in Wildwest befänden, mit Pistolen nur so um sich.«[55]

Für besondere Aufregung sorgt die Verlegung des 7. Französischen Kolonialregiments Ende Februar nach Velbert, Werden und Essen. Nach Auffassung der Bewohner schlägt es dem Fass den Boden aus, dass die Schwarzen Besatzer teilweise in Privatquartieren untergebracht werden sollen. Das französische Militär hat das so angeordnet, und dagegen ist kein Kraut gewachsen. In den Rheingebieten gehören Kolonialsoldaten – aus Marokko, dem Senegal oder Mauritius – längst zum Bild der französischen Streitkräfte. Dass sie nun auch tiefer im Reich eingesetzt werden, ist als Demütigung der Deutschen gedacht und zieht ein neuerliches Aufbranden einer weltweiten Empörung nach sich, die schon seit Jahren Frauenvereinigungen auf die Barrikaden treibt. In Amerika ist ebenso klar wie in Großbritannien und andernorts, dass Farbige nicht als Besatzungstruppen in Europa eingesetzt werden können.

Die bekannteste Stimme gehört dem britischen Journalisten Edmund Dene Morel, der schon im April 1920 im *Daily Herald* das Besatzungsregime der afrikanischen Soldaten thematisiert hat. Überschrieben ist sein Artikel: »Farbige Geißel in Europa, sexueller Horror von Frankreich am Rhein losgelassen, Verschwinden junger deutscher Mädchen.«[56] Bald darauf erschien seine Schrift *The Horror on the Rhine.*[57] Bei aller Herabwürdigung der farbigen Soldaten, deren Verhalten sich in Wirklichkeit nicht von dem der weißen unterscheidet, stört es niemanden, dass sie zwar für die Kolonialmacht kämpfen und sterben dürfen, aber alles andere als gleichberechtigt sind. Das gilt auch für die britischen Streitkräfte, in denen Zigtausende Inder und Nepalesen für den Ruhm des Empires im Weltkrieg gekämpft haben. Aber über die Diskriminierung »minderer Rassen« macht sich niemand Gedanken in Europa und Nordamerika. Sie gilt als gottgegeben.

In Deutschland steht die Rheinische Frauenliga an vorderster Front. Sie lässt nicht nach, von sexuellen Übergriffen der französischen Besatzungssoldaten zu berichten. Die Täter sind natürlich Farbige, denn für die Organisation, die Anfragen im Reichstag über von ihnen verübte Sexualmorde initiiert, ist dies alles ein reines Rassenproblem. Doch nicht nur diese Organisation ist in der Angelegenheit aktiv, sondern eine Vielzahl von Zeitungen und Zeitschriften. Der Fantasie scheinen dabei keine Grenzen gesetzt zu sein. Auf der Titelseite des *Simplicissimus* vom 5. Februar ist zum Beispiel ein Gorilla mit französischer Soldatenmütze und bluttriefendem Dolch im Maul abgebildet. Er hält eine Fahne in seinen Pfoten, auf der zu lesen steht: »78 Fälle von Mord und Totschlag. 65 Misshandlungen und Überfälle. 170 Sittlichkeitsdelikte.«[58] Insgesamt hat die Reichsregierung im Jahr 1923 77 Beschwerden wegen Vergewaltigung und 39 wegen versuchter Vergewaltigung im besetzten Gebiet vorgetragen.[59] (Nach französischen Angaben sind die Zahlen niedriger.) Dabei stellen die sexuellen Attacken auf Knaben und Männer einen beträchtlichen Anteil dar.[60]

Doch auch die Politik schaltete sich früh ein. Das Auswärtige Amt finanzierte schon 1921 eine Broschüre unter dem Titel *Farbige Franzosen an Rhein und Ruhr*[61] und ließ sie, in fünf Sprachen übersetzt, in ganz Europa verteilen. Die Schrift wurde auch dem Apostolischen Nuntius in Berlin, Eugenio Pacelli, übergeben. Sie kam aber auch auf anderen Wegen zum Heiligen Vater nach Rom. Papst Pius XI. ließ den Kardinalstaatssekretär Pietro Gasparri in Paris intervenieren, die französische Regierung möge von einer weiteren Entsendung von Kolonialtruppen nach Deutschland absehen. Auch der ehemalige britische Premierminister Lloyd George setzte sich 1922 in der französischen Hauptstadt dafür ein, bei der Besetzung des Ruhrgebiets auf den abermaligen Einsatz von Kolonialtruppen zu verzichten. Doch die Regierung in Paris, wo Linke die Forderung des Briten unterstützen und vielerorts angesichts jener Garnisonen eine »Verbastardisierung« des eigenen Landes befürchtet wird, scherte sich darum wenig – will sie doch die verhassten Deutschen aufs Neue demütigen. Und so bleibt denen angesichts der »schwarzen Schmach«, von der viel die Rede ist, nichts anderes, als wieder einmal zu protestieren. Im Verlauf einer Rede in Darmstadt erklärt Reichspräsident Ebert im Februar 1923: »Dass die Verwendung farbiger Truppen niederster Kultur als Aufseher über eine Bevölkerung von der hohen geistigen und wirtschaftlichen Bedeutung der Rheinländer eine herausfordernde Verletzung der Gesetze europäischer Zivilisation ist, sei auch hier erneut in die Welt hinaus gerufen.«[62]

Die Geschichte von den französischen Kolonialsoldaten hat noch ein Nachspiel. Es geht um die etwa 500 bis 600 Kinder, die sie mit deutschen Frauen gezeugt haben. Sie werden »Bastarde« genannt, diskreditiert und diskriminiert. Sie sind eine Schande nach dem moralischen Empfinden der Zeit. Rassenhygieniker fordern ihre Unfruchtbarmachung. Doch in der Weimarer Republik gibt es keine rechtlichen Grundlagen für eine solche Maßnahme. Entsprechende Vorstöße werden mit dem Hinweis zurückgewiesen, dass die betreffenden Personen die Staatsbürgerschaft der Mütter hätten und damit Deutsche seien. Eine Unfruchtbarmachung sei daher nur mit Zustimmung der Mütter durchführbar, und mit dieser sei in den meisten Fällen wohl nicht zu rechnen. Als Hitler 1933 die Macht übernimmt, wird alles anders. Er hat im ersten Band seiner Programmschrift *Mein Kampf* die französische Stationierung von Farbigen in Deutschland als eine gezielte Strategie der Juden beschrieben, um durch die »dadurch zwangsläufig eintretende Bastardisierung die ihnen verhasste weiße Rasse zu zerstören, von ihrer kulturellen und politischen Höhe zu stürzen und selber zu ihren Herren aufzusteigen«.[63] Doch auch er handelt nicht sofort. Er lässt die inzwischen zu Jugendlichen herangewachsenen Kinder 1934 neu erfassen und die meisten von ihnen drei Jahre später sterilisieren.

2

März und April

Die Widerstandskraft im Kampf gegen die französische Invasion hat ihren Höhepunkt überschritten.
Adam Remmele an den Kanzler am 20. April 1923

Als am 6. März 1923 wieder einmal der Reichstag zusammentritt, sitzen im Plenum nicht wenige, die sich zwar als Patrioten ohne Wenn und Aber zum passiven Widerstand bekennen, gleichwohl sorgenvoll in die Zukunft blicken. Denn die Fronten verhärten sich, und nichts deutet darauf hin, dass Frankreich durch die Maßnahme der Reichsregierung zum Nachgeben gezwungen werden könnte. Ebendiesen Zweiflern am Erfolg des passiven Widerstands will Cuno in seiner Rede, die er an diesem Tag hält, entgegentreten. Der Reichskanzler, der trotz aller finanziellen Probleme von seinem Kurs überzeugt ist, zieht eine Art Bilanz. Nachdem er wieder einmal Frankreich wegen des von ihm begangenen Rechtsbruchs attackiert hat, macht er folgende Rechnung auf: Frankreich habe von den 2,1 Millionen Tonnen Kohle, die ihm aufgrund der Reparationsverpflichtungen zu liefern gewesen wären, im Ganzen 74 000 Tonnen erhalten. Dazu kämen die Einbußen an sonstigen Reparationsleistungen, an Holz, Vieh, Maschinen, Wiederaufbaustoffen und Chemikalien sowie die ungeheuren Aufwendungen für die Entsendung und den Unterhalt der Truppen. Die Besetzung des Ruhrgebiets sei also eine »Sinnlosigkeit« gewesen, resümiert Cuno.[1] Seiner Logik als ehemaliger Wirtschaftsmanager zufolge muss Poincaré angesichts dieser verheerenden Bilanz seine Politik revidieren. Da der Kanzler das politische Kalkül, das seinen Widersacher antreibt, offenbar nicht hinreichend berücksichtigt, ist er nach wie vor zuversichtlich, dass der passive Widerstand Frankreich in die Knie zwingen wird.

Cunos Außenminister von Rosenberg ist da skeptischer. Zu D'Abernon sagt er, der passive Widerstand sei der einzige Weg, den die Reichsregierung habe beschreiten können. »Deshalb stelle ich mir nicht die Frage, ob dessen Ergebnis befriedigend sein wird oder nicht.«[2] Am 8. März hält der britische Botschafter über ein Gespräch mit Rosenberg fest: »Seine Meinung ist die: wenn die Regierung Cuno keine akzeptable Vereinbarung in der Frage der Reparationen und des Abzugs aus dem Ruhrgebiet erreicht, haben wir in sechs Monaten Bürgerkrieg.«[3]

Auch Cuno ist sich natürlich im Klaren darüber, dass vor allem wegen der rasant steigenden Kosten für den passiven Widerstand und der innenpolitischen Situation die Zeit drängt. Im Verlauf seiner Reichstagsrede vom 6. März hat er deshalb noch einmal Verhandlungsbereitschaft signalisiert. Die Conditio sine qua non, also die Räumung des Ruhrgebiets, umschreibt er dabei mit den Worten, dass »uns ein Weg geöffnet wird, der frei ist von äußerem Druck, uns gleichberechtigt in offener Aussprache zu Recht und Vernunft zurückführt«.[4] Er versäumt dabei nicht, darauf hinzuweisen, dass er in der kurzen Zeit seiner Regierung viermal vergeblich versucht habe, mit Frankreich in Verhandlungen zu treten. Trotzig verkündet Cuno schließlich: »Wollen die französischen Politiker aber die Kapitulation Deutschlands, so setzt es diesem Druck den unerschütterlichen Willen entgegen, nicht zu kapitulieren. Wir bekennen uns heute erneut zu dem passiven Widerstand als der Waffe der Gewaltlosigkeit und des Friedens im Kampf gegen Unrecht und Gewalt.«[5]

Wenn Cuno von »Gewaltlosigkeit« spricht, ist das freilich Rhetorik, Propaganda. Denn im Ruhrgebiet tummeln sich längst jene, für die der Weltkrieg nie aufgehört hat. Es sind vor allem Angehörige von Freikorpsverbänden, die bislang an den östlichen Grenzen des Reiches, in Schlesien, im Baltikum, oder im Inneren Deutschlands gegen die Roten gekämpft haben, ob in Berlin gegen Spartakus, in Bayern gegen die Räterepublik oder im Ruhrgebiet gegen die dort aufgestellte Rote Armee. Unter ihnen sind die Organisation »Heinz«, die vom Freikorpskommandeur Heinz Hauenstein befehligt wird, oder die Kämpfer um Gerhard Roßbach, aber auch die Gruppe von Franz Pfeffer von Salomon. Es sind aber auch Männer aus Geheimbünden wie der Organisation »Consul« oder ehemalige Spione wie Kurt Albert Jahnke, der schon während des Ersten Weltkriegs Sabotageakte in den Vereinigten Staaten verübt hat.

Sie alle wähnen sich an der vordersten Front im Kampf für das Vaterland. Sie operieren zumeist in kleineren Gruppen vom unbesetzten Gebiet aus, Pfeffer von Münster, Hauenstein von Elberfeld. Sie unterhalten bald Kontakte in die großen Unternehmen wie Krupp oder Thyssen und vor allem zu den westlichen Reichsbahndirektionen, die Reichswehrminister Geßler unterstehen. Von dort werden sie mit Geld beziehungsweise mit Material für ihre Sabotagemaßnahmen ausgestattet, die sich vor allem gegen das Schienennetz richten sollen, denn über dieses rollen inzwischen Kohlezüge nach Belgien und Frankreich. Neben unzähligen regionalen Unterstützern im Ruhrgebiet bei der Polizei und in den Behörden kommen finanzielle Mittel sogar aus dem Berliner Reichsarbeitsministerium, das der Zentrumspolitiker Heinrich Brauns führt. Dessen Verbindungsmann ist besagter Jahnke.

Neben der Reichsregierung ist auch die sozialdemokratisch geführte preußische Regierung mit von der Partie, wenn auch widerwillig. Eher zur Kontrolle der Sabotagetätigkeit der nationalistisch-völkischen Gruppierungen lässt Innenminister Severing am 13. März »Abwehrkommissariate« an der Grenze zum besetzten Gebiet einrichten. Zunächst sind es fünf dieser Nachrichtenstellen, später acht. Sie haben überdies die Aufgabe, ausgespähte deutsche Kollaborateure festzusetzen und einer strafrechtlichen Verfolgung zuzuführen. Eine Notverordnung des Reichspräsidenten vom 3. März hat das möglich gemacht und stellt die Spionage für die Besatzungsmächte unter schwere Zuchthausstrafen. Doch dazu kommt es meistens nicht, denn nicht wenige Kollaborateure werden von den Untergrundkommandos liquidiert.

Nicht nur dem preußischen Innenminister missfällt das, was für manche Spannungen mit der Reichsregierung sorgt. Auch deren Verhältnis zu der sozialdemokratisch geführten Staatsregierung Badens wird durch den staatlich legitimierten Terror belastet. Mehrfach hat sich Staatspräsident Adam Remmele an den Kanzler gewandt und darum gebeten, von der Reichswehr gestützte Untergrundaktivitäten einzudämmen, um so gewaltsame Zusammenstöße zwischen Deutschen und Franzosen zu unterbinden. »Frankreich hat dann den billigen Vorwand, es würden auf badischem Boden kriegerische Vorbereitungen getroffen, weshalb das Land besetzt werden müsse«, schreibt Remmele, dessen Sorgen nicht unberechtigt bleiben werden.[6]

Während Cuno sich mit den Sozialdemokraten herumschlagen muss, flankiert das deutschnationale und völkische Lager den aktiven »Ruhrkampf« propagandistisch. Dieses fordert auch die offizielle Aufkündigung des Versailler Vertrags und proklamiert ungeachtet der sehr eingeschränkten militärischen Möglichkeiten des Reiches gebetsmühlenartig den offenen Kampf gegen die Besatzer. Immer wieder versuchen die Deutschnationalen und Völkischen, Cuno vor ihren Karren zu spannen. Der Kanzler, der keinerlei Berührungsängste gegenüber diesen Männern hat, ja sogar gute Patrioten in ihnen sieht, empfängt Roßbach, der 1922 die NSDAP in Preußen mit aufgebaut und sich nach ihrem Verbot im November mit seinen Nationalsozialisten der Deutschvölkischen Freiheitspartei (DVFP) angeschlossen hat, ehe er in den Ruhr-Untergrund gegangen ist.

Der Führer der DVFP, Albrecht von Graefe, schreibt dem Kanzler, dass seine völkischen Freunde, »die den Kerntrupp aller aktivistischen, d. h. opferwilligen nationalen Kreise ausmachen«, nicht nur ehrlich bereit seien, sondern den dringendsten und treuesten Wunsch hegten, »Sie, verehrter Herr Reichskanzler, bei der Durchführung einer nationalen Verteidigungspolitik unter Einsetzung von Gut und Blut kraftvoll und selbstlos zu unterstützen«. Dabei bleibt es nicht. Es folgen Attacken gegen die Linke, die Graefe als »Vaterlandsverräter« geißelt, die die Einheitsfront im Ruhrkampf zu einer »Missgeburt« machten.[7] Gemeint ist damit vor allen der preußische Innenminister Severing.

Doch ein Abgleiten in einen offen geführten Guerillakrieg, wie es den Kämpfern an der Ruhr vorschwebt, kann nicht das

Ziel des Reichskanzlers sein. Cuno beabsichtigt vielmehr, durch die begrenzte Unterstützung der Untergrundorganisationen die äußerste Rechte in die Front gegen Frankreich miteinzubeziehen. Er will integrieren, weshalb er auch zeitweise erwogen hat, die DNVP in die Regierungskoalition aufzunehmen. Denn eine Rechte, die gegen die Besatzer kämpft, kämpft nicht gegen die Reichsregierung. Doch solche Vorhaben, die Cuno recht unbefangen angeht, müssen an der SPD scheitern, strapaziert doch schon die Nähe des Kanzlers zu den Deutschnationalen die sozialdemokratische Befindlichkeit bis an die Grenzen.

Dass der aktive Widerstand irgendetwas zur Lösung der Reparations- und Ruhrfrage beitragen könnte, glaubt Cuno freilich nicht. Diese kann – seiner Auffassung zufolge – nur auf dem Verhandlungsweg herbeigeführt werden. Unterstützung erhofft sich der Kanzler nach wie vor von den Briten, sind doch aus London immer wieder kritische Stimmen zu Frankreichs Besatzungspolitik zu vernehmen. Der konservative Premierminister Bonar Law geht zwar einem Konflikt mit dem Entente-Partner weiterhin aus dem Weg. Doch die Opposition im Unterhaus ist da offensiver. Der Vorsitzende von Labour, Ramsay MacDonald, sieht genauso wie die Führung der Liberalen unter Herbert Henry Asquith und dessen Mitstreiter John Simon in der Politik Poincarés eine Bedrohung für den Frieden in Europa, die ein Ende haben muss.

Zu den britischen Liberalen knüpft Graf Kessler, der seit Ende Januar wieder einmal im Auftrag des Auswärtigen Amtes unterwegs ist, Kontakte, die bald vertieft werden. Der Deutsche, von dem D'Abernon sagt, er sei »ein ziemlich überzeugter Pazifist – so etwas wie ein Enthusiast, aristokratisch und dennoch sozialistisch sowie sehr belesen«,[8] verständigt sich mit seinen britischen Gesprächspartnern darauf, Bonar Law dazu zu bringen, seine Zurückhaltung in der Ruhrkrise und der untrennbar damit verknüpften Reparationsfrage aufzugeben. Hierzu soll sich Cuno direkt mit einem für die britische Seite akzeptablen Vorschlag in Form eines Handschreibens an den Premierminister wenden. Simon soll den Vorstoß des Reichskanzlers durch einen Geschäftsordnungstrick auf die Tagesordnung des Unterhauses bringen und diesen damit öffentlich machen, noch ehe Paris darauf reagieren kann. Dies würde zwar nicht »unmittelbar die Zurückziehung der Truppen aus dem Ruhrgebiet und Verhandlungen auf gleichem Fuße zwischen Deutschland und den Alliierten herbeiführen, aber einen mächtigen Umschwung in der Meinung der Welt und damit eine ganz neue Situation für uns schaffen«, hofft Kessler.[9]

Am Ende ist es ein Memorandum mit den deutschen Positionen in der Reparationsfrage, das der deutsche Botschafter in London, Friedrich Sthamer, am 14. März Außenminister George Nathaniel Curzon übergibt. Denn der hat sich geweigert, eine Note Cunos an Bonar Law entgegenzunehmen. Er will bei der französischen Regierung kein Misstrauen gesät wissen. »Es zeige sich eine ganz kleine Möglichkeit, dass die englische Regierung intervenieren werde«, meint Sthamer nach der Übergabe.[10] Was ihn dazu veranlasst, ist sein Wissen, dass Curzon Poincaré gering schätzt. Der Brite nennt ihn einen »furchtbaren kleinen Mann« und begründet dies mit den bemerkenswerten Sätzen: »Ich glaube nicht, dass ich im öffentlichen Leben jemals einen Mann in Poincarés Stellung kennengelernt habe, dessen Verstand und Charakter so durch und durch kleinkariert waren oder der sein Temperament so wenig unter Kontrolle hatte.«[11]

Doch das ändert nichts an Curzons Loyalität gegenüber seinem Premierminister. Als dann auch noch die Sache mit dem Memorandum aus dem Foreign Office »durchgestochen« wird und am nächsten Morgen die Londoner Zeitungen in großer Aufmachung – aber ohne jeglichen Inhalt – von »deutschen Fühlern« und »englischer Vermittlung« in der Ruhrfrage berichten, verpufft jeglicher öffentlicher Effekt, den sich Kessler und Simon erhofft haben. Doch damit nicht genug, denn bei dem Treffen des deutschen Botschafters mit Bonar Law und Curzon am 16. März löst sich alles in Nichts auf. Sthamer berichtet: »Sie hätten die Vorschläge in unserem Memorandum als ganz ungenügend bezeichnet u[nd] Gewährung von ›Sicherheit für Frankreich‹ als notwendiges Erfordernis für die Lösung der Krisis bezeichnet. Sie denken sich diese Sicherheit als eine internationale Kontrolle u[nd] Entmilitarisierung eines Grenzstreifens in Deutschland.«[12] Mit anderen Worten: London will das Rheinland und das Ruhrgebiet bestenfalls unter die Kontrolle des Völkerbunds stellen und damit den leidigen Konflikt mit Frankreich beenden.

Was die Engländer da ins Gespräch bringen, wird seit geraumer Zeit auch in Paris diskutiert, wo man die Sicherheitsaspekte und die Reparationszahlungen als zwei Seiten ein und derselben Medaille ansieht. Der deutschfreundliche *Manchester Guardian* stellt dazu die rhetorische Frage: »Aber verstünden die Franzosen unter Entmilitarisierung nicht die Kontrolle der rheinischen Eisenbahnen und der Industrien des Ruhrgebiets? Wenn ja, dann sei die Entmilitarisierung ein euphemistischer Begriff für Annexion.« Man müsse »aufpassen, für welche Zwecke man den Völkerbund in Anspruch nehme«.[13] Die deutsche Seite reagiert diplomatisch: Eine entmilitarisierte Zone nur auf deutschem Staatsgebiet und nicht auch auf französischem werde den Sicherheitsinteressen des Reichs nicht gerecht, wird verlautbart. Außerdem wird von deutscher Seite wieder der Rheinpakt ins Spiel gebracht, womit sich nicht nur die Anrainer des Stroms dazu verpflichten sollen, die Grenzen zu akzeptieren – Vorstellungen, die in Paris nie und nimmer akzeptiert werden würden.

Um wieder Bewegung in die Reparationsfrage zu bringen, greift Reichsaußenminister von Rosenberg – an die Londoner Adresse gerichtet – am 27. März den Vorschlag auf, den der amerikanische Außenminister Hughes Ende Dezember unterbreitet hat. Dieser sieht vor, ein sachverständiges Gremium einzurichten, an dem Frankreich und Deutschland gleichberechtigt teilnehmen sollen, um zu klären, was bislang an Reparationen geleistet worden sei, was noch geleistet werden könne und auf welche Weise diese Leistungen zu bewerkstelligen seien. Rosenberg erklärt die Bereitschaft der Reichsregierung, diesen oder einen ähnlichen Weg zu beschreiten. Berlin wäre auch bereit, »an den internationalen Kapitalmarkt wegen Bewilligung einer möglichst großen Anleihe heranzutreten, die von Deutschland mit jeder von dem Anleihekonsortium als nötig bezeichneten Sicherheit auszustatten und an Frankreich oder die Alliierten als sofortiger barer Vorschuss zu behändigen sein sollte«.[14] Da momentan noch kein sicheres Urteil über die wirtschaftliche Leistungsfähigkeit Deutschlands angesichts des gewaltsamen Eingriffs in das Wirtschaftsleben abgegeben werden könne, verlangt der Außenminister als Bedingung für alles die Wiederherstellung des Status quo ante. Bis dahin werde das deutsche Volk seine einzige Waffe, den »passiven Widerstand«, nicht aus der Hand legen.

Am Tag nach Rosenbergs Rede stellt die britische Opposition – vorbereitet von Kessler – im Unterhaus Fragen an die konservative Regierung. Der Graf notiert dazu in sein Tagebuch, »dass Asquit u[nd] MacDonald Rosenbergs Vorschläge als passende Diskussionsgrundlage proklamiert haben. Damit hat die deutsche Regierung für ihre Haltung die Unterstützung der englischen Opposition gewonnen: einen sehr wesentlichen Faktor, wenn die Ruhraktion sich in die Länge zieht«.[15] Doch diese Unterstützung bewirkt wenig. Poincaré erklärt im französischen Parlament, dass sein Land keine »indirekten Vorschläge« annehmen werde, sondern nur solche, die direkt an Frankreich oder die Gesamtheit der Verbündeten gerichtet seien. Und merkt noch an: »Wir werden unser Pfand nur gegen ausreichende Leistungen abgeben.«[16] Die Auslassungen des französischen Ministerpräsidenten besagen nichts anderes, als dass Frankreich, bestenfalls noch im Zusammenwirken mit seinen Alliierten, die Höhe der Reparationen festzulegen habe und nicht irgendeine Kommission, an der Deutschland beteiligt wäre.

Damit ist Cuno seit seiner Amtsübernahme als Reichskanzler im November des Vorjahrs in der so wichtigen Frage der Reparationen keinen Schritt weitergekommen. Und auch der passive Widerstand scheint inzwischen an seine Grenzen gelangt zu sein, ganz zu schweigen von den Aktivitäten der Sabotagekommandos, die eher kontraproduktiv wirken. Die in der SPD und im Allgemeinen Deutschen Gewerkschaftsbund (ADGB) organisierten Genossen wenden sich immer mehr gegen die nationalistische Übersteigerung des Ruhrkampfs. Cuno gerät deshalb zunehmend unter Druck. Der kommt auch aus der preußischen Regierung, die zusammen mit den Gewerkschaften den passiven Widerstand in entscheidendem Maße trägt. Auch dort wächst der Unmut über den Kanzler, der sich soeben bei seinem Besuch in München vom erzkonservativen bayerischen Ministerpräsidenten Knilling und der BVP in nationaler Euphorie als Führer einer selbstbewussten deutschen Politik hat feiern lassen.

In der SPD und in den Gewerkschaften wird nun die Auffassung vertreten, mit Frankreich ohne Vorbedingungen zu verhandeln, sofern diese Gespräche von einem gewissen Einlenken der französischen Regierung gekennzeichnet seien. In einem Meinungsaustausch mit dem Staatssekretär in der Reichskanzlei, Eduard Hamm, meint der ADGB-Vorsitzende Theodor Leipart Ende März, dass die Verhältnisse im Ruhrgebiet immer schwieriger würden. »Aufgrund täglicher Beobachtungen meinen wir, dass das Barometer nicht mehr steigt, sondern zu sinken anfängt. Wir haben den Höhepunkt erreicht, wenn nicht vielleicht schon überschritten. Wir glauben, dass der Zeitpunkt für Verhandlungen jetzt gegeben ist, da es besser ist zu verhandeln, ehe die Kraft sichtbar abnimmt, als dann, wenn die Gegner das Erlahmen schon beobachten [...]. Der passive Widerstand aber ist überall schon als ein Erfolg Deutschlands anerkannt. Auf ihn kann Deutschland jetzt sich berufen«, meint Leipart.[17]

Doch der Reichskanzler – bedrängt von rechts und links – beharrt auf seinem Kurs, wie ihn Rosenberg soeben noch vorgetragen hat. Er weiß dabei den Reichspräsidenten hinter sich, der Mitte März das westfälische Hamm besucht hat, nachdem ihm die Einreise ins besetzte Gebiet verweigert worden ist. Vor den Delegierten des Ruhrgebiets übermittelt er Dank und Bewunderung des ganzen deutschen Volkes, »das einig und geschlossen hinter seinen Brüdern im Ruhrgebiet steht!«. Ebert geißelt das Besatzungsregime und appelliert ganz im Sinne seines Kanzlers an die Deutschen, den passiven Widerstand fortzusetzen.[18] Doch wie lange wird die Regierung Cuno diesen aufrechterhalten können angesichts der eskalierenden Kosten, der allmählich bröckelnden Einigkeit im Reich und der Entschlossenheit der französischen Regierung, die Auseinandersetzung im Ruhrgebiet bis zum bitteren Ende, das heißt bis zum deutschen Zusammenbruch, fortzusetzen?

Um den zu erreichen, unternimmt Poincaré jede Anstrengung. Im Fokus für ihn steht aber die Sicherung seiner »produktiven Pfänder« und damit der Abbau der deutschen Kohle und deren Transport in die lothringischen Eisenverhüttungswerke. Da dies bislang in einem beträchtlichen Umfang verhindert wurde, werden immer mehr französische und belgische Besatzungssoldaten, Bergbauingenieure und Bergleute sowie Eisenbahner ins Ruhrgebiet entsandt. Darüber hinaus soll fortan der schnellste Schienenweg durch die Kölner Zone genutzt werden, die den Buchstaben des Versailler Vertrags zufolge von Großbritannien besetzt ist. Deshalb drängt Frankreich auf eine Durchfahrtsregelung. Am 11. März schließen beide Seiten einen Vertrag. Darin wird der Zugverkehr durch das britische Besatzungsgebiet zur Enttäuschung der Franzosen auf zehn Züge am Tag begrenzt. London will nicht nur seine Position um Köln behaupten, sondern auch die uneingeschränkte Herrschaft Frankreichs im besetzten Gebiet – freilich eher symbolisch – eindämmen.

Dass dort überhaupt Züge fahren, hat den Besatzern angesichts der Verweigerungshaltung der Reichsbahner bislang ohnehin schon einiges abverlangt. Denn der Verband der deutschen Eisenbahner hat soeben seine Mitglieder wieder einmal aufgefordert, trotz der drakonischen französischen Strafandrohungen – die Verordnung 147 der Rheinlandkommission sieht sogar die Todesstrafe vor – den passiven Widerstand aufrechtzuerhalten. Und das geschieht nach wie vor in den meisten Fällen. Dennoch fahren immer mehr Züge. Da das herbeigeholte französische beziehungsweise belgische Personal mit den Gegebenheiten des deutschen Bahnsystems nicht vertraut ist, kommt es zu schweren Zugunglücken, wie dem auf der Strecke Düsseldorf–Kettwig, auf der zwei französische Militärzüge zusammenstoßen, wobei 28 Besatzungssoldaten sterben.

Hinzu kommen die Anschläge der Ruhrkämpfer auf das Streckennetz. Kein Tag vergeht inzwischen, an dem nicht irgendeine Eisenbahntrasse oder eine Lokomotive von Sabotagetrupps gesprengt wird. Bis Ende Juni 1923 werden es insgesamt 259 Anschläge gegen den Bahnverkehr sein.[19] Die Besatzungsmächte sind deshalb dazu übergegangen, auf den Lokomotiven Deutsche als Geiseln mitfahren zu lassen. Sie wählen hierzu besonders angesehene Bürger aus. Sie erhoffen sich davon, dass dies die Bombenleger abschreckt. Immer häufiger besetzen die *Poilus* auch die

Bahnhöfe. Die »rasende Soldateska«, wie die Besatzungstruppen in der deutschen Presse mitunter genannt werden, geht dabei brutal gegen die untätigen deutschen Bahnbeamten vor. Prügel, Verhaftung und Ausweisung lautet der Dreiklang im besetzten Gebiet.

Ein tödliches Ende nimmt Mitte März die Gewalt in Buer. Dort sind zwei französische Angehörige der Besatzungstruppen, ein Leutnant Colpin und ein technischer Offizier namens Joly, erschossen worden. Die Kugeln stammen aus deutscher Produktion. Doch wer sie abgefeuert hat, ist unklar. Von deutscher Seite wird behauptet, es sei ein belgischer Soldat gewesen. Die Franzosen bezichtigen zwei deutsche Schupobeamte. Der kommandierende General des 32. Armeekorps, der von einem deutschen Anschlag überzeugt ist, nimmt daraufhin den Bürgermeister der Stadt fest und kündigt dessen Erschießung an. Gleichzeitig lässt er Tanks auffahren und befiehlt eine Ausgangssperre. Nach 22:30 Uhr müssen alle Lichter in den Häusern gelöscht sein. Zeitungen dürfen vorübergehend nicht erscheinen, und Kaffeehäuser müssen geschlossen bleiben. Zahlreiche Bürger werden verhaftet, einige erschossen beziehungsweise schwer verletzt. Sie sind in die Stadt gekommen und haben die Anordnungen des französischen Generals nicht gekannt.[20] In Paris übergibt der deutsche Geschäftsträger wieder einmal eine Protestnote der Reichsregierung, in der darauf hingewiesen wird, dass das Handeln der Besatzungsmacht dazu angetan sei, »die Bevölkerung zur Verzweiflung zu treiben und unabsehbares Unheil heraufzubeschwören«.[21] Bald sind die französischen Untersuchungen abgeschlossen. Die Ermittlungen hätten ergeben, dass die beiden Schupoleute Burchhoff und Wittershagen die Hauptverdächtigen seien. Und die seien bei einem Fluchtversuch erschossen worden, wird vom französischen Militär abschließend mitgeteilt.

Zu einem Blutbad kommt es Ende des Monats auf dem Krupp-Firmengelände in Essen. Dort soll ein Leutnant Durieux mit einem Trupp für die französische Armee Fahrzeuge konfiszieren. In der Personenwagenhalle suchen sie fünf aus. Innerhalb kürzester Zeit kommen Hunderte Arbeiter zusammen, die vor der Halle protestieren und patriotische Lieder singen. Flankierend dazu heulen die Krupp-Sirenen. Steine und Kohlestücke prasseln auf das Hallendach. Offenbar in Panik geraten entschließt sich der Trupp abzurücken. Als Durieux und seine Männer der aufgebrachten Menschenmenge gegenüberstehen, eröffnen sie das Feuer. Dreizehn Kruppianer sterben, sieben von ihnen ist in den Rücken geschossen worden, wie die Obduktion der Leichen ergibt. Dreißig Arbeiter werden teils schwer verletzt.

Die Empörung kennt keine Grenzen. Ebert, Cuno und Otto Braun geben Erklärungen ab. Die Reichsregierung wird abermals in Paris vorstellig, überreicht eine Protestnote, in der zu lesen ist, dass die Franzosen das Blutbad grundlos angerichtet hätten. Die französische kommunistische Partei demonstriert mit einem Aufruf gegen diese »neue Tat nutzloser und gemeiner Barbarei« und gibt die Losung aus: »Die Räumung des Ruhrgebiets – Annullierung des Vertrags von Versailles – Nieder mit dem Imperialismus.«[22] Das akzeptiert man in der französischen Regierung natürlich nicht. Schuld sind für Poincaré und seine Mannen die *boches,* wie die verhassten Deutschen genannt werden. Laut dortiger Version seien die Arbeiter von der Unternehmensführung verhetzt worden und auf die Soldaten losgegangen. Diese hätten sich in Lebensgefahr befunden und sich schützen müssen. Der Aufsichtsratsvorsitzende des Essener Werkes, Alfred Krupp von Bohlen und Halbach, und eine Reihe seiner Direktoren werden verhaftet.

Die Trauerfeier für die »gefallenen Arbeiter«, wie Reichspräsident Ebert die Toten bezeichnet, wird zu einer erschütternden nationalen Manifestation. In ganz Deutschland nehmen die Menschen Anteil am Tod der »Märtyrer«. Die Blätter berichten über das Großereignis ihrer Beisetzung. In der *Leipziger Illustrierten Zeitung* ist ein Gedicht eines Artur Zickler abgedruckt, das mit den Worten endet: »Weinender Stolz unsre Seelen erhebt:/Ihr seid gestorben, dass Deutschland lebt –/Ade, Kameraden!/Die ihr vom bittersten Kelche trankt –/Von siebzig Millionen sei's euch gedankt/In Ewigkeit, Brüder!«[23] Gesteigert werden Empörung und Hass der Nation durch eine französische Schikane: Der ehemalige preußische Ministerpräsident Adam Stegerwald, der frühere Reichspostminister Johann Giesberts und der

Staatssekretär der Reichskanzlei Hamm werden auf dem Weg zur Trauerfeier in Düsseldorf-Scharnhorst von französischer Miliz verhaftet und einen Tag lang festgehalten. Bald ist es allen Angehörigen der Reichsregierung verboten, das Ruhrgebiet zu betreten.

Die Toten des »Essener Blutsamstags« sind noch nicht begraben, da lässt ein spektakulärer Anschlag die Menschen an der Ruhr aufhorchen. Ziel ist der Rhein-Herne-Kanal, eine der wichtigsten Transportlinien für Kohle abseits der Bahnlinien. Bei Henrichenburg, wo der Kanal die Emscher überquert, hat eine Detonation verheerenden Schaden angerichtet. Der Kanal ist bis zum Hafen von Herne vollständig leergelaufen. Zahlreiche mit Kohle und Koks beladene, für Frankreich bestimmte Schiffe sind im Kanalbett umgekippt oder sitzen in diesem fest. Kohle wird hier vorerst nicht mehr verschifft werden. Während General Degoutte, der die gesamte Kanalzone zum militärischen Sperrgebiet erklärt, nach den Tätern fahnden lässt – ahnen die Einheimischen, dass wohl die in der Region operierende Organisation »Heinz« hinter dem Anschlag steckt.

Abgesehen von den Nationalisten und Völkischen lehnt die Mehrheit der Menschen im Ruhrgebiet die Sabotagemaßnahmen ab. Sie fürchten die Repressionen der Franzosen und Belgier. Die Lage ist angesichts des passiven Widerstands ohnehin schon angespannt und das Leben schwer genug. Gespalten ist die Haltung der deutschen Behörden. Während sie im Essener und im Bottroper Polizeipräsidium die Untergrundkämpfer mit Waffen und falschen Pässen versorgen, helfen diese doch bei der Enttarnung französischer Spitzel, ermittelt die Politische Polizei des sozialdemokratisch geführten Preußens gegen die Männer, die in ihren Reihen vielfach für Terroristen gehalten werden. Vereinzelt kommt es sogar zur Zusammenarbeit mit den belgischen beziehungsweise französischen Besatzungsbehörden.

Dies hat damit zu tun, dass sich die Haltung der preußischen Regierung zum aktiven Widerstand im Ruhrgebiet verändert hat. Severing fürchtet eine Eskalation der Gewalt, die der Suche nach einer Lösung der Ruhrfrage mit den Alliierten eher schaden als sie voranbringen würde. Ja, es wird in Berlin nicht ausgeschlossen, dass die nationalistischen Aktivitäten das rechte Umsturzpotenzial im unbesetzten Deutschland befeuern könnten. Deshalb soll mit der Duldung der Gewaltaktionen Schluss sein. Schon Mitte, Ende März hat Severing ein Zeichen gesetzt und Roßbach wegen des Verdachts des Hochverrats verhaften lassen. Kurz darauf hat er – nach der Durchsuchung ihrer Geschäftsräume wegen des dringenden Verdachts hochverräterischer Umtriebe – auch dessen Partei, die zerstrittene DVFP, verbieten lassen.

Der darüber nicht informierte Cuno, der Preußen als wichtigen Stabilitätsfaktor im labilen inneren Gefüge des Reichs braucht, ist verärgert, sieht er doch darin den Versuch, seine Politik der nationalen Einheitsfront zu durchkreuzen. So reagiert er auf die Maßnahmen der Regierung Otto Braun, indem er Severing auffordert, auch gegen die kommunistischen Umtriebe in Preußen vorzugehen. Der Sozialdemokrat weist den unterschwelligen Vorwurf der Einseitigkeit, der auch von der Rechten im Preussischen Landtag erhoben wird, zurück: Die Kommunisten seien in ihrer Gefährlichkeit nicht mit den rechten Wehrverbänden und Freikorpsorganisationen zu vergleichen. Sie seien eher wie »politische Kinder«, verharmlost der preußische Innenminister.[24]

Dabei ist auch Severing im Fadenkreuz der KPD-Agitation. Ende Februar hat die *Rote Fahne* verbreitet, dass der Reichswehrchef Seeckt zum Bürgerkrieg rüste und auf einer Besprechung mit Reichskanzler Cuno, Reichswehrminister Geßler, dem preußischen Ministerpräsidenten Braun und dessen Innenminister Severing der Aufbau sogenannter »Orgesch-Verbände« verabredet worden sei. Wörtlich war in dem KPD-Zentralorgan zu lesen: »Die Konterrevolution macht mobil zum Bürgerkrieg, rüstet alle eure Kräfte zum Abwehrkampf.«[25] Was der amtliche SPD-Pressedienst bestreitet, dient letztendlich der Mobilisierung der Anhänger und derer, die es noch nicht sind. Wenn von einem realen Hintergrund die Rede sein kann, dann richtet sich die Attacke gegen die sogenannte Schwarze Reichswehr, jene illegale Reserve der Truppe, die diese über die in Versailles festgelegte Stärke von 100 000 Mann hinauskommen lässt.

In Berlin und Brandenburg, im Wehrkreis III, sind es etwa 18 000 Mann. Die zumeist ehemaligen Weltkriegskämpfer sind in sogenannte Arbeitskommandos eingeteilt, die an 23 Standorten stationiert sind, wie der Berlin-Spandauer Zitadelle, dem Fort Hahneberg oder der Küstriner Festung. Ihre Bewaffnung und Ausbilder werden von der Reichswehr gestellt. Geführt wird die Truppe in Brandenburg von dem ehemaligen Major Bruno Ernst Buchrucker, der durch einen privatrechtlichen Vertrag an die Reichswehr gebunden ist. Für die Überwachung der »Schwarzen Reichswehr« im Wehrkreis ist der Stabschef der 3. Division zuständig, ein gewisser Oberstleutnant Fedor von Bock, der im Winter 1941 den Angriff auf Moskau befehligen und scheitern wird. Severing wird später aussagen, was jedermann klar gewesen ist, dass »die Arbeitskommandos […] gar keinen anderen Zweck [hatten], als allmählich einen illegalen Truppenkörper herauszubilden«.[26] Auch er trägt den Verstoß gegen den Versailler Vertrag mit, soll doch die Republik nach außen und innen wenigstens bedingt wehrhaft sein. Die Gesamtstärke von Reichswehr [samt Ergänzungstruppe] und Polizei hat er auf etwa 250 000 Mann beziffert.[27] Ihre Zuverlässigkeit ist für den Sozialdemokraten Severing seit jeher Anlass zur Sorge.

Ein echtes Problem wird für ihn und seine Genossen die KPD und die Abgrenzung zu dieser. Denn lässt sich die SPD zu sehr mit der Reichsregierung ein und erlässt Verbote gegen die KPD, droht sie Teile der Arbeiterschaft an diese zu verlieren. Verkompliziert wird die Situation durch die Entwicklung im industriell geprägten Sachsen, das seit dem Crimmitschauer Streik von 1903/4 das Adjektiv »rot« trägt. In der Hochburg der Sozialdemokraten wird am 21. März 1923 Erich Zeigner mit den Stimmen der KPD zum Ministerpräsidenten einer SPD-Minderheitsregierung gewählt. Er und seine Gefolgsleute gehören einer neuen Generation linker Sozialdemokraten an, die von einer resoluten Reformpolitik als Gegenmodell zur Politik des Reiches träumen. Mit einer Art »demokratischem Sozialismus«, der die Herrschaft des Kapitals beenden soll, wollen sie die 1918 zerbrochene Einheit der Arbeiterbewegung wiederbeleben und sind dazu bereit, mit den Kommunisten zusammenzuarbeiten. Sie übersehen dabei, dass die KPD keine eigenständige politische Kraft ist, sondern ihre Direktiven aus Moskau erhält. Ähnlich ideologisch verstellt ist der Blick der Thüringer Sozialdemokraten, die unter Ministerpräsident August Frölich zusammen mit der USPD eine von der KPD tolerierte Minderheitsregierung stellen. Die gefährlichste Bedrohung sehen sie in den mitteldeutschen Landen von Bayern ausgehen, von der erzkonservativen Regierung Knilling und von den dortigen Wehrverbänden bis hin zu den Nationalsozialisten.

Deren Führer ist am 7. April auf dem Weg nach Berlin. Er ist mit der nationalsozialistischen Sache ein Stück vorangekommen. Denn seinem Mitstreiter, dem Reichswehr-Hauptmann Röhm, ist es gelungen, den seit Jahresbeginn betriebenen Zusammenschluss der völkisch-nationalistischen Wehrverbände und der SA [Sturmabteilung der NSDAP] zu verwirklichen. Letztere hat im Verlauf des Vormonats alles getan, um die Aufmerksamkeit auf sich zu ziehen. So haben SA-Männer die Geschäftsräume der sozialdemokratischen *Münchner Post* verwüstet. Kurz darauf fuhren 700 SA-Leute nach Ingolstadt, um dort Krawall zu machen. Zurück in der bayerischen Hauptstadt provozierten sie die Polizei, indem sie zum Marienplatz marschierten, wofür sie eine Erlaubnis der Behörden benötigt hätten. Jene Aktionen, die in den Blättern ihren Niederschlag gefunden haben und die NSDAP größer erscheinen ließen, als sie ist, mochten sicherlich den Zusammenschluss befördert haben.

Eine gewichtige Rolle spielt gewiss die Ernennung eines gewissen Hermann Göring, den Hitler im Oktober 1922 am Rande einer Kundgebung auf dem Münchner Königsplatz kennengelernt hat, zum Chef der Sturmabteilung. Göring, der letzte Kommodore des legendären Jagdgeschwaders Richthofen mit 17 Abschüssen, genießt nämlich als Pour-le-Mérite-Träger unter den Führern und Angehörigen der Wehrverbände einen hervorragenden Ruf. So haben sich am 13. März 1923 die von Hauptmann Adolf Heiß geführte »Reichsflagge«, der »Kampfbund Niederbayern«, der »Bund Oberland«, die »Organisation Lenz«, der »Vaterländische Verein München« und die SA mit der NSDAP organisatorisch zusammengeschlossen. Sie bilden fortan das Gegenstück zu den nationalistischen, monarchistischen und weißblauen Wehrorganisationen, die unter dem Dach der »Vereinigten Vaterländischen Verbände Bayerns« unter Führung Kahrs und des Gymnasialprofessors Hermann Bauer zusammengeschlossen sind.

Was die politische Stoßrichtung der »Arbeitsgemeinschaft der Vaterländischen Kampfverbände« anbelangt, die militärisch vom Ex-Oberstleutnant Hermann Kriebel geführt wird, ist es Hitler allerdings nicht gelungen, die Marschrichtung des Zusammenschlusses vorzugeben. Ein dort vorgelegtes, gegen die Reichsregierung wie auch gegen die bayerische Regierung gerichtetes »Völkisches Manifest« ist als Aktionsprogramm vom gemeinsamen Komitee verworfen worden. Gleichwohl gelingt es Röhm und Göring im Zuge der im März und April angesetzten militärischen Übungen der »Arbeitsgemeinschaft«, Drohkulissen gegen die bayerische Staatsregierung aufzurichten, wenn die SA die Abriegelung Münchens übt oder die gemeinsamen Manöver der zusammengeschlossenen Wehrverbände exakt vor der Bannmeile um das Regierungsviertel enden oder diese sogar verletzen.

In Berlin will Hitler Ludendorff auf seine Seite ziehen und wie immer auch bei seinen Gönnern, der Familie des Klavierfabrikanten Bechstein, vorbeischauen. Besonders dessen Frau Helene hat Hitler es angetan, und sie hat ihn mit mancher Geldzuwendung bedacht. Die Fahrt mit dem Wagen der Parteileitung ist nicht ungefährlich, denn in Mitteldeutschland sind die Angehörigen des Militärapparats der KPD sehr aktiv. Diesen in die Hände zu fallen würde unzweifelhaft das Ende Hitlers bedeuten. Deshalb ist die Anspannung entsprechend groß, als sie – Hitler, sein Intimus Ernst Hanfstaengl, der junge Parteigenosse Fritz Lauböck und Fahrer Emil Maurice – am Morgen des 8. April Thüringen erreichen. Stunden später, unweit des sächsischen Delitzsch, passiert es dann. Sie werden von schwer bewaffneten kommunistischen Milizionären, die eine Straßensperre errichtet haben, angehalten. Was dann geschieht, berichtet Hanfstaengl in seinen Memoiren:[28] Er habe sich aus dem Wagen geschwungen, sich als Papierfabrikant ausgegeben und den Genossen seinen

»in englischer Sprache abgefassten Pass mit zinnoberrotem Siegel [ausgehändigt], den mir 1921 das Schweizer Konsulat in New York als zuständige Instanz unserer damaligen Schutzmacht bei meiner Rückkehr nach Deutschland ausgestellt hatte«. Der weltgewandte Hanfstaengl macht den Verunsicherten weis, dass er auf dem Weg zur Leipziger Messe sei. Abgesehen von seinem Fahrer begleiteten ihn der Sohn eines guten Bekannten, der sich in der Messestadt etwas umsehen wolle, sowie sein Kammerdiener, sagt er und zeigt auf Hitler. Der Bluff gelingt. Als »Kammerdiener« passiert er, der zehn Jahre später mit der »roten Pest« »aufräumen« wird, die Straßensperre und erreicht ohne weitere Zwischenfälle Berlin.

Hitlers Treffen mit Ludendorff, das der Steglitzer Parteigenosse Emil Ganzer vermittelt hat, bringt nicht das erhoffte Ergebnis. Der Generalquartiermeister des Großen Krieges lässt sich nicht von dem Gefreiten instrumentalisieren. Er ist zurückhaltend, hört sich dessen Suada an und belässt es bei Gemeinplätzen gegen die ihm verhasste Republik, die den Feinden des Weltkriegs nichts entgegenzusetzen habe als den passiven Widerstand. Dies ist enttäuschend für Hitler, denn mit Ludendorff an seiner Seite gelänge ihm der Einbruch in die Reichswehr, um den sich die Nationalsozialisten intensiv bemühen. Denn die reguläre Armee oder wenigstens Teile dieser braucht Hitler für die Umsetzung seiner Ziele. Dies hat den Chef der Heeresleitung von Seeckt bereits am 22. März dazu veranlasst, in einem Tagesbefehl an die Truppe darauf hinzuweisen, dass von »sogenannter ›nationalsozialistischer‹ Seite [...] zur Zeit anscheinend umfangreiche und [...] leider nicht immer vergebliche Versuche gemacht würden, Reichswehrangehörige für die politischen Ziele dieser Partei zu gewinnen«. Dies sei ein »verbrecherischer Versuch«, die Disziplin in der Armee zu erschüttern. »In dieser Stunde ernster Gefahr für das Reich rufe ich der Armee zu, dass auf ihrer Zuverlässigkeit, ihrem Gehorsam und ihrer Disziplin das Schicksal des Vaterlandes beruht.«[29]

Letztendlich bleibt Hitler bei seinem Berlinbesuch nicht viel mehr, als noch ein paar Spenden einzusammeln, darunter eine der Bechsteins, und den genervten Reisebegleitern in den Kunstsammlungen der Museumsinsel seine ganz spezielle Deutung der abendländischen Kunst darzulegen. Zurück in München herrscht für ihn wieder politischer Alltag. Und der Blick auf die Reichsregierung bestätigt wieder einmal seine Weltsicht. Die »Systempolitiker« liefern ihm nämlich einen neuen Beleg für die Schwächlichkeit der Bourgeoisie und damit für die fortschreitende »Wehrlosmachung« Deutschlands. Denn was auch die Rechtsparteien im politischen Getriebe der Reichshauptstadt, allen voran die DNVP, seit Längerem befürchtet haben, scheint mit dem neuerlichen Vorstoß des parteilosen Reichsaußenministers von Rosenberg in der Reparationsfrage eingetreten zu sein: Die Regierung Cuno weicht dem Druck des feindlichen Auslandes sowie der Linken im Inland.

Nur vier Tage vor der Rede des deutschen Außenministers zur Reparationsfrage vom 16. April waren aus Berlin noch ganz andere Töne zu hören. Als die Reichsregierung mit den Spitzen der im Parlament vertretenen Parteien, aber auch mit Vertretern der Gewerkschaften zusammentrafen, habe Einigkeit über die weitere Vorgehensweise geherrscht. Vollmundig ist nach außen kommuniziert worden, dass der passive Widerstand notfalls über einen längeren Zeitraum fortgesetzt werden müsse, »bis Frankreich sich zu einer gerechten Regelung der Reparations- und Okkupationsfrage« entschlossen habe. Verhandlungen könnten nicht vor dem Abzug der Besatzungstruppen aufgenommen werden.[30] Tatsächlich wird das zumindest in den Reihen der SPD anders gesehen, wenn im *Vorwärts* vom 12. April davon die Rede ist, dass gewisse sozialdemokratische Kreise in einer sich den Gesprächen mit Cuno anschließenden internen Sitzung der Ansicht gewesen seien, dass gegenwärtig »für Deutschland die Möglichkeit besteht zu verhandeln, ohne zu kapitulieren«.[31]

Auslöser für den Schwenk in der Ruhr- und Reparationsfrage sind alarmierende Signale aus der Reichsbank. Diese kann nämlich ihre Stützungsaktion, mit der der Kurs des Dollars seit Mitte Februar bei etwa 20 000 Mark gehalten wurde, nicht weiter fortsetzen. Siebzig Millionen Goldmark würde das an einem einzigen Tag kosten und die deutschen Goldreserven innerhalb weniger Tage aufzehren. Am 18. April zieht die Reichsbank unter ihrem Präsidenten Rudolf Havenstein die Notbremse und beendet den Ankauf von Devisen, worauf die Mark ins Bodenlose fällt. Der amerikanische Dollar kostet bereits am darauffolgenden Tag 29 500 Mark und wird bald wieder die 40 000er-Marke aus dem Januar reißen.

Damit einhergehend tut sich ein immer größeres Haushaltsdefizit auf, denn infolge der Ruhrbesetzung schießen die Ausgaben für das Arbeitslosengeld und die Entschädigungen durch die Decke, während die Steuereinnahmen wegen der stagnierenden Wirtschaft geringer werden, nicht zuletzt, weil sie dem Tempo der Inflation nicht nachkommen. Standen im Januar noch Ausgaben von 947,2 Milliarden Mark Einnahmen von 360,5 Milliarden Mark gegenüber, so beträgt das Verhältnis im März 3574,8 Milliarden zu 561,9 Milliarden. Zwischen Anfang Januar und Mitte April steigt die Verschuldung des Reiches von 1,6 Billionen auf mehr als 7 Billionen Mark.[32] Und zu einer durchgreifenden Steuergesetzgebung auf Gold- bzw. Dollargrundlage kann sich die Reichsregierung nicht durchringen.

Im Wissen um den sich abzeichnenden Zusammenbruch der Währung und den damit heraufziehenden Staatsbankrott samt des wirtschaftlich-humanitären Chaos erfolgt dann Rosenbergs Vorstoß vom 16. April. Im Zuge der Haushaltsdebatte im Reichstag deutet der Außenminister – an die Adresse der Alliierten gewandt – die Möglichkeit an, dass Deutschland seine Reparationsleistungen wiederaufnehmen könnte. Er erklärt: »Deutschland bleibt bereit und gewillt, zur Erfüllung seiner Reparationspflicht zu arbeiten, zu opfern und zu zahlen, was immer in seiner Kraft steht. Dies ist der Inhalt, aber auch die Grenze seiner Verpflichtung. Sie wird erfüllt werden. Die Frage, um die der Streit geht, ist eine Tatfrage und lautet, welches die Beiträge sind, die Deutschland leisten kann. Wer will heute, solange der französische Vernichtungskrieg gegen die deutsche Wirtschaft nicht zum Stillstand gekommen ist, das Wagnis unternehmen, zahlenmäßig die Leistungsfähigkeit Deutschlands festzulegen oder auch nur abzuschätzen?«[33]

Rosenberg bringt in diesem Zusammenhang zum wiederholten Mal den Vorschlag ins Spiel, dass eine Kommission aus Franzosen und Briten, an der auch Deutschland gleichberechtigt beteiligt sein soll, die Leistungsfähigkeit ermitteln solle. Mit einer Anleihe auf dem internationalen Kapitalmarkt, der zwei weitere folgen sollen, will man die für die Reparationen vorgesehenen 30 Milliarden Goldmark finanzieren. Die Regierung erkläre sich überdies bereit, durch gesetzliche Maßnahmen dafür zu sorgen, »dass die deutschen Industrie- und Wirtschaftskreise ihre Kraft in den Dienst der so auf das Erfüllbare zurückgeführten deutschen Reparationspflicht stellen«.[34] Das Neue an den Ausführungen Rosenbergs ist, dass er von der Vorgabe abrückt, die Räumung des Ruhrgebiets mit der Wiederaufnahme der Reparationsverhandlungen zu verknüpfen. Damit erhofft er sich, Bewegung in die festgefahrene Reparations- und Ruhrfrage zu bringen, ehe der passive Widerstand nicht mehr aufrechterhalten werden kann.

Während die DNVP im Reichstag von einer »Kapitulation« der Regierung spricht, sind die Sozialdemokraten und die Vertreter der politischen Mitte nicht minder enttäuscht. Sie haben dort die Initiative als solche begrüßt. Stresemann hat im Zuge der Haushaltsdebatte analog zu den Vorstellungen der Sozialdemokratie erklärt, dass die »heroische Periode« des passiven Widerstands vorüber sei; denn der durch die Inflation verschärfte Klassenantagonismus drohe die Nation zu zerreißen. Widerstrebend müsse er zugeben, dass es keine andere Möglichkeit gebe, als sich mit Frankreich zu einigen.[35] Die Vorschläge des französischen Wiederaufbauministers Louis Loucheur, die bei wohlwollendster Interpretation auf einen reduzierten Zahlungsmodus hinauslaufen, bieten für Stresemann einen Anknüpfungspunkt. Nicht zu Unrecht wird von einer großen Rede des DVP-Vorsitzenden,[36] ja von einem Meilenstein seiner politischen Entwicklung zum »Vernunftrepublikaner« gesprochen. Keine Anklage mehr, kein Beharren auf deutsche Rechtspositionen mehr, sondern das geschickte Hineinversetzen in die Psychologie des Gegners machen sie aus. Stresemann, der über kein Amt in der Regierung Cuno verfügt, ist damit über Nacht zu einem potenziellen Anwärter auf die Kanzlerschaft geworden.

Welch ein Unterschied zu den steif-nüchternen Ausführungen

des Professors Rosenberg vom Vortag. Diese sind vielen nicht weit genug gegangen. Der Vorschlag des Außenministers ist ihrer Auffassung zufolge nichts anderes als ein neuer Aufguss alter deutscher Vorstellungen zur Reparationsfrage, die als Bergmann-Plan bereits für die Pariser Reparationskonferenz im Januar vorbereitet und nicht veröffentlicht wurden. Deshalb überwiegt die Überzeugung, dass dieser Vorstoß zum Scheitern verurteilt ist. Über Lagergrenzen hinweg werde von einer Regierungskrise gesprochen, notiert Kessler in sein Tagebuch. Und er fährt fort: »Cuno und Rosenberg sind in der beispiellosen Situation, dass sie gegen sich haben die überwältigende Majorität des Reichstages, den Reichspräsidenten, das Auswärtige Amt (mit Ausnahme von Rosenberg selbst), das Finanzministerium und sämtliche Sachverständige.« Herablassend arrogant ist dann auch Kesslers Urteil über die Person des Außenministers: »Der Eindruck im Ganzen war der eines kleinen Mannes, eines braven und ehrlichen Mannes, der aber weder die nötige Klugheit noch die nötige Kühnheit besitzt, um in einer so furchtbaren Lage seinem Volke, das er liebt, helfen zu können. Das Format ist es, was Rosenberg [...] fehlt.«[37]

Doch der Vorstoß des Reichsaußenministers bleibt dennoch nicht ohne Resonanz. In der Londoner Unterhausdebatte spricht Außenminister Curzon am 20. April über die Reparationsfrage, nachdem er noch einmal die Entente beschworen hat. Unter anderem erklärt er: »Ich kann nicht umhin, zu glauben, dass, wenn Deutschland irgendein Anerbieten seiner Bereitschaft und seiner Absicht, zu zahlen, machte, und seines Wunsches, die Summen durch eigens mit dieser Aufgabe betraute Autoritäten festsetzen zu lassen, und wenn dieses Anerbieten gleichzeitig genaue Bürgschaften für Fortsetzung der Zahlungen enthielte, ein Fortschritt erzielt werden könnte. Frankreich hat mehr als einmal zu verstehen gegeben, dass es willens ist, einen solchen Vorschlag entgegenzunehmen, ganz gleich, ob er Frankreich allein gemacht wird [...], oder ob er Frankreich und seinen Verbündeten zusammen gemacht wird. [...] Früher oder später wird es dazu kommen, und meiner Meinung nach, je eher desto besser.«[38]

Im politischen Berlin ist man sich jetzt einig, dass Curzons Rede ein Signal sei. Großbritannien erwarte ein deutsches Angebot. Doch wie soll dieses aussehen? Am weitesten will Stresemann der Entente entgegenkommen. Die Reichsregierung, die neue Hoffnung schöpft, sieht die deutschen Möglichkeiten als begrenzt an. Der inzwischen nach Berlin zurückgekehrte Kessler, der Ambitionen auf das Amt des Londoner Botschafters hat, hält in seinem Tagebuch über ein Gespräch mit dem Sozialdemokraten Rudolf Hilferding fest: »Ich sage H., dass wenn die Regierung nicht binnen 8 bis 10 Tagen ein vernünftiges Angebot mache, meines Erachtens die Sozialdemokraten ihr ein Ultimatum stellen u. sie [Cuno und Rosenberg] eventuell davonjagen müssten.«[39]

Cunos Minderheitsregierung nimmt unverzüglich die Arbeit an einem Reparationsangebot auf, das in Form einer Note übermittelt werden soll. Über die deutsche Botschaft in London versucht Berlin, Genaueres über die Vorstellungen Curzons in Erfahrung zu bringen. Doch dies gelingt nicht. Nicht einmal zur Gesamtsumme der deutschen Reparation ist aus dem Foreign Office etwas zu hören. Rosenbergs Schlussfolgerung: Curzon habe die Rede vor allem mit Blick auf die innenpolitische Lage der britischen Regierung gehalten, der von der Opposition vorgeworfen worden sei, sie sei in der Reparationsfrage untätig. Dies macht alles ungleich schwieriger. Dennoch – so der deutsche Außenminister – habe sich das Kabinett »dadurch in dem einmal gefassten Entschluss nicht irremachen lassen. Es ist aus allgemeinpolitischen Rücksichten der Moment gekommen, jetzt einen aktiven Schritt zu unternehmen und die Rede von L. C. als Wind in unsere Segel zu bekommen«.[40] Ungleich optimistischer ist Cuno. Er setzt auf die Briten, die – seiner Auffassung zufolge – Frankreich zum Einlenken bringen können.

An der innenpolitischen Front wird es für die Regierung Cuno schwieriger. Ihre Unterstützung durch die SPD schwindet weiter, und die Ränder des politischen Spektrums werden immer stärker. Erstere will, dass der Kanzler handelt, denn die Lage wird für die sogenannten kleinen Leute in Deutschland immer schwieriger. Es ist besonders die Lebensmittelknappheit, die im ganzen

Reich zu schaffen macht – besonders in den Großstädten. In Berlin kostet Anfang Mai ein Pfund Butter auf dem schwarzen Markt 10800 Mark. Der von der Regierung festgelegt Preis liegt bei 8800 Mark. Doch Butter ist in den Läden kaum noch zu erhalten, wie viele andere Lebensmittel auch.

Im Ruhrgebiet ist die Versorgungslage ungleich schlechter. Viele Menschen hungern dort inzwischen, und unterernährte Kinder werden in das unbesetzte Reichsgebiet verfrachtet, damit sie überleben. Für Baden, das zu einem Teil besetzt ist, beschreibt Staatspräsident Remmele dem Kanzler die Konsequenzen aus alldem: Da die Arbeitslosigkeit rasant gestiegen sei, weil ganze Industrien aufgeben müssten, veranlasse die Not immer mehr Arbeiter, sich von den Franzosen anheuern zu lassen. In Straßburg unterhielten diese »eine geschlossene deutsche Arbeiterkolonie«, die sie in den Rheinhäfen einsetzten. »Die Widerstandskraft im Kampf gegen die französische Invasion hat […] ihren Höhepunkt überschritten.« Remmele sieht aufs Neue die Gefahr »gewalttätiger Zusammenstöße zwischen deutschen Banden und französischen Truppen« in immer größere Nähe rücken. Und der Sozialdemokrat, der eine Koordinierung der Politik für das besetzte Gebiet zwischen Reichsregierung und Ländern vorschlägt, warnt vor den kommunistischen Agitatoren, die ein »günstiges Arbeitsfeld« vorfänden.[41]

Das finden sie auch anderorts im besetzten Gebiet vor. So zetteln Kommunisten in Mülheim an der Ruhr den Aufruhr an. Es kommt zu schweren Ausschreitungen und Plünderungen, bei denen acht Menschen sterben. Besonderes Hassobjekt sind die Großindustriellen und unter diesen vor allem Hugo Stinnes mit seinem gigantischen Montan-, Industrie- und Handelskonzern. Als Kessler ihm erstmals begegnet, hält er fest: »Schwarz, vollbärtig, unelegant […], ein Mittelding zwischen einem Gewerkschafts Sekretär und dem Fliegenden Holländer, denn in seinen Augen und seinem ganzen Wesen liegt etwas Verschleiertes, Geheimnisvolles, man glaubt: irgendeine große Passion, vielleicht die Leidenschaft zur Vermehrung seines Besitzes.«[42] Schon zu Beginn des Weltkriegs ist Stinnes einer der wichtigsten Schwerindustriellen des Ruhrgebiets gewesen. Nach 1918 hat er durch eine aggressive Fremdfinanzierungspolitik die Inflation genutzt, um sein Unternehmenskonglomerat zum größten in Deutschland zu machen. Daneben hat er sich auch politisch betätigt, indem er Konflikte zwischen Arbeitgebern und Gewerkschaften regelte. Im Jahr 1920 ist er der DVP beigetreten und für diese in den Reichstag gewählt worden.

Das Finanzgebaren des »Napoleons der Wirtschaft«, wie ihn die italienische Zeitung *Il Popolo Romano* genannt hat,[43] wird jetzt als eine der zentralen Ursachen für den Absturz der Mark angesehen. Denn Stinnes habe durch riesige Devisenanforderungen Mitte April die Lawine ins Rollen gebracht, wird ihm vorgeworfen. Dies hat besonders bei der Linken einen Sturm der Entrüstung nach sich gezogen, zumal Stinnes als Gegner jeglicher Stützungsmaßnahmen gilt. Ein Untersuchungsausschuss, der sich auf Antrag der SPD mit der Sache detailliert auseinandersetzen wird, kommt später – 1924 – allerdings zu dem Ergebnis, dass ihn keine Schuld treffe, da er im Auftrag der Reichsbahn Kohle in Großbritannien hatte kaufen sollen und hierfür die ausländische Währung benötigt habe. Im Frühjahr 1923 ist vielmehr vom »Dolchstoß der Wirtschaft«[44] die Rede, vor allem vor dem Hintergrund der soeben gescheiterten 50-Millionen-Dollar-Schatzanleihe, die von den deutschen Unternehmen und wohlhabenden Bürgern nur zu 25 Prozent gezeichnet wurde.

Offenbar trauen die meisten aus diesem Kreis dem Staat zu, dass die Anleihe nach drei Jahren mit einer Verzinsung von 6 Prozent zurückerstattet werden würde.

Aus der Sicht der Kommunisten sind das untrügliche Krisensymptome, die auf den nahenden Zusammenbruch des Systems hindeuten. Sie sehen in Übereinstimmung mit der Moskauer Zentrale eine Neuauflage der ersten proletarischen Revolution in Russland bevorstehen. Im Gegensatz zu dieser wissen sie sich im April nicht auf sich allein gestellt. Der bayerische Kommunist Josef Eisenberger, der sich anschickt, in Moskau zum Sekretär der Deutschen Sektion beim Exekutivkomitee der Komintern aufzusteigen, schreibt Ende April in der *Roten Fahne:* »Es ist jetzt die Stunde, in der den deutschen Arbeitern in aller Offenheit gesagt werden muss, dass sie in dem Kampf, der ihnen bevorsteht, den Rücken frei haben. Wie einen Halm niedertreten wird die russische Armee den polnischen Wall, der sie in der Schicksalsstunde des deutschen Proletariats von ihm trennen sollte. Dieses Bewusstsein mag dem deutschen Proletariat die sichere Hand verleihen, deren es bedarf, um den Schlag gegen seine Klassenfeinde unfehlbar und mit ungeteilter Kraft zu führen.«[45]

Für den Umsturz braucht es die bewaffnete Macht. Schon Ende Februar hat deshalb die Berliner Zentrale den Aufbau einer Ordnertruppe auf den Weg gebracht. Im Monat darauf werden dann auf Anweisung der Moskauer Komintern sowohl auf Reichs- als auch auf Bezirksebene sogenannte Dreierkommissionen der Ordnerdienste aufgebaut, die regelmäßig über die Theorie und Praxis des Bürgerkriegs an die bolschewistische Zentrale berichten sollen. Sie bilden bis zur Gründung des Roten Frontkämpferbundes im Juli 1924 die Keimzellen für die rasch entstehenden Proletarischen Hundertschaften und damit für die Bürgerkriegsarmee der KPD.

Doch der bewaffnete Kampf in Deutschland hat momentan keine Priorität für die Moskauer Kommunisten. In deren Fokus stehen die wirtschaftlichen Probleme der Sowjetunion. Die Industrie bleibt – weniger als die Landwirtschaft – hinter den Erwartungen zurück. Die Industrieproduktion beträgt ein Siebtel der Vorkriegsleistung, denn die russischen Erzeugnisse sind teuer und lassen sich nur schwer absetzen. Der XII. Parteitag der KPR, der Mitte April in Moskau beginnt, befasst sich damit. Trotzki stellt seine Wirtschaftsthesen vor, mit denen die Krise überwunden werden soll. Darin verlangt er mehr Planung für die Industrie, was auf breite Zustimmung stößt. Ebenfalls verständigt sich die KPR-Führung, die Kollektivierung der Landwirtschaft zurückzustellen und ein Stück Marktwirtschaft zuzulassen, um eine weitere Hungersnot, wie sie sich 1921/22 ereignet hat, zu vermeiden.

Neben viel ideologischer Rhetorik hebt der einstige Lenin-Vertraute Sinowjew in seiner Schlussrede am 25. April die Geschlossenheit der Partei hervor. Doch die KPR-Führung ist alles andere als geschlossen. Seitdem sich das Ende Lenins, der an Hirnsklerose erkrankt ist und erstmals an einem Parteitag nicht teilnehmen kann, abzeichnet, hat der Kampf um seine Nachfolge begonnen. Dabei steht für Lenin fest: Stalin darf es nicht werden. Deshalb hat er am 4. Januar als Nachschrift zu seinem Testament seinem Sekretär diktiert, dass Stalin als Generalsekretär und Leiter der Parteiorganisation abberufen werden müsse, denn dieser sei zu grobschlächtig. Dies sei keine Kleinigkeit, oder eine solche Kleinigkeit, »die entscheidende Bedeutung gewinnen kann«.[46] Doch Lenins Einfluss ist geschwunden, und er kann dies im Politbüro und ZK nicht mehr durchsetzen. So drängt Stalin mithilfe zahlreicher Intrigen nach dem Erbe. Sein Widerpart ist der intellektuelle Trotzki, dessen Gefolgschaft in der KPR-Führung nicht kleiner ist.

Was Deutschland anlangt, so hindert es die Bolschewisten, die beim Aufbau der KPD-Bürgerkriegsarmee nach Kräften helfen, nicht daran, mit der Reichswehr zusammenzuarbeiten. Darin einen Widerspruch zu sehen wird in Moskau bestenfalls als überlebte kleinbürgerliche Emotionalität abgetan. Schon Anfang Februar, als Tschitscherin und Trotzkis Abgesandte in Berlin weilten, haben Letztere mit von Seeckt und anderen Reichswehrgenerälen sogar über eine Erweiterung und Beschleunigung der gemeinsamen Rüstungszusammenarbeit verhandelt, die in Rapallo vereinbart wurden. So wird später eine Flugzeugfabrik von Junkers in Fili bei Moskau eröffnet werden, eine Fliegerschule der Reichswehr in Lipezk und ein Panzerübungsgebiet in Kazan sowie ein Test- und Entwicklungsgelände für Giftgas in Tomka. Die Streitkräfte beider Länder profitieren davon. Die russischen gelangen an moderne Technologie und die deutschen können ihre Soldaten an Waffen ausbilden, die sie nach den Buchstaben des Versailler Vertrags nicht besitzen dürften.

Die militärische Zusammenarbeit, die nach Hitlers Machtübernahme beendet werden wird, schafft manche Bande, die nachwirken. So werden sie in der Wehrmacht – später im August 1939 – den Pakt mit Stalin begrüßen, in dem die Interessensphären in Ostmitteleuropa abgesteckt werden. Im darauffolgenden September nach der gemeinsamen Niederwerfung Polens werden Wehrmachtsgeneräle und Generäle der Roten Armee Seite an Seite in Brest-Litowsk den Vorbeimarsch ihrer Truppen abnehmen. Und im Jahr darauf wird die militärische Führung des Reiches fassungslos darauf reagieren, als ihr oberster Befehlshaber die Planungen für einen Feldzug gegen die Sowjetunion, das »Unternehmen Barbarossa«, aufnehmen lässt, um den »jüdischen Bolschewismus auszumerzen«. Für sie ist das unbegreiflich, sind doch die nach dem siegreichen Polenfeldzug noch verbliebenen Feinde des Reiches Franzosen und Engländer und nicht die Russen, mit denen man schon in den Zwanzigerjahren gute Erfahrungen gemacht hat.

1923 sind die Reichswehr und ihr Chef von Seeckt mehr denn je von dem Gedanken durchdrungen, angesichts der Bedrohungen in West und Ost so schnell wie möglich – an Versailles vorbei – wieder eine schlagkräftige Armee aufzubauen. Und dafür setzt die Heeresleitung – die 1924 die konkreten Planungen für ein Massenheer aufnehmen wird – mehr denn je auf Moskau, auch wenn die Agitation der KPD immer häufiger ihre Unterstützung durch die Sowjetmacht hinausschreit. Die geschickte Propaganda der deutschen Kommunisten tut ein Übriges. Indem sie nämlich auch einen beträchtlichen Lärm um die »faschistischen Bürgerkriegsvorbereitungen« machen, erwecken sie den Eindruck, als stünde die Machtübernahme der Reaktion unmittelbar bevor. So geriert sich die KPD als Wahrerin der Demokratie und kaschiert ihre eigenen Umsturzvorbereitungen als Abwehrmaßnahmen.

In Sachsen und Thüringen folgen linke Sozialdemokraten dieser Selbstdarstellung der Kommunisten. In Leipzig hat der Ministerpräsident Zeigner am 10. April in einer Programmrede die Zusammenarbeit mit der KPD genauso begründet, nachdem er bereits die Aufstellung bewaffneter Trupps »zum Schutz der Republik« gefordert hat, an denen natürlich auch die kommunistische Arbeiterschaft beteiligt sein soll. Die sächsische Regierung – so Zeigner – müsse es »dankbar begrüßen«, wenn die Arbeiter »mit ihrem Leben alle gewalttätigen und ungesetzlichen Angriffe gegen die Republik abwehren«. Dies sei umso mehr erforderlich, da die Reichswehr eine »Bedrohung für die Republik« sei.[47] Um diese zu kontrollieren, lässt er von der sächsischen Polizei einen Beobachtungsposten einrichten, während die dortige linke Presse keine Gelegenheit auslässt, Stimmung gegen das 100 000-Mann-Heer zu machen.

In der Reichskanzlei wird befürchtet, dass die sächsische und die thüringische Landesregierung das Reich »auseinanderregieren«. Den Kommentator des liberalen *Berliner Tageblatts* veranlasst dies am 11. April zu der Feststellung, die SPD sei auf einer »schiefe[n] Bahn, auf der kein Halt mehr sein wird«. In seherischer Vorausschau fährt er fort, dies werde »zu Konflikten führen, deren Folgen über die sächsische Grenze weit hinausreichen« würden. »Es wäre falsch«, so analysiert der Kommentator, »die politische Zuspitzung in Sachsen von dem Gesamtkomplex der deutschen inneren Politik getrennt zu betrachten. Wie das Wasser in kommunizierenden Röhren steigt der Linksradikalismus ebenso schnell, wie der Rechtsradikalismus sich auszubreiten beginnt. Ohne die rechtsradikalen Umtriebe, deren Hauptstütze Bayern geworden ist, wäre die Entwicklung in Sachsen nicht möglich gewesen.« Schließlich vertritt er die Meinung, dass es die Aufgabe der Reichsregierung sei, die »ihr von der Weimarer Verfassung gegebenen Aufsichtsrechte zu erfüllen«.[48] Mit anderen Worten: Er fordert die Absetzung der sächsischen Regierung durch die bürgerliche Reichsregierung. Doch die handelt nicht, ist sie doch auf die Tolerierung der SPD im Reichstag angewiesen.

Die wiederum wendet in den von ihr regierten Ländern den Notverordnungsartikel 48 konsequent gegen die äußerste Rechte an, aus deren Reihen es immer wieder lautstark tönt, mit den verhassten bourgeoisen »Schwächlingen« in Berlin und dem verlotterten Parlamentarismus Schluss machen zu wollen. So sind in Preußen, Sachsen, Thüringen, Baden, Mecklenburg-Schwerin, Hamburg und Bremen die meisten Kampforganisationen und Wehrverbände sowie die rechtsradikalen Parteien, allen voran die NSDAP, verboten. Am 23. April ist diese Praxis durch den Leipziger Staatsgerichtshof zum Schutze der Republik bestätigt worden. In ihrer vorläufigen Entscheidung haben die Richter festgestellt, dass das Verbot verfassungsfeindlicher Parteien und Organisationen nach dem Republikschutzgesetz »unbedenklich« sei.

Das gilt natürlich auch für Bayern. Doch dort ist die NSDAP nicht verboten worden und deren Sturmabteilung sowie die ultrarechten Wehrverbände auch nicht. München gleicht mitunter einem nationalistisch-völkischen Heerlager. Bei Hamm, dem Staatssekretär in der Reichskanzlei, sorgt das für Verärgerung. In einer Aufzeichnung für seinen Chef vom April schreibt er, dass bei »normalen politischen Verhältnissen [...] es das Selbstverständliche [wäre], dass nach dem Spruche des Staatsgerichtshofes nunmehr auch die bayerische Regierung die Partei auflösen würde. Das ist aber nicht zu erwarten«, schreibt Hamm und zeigt den rechtlichen Weg auf, wie dies zu erreichen wäre.[49]

Der Gesandte der Reichsregierung in München Haniel hat bereits Ende März nach Berlin über die diesbezügliche Haltung der bayerischen Staatsregierung berichtet: »Der MinPräs. fürchtet die nationalsozialistische Bewegung und die affiliierten deutsch-völkisch-militaristischen Klüngel. Er billigt daher innerlich die Kampfansage seiner Partei, hält sich aber äußerlich und persönlich zurück, um für alle Fälle mit dem gegnerischen Flügel Fühlung behalten zu können.«[50] Den eigentlichen Grund für seine ambivalente Haltung hat Knilling kurz darauf Hamm, der einmal bayerischer Handelsminister war, unter dem Siegel höchster Vertraulichkeit eröffnet, nachdem dieser im Auftrag des Kanzlers in München interveniert und dort ein Vorgehen sowohl gegen links als auch gegen rechts eingefordert hatte: Das sei – so Knilling – ein Geheimabkommen zwischen dem Chef der bayerischen Reichswehr, General von Lossow, mit der Staatsregierung, das nicht einmal allen Ministern bekannt sei. Danach fielen die »Hitlerschen Sturmabteilungen [...] unter das [...] geschlossene Abkommen, so dass die Auflösung dieser Sturmabteilungen eine Teilauflösung der Reichswehrergänzung sein würde«, erläutert der bayerische Ministerpräsident.[51] Und eine Schwächung der Wehrkraft des Freistaats will er nicht verantworten angesichts der Erfahrungen des Frühjahrs 1919, als die Räte und ihre »Rote Armee« die bayerisch-katholische Bevölkerung terrorisierten. Eine Wiederkehr solcher Verhältnisse fürchten sie in München beim Blick auf die politische Entwicklung nördlich des Thüringer Waldes.

Wenn Lossow und die Führung der bayerischen Reichswehr die SA in die Ergänzungstruppe integriert wissen wollen, geschieht das aus einer Überheblichkeit des regulären Militärs gegenüber den schlecht ausgebildeten und ebenso schlecht ausgerüsteten braunen Bataillonen. Und es geschieht aus einer Unterschätzung ihres obersten Führers heraus. Sie ahnen nicht einmal, welche fanatischen Kräfte diesen antreiben. Gefangen in seinen Szenarien einer jüdisch-bolschewistischen Verschwörung ist Hitler zum Äußersten entschlossen. Er will die Macht in Bayern an sich reißen und, vom Freistaat ausgehend, mit den Wehrverbänden und der bayerischen Reichswehr auf Berlin marschieren. Der von seinen Anhängern im Vorgriff auf das Kommende bereits als »Deutschlands Führer« gefeierte NSDAP-Chef kündigt Ende April dem Vorsitzenden des völkisch-nationalistischen Alldeutschen Verbands Heinrich Claß an, er werde in drei Tagen München, in drei Wochen Bayern und in drei Monaten das Reich für sich gewonnen haben.

Solche großsprecherischen Worte gründen in den weitgespannten Erwartungen, die Hitler mit der für den 1. Mai in München geplanten »nationalen Demonstration« verbindet. In deren Verlauf will er die große Konfrontation, die Schlacht mit der Linken, suchen. Hitler verknüpft mit der Aktion das Ziel, die Ohnmacht der bayerischen Staatsregierung und seinen Anspruch auf die Führerschaft der nationalen Bewegung zur Rettung Deutschlands nachhaltig hervorzuheben. Er will so die nicht in der »Arbeitsgemeinschaft« zusammengeschlossenen Wehrverbände und auch die Verantwortlichen von Reichswehr und Polizei in Bayern auf seine Seite ziehen, was einem Staatsstreich gleichkäme. Der 1. Mai ist nach Hitlers Auffassung hierfür geeignet wie kein zweiter Tag, hat er doch im doppelten Sinne symbolische Bedeutung: Zum einen ist der Tag der Feiertag der Arbeiterschaft mit seinen traditionellen Aufzügen; zum anderen gilt er als Tag der Befreiung von der im Bewusstsein der Münchner noch allgegenwärtigen kommunistischen Räteherrschaft.

Wie von Hitler wohl kalkuliert, geraten Knilling und seine Regierung damit in eine schwierige Lage. Würde sie die Aufzüge der Rechten verbieten, triebe sie die noch regierungstreuen Verbände geradezu in die Arme des nationalsozialistischen Parteiführers. Ließe sie die rechten Aufmärsche zu, hätte sie kaum eine Handhabe, die Maiaufzüge der Gewerkschaften, Sozialdemokraten und Kommunisten zu untersagen. Nach langem Hin und Her und unzähligen Interventionen, aber auch Drohungen aus den Reihen der Nationalsozialisten genehmigt am Ende das Kabinett Knilling neben den Demonstrationen der Rechten sieben kleinere Aufzüge der Linken. Da sowohl Lossow als auch Hans von Seißer, der Chef des bayerischen Landespolizeiamts, sich ohne Wenn und Aber hinter den Entschluss der Staatsregierung stellen – Polizeipräsident Nortz kündigt sogar gegenüber Kriebel, dem militärischen Chef der »Arbeitsgemeinschaft«, an, dass die Polizei gegebenenfalls »in beide Richtungen schießen« werde[52] –, treffen die regierungstreuen Verbände die Entscheidung, jedweder Konfrontation aus dem Wege zu gehen, indem sie Hitler nicht folgen.

Die Konsequenz ist, dass die SA und die mit ihr marschierenden Wehrverbände auf dem Münchner Oberwiesenfeld sowie in der Innenstadt vor dem Maximilianeum bald gut ausgerüsteten, teils aus anderen bayerischen Städten eilig herangeführten Polizei- und Reichswehreinheiten gegenüberstehen. Die halten Hitler und seine Gefolgschaft, darunter Göring, Heß, Julius Streicher sowie Gregor Strasser und Heinrich Himmler, die aus Landshut an der Spitze eines SA-Verbands gekommen sind, in Schach. Hitler muss nun das Unternehmen abbrechen. Zur gleichen Zeit zieht die Linke mit roten, aber auch mit »sowjetischen Fahnen«, wie der württembergische Gesandte berichtet,[53] durch die Münchner Innenstadt zur Theresienwiese, wo sie ihre Maikundgebung mit allerlei revolutionären Parolen abhalten.

Schlimmer hätte die Blamage für Hitler und seine Nationalsozialisten mit ihrem Anspruch, Bayern und das Reich vor dem »jüdischen Marxismus« zu retten, nicht sein können. Dies ist umso mehr der Fall, weil die »Arbeitsgemeinschaft« die von Röhm aus einer Münchner Reichswehrkaserne beschafften Gewehre und Maschinengewehre geordnet zurückgeben muss. Auch wenn sich Hitler bei seiner abendlichen Rede im Zirkus Krone alle Mühe gibt, die Sache als Erfolg zu verkaufen, indem er verkündet, dass sich »Jungdeutschland [...] in Waffenbrüderschaft zusammengefunden« habe und »künftig miteinander marschieren« werde,[54] so ist doch der 1. Mai 1923 für ihn der schwerste Rückschlag, den er bislang hat hinnehmen müssen. Natürlich ist die bayerische Staatsregierung nicht über den Aufzug »der Roten« erfreut. Doch sie hat, als der 1. Mai 1923 zu Ende geht, den Angriff Hitlers pariert und die lädierte Staatsautorität halbwegs wiederhergestellt.

In der Reichshauptstadt nimmt Cuno die Nachrichten aus München mit Genugtuung entgegen. Es ist auch ein kleiner Erfolg für ihn, denn ein Verbot der NSDAP auf juristischem Wege verbietet sich für ihn, nachdem er erfahren hat, dass die Sturmabteilung Hitlers von der bayerischen Reichswehr als Ergänzungstruppen vorgesehen seien. Eine Intervention des Reiches würde nicht nur den Konflikt mit dem bayerischen Freistaat heraufbeschwören, den der Kanzler mit Blick auf seinen Partner Knilling ohnehin vermeiden will, sondern auch das 100 000-Mann-Heer angesichts des bayerischen Separatbewusstseins vor eine Zerreißprobe stellen. Und eine solche könnte die Republik angesichts ihrer vielen ungelösten Probleme an den Rand des Untergangs führen.

3

Mai und Juni

Schlageter, der mutige Soldat der Konterrevolution, verdient es ... gewürdigt zu werden.

Radek auf dem Moskauer Komintern-Plenum am 20. Juni 1923

Bis tief in die Nacht des 1. Mai 1923 erläutert der Reichskanzler den zusammengerufenen Parteiführern und Ministerpräsidenten die deutsche Reparationsnote. Einen Einfluss auf deren Inhalt hat das freilich nicht mehr. Sie wird bereits am darauffolgenden Morgen den Regierungen Amerikas, Englands, Frankreichs, Belgiens, Italiens und Japans, an die übrigen Signatarmächte des Versailler Vertrags, an den Vatikan und an die neutralen Staaten über die diplomatischen Vertretungen des Reichs übermittelt. Grundlage der Note ist nach wie vor der sogenannte Bergmann-Plan, der eine deutsche Reparationsleistung von 30 Milliarden Goldmark umfasst.[1] Daran knüpft sich eine Reihe wirtschaftlicher Anregungen, die auf dem Verhandlungsweg konkrete Gestalt annehmen sollen. So ist die Rede zum Beispiel von einem »elastischen Faktor«, was die Gesamtsumme angeht. Finanziert werden soll alles durch eine Anleihe auf dem internationalen Kapitalmarkt. Durch gesetzliche Maßnahmen soll dafür gesorgt werden, dass die gesamte deutsche Wirtschaft zur Sicherung des Anleihedienstes herangezogen wird. Voraussetzung für eine Verständigung soll die Räumung der über den Vertrag von Versailles hinaus besetzten Gebiete und die Wiederherstellung vertragsgemäßer Zustände im Rheinland sein. Bis dahin werde der passive Widerstand fortgesetzt, heißt es in der Note, in der der Wille Deutschlands, eine alle Seiten befriedigende Lösung zu finden, hervorgehoben wird.

Es steht wenig Neues in dem Papier. Und es ist im Ton bestimmend. In der so sensiblen Frage der Souveränität des deutschen Staatsgebietes wird der fraglos berechtigte Anspruch sogar nachdrücklicher vorgetragen als in den Ausführungen Rosenbergs vom 16. April. Das hängt nicht zuletzt mit der gewissen Prinzipienfestigkeit des Kanzlers zusammen, der sich überdies auch dem Druck der Rechten ausgesetzt fühlt, denen gegenüber er nicht als »Konzessionspolitiker« dastehen will. Cuno und Rosenberg haben die Note dennoch in dem Wissen abgefasst, dass das Wohl und Wehe nicht nur der Regierung, sondern letztendlich des gesamten Reiches davon abhängt. Entscheidend an dem Dokument ist für sie, dass Deutschland damit ein Gesprächsangebot unterbreitet hat. Und Cuno und sein Außenminister setzen darauf, dass es zumindest von den Briten aufgenommen wird und diese am Ende Frankreich umstimmen werden. Der persönliche Referent Cunos, Max von Stockhausen, meint im Nachhinein, dass der Kanzler allzu sehr auf die »angelsächsische Karte« gesetzt habe, »vielleicht, weil dem Hamburger Schifffahrtsmagnaten schon dem Wesen nach die Engländer [...] besser lagen«.[2]

In den Reihen der Sozialdemokraten und auch der Linksliberalen macht man sich keine Illusionen. Kessler notiert in seinem Tagebuch: »Früh telefonierte Hilferding auf meine Anfrage, die Dinge stünden ›sehr schlecht‹. Die Note sei noch viel schlechter, als er erwartet habe. So stehe drin, ›dass der Ausgangspunkt aller Verhandlungen die Räumung des Ruhrgebiets sein müsse‹«, gibt der Graf den marxistischen Wirtschaftstheoretiker wieder, ehe er schlussfolgert: »Damit ist natürlich die ganze Aktion von vornherein so aussichtslos, ihre Wirkung auf die öffentliche Meinung im Auslande, in England und Amerika, so sicher schädlich, dass sie viel besser unterblieben wäre.«[3] Was die giftigen Kommentare der Blätter in der französischen Hauptstadt bereits am 3. Mai nahelegen, erfährt tags darauf seine Bestätigung. Der interalliierte Ministerrat sei einmütig der Ansicht, dass die deutschen Vorschläge »als unannehmbar zu betrachten« seien, heißt es.[4] In Rom und London sind die Reaktionen im Kern nicht viel anders. Am 13. Mai wird das deutsche Angebot von Curzon als indiskutabel abgelehnt, weil es die Bereitschaft zur Erfüllung der Reparationspflichten nicht erkennen lasse. Die darin genannten 30 Milliarden Goldmark blieben weit hinter den Erwartungen zurück. Und auch die Vorschläge in der Frage der Sicherheiten seien unbefriedigend, verlautet aus dem Foreign Office.

Rosenberg, der wie Cuno von der britischen Reaktion maßlos enttäuscht ist, sagt, die Lage »könnte nicht ernster sein«. Er betrachtet sich als Außenminister gescheitert, in seiner Autorität zutiefst verletzt. Die Verzweiflung übermannt ihn regelrecht. Zu Kessler meint er, dass es ein »Unglück für Deutschland« gewesen sei, dass er und Cuno im November »gezwungen worden seien«, die Regierung zu übernehmen; »aber keiner könne aus seiner Haut hinaus, sie hätten nach bestem Gewissen das Äußerste, was sie verantworten könnten, geboten. Wenn das Angebot erhöht werden müsse, dann müssten das andre tun. Er könne das jedenfalls nicht!«. – »Ich hatte den Eindruck«, so schreibt Kessler, »dass er vollkommen ehrlich u[nd] vollkommen unfähig ist, die furchtbare Situation zu meistern.«[5]

Dennoch ist die britische Antwortnote – wie Kessler glaubt – »sehr gemäßigt im Ton u[nd] den Weg für weitere Verhandlungen öffnend«, ginge es um die Höhe der Summe und um die Garantien.[6] Dies müsste nach seiner Auffassung irgendwie lösbar sein. Und auch D'Abernon meint in einem Gespräch mit dem Außenminister: »Curzons Note lässt die Tür weit offen für weitere deutsche Vorstöße und es würde nicht schwer sein, diese in eine Form zu bringen, die von der öffentlichen Meinung akzeptiert werden würde.«[7] Doch das ändert zunächst wenig an der Befindlichkeit Rosenbergs, der am 24. Mai gegenüber dem Botschafter Seiner Majestät meint, »er persönlich sei der Ansicht, dass die Regierung sofort nach der Curzon-Note ihre Demission hätte einreichen sollen. Er hätte versucht, Cuno dazu zu bewegen, der es jedoch ablehnte mit der Begründung, es sei ihre Pflicht, durchzuhalten und ihr Bestes zu tun.«[8]

Gerüchte von einer Demission der Regierung Cuno machen dennoch die Runde. Als Nachfolger wird Stresemann gehandelt. Und noch etwas pfeifen die Spatzen im Berliner Regierungsviertel von den Dächern: Die SPD wird in die Regierung eintreten. Als dies beim bayerischen Ministerpräsidenten Knilling in München ankommt, verliert dieser die Contenance. Er sei »sehr erregt« gewesen und habe erklärt, »eine sozialistische Reichsregierung würde ›den Trennungsstrich zwischen Bayern und dem Reich‹ bedeuten«, vermerkt der Überbringer des Gerüchts und zitiert den bayerischen Ministerpräsidenten mit den Worten: »So lange die jetzige Regierung bestünde und sich treu bleibe, könne er mit Herrn Hitler und Genossen fertig werden, aber gegen Hitler nach der einen Seite und die sozialistische Regierung nach der andern zu kämpfen, sei unmöglich.« Deshalb bestärkt Knilling den von ihm geschätzten Cuno, keinesfalls aufzugeben.[9]

Der Kanzler macht weiter, obgleich in der Reparationsfrage nach der Zurückweisung der deutschen Vorschläge guter Rat teuer ist. Was kann Deutschland als oberste Grenze der Zahlungen leisten? Eher scheint die Frage der Sicherheiten lösbar zu sein. Nicht weniger kompliziert ist die sonstige Finanzlage des Reichs. Um den passiven Widerstand und seine Folgen zu finanzieren, muss immer neues Geld gedruckt werden. Sind im Dezember 1922 noch 1,28 Billionen Papiermark im Umlauf, so steigt die Geldmenge im Mai 1923 auf 8,56 Billionen (Juni 17,29 Billionen). Damit einher geht die dramatische Geldentwertung. Der amerikanische Dollar wird jetzt im Monatsdurchschnitt mit 47 700 Mark (Juni 110 000 Mark) notiert. Das Haushaltsdefizit wächst rasant. Am 5. Mai hat Reichsfinanzminister Andreas Hermes vom Zentrum einräumen müssen, dass die Ausgaben von Januar bis März 6 Billionen, die Einnahmen hingegen nur 1,7 Billionen betragen hätten.

Hinzu kommt, dass die Versorgungslage in Deutschland insgesamt, aber insbesondere im besetzten Gebiet, katastrophal ist. Es fehlt inzwischen an fast allem. Mangelerkrankungen und Hunger gehören zum Alltag der Menschen. Das Verdiente reicht für die meisten längst nicht mehr zum Überleben, denn die Gehälter können mit dem Verfall der Währung immer weniger Schritt halten. Das hat einschneidende Folgen für das praktische Leben. »Auf der Zeche wurde bald jeden zweiten Tag Lohn ausgezahlt, nachher sogar jeden Tag. Dann musste man im Dauerlauf von der Zeche zum Händler, wenn man noch was Vernünftiges für sein Geld kriegen wollte«, erinnert sich ein Bergmannssohn aus Wanne bei Gelsenkirchen.[10]

Auch in Wanne herrscht ein strenges Besatzungsregime, das nach und nach die Verantwortlichen der Stadtverwaltung und der Eisenbahn durch französische Militärs und Beamte ersetzt hat. Zug um Zug bekommen diese den Abtransport der Kohle in den Griff. Was Frankreich noch braucht, wird beschlagnahmt, wie die Farbenproduktion bei der Badischen Anilin- und Sodafabrik (BASF) in Ludwigshafen, deren Direktoren sich nur noch durch die Flucht in letzter Minute einer Verhaftung entziehen konnten. Selbst die Gelder für die fast zwei Millionen Arbeitslosen im besetzten Gebiet, die auf geheimen Wegen in die Außenstellen der Reichsbank transportiert werden, versuchen Franzosen und Belgier zu konfiszieren. Mitunter werden hierzu sogar Tresore gesprengt. Insgesamt gehen so in den ersten vier Monaten der Besatzung 27,18 Milliarden Mark verloren. Im Mai und Juni werden in Essen und Dortmund weitere 144 Milliarden Mark beschlagnahmt.[11] Flankiert werden die Raubzüge durch Terror, der immer wieder Todesopfer fordert, aber auch durch nimmer enden wollende Festnahmen. Besonders perfide ist die ausgeweitete Säuberungspolitik nach dem Motto: Wer gebraucht wird und nicht den Anweisungen folgt, muss gehen. Inzwischen haben Abertausende Eisenbahner und Beamte mit ihren Familien das Ruhrgebiet verlassen müssen. Sie sind regelrecht hinausgeworfen worden. Um vom unbesetzten Deutschland aus hineinzukommen, wird inzwischen ein besonderes Visum benötigt.

Für Empörung sorgen auch Willkürurteile wie das gegen den Aufsichtsratsvorsitzenden der Essener Krupp-Werke, Gustav Krupp von Bohlen und Halbach, und die gesamte Werksleitung. Sie werden am 8. Mai von einem französischen Kriegsgericht in Werden angeklagt, für den Tod der 13 vom französischen Militär erschossenen Arbeiter verantwortlich zu sein. Und sie werden für schuldig befunden, die Belegschaft aufgehetzt zu haben, sodass die französischen Soldaten sich schützen und von ihren Schusswaffen Gebrauch machen mussten. Gustav Krupp wird zu 15 Jahren Zuchthaus und einer zu vernachlässigenden Geldstrafe von 100 Millionen Mark verurteilt. Die mitangeklagten acht Direktoren und Werksleiter erhalten ähnlich drakonische Strafen. Reichspräsident Ebert bezeichnet das Urteil als »einen jeder Menschlichkeit Hohn sprechende[n] Gewaltakt«.[12]

Einen Tag nach dem Prozessbeginn gegen Krupp verbreitet sich die Nachricht von einem Todesurteil wie ein Lauffeuer. Ein französisches Militärtribunal in Düsseldorf hat es gegen einen Albert Leo Schlageter verhängt. Am 7. April ist dieser in einem Essener Hotel von Angehörigen des französischen Geheimdiensts Sûreté verhaftet worden. Es ist einer jener ehemaligen Freikorpskämpfer, die im Ruhrgebiet ein neues Betätigungsfeld gefunden haben. Der Mann mit den beiden Eisernen Kreuzen hat nach dem Weltkrieg an der »Befreiung« Rigas, an der Erstürmung des schlesischen Annabergs und am Kapp-Putsch teilgenommen. Danach soll er dabei gewesen sein, als in Preußen die NSDAP aufgebaut worden ist. Da diese dort seit Herbst 1922 verboten ist, wird sie GDAP genannt, was für »Großdeutsche Arbeiterpartei« steht. Natürlich ist er auch beim ersten Reichsparteitag in München gewesen. Zu diesem Zeitpunkt gehört Schlageter bereits einem Sprengkommando an, das im Großraum Essen Bahnlinien in die Luft jagt. Mitte März ist es die Eisenbahnstrecke Dortmund–Duisburg gewesen, die er und seine Leute durch einen Anschlag bei Kalkum – allerdings nur kurzfristig – unterbrochen haben.

Was zu der Festnahme des damals noch unbekannten Untergrundkämpfers führte, wurde nie endgültig geklärt. Vieles spricht dafür, dass die Ermittlungsergebnisse, zu denen die Geheime Staatspolizei 1934 in der noch einmal geöffneten »Verratssache Schlageter« gelangt ist, der Wirklichkeit recht nahekommen. Danach sei der betrunkene Schlageter durch Zufall »unter Mitwirkung einer unbekannten Frauensperson« bei einer Routinekontrolle aufgefallen. Er habe den Franzosen unterschiedliche Pässe mit verschiedenen Namen gezeigt, sodass seine Festnahme unvermeidlich gewesen sei. Überhaupt habe es Schlageter bei seinen Aktionen an der »erforderlichen Sorgfalt« fehlen lassen, hieß es in dem streng geheimen Bericht der Gestapo.[13]

Das französische Militärgericht hat Schlageter »Geheimbündelei, Kundschafterdienst für deutsche Sonderbehörden und andere Vergehen gegen die Sicherheit der Besatzungstruppen« vorgeworfen.[14] Der Sabotage und Spionage wurde er für schuldig befunden, das reichte für das Todesurteil. Da die Revision, die sein Verteidiger Robert Marx – ein Jurist jüdischer Herkunft – eingereicht hat, abgelehnt wird, bleibt nur noch das Gnadengesuch, um Schlageters Leben zu retten. Doch der weigert sich, ein solches zu stellen. Sein Ehrgefühl lässt es nicht zu, beim »Erbfeind« um sein Leben zu betteln.

Während Schlageter in seiner Düsseldorfer Zelle seiner Hinrichtung entgegensieht, besetzen 200 Kilometer davon entfernt bewaffnete Separatisten das Trierer Elektrizitätswerk. Sie wollen den Strom abstellen, die Stadt lahmlegen, um damit das Fanal für die Ausrufung einer Rheinischen Republik zu setzen. Hinter der Tat wird der Separatistenführer Josef Smeets vermutet. Der Linkssozialist und ehemalige Sozialdemokrat, dessen Partei, die Rheinisch-Republikanische Volkspartei, etwa 9000 bewaffnete Mitglieder zählt und mit dem Wochenblatt *Rheinische Republik* über ein eigenes Kampfblatt verfügt, wird von den Franzosen nach Kräften unterstützt, namentlich vom Vorsitzenden der Rheinlandkommission Paul Tirard und vom Oberbefehlshaber der Besatzungstruppen im Ruhrgebiet Degoutte.

In Trier, wo herbeigeeilte deutsche Polizeikräfte rasch den Besetzern des Elektrizitätswerks gegenüberstehen, löst sich alles in Wohlgefallen auf: Die Separatisten erklären zwar, Smeets-Leute zu sein und im Auftrag der Franzosen zu handeln. Doch Letztere bestreiten das, sodass die Aufrührer, die auf keinerlei Sympathie in der Bevölkerung stoßen, das Elektrizitätswerk unverrichteter Dinge verlassen, nachdem sie ihre auf dem Gebäude gehisste grün-weiß-rote Flagge der Rheinischen Republik wieder eingeholt haben. Alles gleicht einer Provinzposse. Und so titelt dann auch der *Trierer Volksfreund:* »Wildwest in Trier«.[15]

Dennoch werden die Ereignisse im fernen Berlin mit großer Sorge registriert. Schon mit dem Ende des Großen Krieges sind im von den Alliierten besetzten Rheinland unterschiedlichste politische Strömungen am Werk, die von den Franzosen in einem Separatismus kanalisiert werden, der auf andere Gebiete Deutschlands ausstrahlen soll. Die radikalste Gruppe ist die eines Hans

Adam Dorten, dem ein Westdeutscher Freistadt vorschwebt, der eine Friedensrepublik und ein Damm gegen den Bolschewismus sein soll. In der Pfalz ist der Landwirt Franz Josef Heinz aus Orbis auf den Plan getreten, der mit seiner Organisation »Frei-Pfalz« auf eine eigenständige Pfälzische Republik hinarbeitet.

Anders als die mit Frankreich kollaborierenden Separatisten haben rheinische Bürger im Dezember 1918 eine Entschließung verfasst, die die baldige Schaffung einer zum Reich, aber von Preußen losgelösten Rheinisch-Westfälischen Republik fordert. Ihre Motive sind eine tiefe Abneigung gegenüber dem preußischen Protestantismus, vor allem aber die Ablehnung der preußischen Dominanz im Reich, in dem von 65 Millionen Einwohnern 42 Millionen preußische Untertanen sind. Der Wortführer dieser Bürger ist der Zentrumspolitiker und Kölner Oberbürgermeister Konrad Adenauer. Ihm schwebt die Vision von einem autonomen Staat mit 15 Millionen kosmopolitischen Rheinländern vor, einem Staat, dem eine Brückenfunktion nach Westen zukommen soll. Doch damit nicht genug: Die Rheinisch-Westfälische Republik soll den dauerhaften Ausgleich mit den Feinden des Weltkriegs herbeiführen und zur Schaffung einer künftigen europäischen Friedensordnung beitragen helfen. Der rührige Adenauer hat versucht, bei den Briten, die Köln besetzt halten, Interesse zu wecken. Doch die haben ihm die »kalte Schulter« gezeigt, denn sein Plan würde zuallererst Frankreich zugutekommen.

All diese politischen Vorstellungen, wie sie im Westen des Reichs aufgekommen sind, gründen im Chaos der frühen Nachkriegszeit und haben in der breiten Bevölkerung keinen Rückhalt gefunden, insbesondere nicht, nachdem die parlamentarische und verfassungsmäßige Konsolidierung der Republik trotz der alliierten Besetzung des Rheinlands und des immer wieder aufflammenden Bürgerkriegs vorangekommen ist. Doch eben jetzt, nach all den Rückschlägen der deutschen Politik, scheint der Zusammenhalt im Reich zu erodieren und das Schreckgespenst des Separatismus, den man in Berlin mit Hochverrat gleichsetzt, zu neuer Dynamik zu gelangen.

Auch Adenauer hat seinen alten Plan angesichts der Krise

reaktiviert. Er findet vor allem bei den Ruhrindustriellen, bei Leuten wie Hugo Stinnes oder Peter Klöckner, Unterstützung, die ihre wirtschaftlichen Interessen durch Cunos Politik des passiven Widerstands durchkreuzt wähnen. Und auch Bankiers, wie Simon Alfred von Oppenheim, Kurt Freiherr von Schröder oder Robert Pferdmenges, unterstützen das Vorhaben des Oberbürgermeisters und seines engsten Mitstreiters Louis Hagen, dem Kölner Handelskammerpräsidenten. Adenauer wendet sich mit seinen Plänen nunmehr an die französischen Besatzer. Sein wichtigster Ansprechpartner ist Tirard, der Vorsitzende der Interalliierten Rheinlandkommission. Dieser zeigt sich aufgeschlossen, bieten doch solche Pläne Ansatzpunkte, alten französischen Vorstellungen von einem autonomen Pufferstaat näherzukommen. Eine Abspaltung des Rheinlandes würde gewiss auch Strahlwirkungen auf andere separatistische Bewegungen in Deutschland haben, kalkuliert Poincarés Mann. Und auch der französische Wiederaufbauminister Loucheur begrüßt solche Vorstellungen, wenngleich er – im Gegensatz zu seinem Ministerpräsidenten – die Sanierung der Mark und den Wiederaufbau der Industrie als Voraussetzung für den Zugriff auf die deutschen Ressourcen ansieht.

Doch das Augenmerk der Reichsregierung richtet sich nicht auf den selbst ernannten Außenpolitiker Adenauer, denn dessen Aktivitäten finden im Geheimen statt. Es richtet sich vielmehr auf die Separatisten. So berichtet Staatssekretär Hamm nach einem Gespräch mit Experten – ausgelöst durch die Trierer Ereignisse –, dass die Bevölkerung »der Erschöpfung und der Ermüdung nahe« sei und eine gewisse Gefahr bestehe, dass die ablehnende Haltung gegenüber einer Abtrennung der Rheinlande vom Reich kippe. Aus der rheinischen Zentrumspartei werde solches mitgeteilt, auch die englischen Gedankengänge liefen darauf hinaus. »Man nehme an, dass für Frankreich drei Möglichkeiten in Betracht kommen: einmal eine gewisse Unterstellung des Rheinlands unter den Völkerbund, dann die selbständig bundesstaatliche Gestaltung mit französischem Einfluss, zum dritten die Internationalisierung der Bahnen.«[16]

Aus diesem Grunde erörtert die Regierung Gegenmaßnahmen, die die Bindung der Rheinlande an das übrige Deutschland stärken sollen. »Das Wichtigste sei«, so referiert Hamm das Ergebnis des Treffens, »es zum Bewusstsein des deutschen Volkes, besonders auch des Rheinlandes zu machen, dass wir bereit seien, alle Lasten auf das ganze Deutschland zu nehmen, aber nicht die geringste Sonderbelastung auf das Rheinland allein.« Um die Missstimmung gegen Berlin nicht zu vergrößern, sei es notwendig, die Leitung und die Entscheidungen des Widerstands mehr in das besetzte Gebiet selbst zu verlegen, Vollmachten und Geld dorthin zu geben. Denn es »geht schon seit geraumer Zeit das Gefühl um, es werde über den Kopf des Rheinlandes über das Rheinland verhandelt. Man verkaufe oder verrate das Rheinland gegen kapitalistische Interessen. Diese von der ›Roten Fahne‹ täglich verbreitete Auffassung sei bei der Arbeiterschaft nicht ohne Einfluss«, schreibt der Staatssekretär in der Reichskanzlei.[17]

Die KPD will derweil auf Moskauer Geheiß nicht mehr nur die unter immer schwieriger werdenden Bedingungen lebende Arbeiterschaft des Ruhrgebiets mobilisieren. In einem Aufruf der Zentrale, der in der *Roten Fahne* abgedruckt wird, heißt es am 17. Mai unter der Überschrift »An die Partei«: »Wir haben zu den leidenden, irregeführten, aufgewühlten Massen des proletarischen Kleinbürgertums zu gehen, ihnen die volle Wahrheit zu sagen, ihnen zu sagen, dass sie sich und die Zukunft Deutschlands nur dann werden verteidigen können, wenn sie sich verbunden haben mit dem Proletariat zum Kampf gegen die Bourgeoisie. Nur durch den Sieg über die Stinnes und Krupp führt der Weg zum Sieg über Poincaré und Loucheur.«[18] Mit der um die national gesinnten Kleinbürger erweiterten Einheitsfront soll die Revolution, deren Voraussetzungen sich in Deutschland Tag für Tag verbessern, nunmehr zum Erfolg geführt werden.

Ausgangspunkt soll der Generalstreik sein, den eine unionistisch-kommunistische Betriebsrätekonferenz am 20. Mai 1923 im Ruhrgebiet beschließt. Verfasst wurde der Aufruf der Zentrale, mit dem die Kurskorrektur der KPD hin zu einem revolutionären Engagement im Ruhrgebiet eingeleitet wurde, von keinem Geringeren als Radek, dem für Deutschland zuständigen Sekretär des Exekutivkomitees der Komintern. Der aus Galizien stammende Vertraute Trotzkis, der mit Lenin in dem verplombten Eisenbahnwagen saß, in dem der Bolschewistenführer im April 1917 aus der Schweiz über Deutschland und Schweden nach Russland gebracht wurde, gilt als profunder Kenner der Verhältnisse im Reich, ist er doch aus der linken Sozialdemokratie gekommen und am Aufbau der KPD beteiligt gewesen.

Die sozialdemokratisch dominierten Gewerkschaften sind gegen den Generalstreik und die damit verbundene Eskalation, die ihrer Meinung zufolge die Lage der Arbeiterschaft an der Ruhr noch verschlechtern würde. So denken wohl die meisten. Doch die Agitation der Kommunisten und die eingesetzte Gewalt sorgen dafür, dass am 26. Mai etwa zwei Millionen Bergleute und Zehntausende Metallarbeiter für eine Gehaltserhöhung von 50 Prozent in den Ausstand gehen. Überall im Ruhrgebiet – besonders in Dortmund, Bochum, Mülheim und Gelsenkirchen – kommt es zu Zusammenstößen zwischen den Streikenden und den Arbeitswilligen, die sich bald zu regelrechten Kämpfen ausweiten. Proletarische Hundertschaften und deutsche Polizei, Feuerwehr und der Selbstschutz der Gewerkschaften, der die Aufgaben der von den Franzosen aufgelösten Schutzpolizei übernommen hat, stehen unversöhnlich gegeneinander. Die Besatzungsmächte versuchen, sich – sofern es geht – herauszuhalten, sind doch auch in ihren Reihen Soldaten, die auf der Seite der deutschen Kommunisten stehen.

In Gelsenkirchen, das zunehmend unter die Kontrolle der Kommunisten gerät, sind am 23. Mai die ersten Toten zu beklagen. Der Zeitzeuge aus dem nahen Wanne berichtet, dass es drei Tage darauf zwischen den Proletarischen Hundertschaften und der Polizei bis weit in den Abend hinein zu schweren Kämpfen um den Zugang zum Zechengelände gekommen sei. Trotz weiterer Verstärkung der Hundertschaften aus Gelsenkirchen sei es nicht gelungen, die Zeche Pluto, Schacht Wilhelm, zu besetzen. Das Geschehen habe sich darauf in die Innenstadt verlagert, wo eine gewaltige Demonstration von der Polizei aufgelöst worden sei. Die französische Besatzung habe sich neutral verhalten und schließlich im gesamten Gemeindegebiet ein Demonstrationsverbot erlassen. Trotz desselben »bewegten sich die Proletarischen Hundertschaften unbehelligt durch Röhlinghausen. Sie requirierten Waren bei verschiedenen Kaufleuten und übergaben den Geschädigten eine Bescheinigung mit der Unterschrift ›Die Hundertschaft des Präsidiums, Druschinski‹. Der Pferdehändler Verstege und der Wirt Moder wurden sogar verhaftet und zum Verhör nach Gelsenkirchen-Bulmke gebracht«, berichtet der Zeitzeuge.[19] Zum ersten Mal seit den revolutionären Wirren infolge des Kapp-Putsches übernehmen kommunistische Funktionäre wieder in einer größeren Stadt des Ruhrgebiets die politische Macht. Doch bald beruhigt sich die Lage. Denn die Zechenbetreiber haben sich auf französischen Druck hin mit den Arbeitern verständigt und diesen eine Lohnerhöhung von durchschnittlich 10 000 Mark zugesichert. Das sind 52,3 Prozent pro Schicht und Mann. An der wirtschaftlichen Lage der Arbeiter ändert das angesichts der galoppierenden Inflation nur sehr kurzfristig etwas.

In der Reichsregierung haben sie mit Besorgnis die jüngste Entwicklung an der Ruhr verfolgt. Doch nicht nur die. In Sachsen und Thüringen reden sie ganz offen von der Revolution, in Bayern ebenso, auch wenn sie dort etwas ganz anderes meinen. Die Radikalen schaukeln sich gegenseitig auf. Der Staatssekretär in der Reichskanzlei Hamm wendet sich daher wieder an seinen Chef. Er hält fest, dass kein Zweifel darüber zu lassen sein werde, dass die gegenwärtige Art, wie in den großen Ländern regiert werde, das Reich auseinandertreibe. »Vielleicht hat Preußen noch am meisten die Mittellinie gewahrt. Aber auch Preußen ist davon in einigen Fällen [...] abgegangen«, meint Hamm. Dennoch setzt er auf dieses Preußen, wenn es um eine künftige »große gemeinsame Linie« geht. Zusammen mit Württemberg, Baden und Hessen, mit denen volle Übereinstimmung hergestellt werden könne, lasse sich für die Reichsregierung eine Lage herstellen, in der dann »die verschiedenartige politische Entwicklung in Sachsen und Thüringen einerseits, in Bayern andererseits minder gefährlich sein wird«.[20]

Severing, der preußische Innenminister, hat inzwischen seine Politik gegenüber der KPD verschärft. Vorangegangen sind dem am 4. Mai im Preußischen Landtag Handgreiflichkeiten zwischen

Sozialdemokraten und Kommunisten. Letztere haben gegen ein von der DNVP eingebrachtes Misstrauensvotum gegen Severing gestimmt. Als die KPD ihr Abstimmungsverhalten begründen wollte, wurde ihnen das aus Geschäftsordnungsgründen verweigert. Daraufhin – so berichten die Blätter – sei es zu einem »Faustkampf« gekommen, der von dem Kommunisten Iwan Katz eröffnet worden sei. Infolge des sich anschließenden Tumults seien mehr als zwanzig seiner Genossen von den Sitzungen ausgeschlossen worden.[21] Ein paar Tage später verbietet Severing in seinem Zuständigkeitsbereich dann die Proletarischen Hundertschaften, die Bürgerkriegstruppe der KPD, weil sie bei den Mai-Feiern hoheitliche Aufgaben an sich gerissen hätten.

Auch der Sozialdemokrat schließt inzwischen einen Bürgerkrieg nicht mehr aus. In einem solchen Fall käme zur Wiederherstellung verfassungsgemäßer Zustände – wo auch immer – die Reichswehr zum Einsatz. Dabei sieht er nach wie vor mit Sorge die Nähe des 100 000-Mann-Heeres zu den Freikorps und Wehrverbänden, sofern er sie noch nicht verboten hat. Insbesondere die »Schwarze Reichwehr« bereitet ihm Kopfzerbrechen. Seine Verabredung mit von Seeckt vom 30. Januar hat nicht den erwünschten Erfolg gebracht. Ministerialdirektor der Polizeiabteilung des preußischen Innenministeriums Wilhelm Abegg meint 1947 in einem Schreiben an Severing, es habe danach ein »heilloser Wirrwarr« geherrscht. Von einer Zusammenarbeit zwischen den Wehrkreisen und den Oberpräsidenten, wie sie vereinbart worden ist, kann keine Rede sein, denn diese ist vom Reichswehrministerium sabotiert worden. Das Militär wollte sich nicht in die Karten schauen lassen, und schon gar nicht von sozialdemokratischen Zivilisten. Severing schreibt in seinen Erinnerungen, dass die Zusammenarbeit mit den privaten Organisationen weitergegangen sei. »Ich war darum gezwungen, dem RWeM [Reichswehrminister] zu erklären, dass ich dieses [...] als Vorbereitung zum Bürgerkrieg ansehe und entschlossen sei, mit allen mir zu Gebote stehenden Mitteln dagegen einzuschreiten.«[22]

So viel hat sich der preußische Innenminister sicherlich nicht gegenüber dem Reichswehrminister herausgenommen, wie er in seinen 1950 erschienenen Memoiren glauben macht. Dennoch hat Severing in seinen diesbezüglichen Anstrengungen nicht nachgelassen. Anfang Mai wendet er sich an Geßler und weist diesen darauf hin, dass er in seinem Zuständigkeitsbereich als Preußischer Innenminister »die Möglichkeit gewaltsamer Erhebungen gegen die Staatsordnung ins Auge zu fassen« habe.[23] Er fordert den Reichswehrminister auf, dass die Waffen- und Munitionsbestände »im Falle der Not [...] nicht in falsche Hände geraten, sondern zum Schutze der Republik unbedingt verfassungstreuen Männern anvertraut werden«. Severing verlangt von Geßler eine Art Bestandsaufnahme der zur Verfügung stehenden Waffen und lässt die Durchschrift seiner Intervention dem Reichskanzler zukommen, um diesen für die Angelegenheit zu sensibilisieren.

Doch Cuno ist ganz mit der Abfassung der Antwort auf Curzons Zurückweisung der deutschen Note vom 2. Mai befasst. Sie soll diesmal in Form eines Memorandums erfolgen. Die Reichsregierung hat sich Zeit gelassen, denn sie will jeden Satz wägen. Da kommt ihr entgegen, dass in London die Regierungsgeschäfte stocken. Premierminister Bonar Law ist schwer erkrankt. Seine Ärzte haben ihm im April eine vierwöchige Ruhepause verordnet. Während Bonar Law im mediterranen Klima Genesung sucht und sie nicht findet, führt Curzon die Geschäfte des Premierministers. Als Bonar Law nach London zurückkehrt und am 20. Mai demissioniert, wird jedoch nicht Curzon neuer Premierminister, wie er es erhofft hat. Denn einige namhafte Konservative um Stanley Baldwin haben sich gegen Curzon verschworen. Sie halten ihn für ungeeignet für den Posten. So zieht schließlich der später in den Adelsstand erhobene Baldwin in Downing Street No. 10 ein, und Curzon bleibt Chef im Foreign Office. Die Kabinettsbildung zieht sich bis zum 25. Mai hin und erbringt nur wenige Veränderungen gegenüber dem Vorgängerkabinett.

Cuno gerät unterdessen in die Kritik der Ministerpräsidenten, die ihm vorhalten, dass die Reichsregierung sich mit der Reaktion auf Curzons Antwort zu viel Zeit lasse. Sie wird vorgetragen, als am 30. Mai der Auswärtige Ausschuss des Reichsrats tagt.

Otto Braun, der preußische Ministerpräsident, drängt dabei zur Eile, denn die Lage im besetzten, aber auch im unbesetzten Gebiet verschlechtere sich täglich. Knilling pflichtet dem bei: Der passive Widerstand beginne brüchig zu werden. »Dies gelte auch in der Pfalz. Wir müssten sehen, zu einem Modus Vivendi zu gelangen. An aktiven Widerstand könnten wir leider nicht denken, sagt der Bayer.«[24] Ganz anders der thüringische Regierungschef August Frölich. Er kritisiert die deutsche Mai-Note und betreibt daneben wie sein sächsischer Genosse Klassenkampf, wenn er sich »über den Luxus der deutschen besitzenden Klasse, der stärker herabgedrückt werden müsse«, auslässt und fordert, die Großindustrie stärker für die Finanzierung der Reparationen zur Kasse zu bitten.[25]

Was den Inhalt des abzufassenden Memorandums anlangt, stellt Cuno klar, »dass das Reichskabinett ziffernmäßig über das Angebot vom 2. Mai nicht hinausgehen könnte, ohne sich dem Vorwurf der Unwahrhaftigkeit auszusetzen und seinen internationalen Verhandlungskredit zu verlieren. Dagegen seien Modifikationen unseres Angebotes möglich«.[26] Einen gewissen Fatalismus zeigt Außenminister Rosenberg, wenn er sagt: »Wenn Frankreich den Willen habe oder von seinen Alliierten durch leisen Zwang an den Verhandlungstisch gebracht werden solle, so sei die deutsche Offerte ernsthaft genug. Führe der neue Versuch nicht zum Ziele, so würde der Grund der sein, dass Frankreich eine an Vernichtung grenzende Unterwerfung Deutschlands wolle und dass die Alliierten zu feige seien, um Frankreich an seinem Plane zu hindern.«[27]

In der endgültigen Fassung des Memorandums werden dann keine Angaben über die Höhe der Gesamtsumme der deutschen Reparationszahlungen oder Jahreszahlungen mehr gemacht. Eine unabhängige, international besetzte Kommission, von der schon oft die Rede war, soll darüber befinden, was Deutschland in der Lage ist zu bezahlen. Sodann heißt es: »Die Deutsche Regierung hatte die Ausgabe großer Anleihen in Aussicht genommen, um den reparationsberechtigten Mächten baldmöglichst erhebliche Kapitalbeträge zuzuführen. Solange sich die Ausgabe von Anleihen in großen Beträgen als undurchführbar erweist, ist die

Deutsche Regierung auch damit einverstanden, dass an Stelle der Kapitalsummen ein System von Jahresleistungen tritt.«[28] Den größten Teil des Memorandums nimmt die Frage der Sicherheiten ein. So soll die Reichsbahn von dem sonstigen Reichsvermögen losgelöst und in ein Sondervermögen umgewandelt werden. Sie soll Goldobligationen in Höhe von zehn Milliarden Goldmark ausgeben, die von Juli 1927 an mit 5 Prozent verzinst sein und damit eine Jahresleistung von 500 Millionen Goldmark sicherstellen sollen. Denselben Betrag soll die gesamte deutsche Wirtschaft, also Industrie, Banken, Handel, Verkehr und Landwirtschaft, garantieren. Außerdem sollen die Zölle auf Genussmittel und die Verbrauchssteuern auf Tabak, Bier, Wein usw. sowie die Erträge des Branntweinmonopols als Sicherheit für die Jahresleistungen verpfändet werden. Abschließend bittet die Reichsregierung um die Einberufung einer Konferenz, »um den besten Weg zur Erfüllung dieser Verpflichtung zu vereinbaren«.[29]

Von Bedingungen für die Aufnahme von Reparationsverhandlungen wie der Räumung des Ruhrgebiets ist in dem Memorandum ebenfalls nicht die Rede, das von dem britischen Nationalökonomen Keynes, der die Reichsregierung berät, ins Englische übersetzt wird. Wohl aber wird der deutsche Geschäftsträger in London, Sthamer, von Rosenberg angewiesen, Curzon darauf hinzuweisen, dass in dieser Frage dem englischen Ratschlag Rechnung getragen worden sei. Am 2. Juni wendet sich der Kanzler an den Reichsfinanzminister Hermes. In seinem Schreiben heißt es, er könne »nur auf das Dringendste bitten, nun, da wir unmittelbar vor dem neuen Schritte stehen, alles daran zu setzen, um für diese Zeit den vollen Zusammenbruch unserer Mark abzuwehren, der gerade in diesen Tagen ein schweres außen- und innenpolitisches Unglück sein würde«.[30] Am 7. Juni wird das Memorandum von den jeweiligen Botschaftern den Regierungen übergeben. Mit einer Ausnahme: Der Nuntius des Vatikans bei der Reichsregierung, Eugenio Pacelli, der spätere Papst Pius XII., wird vorab von Cuno informiert. »Es liegt mir [...] daran, Eure Exzellenz persönlich und vertraulich schon jetzt von dem geplanten Schritte in Kenntnis zu setzen.«[31]

Pacelli, sprich der Heilige Stuhl, soll auch in der Angelegenheit Schlageter eingeschaltet worden sein. Es geht dabei um die Begnadigung des zum Tode Verurteilten. Um die haben sich vor allem auch seine Eltern bemüht, aber auch der Gefängnisseelsorger Josef Faßbender und der Erzbischof von Freiburg, Karl Fritz. Sogar die schwedische Königin, Viktoria von Baden, hat versprochen zu helfen. Doch alles war vergeblich, Poincaré hat ihn nicht begnadigt. Am 26. Mai wurde Schlageter in der Golzheimer Heide unweit Düsseldorfs von einem französischen Exekutionskommando erschossen. Es war wohl ein besonderer Akt der Demütigung, dass der Nationalsozialist, der zum Nationalsozialisten wurde infolge des »unseligen Friedens«, der die Deutschen »zu Sklaven« mache, den Gnadenschuss von einem marokkanischen Kolonialsoldaten erhielt. So berichten es jedenfalls einige Zeitungen. Denn Reporter waren bei der Exekution zugelassen.[32]

Schlageter wird zum Märtyrer der nationalen Sache, noch ehe er seine endgültige Ruhestätte gefunden hat. Die *Leipziger Illustrierte Zeitung* schreibt: »Als Dreißigjähriger starb Albert (Leo) Schlageter mutig wie ein Mann mit dem Bewusstsein, für Deutschland zu fallen, dem er sein ganzes Leben geweiht hatte. Sein Grab wird zur heiligen Stätte werden, um das sich alle Deutschen scharen, denen die Befreiung des Vaterlandes von fremder Gewaltherrschaft eine heilige Pflicht ist.«[33] Der tote Schlageter, der zunächst auf dem Düsseldorfer Nordfriedhof beigesetzt wurde, wird nun von allen möglichen politischen Kräften instrumentalisiert. Die Reichsregierung, die bei den Besatzungsbehörden eine Genehmigung für die Umbettung in seinen badischen Heimatort Schönau erwirkt hat, nutzt sein Schicksal zu einer neuerlichen Anklage gegen Frankreich. Berlin hat bereits in Paris protestiert, dass es nicht die Sache Frankreichs sei, Todesurteile gegen Deutsche in Deutschland zu verhängen und zu vollstrecken. Ähnlich formuliert es auch der sozialdemokratische *Vorwärts,* in dem es heißt: Die Hinrichtung diene lediglich dem Zweck, »durch Einschüchterung und blutige Rache die Sicherheit der widerrechtlich in deutsches Gebiet eingedrungenen Truppen zu gewährleisten. Die fremden Richter im Kriegskleid haben weniger Recht, über einen Deutschen auf deutschem Boden zu Gericht zu sitzen, als er über sie.«[34]

Schlageters Leiche wird exhumiert. Nach einer »kleine[n], aber düster pathetischen Trauerfeier« in der Kapelle des Nordfriedhofs,[35] bei der sein Sarg in die Reichskriegsflagge gehüllt ist, wird er nach Elberfeld gebracht. Die Stadt im unbesetzten Gebiet ist das Zentrum der frühen norddeutschen Nationalsozialisten, der Ort der politischen Anfänge von Männern wie Erich Koch, Karl Kaufmann und Joseph Goebbels. Erstere sind dabei, als die ökumenische »Trauerkundgebung des ganzen deutschen Volkes« in der Stadthalle abgehalten wird.[36] Dabei kommt es zu einem Eklat. Denn Nationalsozialisten haben den Kranz des sozialdemokratischen Düsseldorfer Regierungspräsidenten mit der Begründung zurückgeschickt, Schlageter habe verfügt, nur unter schwarz-weiß-roten Fahnen und nicht unter den schwarz-rot-goldenen der Republik bestattet zu werden. Auf dem Retourenschein des Kranzes ist zu lesen: »Zur Verwendung bei dem Begräbnis der deutsch-jüdischen Republik. In wonniglicher Erwartung. Der Festausschuss.«[37]

Im Sonderzug wird der Leichnam dann im halb offenen, mit Kränzen und Hakenkreuzen ausstaffierten Wagen in Richtung Schwarzwald überführt. Schlageters letzte Reise, von der der *Vorwärts* schreibt, sie beschwöre eine »Kriegsstimmung« herauf,[38] mutet an wie ein posthumer Triumphzug. An der Strecke stehen nicht nur die Abordnungen völkisch-nationalistischer und ultrakonservativer Organisationen, sondern auch ganz normale Bürger. Auf den Hauptbahnhöfen in Gießen und Frankfurt am Main erwarten Delegationen der NSDAP, der SA und völkischer Bünde den Sonderzug. In Donaueschingen sind es Schulklassen, die sich am Bahnhof einfinden, um patriotische Lieder zu singen. In Freiburg hält der erzkonservative Teil der Professorenschaft eine Veranstaltung ab, in deren Verlauf die Dozenten Schlageter als »Symbol des heimatverbundenen Patriotismus« würdigen.[39] Bald darauf – am 10. Juni – wird Schlageter in Anwesenheit vieler alter Kameraden auf dem Schönauer Friedhof in einem Ehrengrab beigesetzt.

Am selben Tag finden überall im Reich Gedenkveranstaltungen statt. Die größte ist die der »Vereinigten Vaterländischen Verbände« in München, auf der neben Ludendorff und Kriebel auch Hitler spricht. »Das deutsche Volk von heute hat den Heldentod Schlageters gar nicht verdient«, verkündet er neben der üblichen Suada über die »Novemberverbrecher«, mit denen Schluss sein müsse. Er beendet seine Ausführungen mit dem fanatischen Appell: »Man darf nicht ruhen und rasten, um den Kampfeswillen bis zum letzten Atemzug in unserem Volke zu verbreiten, bis die Parole kommt: Das Volk steht auf, der Sturm bricht los.«[40] Mit denselben Worten Theodor Körners, des Dichters der Befreiungskriege, wird Goebbels zwanzig Jahre später im Berliner Sportpalast den »totalen Krieg« ausrufen, als der Weltkrieg schon verloren ist.

Einen Verantwortlichen für den Tod Schlageters haben die Nationalsozialisten längst ausgemacht. Es ist der preußische Innenminister Severing. Herman Esser, der erste Propagandaleiter der NSDAP, gibt ihm im Verlauf einer Rede vor der Münchner SA die Schuld an der Verhaftung des »Helden« und an dessen Hinrichtung, während der Mob brüllt: »Schlagt die verräterischen Hunde tot! Das Schwein Severing muss weg!«[41] Zusätzlich angeheizt wird der Hass der Völkischen und Nationalsozialisten auf den Sozialdemokraten durch die Verhaftung von Heinz Hauenstein im besetzten Gebiet. Severing fürchtet fortan um sein Leben, und er hat allen Grund dazu nach der Mordserie der zurückliegenden Zeit.

Doch die nationale Dynamik, die der Tod Schlageters nach sich gezogen hat, übertüncht auch das. Viele können sich ihr nicht entziehen. Friedrich Georg, der jüngere Bruder Ernst Jüngers, dichtet: »Oh Bruder du, am Pfahl dahingesunken, du legtest sterbend unsrer Zukunft Schwellen.«[42] Tatsächlich scheint Schlageter die national gesonnenen Teile des deutschen Volkes bei allen Gegensätzen noch einmal zusammenzuführen – zusammenzuführen im Widerstand gegen die Besatzungsmächte, wie immer dieser Widerstand aussehen mag. Von den Nationalsozialisten und den Völkischen bis an den rechten Rand der SPD reicht Schlageters Verklärung »zum deutschen Helden«. Er spornt die Angehörigen der Freikorpskommandos an, weitere

Anschläge auf die Infrastruktur vorzubereiten. Und diejenigen, die solches ablehnen, die im Allgemeinen Deutschen Gewerkschaftsbund vertretenen Verbände aus dem besetzten Ruhrgebiet, erklären am 23. Juni, dass der passive Widerstand trotz aller Probleme so lange fortgesetzt werden müsse, bis sich Franzosen und Belgier zurückgezogen hätten.

Doch die zeigen sich von alldem unbeeindruckt. Schon am Tag bevor das deutsche Reparationsmemorandum am 7. Juni an die Signatarmächte des Versailler Vertrags übergeben wurde, haben Poincaré und sein belgischer Kollege Theunis in Brüssel erklärt, dass die Voraussetzung für die Aufnahme von Reparationsverhandlungen die Beendigung des passiven Widerstands sei. Anders ihr Verbündeter auf der anderen Seite des Ärmelkanals. Nachdem bereits in der britischen Presse von einem »ehrlichen und annehmbaren Angebot der Deutschen« und einer »leichte[n] Neigung zu optimistischer Beurteilung«[43] durch die Regierung Baldwin zu lesen ist, bemüht sich diese jetzt tatsächlich ernsthaft, einen Kompromiss zu finden, der sowohl von Paris als auch Berlin akzeptiert werden kann. Man denkt in London daran, den Charakter der französischen Besatzung im Ruhrgebiet zu ändern, um den passiven Widerstand überflüssig zu machen. Das könnte durch eine »internationalisierte Aufsicht« erreicht werden, »während Frankreich seine Besetzung unsichtbar« gestalten solle.[44] Doch dieses zeigt nicht die geringste Bereitschaft, Konzessionen zu machen. Ein Fragebogen zu den Forderungen Frankreichs bleibt wochenlang unbeantwortet. So wird alles aufgeschoben. Und dies auch nur, weil die Regierung Baldwin auf eine Lösung drängt.

Cuno sieht Poincaré unter Druck und gibt sich entschlossen. Auf seiner Reise durch Süddeutschland erklärt er am 11. Juni in Karlsruhe trotzig, »dass der passive Abwehrkampf, der einmal begonnen ist, auch durchgeführt werden müsse. Die Ordre kommt von der Bevölkerung, die mit im Kampf steht«.[45] Ihm kommt da der französische Terror im Ruhrgebiet zupass. In Dortmund ist es vier Tage nach seiner Karlsruher Rede innerhalb der französischen Besatzungstruppen zum Mord an zwei Feldwebeln gekommen, der fürchterliche Ausschreitungen nach sich zieht. So erschießen französische Patrouillen sechs Deutsche und rauben obendrein deren Leichen aus. Doch damit nicht genug. Es folgen weitere brutale Übergriffe auf die städtische Bevölkerung, die bald von einer »Bartholomäusnacht« sprechen wird. Auch im benachbarten Ausland wird über den französisch-belgischen Besatzungshorror berichtet. Dort wird dann auch die Reaktion Poincarés nur noch mit Kopfschütteln quittiert. Denn der klagt vor der französischen Kammer die Reichsregierung an, sie ermutige zu »Mord- und Sabotageakten und provoziere mit lächerlichen Vorschlägen«.[46] Die Lage zwinge ihn, den Druck im Ruhrgebiet zu erhöhen.

Hinter Poincarés Ankündigung steht die Absicht, Baldwins Bemühungen zu sabotieren und gleichzeitig eine Entscheidung im Ruhrgebiet herbeizuführen. Berlin soll jetzt mit Brachialgewalt in die Knie gezwungen werden. Hierfür will er das besetzte Gebiet isolieren. Die wenigen Waren, die noch aus dem Ruhrgebiet ins übrige Reichsgebiet kommen – so verfügt es die Interalliierte Rheinlandkommission –, müssen jetzt verzollt werden. Zeitweise wird der gesamte Eisenbahnverkehr ins unbesetzte Deutschland lahmgelegt, und es werden Grenzsperren errichtet. Das hat zur Folge, dass viele Lebensmitteltransporte nicht mehr ankommen und die Preise noch stärker steigen als im übrigen Reich. So kosten zum Beispiel Lebensmittel im besetzten Höchst doppelt so viel wie im benachbarten, unbesetzten Frankfurt. Am 24. Juni beginnen die Franzosen mit der Beschlagnahme sämtlicher Kohlevorräte an Ruhr und Rhein. Ziel der Maßnahme ist es, die deutsche Wirtschaft zu treffen, die ihre Kohle zunehmend aus dem Ausland beziehen muss, wofür sie Devisen benötigt, die sie nicht in erforderlichem Umfang hat. Da hilft auch nicht mehr die Intervention des Heiligen Vaters, der mit seinem offenen Brief, der am 27. Juni den beim Vatikan akkreditierten Botschaftern übergeben wird, zur »Versöhnung und Wiedervereinigung der Völker und Menschen in Christo« beitragen will.[47]

Alles, was Cuno in diesen Tagen, in denen Frankreich dabei ist, sich immer mehr zu isolieren, nicht gebrauchen kann, ist internationale Schlagzeilen produzierender deutscher Terror an der Ruhr. Aus diesem Grund folgt der Kanzler nun der Linie der preußischen Regierung und entsagt dem aktiven Widerstand die Unterstützung. Für die Untergrundkämpfer wird damit alles anders. Die Lieferungen von Sprengstoff und Waffen durch offizielle Stellen bleiben fortan aus, Kontakte zur Polizei und anderen staatlichen Stellen reißen ab. Das ist aus der Sicht der Betroffenen Verrat – und das zu einem Zeitpunkt, an dem der Trubel um Schlageter die nationalen Gefühle aufwallen lässt. Die Analogie zum »Dolchstoß« der Heimatfront im Weltkrieg drängt sich da für viele auf. Das lässt bei den Männern, die ihren Kampf selbstverständlich fortsetzen, die Wut wachsen. Auf Menschenleben wird immer weniger Rücksicht genommen. Nur ein toter Besatzer ist ein guter Besatzer, lautet die Parole der verbittert weiterkämpfenden völkischen Nationalisten.

Am 30. Juni sprengt eines ihrer Kommandos vor der Hochfelder Rheinbrücke bei Duisburg einen Truppentransporter in die Luft. Die Bombe, die in der Toilette eines Waggons versteckt ist, sollte die Brücke samt Zug in die Tiefe reißen. Doch sie detoniert etwas zu früh. Zwanzig belgische Soldaten sterben dabei, Dutzende werden zum Teil schwer verletzt. Während die französische Presse die Tat als Wesenszug der *boches* brandmarkt, die belgische an die von diesen begangenen Gräuel im Weltkrieg erinnert, sind die deutschen Zeitungen eher sprachlos. Während sich die nationale Presse dann mit den zu erwartenden Konsequenzen für die deutsche Bevölkerung an Rhein und Ruhr befasst, verurteilt der *Vorwärts* die Tat, die einen Propagandasieg für Frankreich und Belgien bedeute, durch den Deutschland internationalen Rückhalt verlieren werde. Was die Bombenleger noch erreicht hätten, sei, dass das Leid der deutschen Bevölkerung noch größer werde.[48]

Zu dieser Feststellung gehört keine seherische Gabe. Denn Degouttes Antwort auf das Attentat ist vielgestaltig. So lässt er die Grenze ins unbesetzte Gebiet für zwei Wochen schließen und den Belagerungszustand ausrufen. Es werden Geiseln genommen, und es kommt zu Übergriffen auf Unbeteiligte. Und auch die französische Militärjustiz fackelt nicht mehr lange. Von einem Tribunal in Mainz werden sieben vermeintliche oder tatsächliche Saboteure zum Tode verurteilt, aber nicht hingerichtet.

Immer häufiger ist es nun der bloße Hass, der das Handeln auf beiden Seiten bestimmt. Es ist aber nicht nur der Hass zwischen Deutschen und Franzosen, zwischen Deutschen und Belgiern. Es ist auch der grenzüberschreitende Hass zwischen Unten und Oben; der Hass auf die Kapitalisten, die zwischen den Fronten und abseits des ganzen Elends ihre einträglichen Geschäfte machen.

In Moskau verfolgen sie trotz aller Probleme mit der eigenen Wirtschaft sehr genau, wie das große Land in der Mitte Europas unaufhaltsam dem Ruin entgegentreibt, mit all den verheerenden Folgen für die Menschen, und wie die zentrifugalen Kräfte in den Reichsländern Deutschland zu zerreißen drohen. Aus der Sicht des Kremls ist Deutschland dabei, revolutionsreif zu werden. Um die KPD in die Lage zu versetzen, im richtigen Augenblick die entscheidende Kraft zu werden, diskutieren sie dort über den richtigen Weg zur Mobilisierung der Massen. Denn die Genossen sind irritiert ob der Erfolge der neuen rechten Massenbewegungen wie der kleinen, aber im rasanten Tempo aufstrebenden Hitler-Partei in Bayern oder wie Mussolinis Faschisten, die im Oktober 1922 unter dem Jubel von Millionen begeisterter Italiener auf Rom marschiert sind und die Macht im Lande übernahmen.

Auf dem III. Plenum der Komintern, das zwischen dem 12. und 23. Juni in Moskau tagt, steht das faschistische Phänomen im Mittelpunkt der Erörterungen. Clara Zetkin fragt in einem Referat, wie diesen neuen Massenbewegungen zu begegnen sei. Sie spricht sich in Anlehnung an Radek dafür aus, die Anhängerschaft der Faschisten zu gewinnen, um diese entweder in »die kommunistische Kampffront einzugliedern oder sie zumindest zu neutralisieren. Die bürgerliche Intelligenz einbegriffen«. Auf diese Erweiterung der Einheitsfront nach rechts will sie die kommunistische Agitation und Propaganda ausrichten, um »den Faschismus als höchste und letzte Form von Klassenherrschaft« zu überwinden und zugleich den Weg frei zu machen für die Entwicklung einer proletarischen Rätediktatur.[49]

Es ist aber wiederum Radek, der nicht nur die Linke in Deutschland aufhorchen lässt. Der Bolschewist würdigt ausgerechnet den Nationalsozialisten Schlageter. Dieser habe begriffen – so Radek, nachdem er einen kurzen Abriss der Biografie dieses »mutigen Soldaten der Konterrevolution« gegeben hat –, dass der Sieg über die Entente im Ruhrgebiet nur mit der deutschen Arbeiterschaft errungen werden könne. Deren deutschnationalistischen Interessen deckten sich durchaus mit kommunistisch-internationalistischen. Deshalb fordert er »von dem deutschen Volke, dass es bricht mit denen, die es nicht nur in die Niederlage hineingeführt haben, sondern die diese Niederlage [...] verewigen«. Radek meint damit die Großindustriellen und Militaristen. Er fährt fort: »Will Deutschland imstande sein, zu kämpfen, so muss es eine Einheitsfront der Arbeitenden darstellen, so müssen sich die Kopfarbeiter mit den Handarbeitern vereinigen zu einer eisernen Phalanx.« Radek, der historische Analogien wie das gemeinsame Ringen Preußens und Russlands gegen das napoleonische Frankreich strapaziert, spricht sich damit für die erweiterte Einheitsfront im Kampf für ein künftiges Sowjetdeutschland aus, ohne dies allerdings als deren Ziel zu nennen.[50]

Die Radek-Rede richtet sich nicht nur an die nationalistisch gesinnte verelendete deutsche Arbeiter- und Mittelschicht, sondern vor allem an die KPD. Ihr will der Sekretär des Exekutivkomitees der Komintern ins Stammbuch schreiben, dass die Partei sich breiter aufstellen müsse, wolle sie nicht im Sturm der Zeiten marginalisiert werden. Denn in den Reihen der KPD ist das Prinzip der Einheitsfront immer noch nicht unumstritten, insbesondere bei Leuten wie Ruth Fischer, die zusammen mit drei Genossen des linken Parteiflügels inzwischen durch Moskauer Vermittlung in die Zentrale aufgenommen wurde. Dort beugen sie sich natürlich der Vorgabe des Kremls zu einer erweiterten Einheitsfront, auch wenn Radeks Schlageter-Rede, die in der *Roten Fahne* abgedruckt wird, insgeheim bei vielen für Kopfschütteln sorgt.

»Schlageter, der Wanderer ins Nichts«, wie der Artikel, anknüpfend an den Freikorpsroman von Friedrich Freksa, im Parteiorgan überschrieben ist,[51] wird dann auch zum Gegenstand einer Diskussion Radeks mit dem Rechtsintellektuellen Arthur

Moeller van den Bruck. Dieser propagiert in seinem gerade erschienenen Bestseller *Das dritte Reich*[52] die »konservative Revolution«, hin zu einem »dritten Weg« zwischen Kapitalismus und Marxismus, einen »preußischen Bolschewismus«. Der Schriftsteller, der das Kaiserreich und jedwede Reaktion zutiefst ablehnt, begreift Deutschlands Niederlage im Weltkrieg und die Revolution als Chance für einen Neubeginn. So würde das Land nicht in den allgemeinen Kulturzusammenbruch des verhassten Westens hineingezogen werden, sondern hätte die Möglichkeit, an der Seite der regenerationsfähigen jungen Staaten, allen voran an der Russlands, zu neuer Größe aufzusteigen. In der dortigen Revolution, im Chaos, sieht er die elementare Kraft, die »Unausgebrauchtheit« der russischen Seele, aus der sich ungeheure Entwicklungsmöglichkeiten hin zur Verwirklichung von Fjodor Dostojewskis Vision von einem mystisch-religiös begründeten sozialistischen Gesellschaftsmodell ergäben – Visionen, die auch in der Gruppe der Elberfelder Nationalsozialisten auf Begeisterung stoßen werden, unter anderen auf die des jungen Joseph Goebbels.

Moeller sieht im russischen Sozialismus einen Bruder und Kampfgefährten eines künftigen deutschen Sozialismus. Gemeinsamer Feind ist für ihn der Westen, sprich Frankreich und Großbritannien. Und auch ansonsten gilt für ihn: »Zwischen Revolutionärstum und Konservativismus gab es in Deutschland schon immer große geistige Verbindungsmöglichkeiten.«[53] Doch für Moeller gibt es gleich mehrere Grundprobleme. Für ihn ist die Nation das über allem Stehende, für Radek die Klasse. Anders als der Bolschewik ist Moeller alles andere als ein Materialist. Hinzu kommt, dass er dem deutschen Unternehmertum im Kampf gegen Frankreich eine zentrale Rolle einräumt, was aus der Sicht des Kommunisten ein Sakrileg ist. Im Übrigen sieht Moeller, wie er in der Zeitschrift *Gewissen* schreibt,[54] in der Rede des Moskauer Funktionärs das durchsichtige Vorhaben, von den Rechten Anhänger abwerben zu wollen. Schließlich erteilt er Radek eine Absage, wenn er feststellt, dass Russland, womit er die bolschewistischen Machthaber im Kreml meint, ein »fragwürdiger Verbündeter« sei.

Konzessionsbereiter scheint der völkische Ernst Graf zu Reventlow, an den sich der Kommunist Paul Frölich wendet, der später durch eine Rosa-Luxemburg-Biografie bekannt wird. Der namhafte Politiker der Deutschvölkischen Freiheitspartei gibt seit 1920 die Zeitschrift *Reichswart. Wochenschrift für nationale Unabhängigkeit und deutschen Sozialismus* heraus. In Radeks Schlageter-Rede direkt angesprochen reagiert er auf dessen Vorstoß durchaus wohlwollend. Er geht auf die Frage eines Bündnisses mit Sowjetrussland ein und konstatiert, dass Deutschland in seinem Kampf gegen Frankreich Hilfe von allen Seiten annehmen müsse, allerdings nicht zulasten der »völkischen Substanz«. Es kommt zu einem Dialog zwischen der *Roten Fahne* und Reventlow, in dem Erstere darauf hinweist, dass es eine russische Unterstützung nur für ein Land gebe, in dem die Arbeiter nicht unterdrückt würden. Reventlow erwidert, dass die völkischen Führer nicht im Dienst der Kapitalisten stünden. Der völkische Graf verbiegt sich in weiteren Beiträgen, ehe die Sache von der KPD-Zentrale abgebrochen wird.[55] Er hat nun den Ruf weg, ein Kommunist zu sein. Später werden sie ihn einen Nationalbolschewisten nennen.

Die Münchner Nationalsozialisten, in deren Reihen man verächtlich auf die kleine Gruppe der Russlandsympathisanten auf der äußersten Rechten schaut, haben die Radek-Rede ignoriert. So versucht die KPD, die Sache auf deren Versammlungen vorzutragen. In Stuttgart erklärt der von der USPD gekommene KPD-Reichstagsabgeordnete Hermann Remmele, dass ein Bündnis mit den Nationalsozialisten nicht so abwegig sei wie mit den Sozialdemokraten. Berichtet wird auch von kommunistischen Funktionären, die sich als Antisemiten hervortun, um Gehör bei den Anhängern der NSDAP zu finden. Auf einer Versammlung in Berlin, an der völkische Studenten zahlreich teilnehmen, erscheint die bis vor gar nicht so langer Zeit erklärte Gegnerin der Einheitsfront Ruth Fischer und erklärt: »Wer gegen das Judenkapital aufruft [...] ist schon Klassenkämpfer, wenn er es auch nicht weiß. Sie sind gegen die Börsenjobber. Recht so. Tretet die Judenkapitalisten nieder, hängt sie an die Laterne, zertrampelt sie. Aber [...] wie stehen Sie zu den Großkapitalisten, den

Stinnes, Klöckner? [...] Nur im Bund mit Russland, meine Herren von der völkischen Seite, kann das deutsche Volk den französischen Kapitalismus aus dem Ruhrgebiet hinausjagen.«[56]

Solche Versuche, Anhänger der Nationalsozialisten zu gewinnen, zeugen davon, wie wenig die KPD-Führer um das Wesen der Hitler-Bewegung und deren Ideologie wissen. Antisemitismus, vorgetragen von »jüdischen Bolschewisten«, als die man die deutschen Kommunisten sieht, wirkt nicht sehr überzeugend. Ganz ähnlich verhält es sich, wenn die Genossen versuchen, die von der Inflation gebeutelten Mittelschichten – Angestellte, Beamte, kleine Geschäftsleute – für sich zu gewinnen, also jene, aus deren Reihen auch die Nationalsozialisten neben der Arbeiterschaft ihre Anhänger rekrutieren. Denn dort wirkt die enge Verbindung der deutschen Kommunisten zum russischen Bolschewismus abstoßend, sieht man doch in diesem die große Bedrohung der Zivilisation. Entsprechend ernüchternd sind die Erträge ihres Werbens.

Erwartungsgespannt stehen die Kommunisten im Zuge ihrer großen Mobilmachung den Bemühungen um die Intellektuellen gegenüber. Diese sind in Russland von einem beträchtlichen Erfolg gekennzeichnet. Namhafte Musiker, Schriftsteller und Filmschaffende haben sich dort dem Bolschewismus angeschlossen, der sie wiederum fördert, dienen sie doch der internationalen Reputation des Regimes, die nottut. In Deutschland werden seit Juni von der KPD Vereinigungen und Klubs der »Freunde des neuen Russland« gegründet, mit dem Ziel, Intellektuelle zum Mitmachen zu gewinnen. Dabei wird Wert darauf gelegt, dass die Mitglieder eine gewisse Außenwirkung haben. Bald zählen sich der Physiker Albert Einstein, der Reichstagspräsident Paul Löbe sowie die Verleger Ernst Rowohlt und Samuel Fischer zu den »Freunden Russlands«, was wohl, bei aller Sympathie der Betreffenden für die kommunistischen Ideen, darauf zurückzuführen ist, dass es bei den Veranstaltungen der Einflussorganisation vor allem um Kunst, Wissenschaft und Wirtschaft und weniger um die konkrete Politik geht, sehr zum Leidwesen der KPD-Führung.[57]

Im Blickfeld ihrer Mobilisierungskampagne stehen natürlich auch die Bauern, alleine schon weil sie in der großen Oktoberrevolution in Russland eine wichtige Rolle gespielt haben. Im industrialisierten Deutschland tun sie das nicht. Dennoch wetteifert die Partei mit den Sozialdemokraten um ihre Gunst. Letztere haben Mitte Mai im Reichstag die Abtretung des privaten landwirtschaftlichen Grundbesitzes über 750 Hektar bei entsprechender Entschädigung an den Staat verlangt. Sie wollen damit dem kommunistischen Einfluss bei den Kleinbauern und Landarbeitern vorbeugen. Doch der KPD, die eine weitergehende entschädigungslose Enteignung der Großbauern und Verteilung ihres Besitzes verlangt, gelingt dennoch der Einbruch in die bäuerlichen Organisationen. So erreicht sie im ländlichen Mecklenburg-Strelitz, wo in diesem Sommer gewählt wird, 20,5 Prozent der Stimmen (SPD 22,7 Prozent; DNVP 24,1 Prozent; NSDAP 8,8). Ideologische Widersprüche werden angesichts eines solchen Ergebnisses von der Zentrale der KPD unter den Teppich gekehrt. Dort wird nämlich – insbesondere von den Linken – die kleinteilige Landwirtschaft konsequent abgelehnt. Die Großkolchose, wie sie in Russland eingeführt wird, ist das Maß aller Dinge.

In den Industriegebieten des Reiches ist die KPD weiter auf dem Vormarsch, treiben ihr doch die Lebensumstände die Arbeiter zu. Überall in Deutschland organisiert die Partei Streiks; oder sie usurpiert Ausstände, die vom ADGB, in dem die Kommunisten inzwischen ein Drittel der Delegierten stellen, auf den Weg gebracht wurden. So ist es bei den Bergarbeiterstreiks Anfang Juni in den schlesischen Beuthen, Hindenburg und Gleiwitz, bei denen mehr als 120 000 Kumpel für mehr Lohn kämpfen. In den Hafenstädten von Nord- und Ostsee entfacht die KPD Seeleutestreiks. In Sachsen, Brandenburg, Mecklenburg und Berlin ziehen die Metaller, deren starke Einzelgewerkschaft unter dem Dach des ADGB vollends von der KPD dominiert wird, unter ihren roten Fahnen in den Ausstand, denn für ungezählte Arbeiter und ihre Familien geht es jetzt um das blanke Überleben.

4

Juni, Juli und August

So ging er, wie er gekommen war, kühl, vornehm, unnahbar, abwehrend.

Von Stockhausen über den Abschied Cunos am 12. August 1923

Im Juni 1923 kommt es zum zweiten Mal in diesem Jahr zum »Marksturz«. Notiert der Dollar am 31. Mai noch bei 69 500 Mark, so liegt er am 16. Juni bei 115 000 Mark und am 18. bereits bei 148 000 Mark. Es muss etwas geschehen. Doch was? Am 22. Juni ergreift die Reichsbank die Initiative: Der Devisenhandel wird nur noch nach einem Einheitskurs erlaubt. Der ständig steigende Devisenbedarf, insbesondere für ausländische Kohle, der die deutsche Währung immer wertloser macht, soll ab sofort nur noch von bestimmten Banken abgewickelt werden können. Zudem soll der Reichsregierung ein Betrag an Devisen leihweise zur Stützung der Mark zur Verfügung gestellt werden. Der Dollarkurs pegelt sich daraufhin für eine Zeit lang bei 140 000 Mark ein.

Jedermann weiß: Die Maßnahme verlangsamt bestenfalls die Inflation. Aufhalten lässt sich diese damit nicht. Umso dringlicher stellt sich die Frage, weshalb die Reichsregierung das Inflationsproblem nicht an der Wurzel packt und durch eine Währungsreform zu lösen versucht. Doch das macht aus der Sicht des Kanzlers keinen Sinn. Denn er sieht die Ursache der Inflation in der negativen Handelsbilanz des Reiches, und die ist wiederum aufs Engste verbunden mit der Reparationsfrage. Deren Lösung hat für ihn deshalb Vorrang. Erst danach glaubt er, die Stabilisierung der Mark in Angriff nehmen und das Vertrauen in die deutsche Währung sowie einen ausbalancierten Haushalt wiederherstellen zu können. Cuno, überaus kompetent in Wirtschafts- und Finanzfragen, steht damit nicht allein. Denn auch im Reichsfinanzministerium herrscht dieselbe Auffassung vor.

Der Hüter dieser zum Dogma erhobenen Theorie, über die sie in den westlichen Ländern nur den Kopf schütteln, ist der auf Lebenszeit berufene Präsident der Reichsbank, Rudolf Havenstein. Und der ist unbelehrbar. Der britische Botschafter in Berlin, Lord D'Abernon, der ein studierter Ökonom ist, schreibt, dass er in vielen Privatgesprächen mit führenden Persönlichkeiten immer wieder darauf aufmerksam gemacht habe, dass Havenstein eine »öffentliche Gefahr« sei und »dass er in jedem Staat, der vernünftige Ansichten über die Währung hätte, dem Henker ausgeliefert werden würde. Aber keiner wollte mir glauben, dass ein Mann von so großem Ruf, hinter dem die gesamte Bankwelt Berlins stand, sich in einer Frage, für die er besonders maßgebend sein müsste, so gründlich irren könnte«.[1]

Da auch andere nicht durchdringen, beschränken sich die finanzpolitischen Maßnahmen der Regierung Cuno bis zur Lösung der Reparationsfrage weiterhin im Wesentlichen auf die Linderung der Inflationsfolgen. Dazu gehören auch die Bemühungen von Arbeitsminister Heinrich Brauns vom Zentrum um einen wertbeständigen Lohn. Zeitweise wird in seinem Haus ein inflationsresistenter Goldlohn diskutiert. Man verständigt sich dann aber auf einen Grundlohn, zu dem in unregelmäßigen Zeitabständen, je nach Stand der Inflation, noch Zuschläge kommen sollen. Doch das hält die Verarmung der Massen nicht mehr auf, denn der Verfall der Mark schreitet trotz der Stützungsmaßnahmen Ende Juni erst langsam, dann wieder schneller voran.

Die Folge sind sogenannte Teuerungsunruhen. Da es fast an allem fehlt und das wenige, das es noch zu kaufen gibt, oft unerschwinglich teuer geworden ist, wird die Beschaffung der Lebensmittel zum regelrechten Kampf. In Dresden entwickeln sich Krawalle, weil die Preise an den Marktständen viertelstündlich erhöht werden. Anfang Juni werden in Leipzig nach Unruhen 8 Tote und 37 Schwerverletzte gezählt. In Berlin, wo im Mittel des Monats Juni ein Liter Vollmilch 1380 Mark, ein Ei 793 Mark und ein Roggenbrot 1253 Mark kosten, was sich die wenigsten leisten können, findet eine regelrechte Invasion in das Umland statt, wo die Menschen erhoffen, noch etwas Essbares zu ergattern. Abhilfe gegen den Hunger schaffen auch Rubriken in den Zeitungen, die Ratschläge geben, wie es sich mit Wurzeln und Gräsern überleben lässt.

In einer solchen Lebensrealität blühen Kriminalität und Prostitution. In Berlin ist ein Brennpunkt das Scheunenviertel, in dem die »Gallizier«, wie die Ostjuden genannt werden, leben beziehungsweise zu überleben versuchen. Betstuben, koschere Läden, Kokainbuden, verdeckte Stundenhotels und Spielhöhlen reihen sich hier aneinander. Da die Mark nichts mehr wert ist, wird mit Sachleistungen bezahlt. Liebesdienste für ein Pfund Butter, Presskohlen statt des Eintrittsgeldes. Der Tauschhandel blüht in der gesamten Stadt. Raffkes werden die genannt, die aus der besonderen Lage Kapital zu schlagen wissen, indem sie kleine und größere Geschäfte machen und dabei das Gesetz Gesetz sein lassen. Überhaupt, die Menschen verändern sich in solchen Zeiten. Was von den einen als Auflösung von Sitte und Moral empfunden wird, bedeutet für die anderen ein neues Lebensgefühl. Ein Berliner Couplet gibt es wieder: »Mit fünfzehn wurde ick konfirmiert, da kam ick in die Fabrike; die Haare gekräuselt und geschmiert, da sah ick aus sehr schnicke; Da tanz' ich dann auch im Lunapark, mit Gustav, den Hut ins Genicke; ich fühl mich glücklich, gesund und stark, na-ja icke!«[2]

Und da sind auch noch die anderen, die, die sich zur Avantgarde zählen, die, die den gewaltigen Wandel leben, der fast alle Bereiche des Daseins erfasst hat. Diejenigen, die im *Romanischen Café* nahe der Berliner Kaiser-Wilhelm-Gedächtniskirche hocken oder von Tempelhof mit dem Flugapparat nach London, Warschau oder Zürich reisen. Die sich Häuser bauen lassen im Stil des Bauhauses, das die Architektur revolutioniert, oder der bildenden Kunst anhängen, wo die Konstruktivisten den bürgerlichen Individualismus überwinden. Eine radikale Erneuerung im Geiste einer universellen linken Weltanschauung wird dort propagiert. Die Vertreter der neuen Sachlichkeit halten der zerrissenen Gesellschaft auf ihren Bildern und in ihren Theaterstücken den Spiegel vor, die »Fratze«. In diesem erscheinen die Herrschenden als Frack-Bonzen, Monokel tragende Uniformierte und gut genährte Gottesmänner, die nur auf eines aus sind, nämlich auf die Erhaltung ihrer Macht und ihrer Herrlichkeit. Und da sind natürlich auch noch die Proleten, die verarmten Mittelschichtler und die Kriegskrüppel, die allesamt nicht genug zu fressen haben.

Es herrschen Zynismus und Angst in dieser auseinanderfallenden Gesellschafft – einer Gesellschafft, in der die Gräben zwischen oben und unten und zwischen gestern und morgen verlaufen. Irgendwo im Jetzt agiert die Politik, versucht, zusammenzuhalten, was kaum noch zusammenzuhalten ist. Zu groß, zu unversöhnlich geworden sind die Gegensätze. Da schwindet das Vertrauen gegenüber dem Staat, gegenüber den politisch gemäßigten Parteien und ihren Protagonisten, scheinen diese doch die Interessen immer nur der einen Hälfte der Bevölkerung zu vertreten oder gar nur ihre eigenen. Der Hang zu den Radikalen, die die einfachen Lösungen anbieten, ist da nicht gering.

Für die Sozialdemokratie in Preußen und im Reich bedeutet das, sie muss die zur KPD abdriftende Arbeiterschaft im Blick behalten. Das heißt aber auch, sie muss nach links rücken. Die Mitteparteien verschieben sich aus der veränderten Perspektive nach rechts. So verfestigt sich in immer größer werdenden Teilen der Sozialdemokratie die Meinung, dass auf dem Stuhl des Reichskanzlers der falsche Mann sitzt. Angesicht seiner ernüchternden Bilanz sehen sie in ihm längst nicht mehr den, der die Nation im passiven Widerstand zusammenhält, den, auf den der sozialdemokratische Übervater Ebert all seine Hoffnungen gesetzt hat, sondern den als Reichskanzler scheiternden Interessenvertreter des Kapitals. Seine tatsächliche oder vermeintliche Nähe zu Industriellen, zu Leuten wie Stinnes, hat dazu beigetragen.

Doch auch ganz konkret erscheint er als Sachwalter des großen Geldes. Sein Umgang mit dem sogenannten Industrieangebot legt das nahe. Darin hat sich der Reichsverband der deutschen Industrie bereit erklärt, konkrete Garantien für die Reparationsleistungen zu übernehmen. Da eine Hand die andere wäscht, fordert der Verband im Gegenzug eine Stärkung der Arbeitgeberposition gegenüber der Arbeitnehmerschaft. Da die Gewerkschaften sofort auf die Barrikaden gehen, betont die Reichsregierung ihre Unabhängigkeit von der Industrie. Doch einer klärenden Aussprache mit den Gewerkschaften, die diese gefordert haben, geht der Reichskanzler immer wieder aus dem Weg, was neues Misstrauen sät.

Verschärft wird alles noch durch Cunos nach wie vor unbekümmerten Umgang mit den Nationalisten. Dabei sind die ganz und gar nicht die Sache des smarten, weltgewandten ehemaligen Hapag-Reeders, von dem Hitler verächtlich meint, er sei »ein kleiner armer Mensch, der vor der Weltbörse in die Knie sinkt«.[3] Wenn der Kanzler sie alle irgendwie mitnehmen will, wird ihm das als geistige Nähe zu denselben ausgelegt. Sein gutes Verhältnis zu Knilling scheint ins Bild zu passen. Denn Bayern mit seinen Wehrverbänden und den aufstrebenden Hitler-Leuten ist für die SPD die Hauptbedrohung für die Republik und natürlich nicht Sachsen oder Thüringen. Die beiden Reichsländer werden vielmehr von vielen in der SPD als Bollwerk gegen den Freistaat angesehen. So erteilt dann auch die reichsweit erscheinende sozialdemokratische *Glocke* einem sächsischen Polizeiobersten das Wort, der vom »Zentrum der antidemokratischen Gegenbewegung in Bayern«, von den »nationalsozialistischen Garnisonen« schreibt und von der »thüringisch-sächsischen Barriere«, die sich zwischen das »putschistische Süddeutschland und den industriellen Norden« schiebt, und dabei nicht versäumt, darauf hinzuweisen, dass die Proletarischen Hundertschaften für eine »offene Feldschlacht« ungeeignet seien.[4]

Größer als hier könnten die unterschiedlichen Sichtweisen zwischen diesen Sozialdemokraten und der Reichsregierung nicht sein. Bayern ist nämlich für Cuno ein sicherer Posten bei der Verteidigung der Republik gegen die rote Bedrohung, zumindest solange sein Mitstreiter Knilling bayerischer Ministerpräsident ist. Die Berichte aus München scheinen dies zu bestätigen. Die Krisenstimmung, die durch die außenpolitische Lage und die rapid steigende Wirtschaftsnot hervorgerufen worden sei und die in der sozialistischen Presse ihren gegen die Reichsregierung gerichteten Ausdruck gefunden habe, habe Bayern und insbesondere München verhältnismäßig weniger berührt, berichtet Haniel, der dortige Vertreter der Reichsregierung. Er sieht die Ursachen dafür in der »gewohnheitsmäßigen Sommerruhe« der Bayern.[5] Den Freistaat als Stabilitätsfaktor will Cuno nicht infrage stellen. Die aus dem bayerischen Separatstaatsbewusstsein resultierenden verfassungsrechtlichen Probleme im Verhältnis zwischen Reich und Bayern übergeht er deshalb wohlwollend.

Was die Nationalsozialisten und den aus der Sicht des liberalen Bürgertums wirr daherredenden Krawallmacher Hitler anlangt, sieht man in der Berliner Reichskanzlei die Dinge eher gelassen. Stockhausen meint, dieser treibe »keine Realpolitik [...] aber der hohe Schwung nationaler Gesinnung, der sich, [...] vom Rankenwerk antisemitischer Übertreibungen verdunkelt, offenbart, wirkt erfrischend und zeigt einen Weg zur Gesundung«.[6] Haniel marginalisiert Hitler, indem er in seinem Bericht vermerkt, »dass sich gerade die unruhigsten Elemente, die Nationalsozialisten, von der Demütigung, die sie nach allgemeiner hiesiger Auffassung am 1. Mai hier erlitten, nicht wieder erholt haben. Leute, die früher in Herrn Hitler den kommenden Retter Deutschlands sahen, rücken jetzt deutlich von ihm ab und erwähnen seine Tätigkeit nur noch mit Achselzucken«.[7] Und der Korrespondent der *New Yorker Staats-Zeitung* schreibt: »Hitler hat aufgehört, die Phantasie des Volkes zu beschäftigen.«[8]

Dieser Eindruck scheint auch durch den Münchner Fuchs-Machhaus-Hochverratsprozess verfestigt zu werden, bei dem die Nationalsozialisten eine eher klägliche Rolle spielen. Ein französischer Geheimagent namens Augustin Richert soll versucht haben, einige rechtsradikale Wehrverbände für einen separatistischen Umsturz im Freistaat zu gewinnen. Strippenzieher soll kein Geringerer als Poincaré gewesen sein. Was die Sache besonders pikant macht, sind die Gerüchte, nach denen auch der bayerische Kronprinz Rupprecht und andere hochgestellte Persönlichkeiten mit von der Partie gewesen sein sollen. Aufgeflogen ist alles durch Verrat des Vorsitzenden des Bundes Wiking, Eberhard Kautters. Was folgt, ist ein in ganz Deutschland beachteter Prozess vor dem Münchner Volksgericht. Doch schon mit den Plädoyers der Anklage und Verteidigung bricht der ungeheuerliche Vorwurf in sich zusammen. Haniel weist die Reichskanzlei noch auf ein anderes Ergebnis hin, wenn er einschätzt, »dass die hiesige separatistische Bewegung trotz des Druckes der politischen und wirtschaftlichen Verhältnisse zur Zeit keine zu einer Aktion ausreichenden Sympathien genießt«.[9]

Am 9. Juli werden die Mittelsmänner der Franzosen, der Schriftsteller Georg Fuchs und der Kohlenhändler Johann Munk, zu zwölf beziehungsweise eineinhalb Jahren Gefängnis verurteilt. Zwei weitere Angeklagte haben zuvor in ihren Zellen Selbstmord begangen. Einer von ihnen war Hugo Machhaus. Und der war zeitweise Redakteur des *Völkischen Beobachters,* des Parteiorgans der Nationalsozialisten. Das ist nicht unbedingt Werbung für die Hitler-Partei. Doch die versucht mithilfe ebendieses Parteiorgans, den toten Machhaus zum Opfer eines Mordkomplotts zu machen, mit dem die Verstrickung der bayerischen Prominenz habe vertuscht werden sollen. Irgendeine Resonanz hat das Propagandakonstrukt aber nicht. Als Resümee seines Berichts über den Prozess meint Haniel, dass »trotz zahlreicher unleugbarer Reibungsflächen [...] hier keine ernstliche Erschütterung der reichstreuen Stimmung« zu befürchten sei.[10]

Das Problem liegt für die Reichsregierung dann auch weiterhin in Mitteldeutschland. In Sachsen hat Ministerpräsident Zeigner in einer Rede in Niederplanitz vor Bergleuten des Zwickauer Reviers Anfang Juli die Reichsregierung und die Reichswehr scharf attackiert. Er wirft ihr vor, sie habe in manchen Fällen eine kaum noch zweifelhafte Rolle gespielt; das Vertrauen der Republikaner zu ihr sei erschüttert. Der linke Sozialdemokrat fordert bei der Gelegenheit die Beendigung des aussichtslosen Ruhrkampfs und geißelt auch die »korrupte Großindustrie«, treibt ihn doch der Partner von der KPD vor sich her. Ihre Proletarischen Hundertschaften, die auch von der SPD mitgebildet werden, herrschen inzwischen südlich Bornas, Döbelns und Dresdens nahezu uneingeschränkt. Unbehelligt von einer schwachen oder unterwanderten Polizei führen sie den Klassenkampf. Unternehmer werden misshandelt, zum Tragen von roten Fahnen genötigt oder zu Lohnverhandlungen gezwungen, deren Ergebnisse von den KPD-Funktionären im Voraus festgelegt wurden. Nur so ist es zu erklären, dass zum Beispiel Metallarbeiter in Aue mehr als das Doppelte verdienen als die in Berlin. Als die SPD-Regierung in Dresden erklärt, die Zustände beenden zu wollen, droht die *Rote Fahne,* sie davonzujagen. So stolpert das Land nicht nur in Richtung des wirtschaftlichen Zusammenbruchs, weshalb sich die organisierte Unternehmerschaft, die Zeigner nachsagt, er stehe zu den Kommunisten »in einer Art pathologischem Hörigkeitsverhältnis«,[11] Hilfe suchend an Berlin gewandt hat.

Der Blick auf das kleinere Thüringen ist in diesem beginnenden Sommer für die Reichsregierung nicht ermutigender. Dort hat seit 1921 eine linkssozialistische Minderheitsregierung aus SPD und USPD regiert, die von der KPD toleriert wurde. Nach der Teilung der USPD und dem Wechsel des größeren Teils ihrer Mitglieder zur KPD vergrößert sich deren Einfluss gegenüber der nunmehr allein regierenden SPD unter dem leitenden Staatsminister [Ministerpräsidenten] August Frölich. So entsteht ein von der KPD maßgeblich beeinflusstes Gegenmodell zur bürgerlichen Republik, das durch eine Art Kulturrevolution umgesetzt wird. Dazu gehört eine neue Bildungspolitik, die sowohl die vierstufige Einheitsschule als auch deren Trennung von der Kirche beinhaltet. Teil derselben sind auch die Zurückdrängung der Standesrechte des Adels sowie die Abschaffung kirchlicher Feiertage. Stattdessen wird der 9. November zum Feiertag erklärt. Es ist nicht nur der Tag, an dem Scheidemann im Jahr 1918 die demokratische Republik ausgerufen hat, sondern auch der Tag, an dem der Spartakist Karl Liebknecht die sozialistische Republik proklamiert und sich mit den russischen Bolschewisten solidarisiert hat.

Auch die zurückgedrängten thüringischen Oppositionsparteien der Mitte und der Rechten haben Ende Mai die Reichsregierung über die Zustände im Land informiert. In einer eigens dafür verfassten Denkschrift steht vor allem die Kultur- und Bildungspolitik im Mittelpunkt. So heiß es, dass es »in weitesten Kreisen unserer Bevölkerung wie blutiger Hohn empfunden [werde], dass der Revolutionstag, 9. November, als Feiertag eingeführt, dagegen Bußtag und Reformationstag abgeschafft sind, dass alle die Erinnerungen an unsere große deutsche Vergangenheit der Jugend aus dem Herzen gerissen werden sollen und dass in unseren Schulen verboten ist, das Deutschlandlied zu singen, während immer stärker die Fälle sich mehren, dass unter den Augen und mindestens unter stillschweigender Billigung des Volksbildungsministers die Internationale und andere sozialdemokratische und kommunistische Klassenkampflieder in den Klassen unserer Schulen gesungen werden. Die Empfindungen Andersdenkender, die nach Art. 148 der RV [Reichsverfassung] ausdrücklich geschont werden sollen, werden durch solche Vorgänge aufs schwerste verletzt«, formuliert die Opposition.[12]

Zur gleichen Zeit reden die Kommunisten in Erfurt gebetsmühlenartig die Revolution in Deutschland herbei und wiegeln ihre Proletarischen Hundertschaften auf, wo immer es möglich ist. Flankiert wird alles von der Propaganda, wonach es um die Rettung Deutschlands vor den Nationalsozialisten und ihren Verbündeten gehe. Der Kommentator des *Berliner Tageblatts* merkt zu der alten Leier an: »Die Kommunisten rüsten, weil die Rechtsradikalen unmittelbar vor dem Losschlagen stehen, und die Rechtsradikalen treffen Vorbereitungen, weil die Kommunisten loszugehen bereit sind.« Zudem versuchten die Rechten, das Kabinett Cuno gegen die preußische Regierung aufzubringen, indem sie beim Kanzler anfragten, was er zu tun gedenke, »um dem Bürgerkrieg vorzubeugen, der in Preußen, Sachsen und Thüringen mit Wissen des Ministers Severing vorbereitet wird«.[13]

Die Dinge scheinen aus der Sicht des Reichskabinetts in besorgniserregenden Bahnen zu verlaufen. So ist es eher ein trotziges Beharren, das den von Demissionsgerüchten umgebenen Cuno weitermachen lässt, obgleich die parlamentarische Unterstützung nicht nur bei den Sozialdemokraten bröckelt. Er setzt jetzt erst recht auf die Fortsetzung des passiven Widerstands, obwohl dieser den wirtschaftlichen Ruin des Reichs schnell voranschreiten lässt. Auch Cunos letzte Hoffnung ist dieselbe geblieben: Es ist die britische Regierung, die gegenüber Frankreich zunehmend auf eine Lösung der Reparationsfrage drängt. Denn die Folgen der Besetzung des Ruhrgebiets wirken sich ausgesprochen negativ auf den britischen Handel in ganz Europa aus. Das weiß auch Cuno, weshalb nicht nur er, sondern das ganze politische Berlin in diesen Juni/Juli-Tagen auf London schaut. Die großen Zeitungen sind voll von vielversprechenden Aufmachern und detaillierten Berichten über den Konflikt unter den Alliierten. Aus Paris ist immer noch keine Antwort auf den Fragenkatalog der Regierung Baldwin zu den Reparationen eingetroffen. Das befördert die Londoner Kritik »an der Brutalität der Franzosen gegen das niedergeworfene und zusammengebrochene Deutschland«.[14] Am 24. Juni zitiert das *Berliner Tageblatt* unter der Überschrift »Unverändert feste Haltung Englands« den *Spectator*, der schreibt, dass »Frankreich der Welt verbiete, ihre Jugend und ihr Glück wiederzugewinnen«. Zitiert wird auch der *Outlook* mit den Worten: »Einige Wahnsinnige an der Seine, die sich Herren der Welt dünkten, seien über den Ruin, den sie jenseits des Rheins verursachten, entzückt. Würden sie im Namen der Sicherheit mit der Zerstückelung Europas Erfolg haben, so hätten sie Aussichten, bevor noch zehn Jahre vergangen seien, dass ihre Gerippe in den Straßen von Paris in Stücke geschlagen würden.«[15]

Für eine weitere Verschlechterung des Klimas unter den Entente-Mächten sorgt auch die Stellungnahme des französischen Geschäftsträgers an der Themse, des Grafen Auguste de Saint-Aulaire. Der beantwortet die zentralen Fragen der Briten ohne die geringste Kompromissbereitschaft. Frankreich bestehe auf die sofortige Beendigung des passiven Widerstands, was keine Beendigung der Besetzung des Ruhrgebietes nach sich ziehen würde. Voraussetzung dafür sei, dass Deutschland »sofort Frankreichs Anteil an dem Londoner Reparationsplan vom Mai 1921 zuzüglich der Ausgaben für die Besatzung des Ruhrgebietes bezahlen würde«, äußerte Saint-Aulaire am 5. Juli.[16] Was soll da Paris noch mitteilen? Und so verlautet von dort, dass Poincaré den britischen Fragenkatalog gar nicht zusammenhängend beantworten wird. Von einem drohenden Bruch der Entente ist in London die Rede. Die Gazetten spekulieren jetzt von einem britischen Alleingang, denn man könne die »Ereignisse sich nicht unendlich hinschleppen lassen«. Der Völkerbund wird ins Spiel gebracht, der mobilisiert werden soll, um die Reparations- und Ruhrfrage im Sinne Großbritanniens zu lösen. Bei alldem will der *Observer* wissen, »dass, wenn Frankreich es darauf anlege, den Widerstand ganz Englands heraufzubeschwören, letzten Endes nicht Frankreich, sondern England Sieger bleiben würde«.[17]

Anlass für solche Spekulationen ist nicht zuletzt die Tatsache, dass Frankreich sich mit seiner völlig unnachgiebigen Haltung zunehmend selbst isoliert. Denn auch die belgische Regierung setzt sich inzwischen für neue Reparationsverhandlungen ein. Schon im Frühjahr hat Brüssel eine eigene Initiative gestartet. Mit den sogenannten Belgischen Studien hat sie die Zahlungsmöglichkeiten Deutschlands – dazu gehören die Einnahmequellen der Reichsbahn, der Kohleexporte sowie die Möglichkeiten der Beteiligung der Industrie – eruiert. Brüssel will damit die Gesamthöhe der Reparationen und die Jahresleistungen auf eine neue Grundlage stellen, denn auch dort ist man sich darüber bewusst, dass der Londoner Zahlungsplan aus dem Jahr 1921 nicht den Möglichkeiten Deutschlands entspricht. Die belgischen Studien ähneln somit dem, was im deutschen Memorandum von Anfang Juni vorgeschlagen wurde.

Während Cuno in alldem eine Bestätigung seiner Politik sieht, wird sein Beharren auf die Beendigung der Ruhrbesetzung als Voraussetzung für Reparationsverhandlungen im Reichstag, aber auch in der Regierungskoalition immer weniger mitgetragen – auch wenn es vielerorts aus Gründen der Fraktions- beziehungsweise Kabinettsdisziplin nicht offen ausgesprochen wird. Auch Stresemann ist seit Wochen der Auffassung, dass der passive Widerstand bald nicht mehr aufrechtzuerhalten sein wird, sind doch die Kosten für Berlin nicht mehr aufzubringen. Und auch des Kanzlers Untätigkeit, irgendetwas Nachhaltiges gegen die galoppierende Inflation zu tun, erscheint ihm schwer begreiflich, zumal es dem die Regierung straff führenden Cuno nicht an wirtschafts- und finanzpolitischer Kompetenz fehlt. Nicht nur für Stresemann neigt sich die Zeit des Kabinetts Cuno ihrem

Ende entgegen, auch wenn es im öffentlichen Diskurs der Regierungsparteien freilich kein Thema ist.

Stresemann, sich seiner labilen Gesundheit bewusst, zögert bei der Vorstellung, Cuno als Reichskanzler zu folgen. Er weiß um die Last, die ihn in dieser verfahrenen, ja hoffnungslosen Lage des Landes erwarten würde. Und er sieht die Bedrohung durch die Radikalen auf der Rechten und der Linken. In einem Zeitschriftenbeitrag schreibt er: »Das Regierungsschiff muss hindurchfahren zwischen der Scylla des Faschismus und der Charybdis des Kommunismus. Beide Bewegungen sind untereinander verwandt. Hitlers Gewalt in den Volksversammlungen beruht darauf, Missstände zu zeigen [...] Die ostgalizische Einwanderung, die den Antisemitismus bei uns emporpeitschte, dient ihm zur Erzielung des Beifalls einer urteilslosen Masse, vor der er die Juden für alles verantwortlich macht [...]. Aus denselben Quellen zieht der Kommunismus seine Kraft. Er ist aus dem deutschen Erdreich nicht gewachsen, war fremder Import [...].«[18]

Am 14. Mai, nach dem Rückschlag durch die Zurückweisung des deutschen Reparations-Memorandums, hat er dem Prinzen zu Isenburg geschrieben: »Falls tatsächlich eine Regierungskrise eintreten sollte und meine Persönlichkeit für die Bildung eines neuen Kabinetts in Betracht gezogen würde, stehe ich vor sehr schweren Entscheidungen.«[19] Doch er ist letztendlich viel zu sehr Patriot, als dass er sich der Verantwortung entziehen könnte, wenn er denn vom Reichspräsidenten gerufen werden würde. Eines ist allerdings außerhalb von Stresemanns Selbstverständnis: Bei aller Meinungsverschiedenheit wird er bis zu Cunos letzter Stunde als Reichskanzler diesem und dessen Politik gegenüber weitgehend loyal sein.

Der potenzielle Nachfolger des Kanzlers stellt auch Überlegungen an, mit wem er die Aufgabe schultern würde – eine Aufgabe, über die er zu seiner Frau sagt, sie sei »beinahe politischer Selbstmord«.[20] Ein Kabinett hat er zu großen Teilen bereits im Kopf. Namen wie Rudolf Hilferding, Hans Luther oder Hans von Raumer sind fest »gebucht«. Es sind Charaktere. Der gebürtige Wiener Hilferding arbeitete als Mediziner, ehe er eine viel beachtete Arbeit über den staatsmonopolistischen Kapitalismus schrieb. Der Nationalökonom ist ein Integrierer, setzte er sich doch für die Wiedervereinigung von SPD und USPD ein. Ein Integrierer ist auch der Jurist Luther, dem es als Essener Oberbürgermeister gelang, den Arbeiter- und Soldatenrat zur Zusammenarbeit mit der Stadtverwaltung zu gewinnen. Der Jurist Raumer, der während des Krieges im Reichsschätzamt tätig war, gehörte zu den Gründern des Zentralverbands der Deutschen Elektrotechnischen Industrie. Unter Fehrenbach war er Reichsschatzminister. Aufgrund seiner Kompetenz war er als Sachverständiger bei der Konferenz von Genua dabei, und als solcher arbeitete er auch am Rapallo-Vertrag mit.

Doch nicht nur sie hat Stresemann im Blick. Als er erfährt, dass der für die Fühler nach London so wichtige Kessler zu einer längeren Reise in die Vereinigten Staaten aufbrechen wird, schreibt er dem Grafen am 22. Juni: »Meine Bitte an Sie geht dahin, doch gütigst zu erwägen, ob es Ihnen nicht möglich ist, angesichts der großen Entscheidungen, vor denen wir in Bezug auf den Ruhrkampf stehen, Ihre Amerikareise zu verschieben, bzw. Ihre Vorträge abzusagen und uns jetzt weiter zu helfen, wenn es sich darum handelt, zu Verhandlungen zu kommen, von denen doch unendlich viel, nicht nur für Deutschland, sondern für die ganze Frage der Befriedung der Welt abhängt.«[21] Doch das Schreiben Stresemanns erreicht Kessler aus irgendwelchen Gründen nicht.

Der hat schon mit anderen erörtert, ob er nun seine große Reise antreten solle oder nicht, denn die Entwicklung im britisch-französischen Verhältnis bietet vielleicht neue Chancen für Deutschland, in der Reparations- und Ruhrfrage ein Stück weiterzukommen. Kessler ist schon am 10. Juli auf See, als er erfährt, dass Baldwin in zwei Tagen dazu eine mit Spannung erwartete Erklärung abgeben wird. Er erwägt, in Southampton von Bord zu gehen und von dort nach London weiterzureisen. Doch Kessler ist wohl zu eitel. Er will offenbar von Rosenberg persönlich gebeten werden, seine Londoner Kontakte für die deutsche Sache einzubringen. Da dies ausbleibt, setzt er die Passage fort und verbringt auf Einladung des Williams College in Williamstown,

Massachusetts, mehrere Wochen an der Ostküste der Vereinigten Staaten. Die Zeit ist angefüllt mit Vorträgen, Diskussionen und Gesprächen, ehe er sich im September wieder Richtung Europa einschifft.

So gehört Kessler nicht zu denen, die am 12. Juli auf der Tribüne des Unterhauses die Rede Baldwins verfolgen. All die kühnen Gerüchte vom möglichen Bruch der Entente, von einem britischen Alleingang, lösen sich in nichts auf, denn auch der neue britische Premier bekennt sich zur Partnerschaft mit Frankreich und beschwört die gemeinsamen Interessen derer, »die zusammen gelitten haben«. Jeder solle erhalten, was ihm gebühre, betont er und verweist darauf, dass es nur die Methoden seien, die London und Paris voneinander trennten. Die Regierung Seiner Majestät, so Baldwin, werde die Vorbereitung einer Antwort auf die deutsche Note von Anfang Juni übernehmen und sie den Alliierten zur Kommentierung unterbreiten. Das *Berliner Tageblatt* beschreibt ernüchtert die Vorstellungen des Premierministers zu dem Entwurf und erklärt, was dieser bedeutet: »Nur soviel können wir mit Befriedigung feststellen«, heißt es in dem Blatt, »dass es der Entschluss Englands ist, Deutschland zwar bis zum vollen Umfange seiner Leistungsfähigkeit zu Reparationen zu zwingen, von ihm aber keine übermäßige Leistung zu fordern und dass England ein Eingreifen für nötig hält, um die schwere Gefahr einer unbeschränkten Fortsetzung der Ruhrbesetzung [...] durch einen ›ehrenhaften Abschluss‹ zu beendigen; ferner dass England dafür ist, Deutschland in die Lage zu versetzen, seine Schulden zu bezahlen und in vereinten Anstrengungen seine Zahlungsfähigkeit zu prüfen, und dass es die Vorschläge der deutschen Note nicht ignoriert wissen will.«[22]

Das ist zu viel für Poincaré. Bei der Einweihung eines Kriegerdenkmals in Senlis, das im September 1914 von deutschen Truppen besetzt und im Zuge einer Vergeltungsaktion teilweise verwüstet wurde, spricht er von der deutschen Grausamkeit und Barbarei, von den Leiden Frankreichs und von der Berechtigung der Reparationen. Alles, was Baldwin ins Gespräch gebracht hat, weist er schroff zurück. England wolle Frankreich im Stich lassen, seine Rechte verletzen. Doch dieses gedenke »sein Recht und seine Interessen mit entschlossener Energie [zu] wahren«. Es werde auch keine Zugeständnisse machen. »Ich denke, dass seit Friedensschluss Frankreich genug Konzessionen gemacht hat«, poltert Poincaré.[23] Irgendwelche Fortschritte in der Reparationsfrage sind da vorerst nicht zu erwarten, denn Baldwin bleibt bei allem Ärger über den Entente-Partner bei seinem Kurs.

Das muss auch die Reichsregierung zur Kenntnis nehmen. Und dennoch ist Bewegung in die leidliche Angelegenheit gekommen. Dies scheint umso mehr der Fall, da Curzon am 20. Juli eine bemerkenswerte Erklärung abgibt. Darin nennt der britische Außenminister zwei Bedingungen, unter denen er Franzosen und Belgiern entgegenkommen würde. Zum einen sollten die Besatzer der Einsetzung einer Expertengruppe zustimmen, die die finanziellen Möglichkeiten Deutschlands sondieren solle. Zum anderen müssten sie sich bereit erklären, ihre Truppen Zug um Zug aus dem Ruhrgebiet abzuziehen, sobald der passive Widerstand beendet sein würde. Doch Poincaré schmettert das aufs Neue empört ab, worauf der Staatssekretär im Foreign Office, Eyre Crowe, meint: »Es sieht so aus, als ob jene recht behielten, die glauben, dass M. Poincaré eigentlich keine Einigung wünsche und es vorziehe, im Ruhrgebiet zu bleiben und Deutschland zur Ohnmacht verdammt zu sehen – als nützliche Ziele an sich.«[24] Doch damit zieht aus Sicht des britischen Außenministeriums eine ernsthafte Gefahr herauf, denn bei einer Abtrennung des Ruhrgebiets oder einer dauerhaften Besetzung sei Deutschland nicht lebensfähig und laufe Gefahr, bolschewistisch zu werden.

Kritische Stimmen gegen die französische Deutschlandpolitik mehren sich auch in den englischen Zeitungen und tragen zu einem Meinungsumschwung auf der Insel bei. Es sind nicht mehr die Deutschen, von denen sie dort eine Kriegsgefahr ausgehen sehen. Es ist vielmehr Frankreich, namentlich Poincaré, der nach Auffassung vieler Briten einer friedlichen Entwicklung auf dem Kontinent im Wege steht. Zu diesem Meinungsumschwung haben auch die Berichte über das französisch-belgische Besatzungsregiment an der Ruhr, über den Terror gegenüber der dortigen Bevölkerung, beigetragen. Immer öfter werden jetzt in der britischen Presse Stimmen laut, die eine aktivere Politik der konservativen Regierung, ja eine Aufgabe ihrer Neutralität gegenüber Frankreich fordern.

Im politischen Berlin wird derweil immer öfter gefragt, ob eine Bewegung in der Reparations- und Ruhrfrage nicht ohnehin zu spät käme. Im Juli nimmt die Inflation Dimensionen an, die alles bisher Dagewesene in den Schatten stellen. Denn der Reichsbank geht für ihre Maßnahmen vom Juni die Luft aus. Jetzt, da die Nachfrage nach Valuten, nicht zuletzt um die vielen überlebenswichtigen Importe, vor allem von Kohle, zu bezahlen, rasant anwächst, klettern die Kurse der fremden Währungen unaufhaltsam nach oben. Die Regierung, die eine Reihe von Steuern erhoben hat, bringt überstürzt eine Verordnung nach der anderen heraus. Doch alles ist vergeblich. Der Dollar steigt und steigt. Am 16. Juli wird er noch mit 195 000 Mark notiert; am 20. kostet er schon 284 000 Mark, am 23. Juli 350 000 Mark. Am 26. Juli stellt das *Berliner Tageblatt* fest: »Die deutsche Währung hat jetzt so gut wie aufgehört zu existieren. Wenn ein Dollar 600 000 Mark kostet [...], hören alle normalen Zahlenbegriffe auf.«[25]

Das hat natürlich verheerende Auswirkungen auf den Zustand des Landes. Die Wirtschaft steht vor dem Kollaps. Immer weitere Bevölkerungsteile stürzen in die Armut. In Berlin kosten am 23. Juli ein Kilogramm Kartoffeln 10 000, ein Brot 22 500, ein Liter Vollmilch 6400 und ein Ei 5600 Mark. Und das können sich nur noch die wenigsten leisten. Hunger und Verzweiflung herrschen deshalb überall im Reich. Und das führt jetzt immer wieder zu Gewalt. In Breslau sterben infolge von Hungerunruhen, die am 20. Juli beginnen, sechs Menschen. Es waren zumeist Plünderer, die von der Polizei erschossen wurden. Dutzende werden verletzt, Hunderte festgenommen. Verschärft worden ist die dortige Lage durch die Streiks in der Metallindustrie und im Transportgewerbe. Der Oberpräsident der Provinz Niederschlesien hat den verschärften Ausnahmezustand verhängt.

Während sich die Gewalt wie ein Flächenbrand über Deutschland ausweitet, rüsten sich die Radikalen weiter für den nahenden Bürgerkrieg. Der für den 29. Juli von der KPD angekündigte »Antifaschistentag« soll zum Fanal werden. So wollen es die Linken in der Partei um Ruth Fischer. Doch die Mehrheit ist anderer Auffassung, nämlich der Radeks, und was dieser meint, kommt einem Befehl gleich. Er schreibt am 19. Juli an Brandler, er sei wegen des »Antifaschistentags« beunruhigt. »Ich fürchte, wir gehen in die Falle. [...] Die Faschisten sind zehnmal besser bewaffnet [...].«[26] Radeks Vorstellungen decken sich mit denen des defensiv agierenden Stalins, der die Auffassung vertritt, dass die Berliner Genossen eher gebremst werden müssten. So begrüßt er es dann auch, dass sich diese entschieden haben, den »Antifaschistentag« lediglich in geschlossenen Räumen abzuhalten.

Doch der sich abzeichnende Zusammenbruch des Reiches beflügelt die Fantasien anderer führender Bolschewisten. Zu ihnen gehört Sinowjew. Er ist einer der brutalsten Revolutionsmacher in Moskau. Im Dezember 1917 wurde er als Nachfolger Trotzkis Vorsitzender des Petrograder Sowjets. Und als solcher verantwortete er Massenexekutionen. Wie weit er für Revolution und Klassenkampf zu gehen bereit ist, verdeutlicht eine Äußerung von ihm aus dem Jahr 1918. Damals erklärte er: »Wir müssen 90 der 100 Millionen Russlands für unsere Sache gewinnen, den Übrigen haben wir nichts zu sagen, sie müssen vernichtet werden.«[27] Tatsächlich wurden Millionen im Zuge der russischen Revolution getötet. Nun soll dieses Modell nach Mitteleuropa exportiert werden. Geradezu euphorisch schreibt Sinowjew am 31. Juli 1923 an den Genossen Stalin, »die Krise in Deutschland reift sehr schnell. Es beginnt ein neues Kapitel der deutschen Revolution. Vor uns werden bald grandiose Aufgaben stehen. [...] Der Zeitpunkt ist nahe, an dem wir Entscheidungen von welthistorischem Ausmaß werden fällen müssen«.[28]

Doch Stalin ist nach wie vor skeptisch. Am 7. August antwortet er dem Komintern-Chef, dass die Voraussetzungen für die deutschen Kommunisten ungleich schlechter seien als die der Bolschewiki 1917. Wenn die Genossen nach der Macht griffen, würden sie zum gegenwärtigen Zeitpunkt mit »Pauken und Trompeten untergehen«. Die Bourgeoisie und die rechten Sozialdemokraten würden »das Manöver in einen Generalangriff umwandeln und sie am Boden zerstören«, schreibt Stalin und schlägt vor, den Sturm auf die Republik zunächst den Faschisten zu überlassen. Denn »das wird die gesamte Arbeiterklasse um die Kommunisten zusammenschließen«, argumentiert er und fügt noch hinzu: »Die Faschisten sind jedoch, nach allen Informationen zu urteilen, in Deutschland schwach.«[29]

Stalin hat nicht unrecht. Von den Nationalisten und Völkischen ist bei allem Gerede von einer nationalen Revolution gegenwärtig kein Umsturz zu erwarten. Und auch die Nationalsozialisten sind zu schwach dafür. Es fehlt der Hitler-Partei an Schwungkraft. Der Rückschlag vom 1. Mai scheint immer noch nicht überwunden zu sein. Ein fast schon panischer Hitler, der Deutschland dem Untergang entgegentreiben sieht, tut alles, um die Bewegung wieder ins Gespräch zu bringen, sie zur Führerin des nationalen Deutschlands zu machen. Davon ist er weit entfernt, denn die zahlreichen Wehrverbände stehen nicht annähernd unter seiner Kontrolle. Als Mitte Juli 200 000 Sportler zum 13. Deutschen Turnfest nach München kommen und nicht viel weniger Interessierte anlocken, versucht die NSDAP, die Veranstaltung zu »einer einzigartigen, vaterländischen Kundgebung für das deutsche Volkstum, deutsche Ehre und Freiheit« umzugestalten. Doch das ist nicht leicht, denn die bayerische Regierung hat ein Uniform- und Parteifahnenverbot erlassen. So bleibt nur die Möglichkeit eines Parallelprogramms. Doch auch das umzusetzen gestaltet sich für die Nationalsozialisten – einmal abgesehen von der Hitler-Kundgebung im Zirkus-Krone-Bau – mehr als schwierig. Denn auch der im Anschluss daran geplante Umzug mit einem Meer von Hakenkreuzfahnen durch die Stadt wird von der Staatsmacht gesprengt. Dabei kommt es zu allerhand Raufereien, über die im Polizeibericht zu lesen ist, dass die Demonstranten mit Hakenstöcken und Fahnenmasten »unter den wüstesten Beschimpfungen wie ›Judenknechte‹, ›Judensöldlinge‹ usw.« auf die Schutzleute losgegangen seien.[30]

Der Erfolg der Münchner Aktion der Nationalsozialisten hält sich also in Grenzen. Ja, die NSDAP und ihr Führer sind wieder einmal in den Schlagzeilen der Münchner Presse gewesen, aber viel mehr auch nicht. Mit dem »Antifaschistentag« der Kommunisten verhält es sich nicht anders. Da Severing – um die Gefahr der politischen Eskalation einzudämmen – politische Kundgebungen und Veranstaltungen unter freiem Himmel verboten hat, muss die reichsweite Propagandaaktion in Preußen tatsächlich in geschlossenen Räumen stattfinden. Begründet wurde der Schritt damit, dass die »politischen Leidenschaften als Folge ständig zunehmender Verhetzung von radikalen Seiten derart Überhand genommen haben«, dass die öffentliche Ordnung in Gefahr geraten könne.[31] Das empfinden die meisten Menschen in Deutschland nicht anders. Sie spüren, dass die Reichsregierung der Lage nicht mehr Herr wird und sich die Unzufriedenheit der Volksmassen angesichts der himmelschreienden Not Ventile sucht. Stresemann notiert in diesen Tagen: »Wir tanzen auf einem Vulkan und wir stehen vor einer Revolution, wenn wir nicht durch eine ebenso entschlossene wie kluge Politik die Gegensätze versöhnen können.«[32]

Reichskanzler Cuno wendet sich angesichts einer sich ausbreitenden regelrechten Umsturzhysterie an das deutsche Volk. In einer Presseerklärung nimmt er Stellung zu Zeitungsbeiträgen, die die Möglichkeit eines bevorstehenden Bürgerkriegs erörtern. Solches entbehre jeglicher Grundlage, »denn die überwältigende Mehrheit [...] lehnt es offenkundig ab, sich von irgendeiner Seite in die verbrecherische Torheit blutiger innenpolitischer Kämpfe hineinhetzten zu lassen«. Sollte es dennoch dazu kommen, »so werde die Reichsregierung alle Machtmittel rücksichtslos einsetzen«, heißt es in der Erklärung des Reichskanzlers.[33] Dessen Unterstützung im Reichstag schwindet derweil dramatisch, besonders bei den Sozialdemokraten. »Die beinahe wohlwollende Neutralität, welche die Sozialdemokratie früher dem Kanzler gegenüber einnahm«, so schreibt Stresemann Mitte Juli 1923, »ist längst der Kritik gewichen und droht in offene Befehdung überzugehen. Die Stimmung der Sozialdemokratie wendet sich allerdings mehr gegen den Außenminister v. Rosenberg als gegen den Kanzler direkt, sieht aber den Kanzler als einen weichen, von vielen Einflüssen abhängigen Mann an und wirft ihm vor allen Dingen vor, dass er nicht in der Lage sein würde, im geeigneten Moment die Dinge innenpolitisch zu meistern.«[34]

Das Ende von Cunos Kanzlerschaft wird durch das Zentrumsblatt *Germania* eingeleitet, denn Kritik aus den Reihen der Koalitionspartner trifft am härtesten. In einem Beitrag vom 27. Juli wird der Kanzler ungewöhnlich hart angegangen.[35] Seine Regierung sei »eine einzige Enttäuschung«. »Der Regierung Wirth wurde vorgeworfen, sie hätte sich häufiger gewandelt und sich im Zickzackkurs bewegt, aber die Regierung Cuno bewegt sich überhaupt nicht mehr. Sie steht still«, heißt es. Im Mittelpunkt der Kritik steht nicht die Reparations- bzw. Ruhrfrage, sondern die Finanz- und Steuerpolitik der Regierung. Der Autor bezweifelt, ob Cuno überhaupt noch handlungsfähig sei, und thematisiert den Ruf nach einer Diktatur, der selbst aus linken Kreisen zu vernehmen sei. Die Zentrumspartei im Reichstag distanziert sich sogleich von dem Artikel. Stresemann meint, dieser habe »wie eine Bombe eingeschlagen«. Was über die Untätigkeit der Regierung gesagt werde, sei »Allgemeinempfinden. Über der Regierung waltet ein Unstern. Man achtet die Persönlichkeiten der Minister, man hat aber die Empfindung, dass diesen Leuten nichts mehr gelingt«.[36]

Jetzt, da alles verloren, jetzt, da der wirtschaftliche Ruin nicht mehr abzuwenden zu sein scheint, wartet der Kanzler – bedrängt aus allen politischen Richtungen – mit einem letzten Vorstoß zur Sanierung der Staatsfinanzen auf. Es ist wohl der bislang effektivste, den sein Finanzminister vorlegt. Im Mittelpunkt desselben steht das Rhein-Ruhr-Opfer. Es ist eine Sonderabgabe für Handel, Industrie, Landwirtschaft und Gewerbe, aber auch für Spitzenverdiener, die für einen Zeitraum von sechs Monaten erhoben werden soll. Bemessungsgrundlage soll die doppelte Einkommenssteuer sein, die der Personenkreis zwischen dem 1. September 1923 und dem 29. Februar 1924 zu zahlen hatte. Bei den landwirtschaftlichen Betrieben soll der steuerliche Bodenrichtwert als Grundlage dienen. Generell sollen die Steuern fortan jeweils dem Wert der Mark angepasst und teils kurzfristig erhoben werden. Durch die von Reichsschatzminister Heinrich Friedrich Albert mit dem Industriellen Henrich erarbeiteten

Vorhaben soll die Finanzsituation rasch entspannt werden. Um die Lebensmittelknappheit mit Devisen beheben zu können, ist es der Reichsregierung jetzt auch gelungen, Banken und Industrie dafür zu gewinnen, 50 Millionen Goldmark für die Dollaranleihe vom März zu zeichnen.

Doch das ändert alles nichts mehr am Schicksal der Regierung Cuno. Er und der Kanzler würden nicht weglaufen, sondern mit Würde weiterarbeiten, auch wenn das Chaos über Deutschland hereinbräche, meint von Rosenberg am 7. August zum britischen Botschafter D'Abernon: »Wir werden auf unserem Posten bleiben und unsere Politik weitermachen, bis wir in Stücke geschlagen werden«, sagt er und merkt noch resigniert an: »London ist das große Fragezeichen für uns. Ich kann die Verzögerungen verstehen, ich kann die Bedächtigkeit der englischen Politik nachvollziehen, aber ich kann nicht verstehen, dass es England passt, mit anzusehen, wie Mitteleuropa von einer Katastrophe heimgesucht wird.«[37]

Bei den Reichstagssitzungen, die am 8. August beginnen, steht am Rednerpult ein ausgelaugter Kanzler. Der Beobachter des *Berliner Tageblatts* schreibt: »Cuno las seine papierne Rede mit einer Müdigkeit vor, die doppelt auffiel, wenn er, um zu kraftvollem Ausharren aufzufordern, ein wenig die Stimme erhob.«[38] Der Kanzler trug sichtlich an der Last der dramatischen Ereignisse, die nicht abreißen wollten: Der Dollar hat die Millionengrenze überschritten, womit die Mark als Zahlungsmittel nur noch theoretisch existiert. Die Landwirtschaft hält infolgedessen ihre Produkte zurück. Um Nahrungsmittel im Ausland zu kaufen, mangelt es an Devisen, die jetzt wieder frei gehandelt werden dürfen. Die dafür von der Regierung Anfang des Monats aufgelegten Dollarschatzanweisungen in Höhe von 50 Millionen Goldmark, die Banken und Industrie zeichnen sollen, greifen noch nicht, sodass die Revolutionsgefahr mit jedem Tag wächst. Draußen ist Chaos, während drinnen im Wallot-Bau der Kanzler dagegen ankämpft.

Als dann Stresemann am 9. August mit »robuster Entschlossenheit« spricht, verspüren sie im Plenarsaal »förmlich eine Erleichterung«. Nichts von der »müden Resignation« haftet seinen

Worten an,[39] wenn er sich zum passiven Widerstand bekennt, für Cunos Reformen wirbt und die Nation dazu aufruft, die Verfassung gemeinsam zu verteidigen. Zwischen November 1918 und August 1919, so Stresemann, hätten die Deutschen bereits einen entscheidenden Kampf ausgefochten, der so leicht vergessen werde: »Damals war es um die Wahl zwischen einer Diktatur des Proletariats oder der Rückkehr zu einer verfassungsmäßigen Regierung gegangen. Durch den Sieg der Idee der Verfassung wurde die Basis für eine mögliche Konsolidierung der Lage in Deutschland geschaffen. [...] Wer heute den existierenden Staat angreife, werfe die Deutschen zurück in eine Situation, in der es noch kein verfassungsmäßiges Fundament gegeben hatte.«[40]

Stresemanns Rede wird von denen, die im Reichstag dabei gewesen sind, als eine Art Befreiungsschlag empfunden, von dem es heißt, er habe im bürgerlichen wie im sozialdemokratischen Lager der Einsicht zum Durchbruch verholfen, dass jetzt der richtige Zeitpunkt für einen Kabinettswechsel und die Bildung einer Großen Koalition sei, wie sie Stresemann seit Längerem vorschwebt und für die es in den Reihen der sozialdemokratischen Reichstagsabgeordneten inzwischen Zustimmung gibt. Ein solches Parteienbündnis, das Große Koalition wegen der Zahl der daran beteiligten Parteien genannt wird, lehnt die KPD-Fraktion unter ihrem Vorsitzenden Wilhelm Koenen »wutschäumend« ab. Sie will eine Arbeiter- und Bauernregierung erzwingen. Hierzu wird der Reichstag von kommunistischen Betriebsdelegationen geradezu überschwemmt. Sie tagen in einem Konferenzraum und verlangen vergeblich, in der »Quasselbude«, wie sie das Parlament verächtlich nennen, gehört zu werden. Die *Rote Fahne* schreibt darüber, die »Männer in der Bluse« müssten dieses Haus so bald wie möglich in »vernünftigen proletarischen Betrieb nehmen«, um dort einen Sowjet einzurichten.[41]

In einem Versammlungslokal, ein paar Kilometer vom Reichstag entfernt, beschließen kommunistische Betriebsräte am selben Tag den Generalstreik in der Erwartung, ihn auf ganz Deutschland ausweiten zu können. Dies versucht die Regierung zu vereiteln. Mithilfe einer soeben erlassenen Verordnung des Reichspräsidenten, die ein sofortiges Verbot periodisch erscheinender

Druckschriften ermöglicht, werden am Nachmittag des 11. August mehr als 200 000 Exemplare der Sonderausgabe der *Roten Fahne* mit dem Streikaufruf von der Polizei beschlagnahmt. Flankierend macht der sozialdemokratische *Vorwärts* mit der Schlagzeile auf: »Arbeiter, schützt die Republik!«[42] Und die Gewerkschaften, die der SPD nahestehen, rufen die Werktätigen auf, die schwierige wirtschaftliche Lage nicht durch Streiks zusätzlich zu verschärfen.

Mit dem deutschlandweiten Generalstreik wird es so nichts. Lediglich in der Hauptstadt zeigt die Aktion der Kommunisten einen gewissen Widerhall. Viele folgen dem Beispiel der Berliner Metallarbeiter und treten in den Ausstand. Überall in Berlin wird bald gestreikt. Durch weitgehende Lohnzugeständnisse kann wenigstens der soeben begonnene Streik der Drucker beendet werden – ein Streik, der nicht nur den Zeitungsbetrieb behindert, sondern auch die Notenpresse kurzzeitig lahmgelegt hat, sodass es zu Engpässen bei der Lieferung des Papiergelds kam. Und das hatte fatale Folgen. Gehälter konnten nicht bezahlt werden, wie in Hildesheim. Bei Blohm und Voss in Hamburg mussten sie den Betrieb einstellen. Der badische Staatspräsident Remmele sprach gar am 9. August in einem Brandbrief nach Berlin von einer »Katastrophe«.[43]

Während die KPD nach wie vor nichts unversucht lässt, um die Arbeiterschaft zur Befolgung ihres Aufrufs zum Generalstreik anzustacheln, hat es im Reichstag während der dreitägigen Debatte den Anschein, als fiele alles auseinander. Zeitweise droht nicht nur der Rückzug des Zentrums aus dem stark angefeindeten Kabinett, sondern es besteht auch die Gefahr, dass die SPD der Regierung ihre Unterstützung vollends aufkündigt. Schon als es um die Anleihe- und Steuergesetze ging, hat die SPD es vermieden, namhafte Vertreter reden zu lassen, sollte doch der Eindruck einer Solidarisierung mit dem Reichskanzler vermieden werden. Außerdem drängen die SPD-Gewerkschafter auf die Demission des Kanzlers. Das parlamentarische Chaos, das die KPD durch einen Misstrauensantrag herbeiführen will, scheint nicht mehr zu verhindern zu sein. Doch Stresemann findet den Ausweg. Er bringt seine murrende DVP hinter Cuno, indem er ihr vorschlägt, an die Spitze einer Großen Koalition mit dem Zentrum und der SPD treten zu wollen. Sie alle sollen dem Misstrauensvotum der Kommunisten die Grundlage entziehen und für den Kanzler und dessen Maßnahmenkatalog votieren. Cuno würde dann demissionieren und den Weg für die neue Regierung Stresemann frei machen.

Der parlamentarisch geordnete Weg in Richtung auf eine Große Koalition würde damit möglich werden. Die Forderungen, die die sozialdemokratische Fraktion für den Eintritt in eine Große Koalition unter Führung der DVP stellt, werden am Abend des 11. August – es ist der Verfassungstag – beschlossen. Dazu gehört die Einbeziehung der Sachwerte als Garantie für die wertbeständige Anleihe, die energische Durchführung der beschlossenen Steuermaßnahmen, eine durchgreifende Steuer- und Währungsreform sowie die unbedingte Einführung der Goldkredite und Goldlöhne, aber auch die Loslösung der Reichswehr von allen illegalen Organisationen. Was die Außenpolitik anlangt, so nennt die SPD-Fraktion forcierte Aktivitäten bei den Reparationsverhandlungen sowie den Eintritt Deutschlands in den Völkerbund.

Während die SPD-Fraktion im Reichstag die Bedingungen für einen Regierungseintritt formuliert, lauschen Zeigner und seine Genossen, die eine andere Republik wollen, dem Festredner der Verfassungsfeier der sächsischen Regierung in Dresden, die von der Reichswehr boykottiert wird. Es ist der Schriftsteller Heinrich Mann, der den Versammelten seine Hochachtung darbringt, indem er an sie die Worte richtet: »Die ernstesten Republikaner, die ersten, die es waren hierzulande, sind enttäuscht von dieser Republik, das muss eingestanden werden: und es wäre kein Glück für diese Republik, wenn sie gerade diese Freunde verlöre.« Mann fragt danach noch: »Soll die Reichsexekution vielleicht vorbereitet werden gegen solche Regierungen, die den Staat als freien Volksstaat verstehen möchten?«[44]

Zu diesem Zeitpunkt sind in der Reichskanzlei die Würfel bereits gefallen. Die Führer der Parteien sind bei Cuno vorstellig geworden und haben ihm den Rücktritt nahegelegt. Da er weiß, dass man ihm auch in den Koalitionsparteien seit Längerem nicht mehr das erforderliche Vertrauen entgegenbringt, beschließt er, das Feld zu räumen. In einem Schreiben, das er an seinen engen Mitstreiter, den bayerischen Ministerpräsidenten Knilling, richtet, begründet er das so: »Wenn ich mich entschlossen habe, in diesem Augenblick zurückzutreten, so war dafür nicht etwa das sozialdemokratische Misstrauensvotum maßgebend.« Vielmehr, so führt er gegenüber dem bajuwarischen Linkenhasser weiter aus, hätten »bestimmte Äußerungen und Vorgänge« in ihm die Überzeugung geweckt, »dass in manchen Kreisen der Arbeitsgemeinschaft der Mitte die Neubildung der Regierung auf der Grundlage der großen Koalition als das Bessere erschiene«.[45]

Der Rücktritt fällt Cuno umso leichter, als er am Ende seines Weges als Reichskanzler einen beachtlichen Erfolg verbuchen kann. Just an diesem 11. August wird die umfassende britische Note an die französische und belgische Regierung veröffentlicht. Nicht ohne Stolz schreibt Cuno in seinem Brief an Knilling, »es [ist] für mich und insbesondere den von mir hochverehrten Außenminister eine aufrichtige Genugtuung, dass wir eben am Schluss noch das Ergebnis unserer Außenpolitik in der englischen Note buchen konnten«.[46] In dieser bekennt sich die Regierung Baldwin zur deutschen Rechtsauffassung, wonach die Besetzung des Ruhrgebiets nicht mit den Buchstaben des Versailler Vertrags zu vereinbaren sei. Zwar sei die Aufgabe des deutschen passiven Widerstands wünschenswert, aber die französische und belgische These, dieser müsse bedingungslos aufgegeben werden, sei für die Regierung Seiner Majestät nicht nachzuvollziehen. London insistiert auf eine Neufestlegung eines Reparationsplans und damit auf die Beendigung der aus der Sicht von jenseits des Ärmelkanals so leidigen Angelegenheit. Falls Paris nicht darauf einginge, könnte sich die Regierung Seiner Majestät gezwungen sehen, das Bündnis aufzukündigen und im Alleingang Verhandlungen mit den Deutschen einzuleiten. Da die Note in ihrer Formulierung an Klarheit nichts zu wünschen übrig lässt, wird die Kluft in der Entente vor der gesamten Welt manifest. Frankreich wird damit unter enormen Zugzwang gesetzt. Vielleicht eröffnet die Wendung der britischen Politik für die künftige Regierung Stresemann ja neue Möglichkeiten in der Reparations- und Ruhrfrage? Vielleicht bewegt sich Poincaré jetzt?

Selbstbewusst verfasst Cuno ein knappes, sachliches Demissionsschreiben an den Reichspräsidenten, in dem er zunächst seine soeben getroffenen Maßnahmen zur Sanierung der Finanzen erwähnt. Sodann schreibt er: »Aus der Entwicklung der letzten Tage habe ich die Überzeugung gewonnen, dass nach einer in weiten Kreisen der berufenen Vertretung des deutschen Volkes vorherrschenden Ansicht der entschlossene Wille zur Selbstbehauptung noch stärker und noch nachdrücklicher durch eine Regierung verkörpert würde, die von einer Koalition großer Parteien gebildet und damit von einer starken, festen Mehrheit des Reichstages getragen ist.«[47] Damit endet die Amtszeit des sechsten Reichskanzlers der Weimarer Republik. Max von Stockhausen, sein persönlicher Referent, erinnert sich: »Der Reichskanzler verließ nach ganz kurzem formellem Abschied von uns die Reichskanzlei. Die schwere Verantwortung, die er während seiner Amtszeit zu tragen gehabt hatte, hatte ihm sichtlich zugesetzt. Man sah es an seinen Zügen, an seinem Gang. Aber er war nicht der Mann der Gefühle, der bewegenden Worte. [...] So ging er, wie er gekommen war, kühl, vornehm, unnahbar abwehrend.«[48] Das war am Abend des 12. August 1923.

Cunos außenpolitischer Erfolg in letzter Stunde wird anerkannt in den Urteilen der Presse über die neun Monate seiner Reichskanzlerschaft. Alles andere hängt am jeweiligen politischen Standort der Zeitungen. Während die konservativen Blätter Cuno, der seinen lukrativen Posten aus Vaterlandsliebe und Pflichtgefühl aufgegeben habe, als der Reichspräsident ihn gerufen habe, eine untadelige patriotische Gesinnung attestieren, sehen die linken in ihm den Sachwalter des Großkapitals. Das linksliberale *Berliner Tageblatt* beklagt seine mangelnde Fähigkeit, Menschen mitzureißen, was sich nicht zuletzt in seinem geringen Talent als Redner ausdrücke. »Fataler war«, so schreibt das Blatt weiter, »dass Cuno, in der politischen Arbeit vertieft, die Übersicht über die wirtschaftlichen Vorbedingungen der Politik verlor. Er überließ mit einem gewissen Fatalismus seinen

Fachministern diese wichtigsten Aufgaben und erkannte die Versäumnisse zu spät. Aber es war seit Langem klar, dass die Rücksichten auf Ideen großkapitalistischer Kreise eine zu erhebliche Rolle gespielt hatten und dass es zur finanziellen Durchführung des Ruhrkampfes unerlässlich wäre, sich von diesen Anschauungen zu trennen. Es kam hinzu, dass Cuno, in dem taktisch begreiflichen Bestreben, Fühlung mit der Rechten zu behalten, sich das mindestens ebenso wichtige Vertrauen der demokratischen Arbeiterschichten nicht zu erwerben verstand.«[49]

Beide Seiten zu integrieren war Cuno nicht mehr möglich, zumal die Gräben in der Gesellschaft mit der Verlängerung seiner Politik des passiven Widerstands immer tiefer wurden. Denn die von Berlin angeordnete Verweigerungshaltung gegenüber den Ruhr-Besatzern beschleunigte die Inflation dramatisch und ließ in der Folge große Teile der Bevölkerung verelenden, während die Vermögenden ihren Besitz in ungeahntem Ausmaß vermehren konnten. Cuno sieht im passiven Widerstand, zu dem sie sich soeben im Reichstag noch parteiübergreifend bekannt haben, dagegen vor allem das integrierende, Zusammenhalt stiftende Element. Dass der passive Widerstand, den er mit ersonnen und ausgerufen hat, fortgesetzt werden muss und auch von der neuen Regierung fortgesetzt werden wird, daran glaubt er unbeirrt.[50]

5

August und September

Die klaffende Wunde, mit der wir aus diesem Abwehrkampf herausgehen, wird tief schmerzlich sein; sie wird brennen.

Jarres zum Ende des passiven Widerstands am 21. September 1923

Am Abend des 12. August 1923 beauftragt der Reichspräsident Stresemann mit der Bildung des neuen Kabinetts der Großen Koalition aus DVP, DDP, Zentrum und SPD. Bei nicht wenigen Genossen sorgt das für Unverständnis, dass ihre SPD, die die stärkste Partei im Reichstag ist, auch diesmal nicht den Anspruch erhoben hat, den Kanzler zu stellen. Und dies, obwohl der Reichspräsident, der den jeweiligen Politiker mit der Regierungsbildung beauftragt, ebenfalls Sozialdemokrat ist. Dabei waren doch die ersten drei Kanzler der Republik – Philipp Scheidemann, der sich noch Reichsministerpräsident nannte, Gustav Bauer und Hermann Müller – Sozialdemokraten. Und Ebert selbst führte zuvor das Reich als Vorsitzender des Rats der Volksbeauftragten. Hat die SPD im Sommer 1923 nicht den Mann, dem, wie Stresemann, zugetraut wird, die Mammutaufgabe zu schultern? Oder glauben die Führung der Partei und auch der Reichspräsident, dass ein Politiker aus ihren Reihen die politische Rechte und auch Teile der Mitte nicht im Zaum halten könnte? Es war wahrscheinlich beides, weshalb die SPD dem Ausnahmepolitiker den Vortritt lässt.

Ebert hat bei der Beauftragung Stresemanns ein gutes Maß an Vorbehalten überwinden müssen. Denn dieser und die DVP waren es, die im Sommer 1922 seine Wiederwahl als Reichspräsident verhindert haben. Stattdessen musste sich der Amtsinhaber mit einer in der Verfassung nicht vorgesehenen Amtszeitverlängerung bis 1925 begnügen. Und auch sonst steht der erste Mann im Staat Stresemann skeptisch gegenüber. Er kennt ihn noch aus der Zeit, als dieser Syndikus der sächsischen Industrie war und als strammer Monarchist ein Anhänger der kaiserlichen Flottenpolitik. Während des Weltkriegs gehörte der Reichstagsabgeordnete dann zu den Annexionisten, die Deutschlands Einfluss in der Welt durch Gebietserweiterungen mehren wollten. Und als solcher war für ihn der Hauptfeind England, weshalb er den uneingeschränkten U-Boot-Krieg zur Aushungerung der Insel begrüßte. Stresemann, der Aufsteiger aus der Mittelschicht, war also so etwas wie ein Hardliner gewesen, und das über das Kriegsende hinaus. In der Novemberrevolution sieht er die Hauptursache für die deutsche Katastrophe, denn ohne sie – so Stresemann – hätte das Heer zwar keinen Sieg, wohl aber einen günstigeren Frieden erkämpfen können. Versailles kommt für ihn, der für eine parlamentarische Monarchie eintrat, dann auch einer Entehrung der Nation gleich.

In den frühen Jahren der Republik wandelte sich Stresemann, der im Dezember 1918 die wirtschaftsliberale DVP gründete und zu ihrem Vorsitzenden gewählt wurde, dann Zug um Zug zum Realpolitiker. Obgleich der Vernunftrepublikaner, als der er sich sieht, Versailles zutiefst ablehnt, vor allem auch wegen der beträchtlichen Gebietsabtretungen an Polen, die zu revidieren sein Fernziel sein wird, ist er zu der Einsicht gelangt, dass die Durchsetzung deutscher Interessen nur auf der Grundlage der dort dem Reich aufoktroyierten Friedensordnung erfolgen kann. In der verbliebenen Wirtschafts- und Innovationskraft, die sich nur bei einem fairen Ausgleich von Arbeitgeber- und Arbeitnehmerinteressen entfalten kann, sieht er den einzigen Habenposten für den Weg Deutschlands aus dem gegenwärtigen Desaster hin zu einem gleichberechtigten Mitglied der internationalen Staatengemeinschaft – ein Weg, der an Frankreich nicht vorbeiführen kann.

Der Reichspräsident weiß, dass Stresemann und seine Regierung, wollen sie diese Aufgabe bewältigen, eine breite parlamentarische Absicherung brauchen. Denn kein politisches Lager kann die Härten alleine schultern, die den Deutschen zugemutet werden müssen, ohne die gespaltene Gesellschaft vollends zu zerreißen. Dabei erahnen sie draußen im Land noch nicht einmal die wohl schmerzlichste Maßnahme, die innerhalb der großen Koalition als unabwendbar angesehen wird. Es ist die bittere Notwendigkeit, den passiven Widerstand abbrechen zu müssen, weil er nicht mehr zu finanzieren ist und einen finanz- und wirtschaftspolitischen Neuanfang als Grundvoraussetzung für eine künftige deutsche Politik unmöglich macht. Aus Furcht vor der öffentlichen Reaktion hat es bislang noch niemand laut ausgesprochen.

Voraussetzung für die Große Koalition, der »breitesten Ordnungs- und Widerstandsfront, die wir seit den Novembertagen je hatten«, wie sich der Historiker Friedrich Meinecke ausdrückt,[1] ist der Gesinnungswandel innerhalb der SPD gewesen. Die Mehrheit der namhaften Genossen, darunter Leute wie Hilferding, hat sich mit der Stresemann-Partei arrangiert, zumal die SPD keinerlei Ansprüche auf das Reichskanzleramt und damit auf die Führung erhoben hat. Ein Vorkämpfer für die Zusammenarbeit mit der DVP ist der Parteitheoretiker Eduard Bernstein. Schon im Verlauf des Görlitzer Parteitags vom September 1921 warb er dafür und erklärte: »Die Deutsche Volkspartei hat eine soziale Macht, sie ist eigentlich die Partei der deutschen Bourgeoisie. Hinter ihr stehen die deutsche Finanz, die deutsche Großindustrie und die Intelligenz in Deutschland. Wir müssen versuchen, diese Partei vor den Wagen der Republik zu spannen.«[2]

Stresemann hätte von der Verantwortung für Deutschland gesprochen. Und diese Verantwortung lässt ihn mit einem ungeheuren Elan ans Werk gehen. Er weiß, er hat nicht viel Zeit, denn die Krise schreitet in rasantem Tempo voran. Denn die Handelsbilanz wird immer schlechter, das Haushaltsdefizit immer größer, und die Gold- und Devisenreserven schrumpfen. Der Dollar steigt im Zeitraum vom 1. bis zum 20. August von 1,2 Millionen auf 4,2 Millionen Mark. Bezahlt wird jetzt unter anderem mit 10-Millionen-Scheinen; 50-, ja 100-Millionen-Mark-Scheine liegen bereit. Ihr neuer Wert ist lediglich aufgedruckt. Es mangelt aber an den »kleinen« Geldscheinen von 100 000 bis zu einer Million Mark. Die Reichsdruckerei und die 84 Druckereien samt 60 Hilfsdruckereien können sie nicht schnell genug produzieren. Das hat zur Folge, dass Firmen ihrer Belegschaft den Lohn nicht auszahlen können.

Geld erhält zunehmend den Charakter von Altpapier. Es wird von den Menschen in Koffern und Schubkarren transportiert. Kaufen lässt sich damit kaum noch etwas, denn die Händler halten oft ihre Ware zurück. Der Tauschhandel ist deshalb weitverbreitet. Wer nichts zu tauschen hat, hungert. Und wer hungert, der hat nicht mehr viel zu verlieren und schließt sich den Radikalen an, die in Berlin zunehmend das Heft in die Hand nehmen. Der von ihnen initiierte Ausstand der Metallarbeiter dauert an. Der öffentliche Nahverkehr ist durch wilde Streiks lahmgelegt. Und auch in den Elektrizitätswerken ruht die Arbeit, sodass die Straßen der Reichshauptstadt nachts in tiefes Dunkel gehüllt sind. Severing wird daraufhin die Auflösung und das Verbot der kommunistischen Streikorgane der Großberliner Betriebsräte anordnen.

Auch in anderen Teilen des Reiches, wie in den Industriestädten Mittelschlesiens, der Provinz Hannover, in Thüringen und vor allem in Sachsen, befolgen sie die Aufrufe der KPD, in denen der Sturz der Regierung Stresemann und die Einrichtung einer Arbeiter- und Bauernregierung gefordert wird. Auf einer mitteldeutschen Betriebsrätekonferenz in Halle spricht ein aus Berlin angereistes Mitglied der Zentrale davon, dass es eine neue Revolution herbeizuführen gelte. In Hamburg haben sie – um den Generalstreik abzuwenden – sogar den Ausnahmezustand verhängt. Es ist auf das entschlossene Auftreten der Regierung Stresemann, aber vor allem auch auf den unermüdlichen Einsatz der sozialdemokratischen Gewerkschaften zurückzuführen, dass die KPD mit ihrem Versuch, den flächendeckenden Generalstreik und damit den Umsturz zu erzwingen, scheitert. Aber das kann in einem Land, in dem sich jeden Tag die Ernährungssituation schwieriger gestaltet, nicht von Bestand sein. Am 11. August hat Stresemann seine Befürchtung gegenüber dem britischen Botschafter D'Abernon geäußert, »dass die Kommunisten nicht die gegenwärtige Möglichkeit verstreichen lassen können, ohne den hoffnungslosen Versuch zu unternehmen, die bestehende Ordnung zu beseitigen. Alles ist zu ihren Gunsten. Sie bekommen eine solche Chance nicht wieder. Deshalb fürchte ich zwei Dinge, einen kommunistischen Erfolg und im Anschluss daran eine gewaltsame nationalistische Reaktion«.[3]

Innerhalb von nur 24 Stunden hat Stresemann, der den DVP-Fraktionsvorsitz niederlegt, sein Kabinett zusammengestellt. Ihm gehören Männer unterschiedlichster Richtungen und Anschauungen an, die eines verbindet: die patriotische Pflicht, das am Abgrund stehende Vaterland zu retten. Und dafür müssen sie eine mitunter an Selbstverleugnung grenzende Kompromissbereitschaft mitbringen. Da ist der Verbandsfunktionär Hans von Raumer (DVP) mit seinen exzellenten Beziehungen in die Industrie, der sich als künftiger Wirtschaftsminister bewusst ist, dass die zu tragenden Lasten zu gleichen Teilen auf Besitz und Arbeiterschaft verteilt werden müssen. Er trifft sich hierbei mit dem als Finanzminister vorgesehenen Hilferding, der als Theoretiker bei manchem Bürgerlichen als völlig ungeeignet für den Posten gilt. Innenminister soll dessen Parteifreund Wilhelm Sollmann werden. Als Chefredakteur der *Rheinischen Zeitung* hat er entschlossen Front gegen die Ruhrbesetzung gemacht. Neben dem neu geschaffenen Amt eines Reichsministers für die besetzten Gebiete, das der von den Franzosen ausgewiesene ehemalige Oberpräsident der Rheinprovinz Johannes Fuchs vom Zentrum übernehmen soll, bleiben vier Minister des Kabinetts Cuno auf ihren Posten: darunter der Arbeitsminister Heinrich Brauns (Zentrum) sowie – sehr zum Leidwesen der SPD – der Reichswehrminister Geßler und der parteilose Ernährungsminister Hans Luther, zu dessen ersten Aufgaben es gehören wird, Devisen zu beschaffen, um Lebensmittel im Ausland zu kaufen. Der Kitt, der zusammenhält, was eigentlich gar nicht zusammengehalten werden kann, ist Stresemann, der neben dem Amt des Reichskanzlers auch das des Außenministers übernimmt. Seiner taktischen Geschicklichkeit sei, so urteilt der Justizminister Gustav Radbruch, einer der Garanten der SPD-Regierungsbeteiligung, »so viel menschliche Wärme beigemischt, dass er auch persönlich für sich gewann. So war das Verhältnis der sozialdemokratischen Minister seines Kabinetts zu ihm das denkbar beste«.[4]

Das Verhältnis unter den so gegensätzlichen Parteien ist hingegen kompliziert. Die SPD-Linken halten nichts von einer Zusammenarbeit mit der DVP und Stresemann, der am Abend des 13. August seine Ernennungsurkunde erhält und den Eid auf die Verfassung schwört. Und auch bei DVP und DDP gibt es Vorbehalte und Ablehnung gegenüber der SPD. Wie fragil letztendlich die Große Koalition ist, in der Stresemann das Abbild der Volksgemeinschaft sehen will, zeigt die Vertrauensabstimmung am 14. August. Zwar votieren 239 Abgeordnete mit Ja gegen 76 mit Nein bei 25 Enthaltungen und zwei ungültigen Stimmen; doch 144 Volksvertreter nehmen gar nicht an der Abstimmung teil. So weiß Stresemann (mit seiner eigenen Stimme) nur 20 Abgeordnete mehr als die Hälfte der insgesamt 459 Volksvertreter im Reichstag hinter sich. Etwa ein Drittel der Politiker seiner eigenen Partei versagt ihm das Vertrauen. In der SPD sind es nicht weniger. Aus ihren Reihen wenden sich 43 linke Genossen – viele von ihnen kommen aus Sachsen und Thüringen – sogar mit einer Erklärung an die Öffentlichkeit, in der sie begründen, weshalb sie diese Koalition ablehnen. Man könne nicht mit der DVP zusammenarbeiten, sie sei die Partei des Großkapitals und müsse von der SPD bekämpft werden, heißt es darin. Auch die Abgeordneten der BVP, des bayerischen Pendants des Zentrums, die sich bei der Vertrauensabstimmung enthalten haben beziehungsweise nicht anwesend waren, verweigern Stresemann die Gefolgschaft. Die Konservativen fürchten, wie es Knilling schon im Juli gesagt hat, zwischen den Radikalen auf der Linken und Rechten zerrieben zu werden. Die BVP reiht sich damit in die Front der Deutschnationalen ein, die der Regierung den Kampf ansagen.

Die politische Kraft im Reichstag, die am lautstärksten in Erscheinung tritt, sind die Kommunisten. Schon bei den Sitzungen, die mit der Demission Cunos endeten, sind sie durch zahlreiche Krawallaktionen hervorgetreten. Immer wieder haben Arbeiterdelegationen versucht, in das Hohe Haus zu gelangen.

Am 14. August ist wieder der Teufel los. Das *Berliner Tageblatt* berichtet darüber: »Der Kommunist [Paul] Frölich sprach in seiner bitterernsten Rede, die die meisten Volksvertreter aus dem Saal vertrieb, den großen Moskau-Bann über das Kabinett aus. [...] Es folgte [...] eine persönliche Aussprache, die zwischen Sozialdemokraten und Kommunisten in ein Handgemenge auszuarten drohte.«[5] Stresemann richtet dann in seiner Antrittsrede deutliche Worte an die Radikalen, wenn er ihnen zuruft, dass derjenige, der glaube, »dass die Verhältnisse ihm das Recht geben [...] um gewalttätige Angriffe gegen den Staat und seine Verfassung zu richten [...] auf den unbeugsamen Willen der Reichsregierung stoßen [werde], dieser Gewalttätigkeit mit allen Kräften entgegenzutreten«.[6]

Stresemann bekennt sich im Verlaufe seiner Ausführungen zu den Prinzipien der Verfassung und der Festigung des Staatsgedankens, die die Grundvoraussetzung für die Bewältigung der Krise seien. »Den Ansturm von außen und innen wird der Staat nur bestehen können, wenn Regierung und eine staatsbejahende Opposition sich in der Sorge um die deutsche Zukunft zusammenfinden«, erklärt er und gibt seiner Hoffnung auf die Unterstützung durch die öffentliche Meinung Ausdruck. Im heutigen demokratischen Zeitalter könnten alle Kämpfe nur mit der öffentlichen Meinung eines Landes gewonnen werden. Dies gelte wie im Inneren auch für den »Kampfzustand an Rhein und Ruhr«. In diesen Kämpfen habe sich bisher die gesamte öffentliche Meinung Deutschlands »mit Entschiedenheit gegen die Vergewaltigung deutscher Rechte« aufgebäumt. »Wie stark muss die Empfindung des an Deutschland verübten Unrechts sein, wenn die englische Note an Frankreich trotz der engen Beziehungen der Alliierten untereinander der Weltöffentlichkeit dieses Unrecht vor Augen führt. Der passive Widerstand der deutschen Bevölkerung hat seine tiefsten Wurzeln in seinem festen Bewusstsein des guten deutschen Rechts.«[7]

Der Kanzler unterlässt es, näher auf die angespannte Situation zwischen London und Paris einzugehen. Er will sich heraushalten, die Dinge reifen lassen. Er ist optimistisch, dass die britische Regierung nach der Note vom 11. August, für Stresemann »eines der stärksten und klarsten Staatsdokumente […], das je geschrieben worden ist«,[8] Frankreich isolieren würde, indem sie Belgien und Italien auf ihre Seite zögen. Er glaubt, dass Baldwin Frankreich am Ende doch noch zum Einlenken zwingen würde. Das Problem für Stresemann: Ihm fehlt die Zeit zum Abwarten, denn die finanzielle Lage des Reiches schreit nach einem Abbruch des passiven Widerstands. Im August entsprechen seine Kosten 40 Millionen Goldmark am Tag. Diese monströsen Aufwendungen laufen unweigerlich auf einen Bankrott der Staatsfinanzen hinaus.

Da sich der Reichstag unter seinem Präsidenten Paul Löbe am 14. August auf den 27. September vertagt, kann sich die Reichsregierung ganz und gar auf die vor ihr liegende Mammutaufgabe konzentrieren. Oberste Priorität hat die Bekämpfung des Hungers, der immer größere Ausmaße annimmt, auch weil im August die Arbeitslosigkeit rasant steigt. Sie hat sich gegenüber dem Vormonat fast verdoppelt und liegt bei 6,3 Prozent. Menschen sterben jetzt in Deutschland wieder an Unterernährung, wie seinerzeit im Steckrübenwinter des Kriegsjahres 1917. Denn auch jetzt leben Millionen, die sich angesichts der Inflation nicht einmal mehr die Grundnahrungsmittel leisten können, mehr schlecht als recht von Kohlrüben, aus denen sogar Kaffee und Koteletts gemacht werden. Not macht eben erfinderisch.

Die von Industrie, Handel und Banken der Reichsbank zur Verfügung gestellten 50 Millionen Goldmark in Devisen helfen, Lebensmittel im Ausland kaufen zu können. Was noch von der Regierung Cuno auf den Weg gebracht worden ist, wird vom neuen Ernährungsminister Luther nach Kräften vorangetrieben. Doch der Kassensturz, den die an der Großen Koalition beteiligten Parteiführer und Minister unter Hilferdings Federführung am 22. August machen, ist mehr als ernüchternd. So würden für die zweite Hälfte des Jahres an Devisen für den Kauf von Getreide 250 Millionen Goldmark und noch einmal fast so viel für Fett gebraucht, was nicht annähernd durch das gesamte Devisenaufkommen durch den deutschen Export abgedeckt werden kann; ganz zu schweigen von den 232 Millionen Goldmark, die in dem halben Jahr für Devisen für den Kohleimport aufgebracht werden müssen.[9] So bleibt die Ernährungssituation prekär, weshalb die Regierung in Preußen beschlossen hat, »durch schleunige Organisierung von Volksspeisungen weitesten Umfanges den notleidenden Kreisen der Bevölkerung in ihrem immer schwieriger werdenden Existenzkampf hilfreich zur Seite zu treten«.[10] Was die Gesamtsituation der Staatsfinanzen anlangt, so verspricht diese alles andere als Besserung. Denn das Haushaltsdefizit ist katastrophal. Hier stehen seit dem 12. August – also in zehn Tagen – Ausgaben in Höhe von 63 Billionen Mark Einnahmen von 3,6 Billionen gegenüber.

Der Blick über die Grenzen Deutschlands hinaus macht im politischen Berlin derweil Hoffnung, denn die Resonanz auf den neuen Kanzler ist eher positiv. In Großbritannien bescheinigt ihm die Presse, er sei eine tatenfrohe Persönlichkeit und ein mutiger politischer Führer. Seine Englandfeindlichkeit aus Kriegszeiten wird als »Schönheitsfehler« hingenommen.[11] Ebenso die Gerüchte über seine Neigungen zu einem deutsch-französischen Industrietrust. England ist der Ruhrfrage so müde, dass es viele Nachteile in Kauf zu nehmen bereit ist, wenn es der Lösung dieses Problems einen Schritt näherkäme. Es weiß aber, dass dies ohne eine Entspannung der deutsch-französischen Beziehungen nicht möglich ist. In Frankreich behandeln die Blätter Stresemann distanziert, aber immerhin nicht so gehässig wie seinen Vorgänger Cuno.

Die französische Antwort auf die britische Note vom 11. August, in der die Regierung Seiner Majestät die Besetzung des Ruhrgebiets als rechtswidrig hervorhebt, ist in Berlin mit Spannung erwartet worden. Am 23. August ist die Spannung zu Ende. In den Morgenblättern ist zu lesen, »dass Poincaré nicht das geringste Entgegenkommen bewiesen habe, dass seine Haltung so starr wie immer sei«.[12] Er beharrt darauf, dass das Ruhrgebiet als produktives Pfand besetzt bleibe und erst verhandelt werde, wenn der passive Widerstand abgebrochen worden sei. Die belgische Antwortnote, die der französischen unmittelbar folgt, liegt irgendwo in der Mitte zwischen den Positionen Poincarés und Baldwins. Der Brüsseler Regierungschef Theunis will offenbar unter den Verbündeten vermitteln, was auf der Insel kühl aufgenommen wird.

Stresemann – nach wie vor zuversichtlich – schaltet sich jetzt in die Reparations- und Ruhrfrage ein. In einer ersten großen Rede als Kanzler anlässlich eines Frühstücks des Deutschen Industrie- und Handelstags erläutert er am 24. August noch einmal den deutschen Standpunkt in der Reparationsfrage. Seine Ausführungen sind von stringenter Linienführung, brillant formuliert. Inhaltlich ist es im Wesentlichen die Position des Juni-Memorandums, also nichts grundsätzlich Neues. Neu ist jedoch die Tonlage, in der Stresemanns Ausführungen, in deren Verlauf er kein Wort über den passiven Widerstand verliert, abgefasst sind. Sie haben sogar etwas Versöhnliches. Der Leitartikel der sonst so deutschlandkritischen *Times* schließt mit den Worten, dass die Rede eine »geschickte Ansprache« gewesen sei, »die zweifellos den Zweck hat, Frankreich zu versöhnen und mit Verhandlungen vorwärtszukommen. Eine derartige Erklärung des deutschen Kanzlers und in der gegenwärtigen Krise ist von ausgesprochenem Vorteil. Wir wünschen nur, dass etwas Derartiges viel früher geschehen wäre, als die Aussichten noch günstiger waren«.[13] Der Pariser Ministerpräsident erklärt daraufhin im Verlaufe einer Rede in Chancey kurz und glasklar: »Bezahlt uns oder wir bleiben an der Ruhr.«[14]

Obwohl das alles angesichts der Blockadehaltung Frankreichs keinerlei substanziellen Fortschritt bringt, ist doch etwas anders geworden: die Stimmung. Es liegt ein Hauch von Aufbruch in der Luft. Vielleicht sind es auch der europäische Sommer und die zahlreichen Reiseaktivitäten, die Bewegung in der Sache suggerieren. Baldwin reist in Begleitung seiner Gattin nach Frankreich, nach Aix-les-Bains, um Urlaub zu machen. Sein Außenminister Curzon ist schon an der Riviera. Sie werden wohl mit Poincaré zusammentreffen, um endlich eine gemeinsame Linie zu finden, wird in den Berliner Zeitungen spekuliert.[15] Und auch von der anderen Seite des Atlantiks kommen seit geraumer Zeit neue Impulse, auch wenn der Grund ein trauriger ist. Der amerikanische Präsident Harding ist Anfang des Monats überraschend verstorben, und sein Nachfolger Calvin Coolidge betont seine

Bereitschaft, bei der Lösung der europäischen Probleme mitwirken zu wollen. Er befürchtet, dass deren Weiterschwelen die »bolschewistische Umsturzgefahr in Mitteleuropa« gefährlich anwachsen ließe.[16]

Diese Auffassung teilen sie auch in Bayern, wo sich der Widerstand gegen das Reich formiert. Vorbei sind die Zeiten des herzlichen Verhältnisses zwischen dem Ministerpräsidenten Knilling und dem Kanzler. Die Regierungsbeteiligung der SPD macht alles anders. Der ehemalige Staatssekretär Hamm, der jetzt für die DDP im Reichstag sitzt, berichtet Stresemann vom »erbitterten Widerstand«, mit dem aus dem Freistaat zu rechnen sei. »Die weit überwiegende Mehrheit der bayer. Bevölkerung sieht nach ihrer ganzen Einstellung in der großen Koalition keinen Fortschritt, sondern eher eine Gefahr für eine national kraftvolle Staatsführung [...] und für die Wahrung bayerischer politischer und wirtschaftlicher Belange«, schreibt Hamm am 16. August und merkt noch an, dass die bürgerliche Presse in Bayern »weit überwiegend« in das Lager der »Vaterländischen Verbände« übergegangen sei, deren Führerschaft zum großen Teil bayerisch-partikularistisch eingestellt sei.[17]

Während der Tagung der »Vereinten Vaterländischen Verbände Deutschlands« in Berlin erhält der Führer der bayerischen Organisation, Hermann Bauer, viel Applaus, als er Stresemann als Marionette der »Sozis« geißelt. Bei dem Gang der Dinge werde er als »blamierter Platzhalter Breitscheids oder eines anderen Genossen« abtreten. Der »Bund Bayern und Reich« lässt verlauten, Deutschland werde zu einem »marxistisch-bolschewistischen Experimentierobjekt« herabgewürdigt.[18] Und Hitler geißelt in München wieder einmal die Juden ob ihrer »riesenhaften Börsenspekulation«, wie er die Hyperinflation schimpft. Ganz die Befindlichkeiten vieler treffend erklärt er: »Es ist entsetzlich bitter, zusehen zu müssen, wie ein ganzes Volk auf solche schamlose Weise zugrunde gerichtet wird. Tausende [...] verkaufen ihre letzten Goldwerte für Papierwische, für die sie nicht ein Hundertstel wieder kaufen können. Der letzte Nationalreichtum des gesamten Volkes geht so ›spielend‹ in die Hände des alles an sich reißenden Judentums über.«[19]

Der Kanzler entschließt sich nun, nach Bayern zu reisen, um im persönlichen Gespräch mit Ministerpräsident Knilling die Wogen zu glätten. Die Streitpunkte seien ausgeräumt, beschwichtigt Stresemann das Kabinett nach seiner Rückkehr in die Hauptstadt, und der Vertreter der Reichsregierung in München berichtet: »Seit dem Gespräch Stresemanns und von Knillings in Mittenwald seien in der Presse weder höhnische noch unfreundliche Artikel erschienen. Mit einer »voraussetzungslose[n] Gefolgschaft Bayerns« sei allerdings nicht zu rechnen. »Im Übrigen glaubt bekanntlich der bayerische Löwe leicht, dass er einen um so stärkeren Eindruck macht, je lauter er brüllt.«[20]

Das muss die Reichskanzlei bereits am 28. August erfahren, als Baron Papius von der Bayerischen Gesandtschaft eine Note gegen die Presseverordnung des Reichspräsidenten vom 10. August übergibt, mit der Zeitungen, die zum Sturz der Regierung oder zum offenen Bürgerkrieg auffordern, verboten werden können. Von Stockhausen, der den bayerischen Protest entgegennimmt, hält darüber fest: »Es wimmelte in diesem Schriftstück von ›schärfster Verwahrung‹, ›energischem‹ Einspruch, aufs ›äußerste‹ befremdet, aufs ›peinlichste‹ berührt, ›sofortige‹ Maßnahmen, ›schlimmste‹ Komplikationen usw., usw., was halt in einer noch dazu bayerischen Protestnote drinstehen muss. – Man hört ordentlich im Hintergrund der Note die Maßkrüge wuchtig auf die eichenen Tischplatten donnern.«[21] Denn über die Auslegung und Anwendung des Artikels 48 der Reichsverfassung und insbesondere des dritten Absatzes des Artikels gibt es seit dem Sommer 1922, als im Berliner Protokoll dem Freistaat Sonderrechte eingeräumt wurden, schwerwiegende Differenzen zwischen Berlin und München. Aus besagtem Absatz leitet die bayerische Regierung das Recht ab, bei Gefahr im Verzuge einstweilige Maßnahmen zur Wiederherstellung der öffentlichen Sicherheit und Ordnung selbstständig zu treffen oder auch nicht.

Das kollidiert mit der Rechtsauffassung des Reiches, genauer gesagt mit der Anwendung des Republikschutzgesetzes. In einer Denkschrift der Reichskanzlei vom 24. August wird auf die Entscheidung des Staatsgerichtshofs zum Schutze der Republik hingewiesen, der im Zusammenhang mit dem Verbot der NSDAP in Preußen ausgeführt habe, »dass die Hitler-Partei und insbesondere ihre Sturmtrupps als staatsfeindliche Verbindung anzusehen sei, die die Bestrebung verfolge, die verfassungsmäßig festgestellte republikanische Staatsform zu untergraben. Obwohl hiernach sowohl eine strafbare Handlung [...] als auch die Möglichkeit für die bayerische Regierung vorlag, die Sturmtrupps wie auch sämtliche Versammlungen, Aufzüge und Kundgebungen der Hitler-Partei auf Grund von § 14 des Schutzgesetzes zu verbieten, und obwohl der Herr Bayerische Minister des Innern hierauf [...] besonders hingewiesen worden ist, hat die bayerische Regierung [...] keinerlei Maßnahmen ergriffen«. Besonders peinlich für das Ansehen des Reiches, wird in der Denkschrift hervorgehoben, sei die Tatsache, dass Haftbefehle von den bayerischen Behörden nicht vollstreckt würden. Der Freistaat sei »geradezu ein Asyl für Staatsverbrecher« geworden. Als Beispiel wird in der Denkschrift der Fall des völkischen Dichters und Journalisten Dietrich Eckart angeführt, der Hitler in die Welt der Rassenideologie eingewiesen und ihm unzählige Kontakte vermittelt hat.[22]

Wenn die bayerische Regierung die Hitler-Bewegung nicht verbietet, hat das Gründe. Man glaubt dort, dass ein Verbot die NSDAP nicht schwächen würde. Sie sei in der Illegalität nicht weniger gefährlich. Hinzu käme im Falle eines Verbots eine zu erwartende Solidarisierung weiterer Wehrverbände mit der Hitler-Bewegung. Dies würde eine Vertiefung der Spaltung der »Vaterländischen Verbände« bedeuten und eine Stärkung derer, die der bayerischen Regierung eher ablehnend gegenüberstehen. Dies gilt es aus der Sicht der Staatsregierung unbedingt zu verhindern, denn die Wehrverbände sind für sie nicht nur der Garant der freistaatlichen Unabhängigkeit, sondern auch die Streitmacht, die die von der Linken bedrohte Reichseinheit gewährleistet. Die »Staatsverbrecher« sind für Knilling nach den Erfahrungen der Räterepublik die von Moskau gelenkten Kommunisten und die linken Sozialdemokraten, insbesondere die in Sachsen und im angrenzenden Thüringen.

Die Entwicklung in Mitteldeutschland bereitet auch der Reichsregierung immer größere Sorgen. Denn dort gewinnen die Kommunisten mit ihren Proletarischen Hundertschaften zunehmend an Einfluss. Und auch Zeigner stellt sich immer aggressiver gegen die Reichsregierung. Geßler wirft er zum wiederholten Male vor, dass er im Einvernehmen mit rechtsradikalen Geheimorganisationen stehe, die einen Putsch planten. Entsprechend feindlich gesonnen ist die Landesregierung gegenüber der Reichswehr. Das geht so weit, dass Übungen des Militärs behindert werden. Beide Länder, Sachsen und Thüringen, »mit ihren Linksregierungen werden zu einem starken gegen die Reichswehr eingestellten Gefahrenmoment inmitten Deutschlands«, heißt es in einer Lageeinschätzung eines Generalleutnant Lieber aus dem Reichswehrministerium.[23] Hinzu kommen die nicht enden wollenden Übergriffe der Proletarischen Hundertschaften gegen Unternehmer und die Eingriffe in die Firmen, die die ohnehin schwer heimgesuchte Wirtschaft seit Monaten zusätzlich beschädigen. Um sich ein Bild von der Lage zu machen, hat Stresemann mit dem Verband sächsischer Industrieller und der dortigen Handelskammer Gespräche geführt.

Am 22. August trifft Stresemann mit Zeigner zusammen und findet deutliche Worte. Der Reichspräsident, der ebenfalls mit dem sächsischen Ministerpräsidenten spricht, steht dem nicht nach. »Bei diesen Unterredungen [ist] daraus kein Hehl gemacht worden, dass die Reichsregierung fest entschlossen sei, für die Herstellung der Ruhe und Ordnung in Sachsen zu sorgen, wenn nicht die Sächs. Regierung es vorziehen sollte, ihrerseits die notwendigen Maßnahmen zu ergreifen. Herr Ministerpräsident Dr. Zeigner hat dies auch zugesagt«, berichtet Stresemanns Referent Ehlers und merkt noch an, bei der Behandlung dieser Frage gehe der Kanzler »durchaus konform mit dem gesamten Kabinett, und gerade die sozialdemokratischen Minister sind bemüht, ihrerseits durch Einwirkung auf ihre sächsischen Parteigenossen mit dazu beizutragen, dass in Sachsen möglichst bald vollkommene Ruhe und Ordnung gewährleistet ist.«[24]

Doch davon kann keine Rede sein. Mit der sich dramatisch verschlechternden Lage in Deutschland vergrößern die Kommunisten in Sachsen und Thüringen ihren Einfluss. Am 29. August wendet sich Geßler, der bereits ein paar Tage zuvor seinem Oberbefehlshaber in Sachsen, Generalleutnant Alfred Müller, den dienstlichen Verkehr mit der Zeigner-Regierung untersagt hat, an den Kanzler. In seinem Schreiben beklagt er sich über die Lage im Land, wo der inzwischen als linker Aufrührer bekannte Polizeioberst Hermann Schützinger unbeschadet in der *Dresdener Volkszeitung* einen Artikel unter der Überschrift »Kriegsgefahr« veröffentlicht hat, in dem die Rede von einer 800 000 Mann starken Truppe aus »Schwarzer Reichswehr« und rechtsradikalen Verbänden ist. Kanzler und Reichswehrminister seien »kleine Nippesfiguren« in den Händen dieser »Bestien (...), die berufsmäßig die Einpeitscher der Völkerverhetzung und der Kriegsverewigung sind«.[25] Der sächsische Polizeioberst Schützinger tangiert mit seinem Beitrag über die »Schwarze Reichswehr« ein hochsensibles Terrain. Denn eine solche Truppe existiert offiziell gar nicht, weil sie ja den Bestimmungen des Versailler Diktats zuwiderläuft. Das ist das eine. Gewichtiger ist das andere: die deutsche Wirklichkeit des Sommers 1923, in der das Reich von Frankreich im Westen und von Polen im Osten bedroht wird. Deshalb kommen Schützingers Auslassungen nicht nur aus der Sicht der Militärs dem Hochverrat gleich.

Dass Zeigner am 31. August die illegale personelle Aufrüstung der Reichswehr sowie die geßlersche Kontaktsperre für Müller öffentlich brandmarkt und den Rücktritt des Reichswehrministers fordert, weitet den Konflikt aus. Dies ist umso mehr der Fall, als sich zumindest Teile der SPD in Berlin hinter Zeigner stellen. So berichtet die *Vossische Zeitung*, dass der sozialdemokratische Pressedienst in Übereinstimmung mit der Parteiführung geschrieben habe, nur der kritischen Lage wegen habe sich die SPD mit der Leitung des Reichswehrressorts durch Geßler abgefunden, »aber sie habe schon damals diese Zustimmung daran geknüpft, dass Geßler nach Möglichkeit bald von seinem Amt befreit werden müsse«.[26] Nach Auffassung einiger Parlamentarier hat die Sache das Zeug, die Koalition zu sprengen. Was folgt, ist eine Art Eiertanz. Stresemann und die SPD-Genossen verständigen sich auf drei Punkte: erstens, dass der volle Dienstverkehr zwischen der Reichswehr und der sächsischen Landesregierung wiederhergestellt wird. Zweitens, dass die Kontakte der regulären Truppe zur »schwarze[n] Reichswehr, wenn vorhanden, nicht gebilligt« werden. Und drittens, dass alles nur ein »Missverständnis« sei (auch die ehrenrührigen Vorwürfe gegen die Reichswehr), das nun ausgeräumt sei.[27] Doch ausgeräumt ist gar nichts. Es ist nur unter den Teppich gekehrt. Und aufseiten der Reichswehr befördert die Sache die nicht eben gute Meinung, die die Truppe oder besser: ihre Führung vom ungedienten Stresemann hat. »Der deutsche Weg«, den der Chef der Heeresleitung von Seeckt dem Kanzler bei einem Truppenbesuch in Döberitz nahegelegt hat, ist das sicherlich nicht.[28]

Derweil reißen die Eingaben und Hilferufe der sächsischen Unternehmer nicht ab. Der sächsische Reichstagsabgeordnete Franz Brüninghaus schreibt: »Da die Industrie am Ende ihrer finanziellen Leistungsfähigkeit angekommen ist und die Arbeitslosigkeit immer mehr zunimmt, steht zu erwarten, dass in kürzester Frist, wenn nicht irgendetwas geschieht, in Sachsen die Herrschaft der Straße, alias der Kommunismus, sich ausbreiten wird. Leben und Sicherheit der Unternehmer sind, wie sich die Verhältnisse entwickelt haben, nur noch davon abhängig, ob sie zahlen können oder nicht.«[29] Immer wieder wird Zeigner, von dem von Stockhausen sagt, er sei »der Typ des verworrenen salonbolschewistischen Intellektuellen«,[30] vorgeworfen, er treibe ein falsches Spiel, indem er sich im Gespräch mit Bürgerlichen bitter über die Kommunisten beklage, die ihn nötigten, tatsächlich aber arbeite er ihnen zu.[31]

Hitler spricht im Zusammenhang mit den Übergriffen der Proletarischen Hundertschaften in »Sowjetsachsen« von sich täglich abspielenden »Bolschewistentaten«.[32] Für ihn ist das Land dann auch das Haupteinfallstor des Bolschewismus ins Reich. Die dortige Entwicklung gleicht für ihn der in Russland, wo die Revolution mit dem Sozialdemokraten Alexander Kerenski begonnen und mit dem Bolschewisten Lenin geendet habe.[33] Im »Sowjetparadies« selbst wähnt Hitler gar den »Vorhof der Hölle«, denn »der Jude« habe dort mithilfe der bolschewistischen Revolution unter »unmenschlichen Martern und Grausamkeiten« die russische nationale Intelligenz ausgerottet und »auf dem Wege der allgemeinen Verbastardisierung einen [...] minderwertigen Menschenbrei« herangezüchtet.[34]

Dieses Schicksal – ausgehend von Sachsen und Thüringen – droht nun auch Deutschland, wobei zunächst Bayern, als Hort der nationalen Kräfte, im Fokus Moskaus stehen wird. So sieht es Hitler, der davon überzeugt ist, dass ihm nicht mehr viel Zeit bleibt, um durch die nationale Revolution den Untergang des Reiches abzuwenden. Mitte August erklärt er: »Zwei Pole beginnen in diesen Tagen das letzte entscheidende Ringen: Hakenkreuz oder Sowjetstern! [...] Der Reichstag wird entweder weichen der Diktatur des internationalen Judentums, genannt Diktatur des Proletariats, oder der Diktatur der nationalen Reinigung.«[35]

Obwohl er Genaueres nicht weiß, sind Hitlers Einschätzungen der bolschewistischen Machtzentrale – entkleidet man sie ihrer rassenideologischen Apokalyptik – durchaus realistisch. Denn für den Kreml spielt die Entwicklung in Mitteldeutschland tatsächlich eine zentrale Rolle. Von hier aus soll die bevorstehende Revolution in Richtung Berlin ihren Ausgang nehmen, denn hier existiert bereits die Einheitsfront der Werktätigen. Am 21. August hat das Politbüro des Zentralkomitees der KPR angesichts der dramatischen Lage in Deutschland den Grundsatzbeschluss gefasst, Staat, Partei und Komintern auf die dortige Revolution zu orientieren und Vorbereitungen dafür zu treffen; denn das deutsche Proletariat stehe »unmittelbar vor den entscheidenden Machtkämpfen«. Dazu gehören – so will es die damit betraute Kommission, der Sinowjew, Kamenew, Stalin, Trotzki, Radek und Tschitscherin angehören – die »politische Vorbereitung der werktätigen Massen der Union der (Sowjet-)Republiken auf die kommenden Ereignisse«, die »Mobilisierung der Kampfkräfte der Republik«, die »ökonomische Hilfe an die deutschen Arbeiter« sowie »entsprechende diplomatische Vorbereitungen«.[36]

Alles muss streng geheim bleiben. Das hat der Genosse Stalin gefordert. Und Trotzki gibt ihm bei aller Rivalität recht: Es dürfe nicht erkenntlich sein, dass wir die Angelegenheit anführen, weder die KPR noch die Komintern. »Von diesem Standpunkt wäre es eine Katastrophe, wenn die ersten zwei Seiten der Thesen des Genossen Sinowjew in der Presse durchsickerten.«[37] Kühl hat der Vorsitzende der Komintern am 15. August die Lage in Deutschland analysiert, die Schwäche der Stresemann-Regierung, zu der Moskau zur Täuschung gute Beziehungen pflegen solle, die Zerrissenheit der Sozialdemokratie. Sinowjew hebt die unbedingte Notwendigkeit einer Einheitsfront mit der Losung von der »Arbeiter- und Bauernregierung« hervor. Diese und nicht »Alle Macht den Räten« oder gar »die Diktatur des Proletariats« dürften als Ziel des Umsturzes genannt werden, seien diese Parolen doch durch die Revolutionszeit 1918/19 negativ belastet.[38]

Stalin, der inzwischen seine Zurückhaltung in Sachen deutscher Revolution aufgegeben hat, nimmt am 19. August zu den Sinowjew-Thesen schriftlich Stellung. Er hat noch einmal klargestellt, dass die Einheitsfront lediglich eine agitatorische Losung sei, die nicht zu verwirklichen sei. »Man muss in den Thesen direkt und klar sagen, dass es um die Machtübernahme der Kommunisten geht, ohne die Sozialdemokraten.« Der »Hauptmangel« der Thesen liegt für den Georgier darin, dass viel von der Eroberung der Macht in Deutschland gesprochen werde, nicht aber wie die Macht dann behauptet werden könne. Stalin fährt fort, dass die Arbeiterrevolution in Deutschland »wahrscheinlich den Krieg Frankreichs und Polens und vielleicht auch anderer Staaten mit Deutschland« bedeute. Es müsse klar und deutlich gesagt werden, »dass die Revolution in Deutschland und unsere Hilfe für die Deutschen in Form von Lebensmitteln, Waffen, Menschen u. ä. den Krieg Russlands mit Polen und vielleicht auch anderen Pufferstaaten bedeutet [...] Ich rede schon gar nicht von anderen Eckpfeilern einer militärischen Unterstützung unsererseits für das revolutionäre Deutschland. Wenn wir den Deutschen wirklich helfen wollen – und wir wollen das und müssen helfen –, dann letztendlich wird es um die Existenz der Sowjetföderation gehen [...]«.[39]

Ohne die Anwesenheit eines einzigen deutschen Genossen wird die Moskauer Führung am 21. August die Grundsatzbeschlüsse für die deutsche Revolution fassen. Als die Informationen in der Zentrale der KPD ankommen, schreibt Brandler an die Komintern. Er gibt seiner Freude Ausdruck, »dass in allen Fragen völlige Übereinstimmung herrscht«. Er berichtet von der Stresemann-Regierung, deren Lebensdauer nicht allzu groß sein werde. Trotzdem glaube er nicht, dass sich die Machtfrage schon jetzt entscheide. »Weder hat die Bourgeoisie die Kraft, jetzt die Stinnes-Diktatur aufzurichten, noch wir, die Arbeiter- und Bauernregierung zu schaffen.« Brandler hält Zwischenlösungen wie eine sozialistische Regierung für möglich. Gleichwohl wollen die deutschen Kommunisten in sechs Wochen den Kampf aufnehmen können, schreibt er, ohne zu versäumen, darauf hinzuweisen, »dass wir mit einer solideren Arbeit in einem Zeitraum von fünf Monaten fertig sind«.[40]

Selbstbewusster denn je geben sich jetzt die deutschen Kommunisten. Auf einem Treffen der revolutionären Betriebsräte Berlins und Brandenburgs in Velten fordern diese ein weiteres Mal die Verstaatlichung der Schlüsselindustrien, den Sturz Stresemanns und die Einsetzung einer Arbeiterregierung. In Dresden marschieren die »Abwehrorganisationen« aus Kommunisten und linken Sozialdemokraten mit 8000 Mann und einem Meer von roten Fahnen durch die Stadt und halten einen Generalappell ab. Mitte September ziehen 5000 Angehörige der Proletarischen Hundertschaften durch Leipzig. Immer öfter kommt es im Reich zu Schießereien zwischen Kommunisten und der Polizei. Brandler protzt derweil auf dem Parteitag der polnischen Kommunisten, die ihn als Gastredner eingeladen haben, dass seine Partei »über 200 000 bewaffnete Männer, Handwaffen für 15 Divisionen, 330 Partisanengruppen sowie 7000 zu roten Offizieren ausgebildete Parteimitglieder« verfüge.[41]

Auch der linke Parteiflügel der SPD begehrt auf. Es mehren sich die Stimmen aus den Untergliederungen, die den Austritt der Partei aus der Großen Koalition verlangen. Nicht mehr nur aus Sachsen und Thüringen ist solches zu vernehmen, sondern auch vom hessischen Landesverband sowie von den Bezirksparteitagen Berlin-Brandenburg und Halle. In Weimar ist am 11. September dem linken SPD-Mann August Frölich das Vertrauen als thüringischer Regierungschef entzogen worden, worauf er samt seiner Minderheitsregierung zurückgetreten ist. Vorangegangen ist dem ein Misstrauensantrag der Kommunisten, deren Forderungen vom Parlament und damit auch mit den Stimmen sozialdemokratischer Abgeordneter abgelehnt wurden. Die KPD hat die Übertragung gesetzgeberischer Zuständigkeiten auf den Betriebsrätekongress verlangt, ebenso wie die Bildung eines »roten Blocks« in Mitteldeutschland, dem neben Thüringen und Sachsen auch Braunschweig angehören sollte. Die Zusammenarbeit zwischen den Kommunisten und Sozialdemokraten ist mit der Ohrfeige allerdings noch nicht beendet. Die linken Sozialdemokraten ziehen daraus die Konsequenz, sich noch mehr der KPD anzudienen.

Dies alles lässt Hitler sich noch verbissener darum bemühen, nach den Rückschlägen des Frühjahrs Terrain gutzumachen. Der »Deutsche Tag« in Nürnberg, mit dem die »Vereinigten Vaterländischen Verbände Deutschlands« den Sieg über Frankreich im Jahr 1871 begehen, bietet eine Gelegenheit dazu. Aus ganz Süd- und Mitteldeutschland sind sie gekommen, auch aus Sachsen, wo derartige Veranstaltungen von der Regierung verboten worden sind. Im Mittelpunkt des Spektakels aus Umzügen und Kundgebungen steht Ludendorff. In einem Bericht des Staatspolizeiamtes Nürnberg-Fürth heißt es: »Brennende Heilrufe umtosten Ehrengäste und Zug, zahlreiche Arme streckten sich ihm mit wehenden Tüchern entgegen, ein Regen von Blumen und Kränzen schüttete sich von allen Seiten über ihn: Es war wie ein freudiger Aufschrei Hunderttausender Verzagter, Verschüchterter, Getretener, Verzweifelnder, denen sich ein Hoffnungsstrahl auf Befreiung aus Knechtschaft und Not offenbarte. Viele Männer und Frauen standen und weinten.«[42] Von den antisemitischen Übergriffen, die sich an diesem Tag ereignen, ist in dem Bericht nichts zu lesen.

Hitler bleibt im Schatten des großen Feldmarschalls des Weltkriegs, obgleich er mit seinen Nationalsozialisten eine der größten Gruppen stellt. Es ist sein fanatischer Aktionismus, der ihn in Nürnberg dreimal sprechen lässt, der ihn aus SA, »Bund Oberland« und »Reichsflagge« den »Deutschen Kampfbund« als verschworene Kernorganisation innerhalb der »Arbeitsgemeinschaft« gründen lässt. Hier sehen sie ihn, den von 500 SA-Männern eskortierten eigentlichen Hoffnungsträger. Und der wähnt die Stunde der nationalen Erhebung unaufhaltsam näherrücken. Am 5. September versichert er: »Entweder marschiert Berlin und endet in München oder München marschiert und endet in Berlin! Es kann kein Nebeneinander geben eines bolschewistischen Norddeutschland und eines nationalistischen Bayern.«[43] Ein paar Tage darauf verkündet er: »Wir nehmen den Kampf auf und sind überzeugt: Der Sieg wird unser sein!« In Anspielung auf seine megalomanen Erlösungsvisionen fährt er fort: »Was sich heute anbahnt, wird größer sein als der Weltkrieg! Es wird ausgefochten werden auf deutschem Boden für die ganze Welt!«[44]

In Berlin kämpft die Reichsregierung derweil weiter einen ganz anderen Kampf, nämlich die Finanzen unter Kontrolle zu bekommen. Die Dogmen der Reichsbank, wonach die schlechte Außenhandelsbilanz eine Bekämpfung der Inflation praktisch unmöglich mache, wurden über Bord geworfen. Mit Genugtuung hält D'Abernon über eine Rede des Finanzministers am 23. August fest: »Hilferdings Rede ist die erste Deklaration eines deutschen Staatsmanns, die ich gesehen habe, die Verständnis für die gegenwärtigen finanzpolitischen Notwendigkeiten zeigt. Er erklärte, dass ohne eine Stabilisierung der Mark keine Außenpolitik möglich sei, kein Budget etabliert werden könne und weder eine angemessene Grundlage für eine Regierungsarbeit oder für privaten Handel geschaffen werden könne.«[45]

Die Schaffung eines wertbeständigen Zahlungsmittels hat dann auch für die Reichsregierung oberste Priorität, denn die Inflation hat inzwischen surreale Dimensionen angenommen. Hat der Dollar am 20. August 4,2 Millionen Mark gekostet, sind es am 23. August 5,1 und am 30. August 8,2 Millionen. Am frühen Abend dieses Tages tritt das Reichskabinett unter Stresemanns Vorsitz zusammen, um sich mit dem Thema zu beschäftigen. Doch aller Anfang ist schwer. Die Überlegungen sind festgefahren und ziehen den Unmut Stresemanns, der von Währungsfragen wenig versteht, über seinen Finanzminister nach sich. Stockhausen notiert: »Hilferding [...] macht einen hilflosen und verzweifelten Eindruck. Über ihm schlagen die Wogen der Papier-Billionen zusammen.«[46]

Dem vorangegangen ist die Auseinandersetzung um zwei entgegengesetzte Lösungsmodelle. Das eine ist von Helfferich noch zur Regierungszeit Cunos bei einem Treffen mit diesem und Finanzminister Hermes sowie Ernährungsminister Luther ins Spiel gebracht worden. Am 15. August hat der DNVP-Mann die neue Regierung gewarnt. »Wenn es uns nicht im Laufe der nächsten Wochen – ich sage nicht im Verlaufe der nächsten Monate, sondern der nächsten Wochen – gelingt, ein realfundiertes Zahlungsmittel, das durch die ganze Art seiner Fundierung Wert in sich selbst trägt, zu schaffen, sind wir mit Schuhen und Strümpfen verloren.«[47] Hilferding springt über seinen Schatten und lädt Helfferich ein, um sich dessen Vorstellungen von einer neuen, wertbeständigen Währung anzuhören. Das geschieht am 18. August in der Reichskanzlei in Anwesenheit der führenden Männer.

Im Verlauf des nicht gerade harmonischen Treffens erläutert Helfferich, das künftige Zahlungsmittel solle »durch die Wirtschaft selbst« geschaffen werden und auf die Erfassung der Sachwerte beruhen. Er will hierzu – bis zur Stabilisierung der Reichsbank – eine Interims-Währungsbank ins Leben rufen, die Landwirtschaft, Industrie, Handel und Banken gehört. Das Grundkapital der neuen privaten Notenbank soll »zur Hälfte von der Landwirtschaft, zur anderen Hälfte vom Gewerbe gegen obligatorische hypothekarische Belastung in Höhe von fünf vom Hundert aufgebracht werden«. Das ergab jeweils zwei Milliarden, also zusammen vier Milliarden Goldmark. Als Sicherheit sollten die Träger der Bank Pfandbriefe erhalten, die mit vier Prozent pro Jahr verzinst werden sollen, zu zahlen aus den Gewinnen der Bank.[48]

Die neue Währung soll sich nach Helfferichs Vorstellungen nicht am Wert des Goldes, sondern an dem des Roggens orientieren. Für eine Tonne Roggenwert sollen von der Währungsbank 200 Roggenmark als Banknoten ausgegeben werden. Diese sollen – so der Finanzexperte – gegen die verzinsten Pfandbriefe eingetauscht werden können, die die Bank verwahren würde, so wie vor dem Krieg die Banknoten bei der Reichsbank gegen Gold eingetauscht werden konnten. Abgesehen davon soll die neue

Währungsbank dem Reich einmalig einen Betrag übergeben, der 300 Millionen Goldmark entspricht. Damit soll das Reich seine von Helfferich auf 100 Millionen Goldmark geschätzten Schulden begleichen und die Reichsbank einen Fonds von Roggenmark einrichten, die sie dann gegen die nahezu wertlose alte Papiermark ausgeben könnte. Im Gegenzug sollte der Besitz von der Sondersteuer befreit werden, die ihm soeben per Gesetz auferlegt worden ist.[49]

Hilferding sieht in Helfferichs Plan eine sozial unausgewogene Privilegierung der Reichen, die bislang ungeschoren durch die Inflation gekommen seien. Außerdem sei die Roggenmark in ihrem Wertverhältnis zur Auslandswährung nicht stabil genug, wendet er ein. Der Sozialdemokrat favorisiert eine neue Währung auf Goldbasis, sieht aber als Voraussetzung dafür die Lösung der Reparationsfrage an. Nur eine »Operation im Wege der Außenpolitik« vermöge zu helfen, nicht das »technische Mittel«. Daher löse auch die Schaffung einer wertbeständigen Währung das Problem nicht, meint Hilferding,[50] der für eine strenge Devisenerfassung eintritt, von der aber nur längerfristig eine Verbesserung der Lage zu erwarten ist.

Unter Druck geraten und beauftragt vom Regierungschef entwirft er im Verlauf der Kabinettssitzungen am 7. und 10. September Leitlinien, in denen er seine Vorstellungen von einer neuen Währung formuliert. Zentraler Unterschied zu Helfferichs Plan: Träger der neuen Notenbank soll der Staat und nicht die Wirtschaft sein. Außerdem plädiert er für die Schaffung einer Goldnotenbank, deren Kapital durch das noch vorhandene Reichsbankgold in Höhe von 100 Millionen Mark und durch eine Goldanleihe über 80 Millionen aufgebracht werden soll. Doch mit dieser Menge des Edelmetalls können nicht genügend Geldscheine ausgegeben werden. Deshalb soll die alte Währung neben der neuen fortbestehen. Die Kreditanforderungen des Staates sollen bis zu einer Regelung der Reparationen mit dem Papiergeld gedeckt werden.

Hilferdings finanzpolitische Vorstellungen stoßen auf die Ablehnung der Reichsbank. Ihr Präsident Havenstein, der jegliche Mitverantwortung für den Gang der Dinge ablehnt, lässt mitteilen, dass jede künftige Reform, die ihre Inanspruchnahme notwendig mache, wertlos sei. Er verweist auf den Helfferich-Plan als den einzigen gangbaren Weg. Doch da wollen Hilferding und die SPD freilich nicht mitgehen. Entsprechend ernst ist die Stimmung. Schon nach der Sitzung vom 30. August hat der als Protokollant eingeteilte von Stockhausen einen »dumpfen Druck« ausgemacht und gefragt: »Wie lange werden wir den passiven Widerstand noch finanzieren können? – Gott behüte uns vor der ›weißen Fahne‹ des November 1918.«[51]

Stresemann will das unter allen Umständen verhindern. Er will den Abbruch des passiven Widerstands nach wie vor solange es geht hinausschieben. Verzweifelt bemüht er sich deshalb um eine Reduzierung der Ruhrkosten. Immer wieder weist der Kanzler in Besprechungen und Konferenzen mit seinem Fachministern, den Vertretern der preußischen Regierung und den Abgesandten aus den besetzten Gebieten darauf hin, dass ohne eine alsbaldige Einschränkung der Ausgaben des Reichs ein Zusammenbruch der Währung folgen müsse. Und der größte Kostenfaktor ist der passive Widerstand. Es wird an Plänen gearbeitet, die allerdings wenig bringen, steht doch der bürokratische Aufwand in keinem Verhältnis zu den einzusparenden Summen. Denn den Löwenanteil der Aufwendungen für das besetzte Gebiet macht das Arbeitslosengeld aus, und das ist nicht verhandelbar.

Zur gleichen Zeit lässt Stresemann nichts unversucht, mit Frankreich ins Gespräch zu kommen, sozusagen als Gegenleistung für den Abbruch des passiven Widerstands. Während einer Rede in Stuttgart am 2. September erklärt er im versöhnlichen Ton, dass die Beendigung des Ruhrkonflikts der Anfang einer neuen Friedensära sein könne. »Ein wirtschaftlich mit Frankreich verbundenes Deutschland wird für die Durchführung einer solchen Friedensidee die denkbar größte Friedenssicherheit bieten. Eine Zerstückelung Deutschlands, der Versuch der Abtrennung deutscher Gebiete oder der Versuch einer wirtschaftlichen und verkehrstechnischen Beherrschung seiner Grenzgebiete würde dem Geiste eines solchen Abschlusses dauernd entgegenwirken«, sagt Stresemann, der noch einmal versichert, dass Deutschland seine Reparationsverpflichtungen erfüllen und auch die erforderlichen Sicherheiten schaffen würde.[52] Die Reaktion Poincarés ist jedoch die Übliche. Er lehnt ein weiteres Mal jegliche Konzession gegenüber der deutschen Seite ab.

Mit Genugtuung verfolgt der französische Ministerpräsident stattdessen die Eskalation der Hyperinflation in Deutschland. Liegt der Dollar am 3. September noch bei 9,7 Millionen Mark, so steigt er bis zum 6. September auf 33,2 Millionen. Bereits am 8. September schlägt er mit 53 Millionen Mark zu Buche. Schnelles Handeln tut jetzt Not, denn der passive Widerstand hat bislang die schwindelerregende Summe von 1,15 Milliarden Goldmark plus einer weiteren Milliarde für Kohleimportsubventionen gekostet und die Inflation dramatisch beschleunigt. Und er tut dies noch mit jedem weiteren Tag, der vergeht. Berlin leitet nun die ersten konkreten Schritte ein, dies zu beenden. Zunächst werden die deutschen Vertreter der besetzten Gebiete vertraulich darüber informiert, dass die Reichsregierung mit der französischen Regierung »in Verhandlungen« über einen Abbruch des passiven Widerstands einzutreten gedenke. Doch zu verhandeln gibt es für Paris nichts.

Und dennoch bemüht sich der Kanzler weiter, den bevorstehenden Abbruch des passiven Widerstands wenigstens nicht wie eine Kapitulation aussehen zu lassen. Eine neuerliche Demütigung dieser Größenordnung würde die Nation kaum verkraften und die äußerste Rechte zu den Waffen greifen lassen. Die Revolution der Kommunisten ließe dann nicht lange auf sich warten. Die Folge wäre der Bürgerkrieg. Kurzzeitigt erwägt Stresemann, ob nicht das Signal zum Abbruch aus dem besetzten Gebiet selbst kommen könnte, um dadurch Kanzler und Kabinett aus der Schusslinie zu nehmen. Aus dem Kreise der Regierung sei man in der Angelegenheit an die politischen Führer der besetzten Gebiete herangetreten. »Sämtliche politische Parteien hätten jedoch dieses Ansinnen rundweg abgelehnt«, heißt es in einem Bericht der Arbeitsgemeinschaft der politischen Parteien des alt- und neubesetzten Gebiets in Elberfeld.[53]

Der Reichskanzler muss die Verantwortung also übernehmen, der Reichskanzler, dem nichts anderes bleibt, als weiter zu versuchen, den Besatzern vielleicht doch noch ein paar Zugeständnisse abzuringen, um der öffentlichen Meinung in Deutschland willen. Am 1. September trifft er mit dem französischen Botschafter de Margerie zusammen, zu dem Cuno im Januar jeglichen Kontakt abgebrochen hatte. Er greift die Überlegung seines Vorgängers auf und schlägt den Franzosen einen Rheinpakt vor, um ihnen die Sicherheitsgarantien zu geben, die ihnen einen Abzug der Besatzungstruppen ermöglichen würden. Am 3. September versucht er, dem Botschafter klarzumachen, dass keine deutsche Regierung eine Aufgabe des passiven Widerstands überleben würde, wenn damit nicht die Ruhr- und Reparationsfrage so gelöst werden würde, dass die deutsche Seite nicht ihr Gesicht verlöre. Am 16. September spricht er mit dem belgischen Gesandten Georges Comte della Faille de Leverghem; am Tag darauf wieder mit de Margerie. Stresemann tritt jetzt schon als Bittsteller auf, wenn er als Gegenleistung für den Abbruch des passiven Widerstands eine Rückkehrerlaubnis für die 180 000, die aus dem Ruhrgebiet ausgewiesen wurden, ins Gespräch bringt, oder eine Amnestie für all diejenigen, die in den Gefängnissen der Besatzungsmächte einsitzen. Solche Forderungen werden auch von den Gewerkschaften erhoben. Und die Reichsregierung kann nicht dahinter zurückbleiben. Doch Stresemanns Mühen sind vergeblich. Der Botschafter will sich all das gar nicht anhören. Denn für irgendwelche Konzessionen sehen Paris und Brüssel keinen Grund angesichts des sich abzeichnenden Sieges an der Ruhr über die *boches*. Denn auch dort weiß man, dass Berlin den passiven Widerstand nicht mehr finanzieren kann und wohl auch die Moral des größten Teils der Bevölkerung gebrochen ist.

Das müssen auch die politisch Verantwortlichen in Berlin in Rechnung stellen. In Berichten aus dem Ruhrgebiet ist die Rede davon, dass die Schutzpolizei sich mit den Besatzern arrangiert habe. Zusammenarbeit zwischen diesen und deutschen Stellen gibt es nicht nur dort, sondern an vielen Orten. So zum Beispiel in Düsseldorf, wo das städtische Arbeitsamt die Überweisung von Arbeitskräften an die Franzosen vermittelt.[54] Und auch in der Arbeiterschaft ist die Verweigerungshaltung erlahmt. Das

Überleben hat irgendwann dann doch einen höheren Stellenwert als der Patriotismus. Bei den Unternehmern ist dies im Prinzip nicht anders. Geschäftemachen hat Priorität, mit wem ist nachrangig. Natürlich sind da noch die vielen national Gesinnten, die weiterhin Widerstand leisten, ob passiv oder aktiv.

Die Reichsregierung hat auch die Regierungen der Reichsländer informiert, dass ein Abbruch des passiven Widerstands erwogen werde, Rhein und Ruhr jedoch ohne Wenn und Aber dem Reich erhalten bleiben müssten. Die Reaktionen reichen von uneingeschränkter Zustimmung aus den SPD-regierten Ländern – aus Preußen, Sachsen, Thüringen, Baden – bis hin zu schweren Bedenken. Die kommen aus Bayern. München, das offenbar den finanzpolitischen Zwang, unter dem die Reichsregierung steht, ignoriert, bringt in einer Note vor, dass Frankreich die »Abwandlung der Form des passiven Widerstands« als Schwäche deuten würde, was erst recht zur restlosen Durchsetzung seiner »Machtpläne« führen würde. Eine solche Entwicklung würde in Bayern eine Lage schaffen, »der mit den allergrößten Besorgnissen entgegengesehen werden müsste«.[55]

Am 12. September deutet Stresemann erstmals das Bevorstehende vorsichtig gegenüber der Öffentlichkeit an. Vor Berliner Pressevertretern sagt er im Verlauf einer Rede, um die Wirtschaftskrise zu überwinden, seien noch stärkere Eingriffe in »Besitz und Wirtschaft« sowie die Verlängerung der Arbeitszeit notwendig. Außerdem müsse der Ruhrkonflikt beigelegt werden, was eine Fortsetzung des passiven Widerstandes nicht möglich mache. Die Reaktion darauf erfolgt prompt und heftig, zumindest in dem einen Teil der Bevölkerung. In einem Bericht aus dem besetzten Gebiet heißt es, die Lage habe sich »außerordentlich verschärft«. »In den Kreisen nicht nur der Deutschvölkischen und der Deutschnationalen, sondern bis weit in die Reihen der volksparteilichen Kreise hat die Reichskanzlerrede eine Wirkung ausgelöst, wie man sie nicht zu ahnen gewagt hätte. [...] Es herrscht hellste Empörung [...] über den ›Verrat‹, den der Kanzler verübt habe. Man spricht ganz offen davon, dass Stresemann möglichst schnell Rathenau und Erzberger folgen müsse. Die nationalistischen Instinkte werden bis zur Leidenschaft aufgepeitscht. Es wird so dargestellt, als ob wir den Abwehrkampf noch lange durchzuführen in der Lage seien und dass der Sieg unser wäre, wenn nicht jetzt genau wie im Jahre 1918 die Judenregierung uns verkaufte und verriet. Hilferding, der österreichische Jude, und Stresemann, der Halbjude, hätten natürlich kein Verständnis für nationale Würde und für die Ehre des deutschen Namens. Solche und ähnliche Äußerungen konnte ich dieser Tage immer wieder hören«, heißt es in einem Bericht aus dem besetzten Gebiet.[56]

Im unbesetzten Teil des Reichs sind die Reaktionen in der Rechten nicht anders, obwohl noch nichts offiziell ist. Es herrscht Umsturzstimmung. In einer Diktatur wird vielerorts die Lösung gesehen. Im Laufe einer Fraktionssitzung der DVP malen sie den Teufel an die Wand. Brüninghaus redet dem kommunistischen Aufstand in Sachsen das Wort, und Stinnes gibt sich davon überzeugt, dass in den nächsten 14 Tagen der Bürgerkrieg ausbrechen werde. Derselbe Stinnes spricht gegenüber dem amerikanischen Botschafter in Berlin, Alanson B. Houghton, in diesen Septembertagen unverblümt davon, dass in zwei bis drei Wochen eine politische Umwälzung im Deutschen Reich bevorstehe. In dem Bericht, den der Diplomat für das State Department am 21. September verfasst, heißt es: Stinnes sei überzeugt, dass die deutsche Arbeiterschaft die Notwendigkeit, länger und härter zu arbeiten, nicht sehe und daher dazu gezwungen werden müsse. »Deshalb sagt er, muss ein Diktator gefunden werden, ausgestattet mit der Macht, alles zu tun, was irgendwie nötig ist. So ein Mann muss die Sprache des Volkes reden und selbst bürgerlich sein, und so ein Mann steht bereit. Eine große, von Bayern ausgehende Bewegung […] sei nahe. […] Der Bewegung würden sich alle Rechtsparteien anschließen und eine ansehnliche Gruppe gemäßigter Männer in der Mitte und sie würde in erster Linie einen Kampf gegen den Kommunismus bedeuten […].«[57] Der Industrielle und DVP-Abgeordnete Stinnes scheint offenbar Kontakte zu Hitler zu unterhalten und sich damit gegenüber dem Botschafter wichtigzumachen. Dabei ahnt er nicht einmal im Ansatz, mit wem er es zu tun hat.

Dieser Hitler fährt am 16. September ins oberfränkische Hof, wo er wiederum am »Deutschen Tag« teilnimmt. Er geriert sich dort als Führer des nationalen Deutschlands, als er mit pathetischem Gestus am Feldgottesdienst auf den Saalewiesen teilnimmt, den Festumzug in der Altstadt abnimmt und anschließend unter anderen im »Kolosseum«, einem Saalbau, spricht und dabei das »rote Berlin« samt Reichsregierung geißelt. Sein begeisterter Sekretär Heß berichtet darüber: »Etwas Derartiges hat Hof überhaupt noch nicht erlebt. [...] Er spricht um 12 Uhr‹ – programmwidrig und im Handumdrehen waren 6 Säle zum Brechen überfüllt, u. davor standen die Massen, vergeblich Einlass erhoffend, dabei fasste ein Saal alleine 5000 [Menschen]. Ich bin mit ihm von Saal zu Saal. Hinreißend sprach er. In einem Saal wurde er plötzlich wieder von dem Unbeschreibbaren besessen [...] am Schluss waren sie außer sich vor Begeisterung.«[58]

Trotz solcher Triumphe sind sich Hitler und seine Mitstreiter unterdessen darüber bewusst geworden, dass der Sturz der »Novemberrepublik« nicht auf der Straße seinen Ausgang nehmen kann. Der 1. Mai hat dies eindringlich gezeigt, haben er und seine Gefolgschaft doch ausgerechnet jenen gegenübergestanden, die er zum Marsch auf Berlin braucht. Die Konsequenz, die er daraus gezogen hat, lautet: Die nationale Revolution ist nur über den Besitz der staatlichen Machtmittel Bayerns zu realisieren. Der Geschäftsführer des »Deutschen Kampfbunds«, Hauptmann Wilhelm Weiß, der mit Hitler Ende des Monats ein »Aktionsprogramm« der Kernorganisation formuliert hat, sagt es so: »Die nationale Revolution darf in Bayern der Übernahme der politischen Macht nicht vorausgehen, sondern die Besitzergreifung der polizeilichen Machtmittel des Staates bildet die Voraussetzung für die nationale Revolution.«[59]

Dafür benötigt Hitler Verbündete und auch Geld. Nachdem sie in Hof den Mercedes der Münchner Parteileitung für die gefährliche Fahrt durch »Sowjetsachsen« äußerlich verändert haben, brechen deshalb er, Fahrer Maurice, Christian Weber und sein persönlicher Leibwächter Ulrich Graf von dort zum zweiten Mal in diesem Jahr nach Berlin auf. Sie haben entsicherte Pistolen in den Händen, als sie Bayern hinter sich gelassen haben. Hitler nimmt das Risiko einer Fahrt durch Thüringen und Sachsen in Kauf, denn in Berlin winken Devisen, 60 000 Schweizer Franken, die ihm ein Kaffeehändler borgen will. Als Sicherheit dienen die Juwelen seiner Verehrerin, der Ehefrau des Klavierfabrikanten Bechstein.

Um Geldspenden einzutreiben, ist Hitler bereits Ende August über Lindau in die Schweiz gereist. In Zürich ist er mit dem Sohn des eidgenössischen Generals Ulrich Wille zusammengetroffen. Wille junior, selbst Offizier, ist ein Freund von Rudolf Heß und ein Verehrer Hitlers. Er hat zugesagt, ein ausgewähltes finanzstarkes Publikum in seiner Villa Schöneberg zu versammeln, vor dem dieser sprechen könne. In seinem Vortrag »Zur Lage in Deutschland« verzichtet Hitler auf seine ansonsten üblichen antisemitischen Tiraden oder gar auf Attacken gegen die »Börsenjuden«. Er prophezeit aufs Neue den baldigen Zusammenbruch der Regierung Stresemann und den Beginn der roten Revolution. Zur Zukunft Deutschlands erklärt er: »Entweder nehmen die Dinge den Verlauf, wie in Russland und es kommt zu einer Diktatur des Proletariats. Oder es geht wie in Italien mit der Diktatur eines Mussolini. [...] Ein Mittelding zwischen der Diktatur des Proletariats und der Diktatur von rechts gibt es nicht.«[60] Es folgen Treffen mit Bankiers und Seidenfabrikanten am Westufer des Zürichsees. Abgeschlossen wird die Tour mit einem Besuch des alten Generals Wille auf dessen Landgut Mariafeld. Die Resonanz auf den Führer der nationalsozialistischen Bewegung ist geteilt. Der finanzielle Ertrag ist beachtlich. Er soll zwischen 30 000 und 123 000 Schweizer Franken betragen haben.[61]

Geld aus dem Ausland kommt für die NSDAP auch von der anderen Seite des Atlantiks. So berichtete die *New York Times* am 10. Dezember 1922, dass man in der Reichsregierung davon ausgehe, dass Hitler von Henry Ford finanziert werde.[62] Am 20. Dezember präzisierte die Zeitung die Annahme, indem sie über einen für Ebert bestimmten Bericht des Sozialdemokraten Erhard Auer schrieb. »Der bayerische Landtag besitzt seit langem Informationen darüber, dass die Hitler-Bewegung zum Teil durch einen amerikanischen antisemitischen Führer, Henry Ford, finanziert wird. Fords Interesse an der bayerischen antisemitischen Bewegung begann vor einem Jahr, als ein Vertreter

Fords […] mit dem notorischen Alldeutschen Dietrich Eckart Kontakt aufnahm. Kurz darauf bat Herr Eckart Fords Vertreter um finanzielle Unterstützung.«[63] Mit dem Geld, das daraufhin geflossen sei – so insinuiert die *New York Times* –, seien Tausende junge Männer (»so-called Storming Batallion«) mit neuen Uniformen und Revolvern ausgestattet und außerdem zwei brandneue Autos finanziert worden.[64] Im März 1923 traf der amerikanische Vizekonsul Robert Murphy mit Hitler zusammen, um vor allem zu klären, ob die »vielen Berichte« der Presse zuträfen, dass Ford die NSDAP und ihren antisemitischen Kampf unterstütze.[65] Hitler wies solches freilich entschieden zurück.

Die Unterstützung Fords ist für Hitler von großer Bedeutung, denn der weltbekannte Automobilbaupionier teilt seine Auffassung über das internationale Judentum. Der bayerische Revolutionär sieht darin eine Bestätigung seiner Mission. Eine kleine Episode während seines Berlinaufenthalts am 18. und 19. September kündet davon. Als wäre es eine Selbstverständlichkeit, sagt er zu seinem Leibwächter, nachdem sie die Siegessäule erklommen haben, auf Reichstag und Hohenzollernschloss deutend: »Graf, wenn über diesen herrlichen Bauten unsere Hakenkreuzfahne weht, bin ich der Führer des ganzen Volkes.«[66] Der glückliche Ausgang des Zwischenfalls, der sich auf der Heimfahrt nach München ereignet, bestärkt ihn in dem Glauben, dass die Vorsehung ihn für die große Aufgabe auserkoren hat. Nahe dem sächsischen Zwickau geraten sie nämlich in eine Straßenkontrolle kommunistischer Milizionäre. Sie durchbrechen sie, woraufhin diese das Feuer auf den davonbrausenden Mercedes eröffnen.[67]

Die Entwicklung in Bayern, aber auch die politische Großwetterlage arbeiten derweil weiter für Hitler und jene, die den Machtwechsel wollen. Denn Stresemann und seine Regierung müssen einen neuerlichen Rückschlag hinnehmen. Hat der Kanzler dem Drängen der Sozialdemokraten nach einem sofortigen Abbruch des passiven Widerstands nicht nachgegeben, so hat doch der 19. September seine allerletzten Hoffnungen auf ein wie auch immer geartetes französisches Zugeständnis oder gar auf eine positive Entwicklung in der Reparations- und Ruhrfrage zunichtegemacht. An diesem Tag sind nämlich Baldwin und Poincaré in Paris zusammengetroffen. Nicht mehr von einem Zerwürfnis oder von einer Isolation Frankreichs ist danach die Rede, sondern von Einigkeit, die die beiden Verbündeten vor aller Welt jovial und mit viel Tamtam zur Schau gestellt haben.

In Großbritannien hat die von Curzon verfasste Note vom 11. August an die Pariser Regierung die profranzösischen Kräfte im Kabinett auf den Plan gerufen. Wortführer ist der Kriegsminister Edward Stanley. Der Earl of Derby, der die Kriegsveteranen für seine Sache mobilisiert hat, hat mit seinem Rücktritt gedroht, würde Großbritannien sich vom alten Waffenbruder Frankreich abwenden. Baldwin hat daraufhin nicht etwa seine Politik verteidigt, sondern dem Drängen seines Ministers nach einem versöhnlichen Treffen mit Poincaré rasch nachgegeben. Er misstraut ohnehin seinem Außenminister und dessen Politik. Für den deutschen Kanzler ist das ein bitterer Abschluss seiner Anstrengungen, den Abbruch des passiven Widerstands wenigstens noch mit irgendwelchen Konzessionen zu bemänteln. So wird er nun von weiten Teilen der Bevölkerung als das verstanden werden, was er sein wird: eine erneute bedingungslose Kapitulation des Reiches, die die deutsche Gesellschaft an den Rand des Abgrunds führen wird.

Doch noch ist es nicht so weit. Die Spannung ist dennoch auf dem Siedepunkt. Wann wird das neuerliche Unglück über Deutschland hereinbrechen, rätselt die politische Öffentlichkeit. Und ein von seinen apokalyptischen Visionen aufgewühlter Hitler zeichnet das Bild, wie ein »wirklicher« Widerstand hätte aussehen müssen: »Was hat es zu sagen, wenn in der Katastrophe unserer Gegenwart Industrieanlagen zugrunde gehen? Hochöfen können bersten, Kohlegruben ersaufen, Häuser mögen zu Asche verbrennen – wenn nur ein Volk dahinter aufsteht, stark, unerschütterlich, zum Letzten entschlossen. [...] Das Ruhrgebiet hätte das deutsche Moskau werden müssen! [...] Es wäre notwendig gewesen, der Welt durch ein gewaltiges Flammenzeichen Kunde zu geben: Das deutsche Volk ist nicht länger gewillt sich zu beugen! [...] Hinter dem brennenden Ruhrgebiet hätte ein solches Volk seinen Widerstand auf Tod und Leben organisiert.

Wäre so gehandelt worden, Frankreich hätte den Schritt nur zögernd weitergesetzt […] Ofen um Ofen; Brücke um Brücke gesprengt! Deutschland erwacht! Frankreichs Armee hätte sich nicht in das Grauen eines solchen Weltuntergangs peitschen lassen! Bei Gott, wir stünden heute anders da!«[68]

Hitlers wahnwitzige Auslassungen vom 21. August antizipieren bereits die spätere Katastrophe. Wenn das Ruhrgebiet zu einem »deutschen Moskau« hätte werden müssen, wie er sagt, dann bezieht er sich damit auf das brennende Moskau im September 1812, was entscheidend zum Scheitern von Napoleons Russlandfeldzug beitrug. Es entbehrt dabei nicht einer gewissen Ironie der Geschichte, dass die Wende von Hitlers Krieg gegen den »jüdischen Bolschewismus« hin zum Untergang seines Dritten Reichs in der Schlacht um dieses Moskau im November/Dezember 1941 ihren Ausgang nehmen wird. Kein deutscher Politiker vor ihm hat jemals in derart übersteigerten Kategorien gesprochen und – was noch wichtiger ist – in solchen Kategorien offenbar auch gedacht. Denn seiner rassenideologischen Weltanschauung zufolge befindet sich Deutschland in einem Kampf um Sein oder Nichtsein.

Welch eine Diskrepanz liegt darin zu dem ganz »normalen« Nationalismus. Bieder und rational mutet dann auch die scharfe Kritik an, die die DNVP im Reichstag und in den Landtagen gegen die Politik Stresemanns und damit gegen den bevorstehenden Abbruch des passiven Widerstands vorbringt. Die BVP bläst ins gleiche Horn. Der bayerische Ministerpräsident erhebt am 18. September auf einer Versammlung des Bayerischen Bauernbunds in Tuntenhausen »ernste Bedenken« gegen die Politik der Reichsregierung, besonders wegen ihres »sozialistische[n] Einschlag[s]«.[69] In der biergeschwängerten Atmosphäre des Festzelts haut er richtig auf den Putz und spricht von der Abtrennung Süddeutschlands im Falle einer Aufgabe des passiven Widerstands. Der große Schlachtenlenker des Weltkriegs, Paul von Hindenburg, der gerade in Bayern Urlaub macht, beschwört daraufhin die Reichseinheit und warnt vor jeglichem Separatismus. Für den Separatismus demonstrieren sie auch in Köln, Aachen, Trier und Wiesbaden unter den wohlwollenden Augen der französischen Besatzer. Die Interalliierte Rheinlandkommission, die im Mai 1919 ins Leben gerufen wurde, um die Belange der in Versailles auf 15 Jahre festgelegten Besatzung zu regeln, beginnt derweil, Notgeld auszugeben, denn die Mark taugt als Zahlungsmittel nicht mehr bei einem Kurs zum Dollar von eins zu 200 Millionen.

Knillings national-bajuwarische Bierzelt-Rhetorik heizt die Stimmung noch zusätzlich auf – und dies, obwohl schon seit Anfang September Gerüchte kursieren, wonach im Freistaat ein Putsch bevorstehe. Der Führer des Bundes Wiking, Eberhard Kautter, hat Knilling gewarnt, dass Ludendorff mithilfe des Kampfbundes nach der Macht in Bayern greifen und dann auf Berlin marschieren wolle. Ludendorff ist für den Ministerpräsidenten wegen seines aggressiv-preußischen und antikatholischen Habitus ein rotes Tuch. Auch Hermann Bauer von der »Vereinigung vaterländischer Verbände in Bayern« bringt diesen als Umstürzler ins Spiel. Franz Gürtner, der bayerische Justizminister, verbreitet, dass ihm Beweise vorlägen, wonach die Nationalsozialisten nach einer Massenversammlung zu putschen gedächten. Auch wenn Hitlers Strategie inzwischen eine andere ist, so macht er doch keinerlei Hehl aus seinem Vorhaben. Dass der Tag der »nationalen Erhebung« näherrückt, zeigt sich nicht zuletzt auch daran, dass es immer öfter zu blutigen Zusammenstößen zwischen der SA und den Proletarischen Hundertschaften kommt, die es auch im Freistaat gibt. Der bayerische Ministerpräsident muss also handeln.

Am 21. September teilt er dem Kabinett mit, die Koalitionsparteien hätten sich bei ihrer letzten Sitzung entschlossen, einen Kommissar zur Aufrechterhaltung der Ordnung einzusetzen. Als Knilling am Tag darauf mit dem bayerischen Kronprinzen Rupprecht spricht, haben sie bereits Gustav von Kahr, den ehemaligen bayrischen Ministerpräsidenten, für die Aufgabe im Blick. Der ist nicht nur Monarchist, sondern hat auch einen großen Einfluss auf die Wehrverbände, ist er doch einer der beiden Vorsitzenden von deren Dachorganisation, der »Vereinigung vaterländischer Verbände in Bayern«. Doch das vorrangigste Wesensmerkmal des Katholiken Kahr ist seine abgrundtiefe Abneigung gegenüber dem »jüdischen Marxismus« und, damit einhergehend, gegenüber der »roten« Berliner Republik.

Doch nicht nur in Bayern ist die Stimmung überhitzt. In Dresden sind am 22. September Unruhen ausgebrochen. Reste der reichstreuen Polizei liefern sich Schießereien mit Angehörigen der Proletarischen Hundertschaften. Sechshundert Kilometer weiter im Westen ist ein paar Tage zuvor in Oberbaden ein Aufstand losgebrochen, angestiftet und angeführt von kommunistischen Betriebsräten und Funktionären. Auf dem Lörracher Marktplatz haben sich am 14. September 15 000 Menschen – darunter viele Bauarbeiter aus Weil am Rhein – unter roten Fahnen mit Sowjetsternen versammelt. Der Generalstreik ist ausgerufen worden. Es kommt zu Übergriffen auf Fabrikanten. Betriebe werden lahmgelegt und Lohnerhöhungen werden erzwungen, die die Unternehmer wieder zurücknehmen, was zu neuerlichem Aufruhr der Arbeiter und einer Ausweitung des Generalstreiks auf die gesamte Region führt. Auf Anweisung Remmeles rückt schließlich die Schutzpolizei an. Proletarische Hundertschaften greifen diese an. Es kommt zu stundenlangen Kämpfen. Bis nach Mitternacht sind die Salven der Karabiner, das Hämmern der Maschinengewehre und die Explosionen der Handgranaten zu hören. Rasch aufgestellte Bürgerwehren sowie herangeführte Verstärkungen stellen schließlich die Ordnung wieder her. Mehrere Menschen sind gestorben, Dutzende verwundet. Doch nicht nur in Lörrach ist es zu Demonstrationen und Gewalt gekommen, auch in Freiburg, Lahr, Mannheim und Heidelberg, worauf die badische Staatsregierung fast im gesamten Land den Ausnahmezustand ausruft.

Von der KPD-Zentrale aus organisiert oder irgendeinem Plan unterworfen sind die Maßnahmen der Kommunisten im Südwesten nicht. Der Chef der Polizei in Baden, Erich Blankenhorn, kommt zu der Einschätzung: »Wo bewaffneter Gegner am Oberrhein auftrat, muss seine Einsatzfähigkeit uns gegenüber als kläglich bezeichnet werden. Es fehlte jede Einsatzerfahrung. Einheitliche Führung war nirgends zu beobachten.«[70] Die KPD-Zentrale, die vor lokalen Aktivitäten gewarnt hat, feiert gleichwohl die Ereignisse als »großartige Manifestation der proletarischen Einheitsfront«,[71] denn gegen die Polizei haben nicht nur die kommunistischen, sondern auch sozialdemokratische Arbeiter gekämpft. In der Tat ist es im Südwesten so gewesen, dass die revolutionäre Dynamik der KPD die sozialdemokratische Arbeiterschaft zu beträchtlichen Teilen mitgerissen hat. An Letztere wendet sich am 23. September die *Rote Fahne* mit einem Artikel unter der Überschrift: »Wohin und mit welchen Mitteln? Die nächsten gemeinsamen Schritte und ihre Vorbedingungen. An die sozialdemokratischen Arbeiter.«[72] Am Tag darauf wirbt die Partei an gleicher Stelle in einem »offenen Brief« für die Einheitsfront und für den Generalstreik: »Zentrale der KPD: An die Zentralvorstände der VSPD, USPD, ADGB, der AfA (Allgemeinen freien Angestelltenbund) und des ADB (Allgemeinen freien Beamtenbund).«[73] Die offen propagierte »deutsche Revolution« ist das große Thema der Druckerzeugnisse der KPD.

In der sowjetischen Hauptstadt sind zur selben Zeit die unterschiedlichsten Gremien mit der geplanten Machtergreifung in Deutschland beschäftigt. Am 22. und 23. September befasst sich das Plenum der KPR damit. Im Mittelpunkt stehen die modifizierten Thesen des Komintern-Vorsitzenden Sinowjew. Seiner Analyse zufolge besitze die Stresemann-Regierung keine wirkliche Stärke. Sie werde viel schneller zusammenbrechen, als zu erwarten gewesen sei. Denn die Finanzplutokratie und die Großindustrie sabotierten jeden Schritt der Stresemann-Hilferding-Regierung, die Steuer- und Reparationslasten dem Großkapital aufzuerlegen. Die entscheidenden Ereignisse, die in die Revolution münden würden, würden sich »nicht später als in den nächsten Monaten abspielen, vielleicht aber auch nicht später als in den nächsten Wochen«, glaubt Sinowjew.[74]

Der Bolschewist zählt dann die Probleme auf, die im Zusammenhang mit der deutschen Revolution überwunden werden müssen: die Interventionsgefahr des Westens und damit ein neuer Krieg, die Versorgungsprobleme, der Kohlemangel, die Arbeitslosigkeit, die Gefahr der inneren Konterrevolution durch »Vendéebezirke (Bayern), frankophone reaktionäre Separatisten, Überbleibsel der Sozialdemokratie, großbäuerliche Elemente in der Bauernschaft«. Sodann berauscht sich Sinowjew an den

Perspektiven, die die deutsche Revolution bringen werde. Sie werde bereits in ihren Anfängen »noch größere internationale Bedeutung [gewinnen], als dies mit der russischen Revolution der Fall war«. Die »gewaltige« Kraft der proletarischen Revolution im industrialisierten Deutschland werde das Gleichgewicht Europas ins Wanken bringen, prophezeit Sinowjew und spricht von den »Vereinigten Staaten der Arbeiter- und Bauernrepubliken Europas«. Damit rücke die Weltrevolution näher, verkündet der Komintern-Vorsitzende, der noch eine Reihe von Erfordernissen benennt, wie eine zielgerichtete Propaganda, die Schaffung eines Verteidigungsfonds, die Stärkung der Roten Armee oder die Konzentration sämtlicher Kräfte.

Sinowjews Thesen werden vom ZK der KPR angenommen und am 25. September mit den Vertretern der kommunistischen Parteien Deutschlands, Frankreichs und der Tschechoslowakei beraten. Aus der Berliner Zentrale sind Clara Zetkin, Brandler, Ernst Thälmann und zwei weitere Genossen dabei, auf russischer Seite unter anderen Stalin, Radek, Trotzki und Bucharin. Letztere weisen die deutschen Gäste ein, und die zeigen sich beflissen. Clara Zetkin meint dann auch, »dass eine Generaldebatte nur notwendig wäre, wenn über ganz gewisse, entscheidende Fragen große Meinungsunterschiede vorhanden wären«.[75] Als die Frage des Ruhrgebiets als Streitfrage angesprochen wird, wiegelt Trotzki mit dem Hinweis ab, doch erst einmal die Macht in Deutschland zu ergreifen. »Das ist die Aufgabe, alles andere wird sich daraus ergeben.«[76] Der Chef der Roten Armee will klare Ansagen, auch was die Zeitvorstellungen angeht.

Die nicht enden wollende Revolutionsrhetorik in den Blättern der Linken, die Forderung nach einer nationalen Diktatur auf der Rechten veranlassen die Reichsregierung aufs Neue, Flagge zu zeigen, weiß sie doch um die Gefahren, die mit dem Abbruch des passiven Widerstands verbunden sein werden. In einer Erklärung lässt sie verlauten, »dass gegenüber jedem Versuch, die Staatsgewalt zu erschüttern, von welcher Seite er auch kommen mag«, die ihr zur Verfügung stehenden Machtmittel eingesetzt würden.[77] Gemeint ist damit das 100 000-Mann-Heer, die Reichswehr. Der für sie zuständige Minister Geßler versäumt dann auch nicht, immer wieder darauf hinzuweisen, dass die der Truppe nachgesagten Verbindungen zu den Wehrverbänden durch klare Befehle verboten seien und auch nicht existierten. Von der Loyalität der Reichswehr gegenüber der Verfassung wird alles abhängen.

Dessen ist sich der Kanzler voll und ganz bewusst, als er am 25. September mit den Führern der wichtigsten im Reichstag vertretenen Parteien zusammentrifft. Er erläutert noch einmal die dringende Notwendigkeit des Abbruchs des passiven Widerstands. Dieser sei wegen der finanziellen Katastrophe des Reichs nicht mehr aufzuschieben. SPD, DDP, Zentrum und DVP zeigen sich solidarisch. Jarres, der Duisburger Oberbürgermeister, der der Stresemann-Partei angehört, meint, dass sie im besetzten Gebiet ohnehin nicht mehr lange durchhielten. In einer Denkschrift hat er soeben ein düsteres Bild von der Zukunft seiner Heimat gezeichnet. Ein französisch dominierter Rhein-Ruhr-Staat sei nicht mehr aufzuhalten. Dieser werde in einem »latenten Kriegszustand« mit dem Reich stehen und schwerste wirtschaftliche Folgen für dieses haben. »Die klaffende Wunde, mit der wir aus diesem Abwehrkampf herausgehen, wird tief schmerzlich sein; sie wird brennen, bis im gegebenen Augenblick das deutsche Volk in der Lage ist, in eigener Kraft wieder zu gewinnen, was ihm gewaltsam jetzt genommen ist.«[78]

Für die DNVP ist der »geeignete Augenblick«, von dem Jarres schreibt, längst da. Sie reden einer Aufkündigung des Versailler Vertrags das Wort. Die Deutschnationalen reden von Ehre und wollen die Konfrontation. Was im Reichstag nicht offen ausgesprochen wird, hat der DNVP-Vorsitzende Oskar Hergt soeben in das Parteiblatt *Die Zeit* geschrieben: »Wir glauben an eine machtpolitische Lösung. Das bedeutet nicht ohne weiteres, dass wir einen Krieg mit Frankreich wünschen. Es wäre schon ein furchtbares Risiko für Frankreich, wenn es versuchen wollte, weiter vorzudringen in Deutschland. Man sollte die Franzosen endlich einmal vor dieses Risiko stellen und man wird sehen, dass es dieses Risiko nicht eingeht.«[79]

Kurz vor dem Treffen mit den Parteiführern ist die Regierung Stresemann mit den Ministerpräsidenten beziehungsweise

Staatspräsidenten der Reichsländer zusammengekommen, die sich mit dem bitteren Schritt einverstanden erklärten. Lediglich Knilling unternimmt einen letzten Vorstoß. Er fordert, im Verlauf einer Kundgebung »vor der ganzen Welt« das völkerrechts- und vertragswidrige Verhalten der Einbruchsmächte festzustellen und daraus die Schlussfolgerung zu ziehen, dass der Versailler Vertrag auch für Deutschland nicht mehr gelte. »Auf solche Weise könne man den Eindruck der Kapitulation vermeiden und damit auch die schweren innenpolitischen Erschütterungen, die andernfalls mit Bestimmtheit zu erwarten seien.«[80] Knilling, der eine Auflösung des Reiches befürchtet, dringt nicht durch. Und so hält Stresemann an diesem 25. September als Ergebnis der Sitzung fest, dass Übereinstimmung aller Länder bestehe, »dass der passive Widerstand aus innenpolitischen, insbesondere finanziellen, Gründen abgebrochen werden müsse«. Im Protokoll wird abschließend hervorgehoben, dass alle darin übereingestimmt hätten, »die Reichseinheit als unantastbares Gut zu wahren«.[81]

Noch am Abend dieses ereignisreichen Tages kommt der Ministerrat in Anwesenheit des Reichspräsidenten zusammen. Neben der Abstimmung über den Abbruch des passiven Widerstands, die einstimmig erfolgt, wird darüber beraten, wie die Verordnungen für das Ruhrgebiet rückgängig gemacht werden sollen. Wirtschaftsminister Raumer hat die komplexen Abläufe vorbereitet. Tagesordnungspunkt ist auch der Aufruf »an das deutsche Volk«, mit dem der Öffentlichkeit die Entscheidung der Reichsregierung vermittelt werden soll. Mit dem Text – es liegen mehrere Entwürfe vor – tut man sich schwer. Ein Kompromiss kommt heraus: entschlossen und patriotisch im Ton, gleichwohl moderat gegenüber den Besatzungsmächten, denn mit diesen muss ja eine Lösung in der Reparationsfrage gefunden werden. Der Kanzler und das Reichskabinett gehen davon aus, dass nach dem Abbruch, über den die Missionschefs der involvierten Mächte von Stresemann informiert wurden, Verhandlungen mit Frankreich über die Ruhr- und Reparationsfrage beginnen können. Dies versichert Botschafter de Margerie am 26. September. In einem Runderlass Maltzans heißt es dazu: »Botschafter bestätigt früher von ihm gemachte Mitteilung, dass Poincaré bereit sei, sofort nach Aufgabe des Widerstandes mit Verhandlungen zu beginnen.«[82]

In dem Aufruf, der an diesem Tag in millionenfacher Auflage an Litfaßsäulen, Plakattafeln oder Schaufenstern hängt, wird an die Leidensgeschichte der Menschen im Ruhrgebiet erinnert, an die mehr als hundert Volksgenossen, die während der »wider Recht und Vertrag« erfolgten Besetzung des Ruhrgebiets ihr Leben hingeben mussten. Die Unterzeichner – der Reichspräsident, der Reichskanzler und die Mitglieder der Reichsregierung – danken im Namen des gesamten deutschen Volkes der Bevölkerung, »die sich geweigert habe, unter fremden Bajonetten zu arbeiten«, für die Treue und Standhaftigkeit. »Heroisch war ihr Kampf, beispiellos ihre Selbstbeherrschung.« Sodann wird die »bittere Notwendigkeit« erläutert, diesen Kampf abzubrechen. Ansonsten werde »die Schaffung einer geordneten Währung, die Aufrechterhaltung des Wirtschaftslebens und damit die Sicherung der nackten Existenz unseres Volkes unmöglich«. Es folgen feierliche Versicherungen, dass alles getan werde, dass die Gefangenen freigegeben würden und die Verstoßenen zurückkehren könnten und dass nicht »auch nur das kleinste Stück deutscher Erde vom Deutschen Reich« losgelöst werde. Am Ende steht der Appell an das deutsche Volk, »in den bevorstehenden Zeiten härtester seelischer Prüfung und materieller Not treu zusammenzustehen. Nur so werden wir alle Absichten auf Zertrümmerung des Reiches zunichte machen; nur so werden wir der Nation Ehre und Leben erhalten; nur so ihr die Freiheit wiedergewinnen, die unser unveräußerliches Recht ist«.[83] Es sind schöne Worte. Aber sie können nicht über die Wirklichkeit hinwegtäuschen.

6

September und Oktober

Von unserer Bewegung geht die Erlösung aus,
das fühlen heute schon Millionen.
Hitler in einer Rede am 5. September 1923

Es ist eine Stimmung voller Apathie und tiefer Resignation, einer Resignation, die nach der Verzweiflung kommt, die an diesem 26. September 1923 über Deutschland liegt. Der Abbruch des passiven Widerstands durch die Regierung Stresemann wird als Kapitulation empfunden, als weitere Niederlage der so geschundenen Nation. Dessen ist sich auch ein zutiefst deprimierter Kanzler bewusst, der – so erinnert sich sein Sohn Wolfgang – von einem »verlorenen Krieg« gesprochen hat.[1] Die relative Einheit, in der sich die Nation noch im Januar dem neuerlichen Gewaltakt Frankreichs und Belgiens entgegenstemmte, ist dahin, so wie sie nach dem Kriegsende und dem Diktat von Versailles dahin gewesen war. Immer mehr haben angesichts der Inflation und der damit einhergehenden himmelschreienden Not den Glauben an die Republik verloren, sofern sie ihn überhaupt je gehabt hatten. Hass ist allerorten und treibt viele zu den Radikalen, zu denjenigen, die die Diktatur wollen, nachdem die Demokratie versagt zu haben scheint – eine Demokratie, der die Sieger des Weltkriegs keine Chance lassen.

So wie Frankreich und sein Ministerpräsident für die Welt sichtbar Deutschland zu einer Quantité négligeable machen wollen, arbeitet die bolschewistische Führung in Moskau – in der der unterschwellige Machtkampf andauert – im Verborgenen an dem Umsturz, der gemeinsam mit der KPD ins Werk gesetzt werden soll. Auf der anderen Seite läuft ein von Verschwörungsszenarien Getriebener zunehmend Amok, fürchtet er doch, mit seinem Marsch auf Berlin zu spät zu kommen. Dazwischen steht die taumelnde Staatsmacht, die sich einer nationalistischen Opposition ausgesetzt wähnt und die sich auf eine Reichswehr stützen muss, in der man mit der Demokratie, wie sie erlebt wird, letztendlich nicht allzu viel anzufangen weiß, auch wenn sich ihre Führung loyal verhält. Es ist eine taumelnde Staatsmacht, die von den auf ihr lastenden Aufgaben erdrückt zu werden scheint. Sie muss der Inflation Herr werden, um der Wirtschaft auf die Beine zu helfen, wofür es einen Interessenausgleich zwischen Unternehmen und Arbeiterschaft braucht. Sie muss die Versorgung der darbenden Menschen in den Griff bekommen, und sie muss die Reparationsfrage einer Lösung näherbringen – und dies alles durch die Kraft und den Willen einer auf sich gestellten Regierung, in der neben der gemeinsamen Verantwortung für den Fortbestand des Reiches tiefe ideologische Gräben existieren und damit auch gegenseitiges Misstrauen herrscht.

Am heftigsten ist die Reaktion auf den Abbruch des passiven Widerstands in Bayern. Die Regierung Knilling fürchtet, die Lage nicht mehr kontrollieren zu können. Denn einerseits wird der Abbruch als das Fanal einer roten Revolution gesehen, ja es wird sogar mit einer Intervention aus Sachsen und Thüringen gerechnet. Andererseits wird die Rhetorik Hitlers immer schriller, wenn dieser verkündet, dass der Tag nahe, »der Augenblick, in dem die nationalsozialistische Bewegung den Siegeszug antreten wird zum Heile Deutschlands! Nicht für eine Wahl sind wir gegründet worden, sondern um als letzte Hilfe in der größten Not einzuspringen, wenn dieses Volk angstvoll und verzweifelt das rote Ungeheuer herankommen sieht [...]. Von unserer Bewegung geht die Erlösung aus, das fühlen heute schon Millionen. Das ist fast wie ein neuer religiöser Glaube geworden.«[2]

Solches nährt natürlich Putschgerüchte, in deren Zusammenhang neben Hitlers Namen auch immer wieder der Ludendorffs fällt. Noch am 26. September verhängt die bayerische Staatsregierung in München deshalb den Ausnahmezustand und überträgt Kahr als Generalstaatskommissar die vollziehende Gewalt im

Freistaat. Ministerpräsident Knilling erhofft sich von der Einsetzung eines mit weitreichenden Vollmachten ausgestatteten Notstandsdiktators, ein Abdriften der bislang noch regierungstreuen vaterländischen Verbände in die braune Phalanx verhindern und gleichzeitig sich und sein Kabinett aus der Schusslinie nehmen zu können. Knilling glaubt sich bei alldem der Loyalität zweier weiterer Männer sicher: Es ist Seißer, der Chef des bayerischen Landespolizeiamts, der Verstärkungen aus Augsburg, Ingolstadt und Landshut ankündigt. Und es ist Lossow, der Befehlshaber der bayerischen Reichswehr, der Truppenverbände aus der bayerischen Provinz in München zusammenzuziehen verspricht.

Schon am 25. September sind die Führer des »Deutschen Kampfbunds« Hermann Kriebel, Adolph Heiß, Friedrich Weber, Hermann Göring sowie Röhm und Scheubner-Richter zu einer Krisensitzung zusammengetroffen. Hitler will die Führung über die zusammengeschlossenen Wehrverbände, redet dabei alle in Grund und Boden – zweieinhalb Stunden lang. Am Ende sind seine Zuhörer nur noch willenlose Werkzeuge. Tief bewegt seien sie gewesen, einige hätten geweint, auch er selbst, berichtet Röhm, der nun seinen militärischen Abschied einreicht, um sich ganz dem Mann anzuschließen, der ihn ein gutes Jahrzehnt später liquidieren lassen wird. »In voller Übereinstimmung in Weg und Ziel« und »bei voller Wahrung der inneren Geschlossenheit«[3] wird Hitler jetzt zum politischen Führer des »Deutschen Kampfbunds« bestellt. In einer pathetischen Geste versetzt er sogleich die SA in Alarmbereitschaft und kündigt 14 Massenveranstaltungen an, bei denen er als Redner auftreten will. Alles ist ein egomanisches Spektakel eines Getriebenen, aber dennoch mit einer beträchtlichen Außenwirkung. 60 000 Mitglieder wird seine Partei bis zum Ende des Jahres zählen. Verglichen mit den 300 000 der KPD ist das nicht viel, aber dennoch eine Verzehnfachung gegenüber dem Januar 1922.

Kahr gibt sich von den Nationalsozialisten und ihrem Führer unbeeindruckt. Als eine seiner ersten Maßnahmen verbietet er kurzerhand die 14 angemeldeten Großkundgebungen der NSDAP und lässt sich auch nicht davon abbringen, als Hitler persönlich vorstellig wird und in wilden Drohgebärden der blutigen Revolution das Wort redet. Ungleich härter geht Kahr gegen die Linke vor, indem er sämtliche militärischen Organisationen der Mehrheitssozialisten und Kommunisten verbietet und Razzien zur Beschlagnahmung ihrer Waffen anordnet. Am 5. Oktober werden Bestimmungen erlassen, die unter anderem eine relativ willkürliche Abschiebepraxis ermöglichen. Was offiziell gegen Schieber und Wucherer gerichtet gewesen ist, wird jedoch tatsächlich vor allem gegen die in München lebenden Juden angewendet, von denen Kahr meint, sie hätten sich während der Räterepublik »am meisten in der Anstachelung der Massen hervorgetan«.[4] Auch der Antisemitismus des Generalstaatskommissars ist untrennbar verbunden mit seinem manischen Bolschewistenhass, denn der Bolschewist ist allzu oft Jude. Eine Gleichung, die teils von alteingesessenen Münchner Juden geteilt wird, die eine Abneigung gegen die sogenannten Ostjuden an den Tag legen, freilich aber eine Ausweisung ihrer Glaubensgenossen missbilligen. Protest kommt auch von bayerischen Ministern, der bayerischen Industrie- und Handelskammer sowie von der katholischen Kirche. Der Erzbischof von München und Freising, Michael Faulhaber, der später für den Papst eine Enzyklika gegen die Nationalsozialisten schreiben wird, protestiert sogar beim Reichskanzler.

Das ändert nichts daran, dass keine zwei Wochen nach Kahrs Erlass und unter dem Beifall des *Völkischen Beobachters* die ersten Befehle auch an vierzig Münchner jüdische Familien geschickt werden. Es sollen bald weitere folgen. Der zumeist genannte Grund für die Ausweisung der staatenlosen polnischen, russischen oder österreichisch-galizischen Einwanderer ist, dass »die Betroffenen in ärmlichen Verhältnissen eingewandert, nun aber reich seien, dass sie also verstanden hätten, sich während der tiefsten Not des deutschen Volkes zu bereichern«.[5] Ausgewiesen werden auch solche zugewanderten Personen, die Vorstrafen oder Einträge im polizeilichen Führungszeugnis haben. Ziel der Maßnahme ist es, Bayern vom »fremd-revolutionären« Bevölkerungsteil zu befreien.

Priorität hat für Kahr allerdings die Sicherung der nördlichen Grenzen des Freistaats, denn in dessen Hauptstadt herrscht eine regelrechte Hysterie. Angehörige von Rechtsparteien, die aus Sachsen und Thüringen geflohen sind, haben vom kommunistischen Terror in den Reichsländern berichtet, aber auch von einer Roten Armee, die sich zum Angriff auf Bayern aufstelle. Solch übertriebene Darstellungen haben Angst in der Bevölkerung verbreitet und Forderungen nach Schutz vor der drohenden »roten Sturmflut« laut werden lassen. Kahr hat daher einen Teil der Polizei Nothilfe Bayern, eine aus Wehrverbänden aufgestellte Ersatztruppe der Landespolizei, an die nördlichen Grenzen verlegt, wo sie dem Befehl des Kommandeurs der Landespolizei Bayreuth, Oberstleutnant Georg Häublein, unterstellt werden. Insgesamt sind das etwa 2000 Mann. Auch wenn es hie und da zu Grenzzwischenfällen mit wilden Schießereien kommt und auch einmal ein »Spion« festgenommen wird, ist die nur mit Gewehren und Pistolen ausgerüstete Miliz keine Bedrohung für Thüringen und schon gar nicht für Berlin – auch wenn die Linke permanent davon spricht, dass sich der Freistaat zum Marsch auf Berlin rüste.

Die Reichsregierung sieht in der Ernennung Kahrs und der Ausrufung des Ausnahmezustands vor allem einen feindseligen Akt gegen die Republik, obgleich Knilling den Kanzler am 27. September telefonisch vom Gegenteil hat überzeugen wollen. Als Antwort darauf verhängt Berlin nun seinerseits den Ausnahmezustand nach Artikel 48 Reichsverfassung durch die Verordnung des Reichspräsidenten zur Wiederherstellung der öffentlichen Sicherheit und Ordnung für das Reichsgebiet. Damit geht die Ausübung der vollziehenden Gewalt auf Reichswehrminister Geßler über, die faktisch aber in den Händen des Chefs der Heeresleitung beziehungsweise bei den Wehrkreiskommandeuren liegt. Als Seeckt vor die Berliner Kabinettsrunde tritt und der anwesende Ebert ihn fragt, wo die Armee in dieser Stunde stehe, erwidert der General: »Die Reichswehr, Herr Reichspräsident, steht hinter mir.«[6] Bei der Hervorhebung der eigenen Machtposition bleibt es dann aber auch. Seeckt verhält sich loyal und unterstellt sich der Regierung.

Die Verhängung des Ausnahmezustands hat weitreichende Konsequenzen. Die Wehrkreiskommandeure weisen fortan die zivilen Behörden an, welche Versammlungen gestattet sind und welche Blätter erscheinen dürfen und welche nicht. So heißt es in einer Verfügung des thüringischen Staatsministeriums auf Ersuchen des militärischen Befehlshabers Generalleutnant Walther Reinhardt vom 30. September, »Maueranschläge, die zum Bürgerkrieg auffordern, sind zu entfernen, Flugblätter, Zeitungen oder sonstige Presseerzeugnisse, die Aufforderungen zum Bürgerkrieg enthalten, sind zu beschlagnahmen«.[7] Auf den Protest, dass es den regierungsbildenden Parteien damit erschwert werde, sich ihren Wählern verständlich zu machen, erwidert der Generalleutnant, dass er es sich beim besten Willen nicht vorstellen könne, dass die Verbreitung von Flugblättern, »welche in gewissenlosester Weise die Massen aufpeitschen, zur Verständigung der politischen Parteien und ihrer Wähler in Zeiten politischer Hochspannung dienen könnte«.[8]

Über die Lage in Bayern, über das nun zwei Ausnahmezustände verhängt sind, berichtet Haniel, der Vertreter der Reichsregierung in München, dass die Ernennung Kahrs zum Generalstaatskommissar »bisher durchaus den von der Regierung erhofften Erfolg gehabt [hat]. [...] Die vaterländischen Verbände haben sich hinter Herrn von Kahr gestellt und dadurch die Position der Kampfverbände erheblich geschwächt.« Haniel meint sogar, »das neuerliche kampflose Zurückweichen [bedeute] für Hitler einen ähnlichen Prestigeverlust, wie der Verlauf des 1. Mai«. Er versäumt es allerdings nicht, die Reichskanzlei darauf hinzuweisen, dass damit keineswegs gesagt sei, »dass alle ernsten Konfliktmöglichkeiten zwischen Bayern und dem Reich ausgeschaltet seien«.[9]

Die ziehen bereits herauf, als der Vertreter der Reichsregierung diese Zeilen formuliert, denn auch um Lossows Loyalität gegenüber der Reichswehrführung auf die Probe zu stellen, hat Reichswehrminister Geßler am 27. September angeordnet, das Erscheinen des *Völkischen Beobachters* zu verbieten, hat das Kampfblatt der NSDAP doch Seeckt und Stresemann übel antisemitisch herabgewürdigt. Da Kahr das Verbot als Einmischung in die Belange des Freistaats bewertet, setzt er die Vollzugsordnung zum Republikschutzgesetz außer Kraft und untersagt in seiner Eigenschaft als Generalstaatskommissar Lossow, dem Befehl Geßlers zu befolgen. Der Reichswehrgeneral gerät damit in einen Loyalitätskonflikt. Als bayerischer Offizier entscheidet er sich, Kahr zu folgen. Und der verbietet nun seinerseits den *Völkischen Beobachter*, um Lossow etwas aus der Schusslinie zu nehmen. Der *Bayerische Kurier* bringt beider Haltung auf den Punkt, wenn dort von einem »deutschen Bayern« als »Leitstern« die Rede ist und es weiter heißt: Die weiß-blaue Fahne wehe zum Kampf gegen die Feinde Bayerns und die rote Revolution. »Zum Kampf aber auch gegen jene Revolution, die die alten ehrlichen Farben des früheren Reiches und mit ihnen Bayern im Dienst von Zielen missbrauchen will, die alles andere als bayerisch-deutsch sind.«[10]

Gegen Sachsen und Thüringen vorzugehen, wo sie fortwährend die Revolution predigen, tut sich Berlin leichter. Auf Anweisung Geßlers unterstellt General Müller zur »Aufrechterhaltung der öffentlichen Ordnung« den Freistaat Sachsen seinem Oberbefehl. Zwei Tage darauf – am 29. September – verhängt er den verschärften Belagerungszustand, belässt aber die Truppe in den Kasernen, um gewalttätige Zusammenstöße mit den Proletarischen Hundertschaften zu vermeiden. Die Truppe steht aber bereit, weil auch in Berlin von einer unmittelbar bevorstehenden roten Revolution, die in Mitteldeutschland ihren Anfang nehmen soll, ausgegangen wird. Die Nachrichten aus Moskau tragen zu solchen Befürchtungen bei. Denn dort herrscht eine regelrechte Euphorie. Überall in der Stadt werden Versammlungen abgehalten, die nur ein Thema haben: die deutsche Revolution als entscheidenden Schritt auf dem Weg zur Weltrevolution. Von einem Spezialfonds in Gold und Getreide als »deutsche Reserve« und der Rekrutierung von deutschsprachigen Russen für die aufzustellenden Truppenverbände wird berichtet.

Neben der Befürchtung, dass die Revolution unmittelbar bevorstehe, setzt sich in der Reichsregierung bald die überaus ernüchternde Erkenntnis durch, dass Poincaré trotz des Abbruchs des passiven Widerstands mitnichten daran denkt, Verhandlungen über die Ruhr- und Reparationsfrage aufzunehmen. Obwohl Berlin sämtliche Verordnungen vom Januar zurückzieht, ist aus

Paris zu vernehmen, dass der passive Widerstand ja gar nicht aufgegeben worden sei. Begründet wird das jetzt damit, dass Deutschland weiterhin finanzielle Leistungen für die Menschen im besetzten Gebiet erbringe. Es ist die blanke Willkür, die Stresemann später zu der Feststellung veranlasst, dass »Schlimmeres an Unerträglichkeiten« wohl nie eine Politik mit sich gebracht habe als die, deren Träger der französische Ministerpräsident sei – eine Politik, »die in fortgesetzter Konsequenz schließlich die Grundlage der gesamten politischen und sozialen Zerrüttung« ist.[11]

Poincaré und seine Statthalter an Rhein und Ruhr fördern stattdessen die Abspaltungstendenzen, indem sie die Separatistenbewegung nach Kräften unterstützen lassen. Und die ist auf dem Vormarsch, nachdem sich in Koblenz, der Hauptstadt der preußischen Rheinprovinz, bereits Mitte August die unterschiedlichen Strömungen der Abspalter in Anwesenheit ihrer Führer Hans Adam Dorten, Josef Smeets, Leo Deckers und Joseph Friedrich Matthes zur Vereinigten Rheinischen Bewegung zusammengeschlossen haben. Letzterer ist am 30. September mit dabei, als 20 000 Separatisten in Düsseldorf eintreffen, um mit der logistischen Unterstützung der Besatzungsmacht, die die Sonderzüge zur Verfügung gestellt hat, einen »Rheinischen Tag« mit Aufmärschen und Kundgebungen zu begehen. Unter den wohlwollenden Blicken der französischen Beobachter geißelt der Vorsitzende des Rheinischen Unabhängigkeitsbunds in seinen Reden den »Terror der preußischen Regierung« und lässt das unabhängige Rheinland hochleben.

Am Stadttheater kippt die bis dahin friedliche Veranstaltung. Bewaffnete Stoßtrupps der »Sonderbündler«, wie die Separatisten auch genannt werden, gehen gegen Passanten vor und bald auch gegen die anwesende deutsche Polizei. Der Korrespondent des *Berliner Tageblatts,* der dabei ist, berichtet: »Ein Polizist wurde misshandelt und entwaffnet. In diesem Augenblick entsicherte ein Mann dicht neben mir, der durch seine Armbinde als Mitglied der separatistischen Stoßtrupps gekennzeichnet war, seine Browningpistole und feuerte in die Mühlenstraße, wo die deutsche Polizei stand. Ein Polizist des ersten Polizeibezirks wurde getroffen und war sofort tot.« Was folgt, sind wilde Schießereien. »Die furchtbarsten Schreckensszenen«, so der Korrespondent, hätten sich im Düsseldorfer Hofgarten abgespielt, wohin sich etwa 10 000 Personen geflüchtet hätten. »Die Sonderbündler glaubten sich hier im Rücken von der deutschen Polizei bedroht und schossen blindlings in den Hofgarten hinein auf ihre eigenen Anhänger. Hier gab es etwa 60 bis 70 Leicht- und Schwerverwundete.« Das Schießen habe eine halbe Stunde gedauert und sich bis in die Königsallee ausgedehnt. Dort seien dann französische Kavallerie und Infanterie erschienen und hätten die Polizeimannschaften entwaffnet und abgeführt.[12] Als Bilanz des »Rheinischen Tages« werden in den Städtischen Leichenhallen 17 Tote gezählt. Die Zahl der Verletzten soll 150 überschritten haben.

Die Abspaltung vom Reich erfährt auch nach wie vor durch die Aktivitäten Konrad Adenauers Vorschub. Der Kölner Oberbürgermeister will im Zuge seines Rheinstaat-Projekts, das er mit einer Gruppe deutscher Bankiers und Industrieller verfolgt, zusammen mit den Besatzungsmächten eine neue Währung schaffen. Doch nicht nur im Westen, wo man sich vielerorts mit Notgeld aushilft oder mit französischen Francs bezahlt, sofern man über sie verfügt, verliert die wertlose Mark als Zahlungsmittel ihre Bedeutung. Auch in anderen deutschen Grenzregionen wie Schleswig, Schlesien oder Sachsen wird mit den Währungen der jeweiligen Nachbarländer bezahlt. Angesichts dieser Entwicklung hat der preußische Finanzminister Ernst von Richter von der DVP am 26. September an die Reichsregierung appelliert, schneller zu handeln. Seine Begründung: ohne eine einheitliche Währung keine Einheit des Reiches.

Richter stößt dort auf offene Ohren, denn im Wirtschafts- und Finanzministerium ist man sich dessen bewusst. Fieberhaft haben sie dort an der neuen Währung gearbeitet. Und es sind bereits beträchtliche Fortschritte erzielt worden, die in einen Gesetzentwurf münden, der am 26. September vom Kabinett gebilligt wurde. Es ist ein Kompromiss zwischen den Vorstellungen Hilferdings und Helfferichs, der vom sozialdemokratischen Finanzminister mit Luther ausgearbeitet wurde. Nicht auf Gold, das in ausreichendem Umfang nicht zur Verfügung steht, sondern auf dem Besitz der Wirtschaft soll die neue Währung gründen. Doch nicht diese, sondern die Reichsregierung soll an der Spitze der zu gründenden Währungsbank die Spielregeln bestimmen und bankmäßige Geschäfte abwickeln können. Dem Reich soll maximal eine Gesamtdarlehenssumme von 1,2 Milliarden Mark gewährt werden. Bei einer Zinsschuld von 6 Prozent, die die Bank gegenüber dem pfandbelasteten Besitz trägt, soll der Gewinn der Anteilseigner nicht die 3 Prozent übersteigen. Die anderen 3 Prozent sollen auf die den Vermögenden auferlegten Sondersteuern vom 11. August, das »Rhein-Ruhr-Opfer«, angerechnet werden.

Die Ausgabe der neuen Währung, der Rentenmark – Luther hat vorgeschlagen, diese »Bodenmark« zu nennen –, soll ebenfalls limitiert werden. Um das Defizit des Reichs zu finanzieren, ist geplant, sie lediglich in begrenzten Mengen verfügbar zu machen, was eine drastische Verringerung des Haushalts- und des Handelsdefizits impliziert. Priorität für das Gelingen des Rentenmark-Projekts muss die Konsolidierung des Haushalts, also der Ausgleich von Einnahmen und Ausgaben, haben. Ohne die enormen Kosten des passiven Widerstands erscheint dies möglich, wenn die Steuern steigen, die Subventionen abgebaut werden und staatliche Eingriffe in die Privatwirtschaft unterbleiben. Als unerlässlich wird auch deren Produktivitätssteigerung angesehen, weshalb die Parteien der bürgerlichen Mitte auf Drängen der Industrie die in Revolutionstagen festgelegten Arbeitszeiten zur Disposition stellen wollen.

Der Achtstundentag – die »heilige Kuh« der Linken – steht infolgedessen im Mittelpunkt der Verhandlungen zwischen den Mittelparteien und der SPD. Reichsarbeitsminister Brauns hat am 22. September in einer interministeriellen Ressortbesprechung einen Plan für eine Neuregelung vorgelegt. Dieser sieht eine Beibehaltung der achtstündigen Arbeitszeit im Bergbau und für andere schwere, gesundheitsgefährdende Tätigkeiten vor. In der übrigen Wirtschaft und in der staatlichen Verwaltung soll die Arbeitszeit verlängert werden. Während für den Industrieflügel in der DVP Brauns Vorschlag nicht weit genug geht, zeigen sich die Sozialdemokraten kompromissbereit, da diverse Schutzbestimmungen für Frauen, Jugendliche, Nachtarbeiter usw. beibehalten werden sollen. Reichsinnenminister Sollmann von der SPD hat bereits während eines Besuchs in Köln erklärt, dass die sozialdemokratischen Minister gegen eine Aufhebung des Achtstundentages seien, aber Überarbeit werde dort nötig sein, wo es die Interessen der Gesamtwirtschaft erforderten.[13] Die Gewerkschaften sind da zurückhaltender, obgleich auch sie mit sich reden lassen.

Bei alldem muss die Not gelindert werden. Denn Millionen Deutsche führen unterdessen einen Kampf ums Überleben. Am härtesten ist der in den Großstädten. Und in diesen trifft es besonders die Schwächsten – die Kinder. Als der amerikanische Journalist Louis Lochner in diesen Wochen für die Nachrichtenagentur Associated Press nach Berlin kommt, besucht er eine Kinderfürsorge, »ein überaltertes, baufälliges Haus mit ausgetretenen Treppen«, und berichtet, was er dort sieht: »In dem langen Korridor stand eine Reihe wartender Männer, Frauen und Kinder, die ausnahmslos kränklich, abgemergelt und unterernährt aussahen. Kinder, die man für acht, höchstens neun halten mochte, waren in Wahrheit dreizehn Jahre alt. Wie man mir sagte, gab es damals 15 000 tuberkulöse Kinder in Berlin, 23 Prozent aller Kinder waren laut Bericht des städtischen Gesundheitsamtes unterernährt.«[14]

Der Hunger treibt die Menschen in den Städten aufs Land zum Hamstern, denn das ist für viele jetzt während der Erntezeit die einzige Möglichkeit, etwas Essbares zu ergattern. Doch das ist nicht leicht, denn die Bauern bewachen ihre Felder auch in der Nacht mit schussbereitem Karabiner. Und auf den bereits abgeernteten Kartoffeläckern ist der Andrang der Menschen, die noch ein paar liegen gebliebene Knollen einsammeln wollen, mitunter so groß, dass die Polizei für Ordnung sorgen muss. Unproblematischer ist das Sammeln von Pilzen. Sie gehören inzwischen zu den begehrtesten Lebensmitteln der Armen. Auffällig sind in diesem Herbst die vielen Pilzvergiftungen, die in der Reihenfolge der unnatürlichen Todesursachen ganz vorne liegen.

Um die ganz große Hungerkatastrophe abzuwenden, richtet der ADGB zusammen mit dem Allgemeinen Angestelltenbund und dem Gewerkschaftsring deutscher Arbeiter-, Angestellten- und Beamtenverbände einen Appell an die Reichsregierung. Denn »aus allen Teilen des Reiches, insbesondere aus den Großstädten und Industriegegenden, gelangen Notschreie an uns«. Die arbeitende Bevölkerung könne nicht zuletzt mit dem Blick auf den Winter den Bedarf an Kartoffeln und Kohle nicht annähernd decken, »da die Kaufkraft der Löhne ungemein stark zurückgegangen ist«. Die Arbeitnehmervertreter schlagen daher vor, dass allen Arbeitnehmern, Renten- und Unterstützungsempfängern eine der Kopfzahl ihrer Familien entsprechende Menge an Kartoffeln und Kohlen auf dem Wege eines Kredits zu Verfügung gestellt werde, der durch »ratenweise Abzüge« von Löhnen, Gehältern und Renten beglichen werden soll.[15] Die Bitte wird abschlägig beschieden. Die Finanzlage des Reichs lasse eine solche allgemeine Hilfs- oder Kreditaktion für die gesamte arbeitende Bevölkerung nicht zu, heißt es in der Antwort aus Berlin.

Denn der Abbruch des passiven Widerstands hat die hoffnungslose Finanzlage des Reichs keineswegs entspannt. Nach wie vor ist der mit Abstand größte Kostenfaktor das besetzte Industriegebiet an der Ruhr. Dort ruht die Kohleförderung, abgesehen von den von den Franzosen betriebenen Zechen. Das verschlingt Unsummen an Arbeitslosengeld. Deshalb muss es vorrangiges Ziel der Politik sein, die brachliegenden Bergwerke im besetzten Gebiet wieder in Gang zu bringen. Nichts unversucht lässt die Berliner Regierung, mit Paris in Verhandlungen zu treten. Doch die kommen nicht zustande. Stattdessen erhebt die französische Seite die Forderung, dass die Kohlelieferungen im Zuge der Reparationsleistungen wiederaufgenommen werden müssten. Stresemann spricht später von einem »großen Wirrwarr«, für das diejenigen verantwortlich seien, die es ablehnten, mit den Instanzen Verhandlungen zu führen, die doch schließlich da seien, durch ihre Verwaltung Dinge in Ordnung zu bringen, wenn sie zusammengestürzt seien.[16]

Was die Stabilisierung der Wirtschaft und der Finanzen im Zusammenhang mit der Einführung der Rentenmark angeht, will der Kanzler mithilfe eines umfassenden Ermächtigungsgesetzes den zeitraubenden parlamentarisch-demokratischen Weg umgehen. Auf die gleiche Weise beabsichtigt er, die verlängerten Arbeitszeiten durchzusetzen. Doch die SPD weist das am 1. Oktober vorgetragene Ansinnen des Kanzlers entschieden zurück. Die Sitzung des Ministerrates muss wegen schier unüberbrückbarer Gegensätze, die in der Frage der Arbeitszeit gipfeln, ergebnislos abgebrochen werden. Im politischen Berlin kommen daraufhin schnell Gerüchte auf, wonach die Große Koalition vor dem Aus stehe.

Überschattet wird alles durch eine Nachricht, die für den Konflikt in der Koalition alles andere als hilfreich ist. Sie kommt aus Küstrin. Dort putscht die »Schwarze Reichswehr«. Schon Tage zuvor ist der Berliner Polizei aufgefallen, dass rund um die Hauptstadt von nicht regulären Militäreinheiten Übungen abgehalten wurden. Später wird der Chef der »Schwarzen Reichswehr«, Major a. D. Bruno Ernst Buchrucker, erklären, er habe mit vier Bataillonen auf Berlin marschieren und das Regierungsviertel sowie weitere wichtige Objekte besetzen sollen. Zu dem Unternehmen, zu dem der Offizier keine genaueren Angaben machen kann oder will, ist es jedoch nicht gekommen. Denn der Wehrkreis III, genauer gesagt der für die »Schwarze Reichswehr« zuständige von Bock, ist über die Truppenbewegungen um die Reichshauptstadt informiert worden und hat Buchrucker, der bereits beim Kapp-Putsch eine Rolle spielte, zur Klärung des Sachverhalts einbestellt. Der versuchte, sich herauszureden, indem er behauptete, dass er im Falle eines kommunistischen Putsches habe bereitstehen wollen. Das war am 28. September; am 30. wird ein Haftbefehl gegen Buchrucker und seinen Stellvertreter Schulz ausgestellt. Was nun passiert, hat dann eher die Züge einer Satire als einer umstürzlerischen Aktion. Denn Buchrucker besetzt – als er von dem Haftbefehl erfährt – mit einigen Arbeitskommandos die Festung Küstrin und nötigt deren Kommandanten Oberst Erich Gudowius, dafür Sorge zu tragen, dass der Haftbefehl wieder aufgehoben wird. Doch der tut nichts dergleichen. So verstreicht die Nacht in einer merkwürdigen Pattsituation.

Am darauffolgenden Morgen, es ist der 1. Oktober, lässt Buchrucker seine Truppe zum Appell antreten. Er stammelt ein paar wirre patriotische Sätze, die niemand so richtig versteht. Offenbar ist die Anspannung für ihn zu groß. Entsprechend vergehen die nächsten Stunden in einem heillosen Durcheinander. Bereits in der Mittagszeit – inzwischen sind Reichswehreinheiten in Frankfurt/Oder, Fürstenwalde und Berlin alarmiert worden –, meldet ein Adjutant dem Chef der Heeresleitung in sein Berliner Hauptquartier: »Meuterer ziehen sich zurück, Pionier Batl. in Hand seines Führers, zum Schießen noch nicht gekommen. Buchrucker von Kommandanten persönlich verhaftet.«[17] Am Ende kommt es dann doch noch zu einem kurzen Feuergefecht mit einem Toten und ein paar Verwundeten, als eine Gruppe Aufständischer die im Zeughof der Festung eingeschlossenen Buchrucker-Leute befreien will. Insgesamt waren 381 Mann an der Aktion beteiligt, von denen 13 als Rädelsführer angesehen werden können. Sie werden vor Gericht gestellt, unter ihnen Buchrucker, der wegen »vollendeten Hochverrats« zu zehn Jahren Zuchthaus und einer Geldbuße von 100 Milliarden Mark verurteilt wird. Der Betrag kann auch durch eine Goldmark beglichen werden.[18]

Manches deutet darauf hin, dass Hitler über einen Putschversuch im Bilde war. Gerüchte besagen, dass Buchrucker auf Vermittlung des ehemaligen Vorsitzenden der inzwischen verbotenen DVFP nach München gereist war, um die Sache mit Ludendorff und Hitler abzustimmen. Beim Buchrucker-Prozess sollte das durch eine Befragung Graefes geklärt werden, doch der ist nicht erschienen. Dass DVFP-Leute am Buchrucker-Putsch beteiligt gewesen seien, soll auch ein Zeuge vor dem Femeausschuss des Preußischen Landtags ausgesagt haben. Der will auch gewusst haben, dass Hitler informiert gewesen sei. Doch wegen der »Schwatzhaftigkeit« Graefes habe der Umsturzversuch um Wochen verschoben werden müssen.[19]

Da die Küstriner Aktion spontan erfolgte, war es wahrscheinlich ein Zufall, dass Hitler am 30. September – am Vortag derselben – in Bayreuth war, das auf halbem Weg zwischen München und Berlin liegt. Er nahm am »Deutschen Tag« teil, der auch dort abgehalten wird. Es sind die üblichen Rituale. Festgottesdienst, Glockengeläut für die Gefallenen des Weltkriegs, Fahnenweihen und Aufmärsche unter den Farben Weiß-Blau und Schwarz-Weiß-Rot. Schwarz-Rot-Gold steht bei den Wehrverbänden und vaterländischen Organisationen nicht hoch im Kurs. Hitler hält in der Markgräflichen Reithalle eine Brandrede. Er geißelt wieder einmal das deutsche Unglück, prangert die Schuld der Erfüllungspolitiker an und verkündet die Erlösung von dem Übel. Dem Redakteur der SPD-nahen *Oberfränkischen Zeitung* fällt auf, dass Hitler auf seine ansonsten so maßlosen Attacken gegen die Juden verzichtet hat. Das überlässt Hitler, der im bürgerlichen Zivil auftritt und nicht in der braunen Uniform der Sturmabteilung, dem ehemaligen Volksschullehrer Julius Streicher, der im vergangenen Herbst in Nürnberg die NSDAP-Ortsgruppe gegründet hat. Denn er ist am nächsten Morgen in Wagners Villa »Wahnfried« avisiert, und deren Bewohner, der Sohn und die Schwiegertochter des Meisters, Siegfried und Winifred, halten wenig vom Radau-Antisemitismus der Nationalsozialisten. Sie sind aber neugierig auf Hitler, von dem sie schon von Dietrich Eckart, Ernst Röhm und vor allem von der an diesem Tag in Bayreuth anwesenden Helene Bechstein nur Gutes gehört haben.

Für Hitler ist Bayreuth, genauer gesagt die klassizistische Villa Richard Wagners mit dessen Grab im Park, so etwas wie der Heilige Gral, sieht er doch in ihm die »größte Prophetengestalt«, »die das deutsche Volk besessen habe«.[20] Schon auf der Rückfahrt von seiner Berlinreise im April hatte er die Villa »Wahnfried« besuchen wollen. Doch die Bewohner waren verreist gewesen. Stattdessen hatte er das Festspielhaus besichtigt, wo seit dem denkwürdigen August 1914 keine Aufführungen mehr stattgefunden haben. Das Bühnenbild des *Fliegenden Holländers,* der damals gespielt wurde, steht noch unverändert da. Hanfstaengl erinnert sich: »Hier nun, inmitten einer verstaubten Bühnenpracht aus einer entschwundenen Ära und im Bannkreis Richard Wagners, sollte ich einen seltsam veränderten Hitler erleben.«[21]

Denn der Komponist, Dramatiker und flammende Antisemit ist für Hitler und seine Ideologie mit prägend. Wagner wird von ihm zum Mittler der ihm durch die »Vorsehung« zugedachten historischen Berufung verklärt. Wie Lohengrin begreift sich Hitler als der, der berufen ist, die Welt zu erlösen, eine Welt, wie sie sich bereits in Wagners Bühnenwerken findet. Denn der Meister thematisiert in seinen Heldenfiguren den Widerstreit zwischen jüdischem Materialismus und arischer Seele.

Was bei Wagner noch unausgegoren erscheint, wurde von dem britischen Privatgelehrten Houston Stewart Chamberlain »wissenschaftlich« aufgearbeitet. In den 1899 erschienenen *Grundlagen des 19. Jahrhunderts*[22] fasste er die bislang gängigen antisemitisch-rassistischen »Erkenntnisse« in einer Art ordnender Kulturgeschichte zusammen. Danach gebe es nur zwei »reine« Rassen, die jüdische und die arische. Der Jude sei materialistisch und parasitär, der Arier die »Seele der Kultur«, denn er trage das Vermächtnis des Altertums in sich. Letzterer sei als »Herrenrasse« dazu auserwählt, ein neues Weltalter herbeizuführen. Voraussetzung dafür ist für Chamberlain die »Reinhaltung« der Rasse, denn »edle Menschenrassen werden durch das semitische Dogma des Materialismus [...] für immer entseelt und aus dem ins Helle strebenden Geschlecht ausgeschlossen«, heißt es im Standardwerk des theoretischen Rassenantisemitismus.[23]

Noch am 30. September trifft Hitler, zugeführt vom Bayreuther Ortsgruppenleiter Christian Ebersberger, mit Chamberlain, dem Schwiegersohn Richard Wagners, zusammen. Der Gelehrte, der nur einen Steinwurf entfernt von der Villa »Wahnfried« lebt, ist nicht nur in völkischen Kreisen ein Star. Auch Leute wie Churchill und Wilhelm II. gehören zu den Bewunderern des 67-Jährigen. Entsprechend inszeniert sich Hitler, verstellt sich. Und es gelingt ihm so, den todkranken Chamberlain – er ist durch eine Quecksilbervergiftung im Jahr 1914 gelähmt und an den Rollstuhl gefesselt – für sich zu gewinnen. Der schreibt dem Parteiführer nämlich am 7. Oktober, also kurz nach dem Besuch, dass er (Hitler) überhaupt nicht der Fanatiker sei, als welcher er ihm beschrieben worden sei, ein Fanatiker entflamme den Geist, er wärme das Herz, ein Fanatiker wolle die Menschen mit Worten überwältigen, er wolle überzeugen. Hitler habe ihm Hoffnung für das Deutschtum gegeben, meint der alte, kranke Mann, denn:

»Dass Deutschland sich in der Stunde der höchsten Not einen Hitler gebiert, das bezeugt sein Lebendigsein.«[24]

Am Tag darauf, als in Küstrin allmählich wieder Ordnung einkehrt, betritt Hitler erstmals die Villa »Wahnfried«. Er wird von den Wagners durch die Räume geführt. Die sind angetan, um nicht zu sagen begeistert von dem sich so bescheiden gebenden Mann, der sich als Wagner-Kenner erweist und sich auch noch geduldig die Probleme der Gastgeber bei ihren Bemühungen für die Wiederaufnahme der Festspiele anhört. Schließlich bringen sie ihn – der ganz freimütig über seine Putschpläne gesprochen hat – in den Park zum Grab des Meisters und lassen ihn dort allein. Hitler verharrt dort einige Zeit, so, als wolle er sich dessen Segen für das Bevorstehende abholen.[25] Der *Völkische Beobachter* schreibt derweil von der Bayreuther »Verschmelzung« und feiert diese als die »Wiedererneuerung des Deutschen Volkes im Geiste Richard Wagners«.[26]

Unterdessen werden in Berlin die Verhandlungen über die Arbeitszeitregelungen, bei denen sich ein Kompromiss abzeichnet, durch einen anderen Konflikt überlagert. Auslöser ist die Forderung von rechten DVP-Leuten wie Stinnes und Reinhold Quaatz, die DNVP in die Regierungskoalition aufzunehmen, was von der SPD nicht akzeptiert wird. Hermann Müller, der ehemalige Reichskanzler, der zusammen mit Otto Wels und Arthur Crispien die SPD führt, lehnt jetzt umso entschlossener das Ermächtigungsgesetz in der vorliegenden Form ab. Er und eine Mehrheit seiner Genossen wollen nicht, dass die Sozialpolitik und damit auch die Arbeitszeitregelung, auf die man sich im Prinzip verständigt hat, per Verordnung geregelt werden. Tiefe weltanschauliche Gegensätze brechen sich jetzt Bahn. Denn in der SPD wird das Schielen eines Teils der Mitteparteien nach rechts, wo sie offen die Diktatur proklamieren, immer schwerer ertragen. Hinzu kommen die Eigenmächtigkeiten Bayerns, die man nicht mehr hinnehmen will. In der Mitte, vor allem in der DVP, wächst hingegen angesichts einer zunehmenden Furcht vor dem Marxismus das Misstrauen gegen eine SPD, deren linker Flügel offen mit den Kommunisten zusammenarbeitet. Verkörperung des linken ökonomischen Gedankenguts in der SPD ist für die Rechten in der Stresemann-Partei Finanzminister Hilferding. Und der muss ihrer Auffassung zufolge aus der Regierung entfernt werden.

Am 2. Oktober – der Tag vergeht mit Sitzungen der einzelnen Reichstagsfraktionen – wirft Wirtschaftsminister Raumer überraschend die Brocken hin. Er habe in diesem Kabinett keine Aussicht, »in den mit meinem Ressort zusammenhängenden wirtschaftlichen und sozialpolitischen Fragen eine Politik zu führen, die meinen Überzeugungen von den für unser Vaterland erforderlichen Maßnahmen entspricht. Unter diesen Umständen halte ich es für richtig, aus dem Kabinett auszuscheiden«, schreibt er dem Kanzler.[27] Als sie in der SPD davon erfahren, dass der Wortführer des industrienahen Flügels der DVP demissioniert, entspannt sich die Situation – aber nur vorübergehend. Ginge nun auch Hilferding, wäre vielleicht »die Kuh vom Eis«. Doch eine knappe Mehrheit aus Parteilinken und Gewerkschaftern, die mit den Kommunisten in Verbindung stehen, will am harten Kurs und damit am Finanzminister festhalten. Bei der Reichstagssitzung, die in der Nacht zum 3. Oktober stattfindet, kommt es zum offenen Schlagabtausch, nachdem die SPD-Fraktion den Kompromissvorschlag abgelehnt hat, wonach nur wirtschaftspolitische Belange per Verordnung umgesetzt werden und im Gegenzug die Sozialdemokraten zusichern sollen, im Parlament das dort einzubringende Gesetz zur Arbeitszeitregelung »durchzuwinken«. Da nach den maßlosen Attacken des DVP-Fraktionsvorsitzenden Ernst Scholz eine Verständigung mit der SPD in weite Ferne rückt, ja diese ankündigt, ihre Minister aus der Regierung nehmen zu wollen, verlässt der Kanzler vorzeitig die Kabinettssitzung, die bis weit nach Mitternacht andauert. Am darauffolgenden Morgen begibt er sich »in tiefster Depression«[28] ins Reichspräsidentenpalais, um Ebert seinen Rücktritt anzubieten. Doch der lehnt diesen ab und fordert Stresemann auf weiterzumachen.

Es ist dem Einschreiten des Reichspräsidenten zuzuschreiben, wenn in der SPD erste Zweifel an der kompromisslosen Linie aufkommen. Denn Ebert erinnert seine Genossen nicht nur an ihre Verantwortung für Volk und Vaterland, sondern droht auch damit, den Reichstag aufzulösen und Neuwahlen anzusetzen. Und in diesem Fall fürchtet die SPD-Fraktion, Mandate an die Kommunisten zu verlieren. Das *Berliner Tageblatt* weist noch auf einen anderen Aspekt von Neuwahlen hin, wenn der Kommentator meint, dass eine Auflösung des Reichstages »innen und außenpolitisch zu katastrophalen Verhältnissen führen« würde. Ein Wahlkampf im Winter könnte »in einen Bürgerkrieg ausarten. Wer will die Verantwortung dafür übernehmen?«, fragt der Kommentator. In der DVP herrscht angesichts der Zerstrittenheit Ratlosigkeit; und was DDP und Zentrum anlangt, mutmaßen die politischen Beobachter, dass es kaum anzunehmen sei, dass diese in eine neue Große Koalition eintreten würden.[29] In der DNVP ist die Position klar: Weg mit den Sozialisten, her mit der nationalen Diktatur!

In der sowjetischen Hauptstadt sehen sie in den Ereignissen in Berlin das unweigerliche Ende der Kanzlerschaft Stresemanns, so wie sie es seit Längerem vorausgesagt haben. In Moskau ist eine Dynamik entstanden, der sich kein namhafter Bolschewist mehr entziehen kann. Hauptantreiber ist jetzt Stalin, der noch vor gar nicht so langer Zeit die Revolution von rechts als Voraussetzung für die Mobilisierung der Arbeitermassen in Deutschland angesehen hat. Sie alle sind von dem Glauben an die Weltrevolution regelrecht betäubt und hoffen darauf, dass die deutsche Revolution, das Ereignis von weltgeschichtlichem Rang, die Probleme im eigenen Land klein und nichtig erscheinen lässt.

Die deutschen Kommunisten, die sich seit Mitte September an der Moskwa aufhalten, wollen da natürlich nicht hintanstehen. Denn von sowjetischer Seite traut man ihnen nicht zuletzt wegen der internen Streitereien nicht allzu viel zu. Das passt nicht zur Rolle des Musterschülers, der die deutsche Partei gerne sein will. Deshalb müssen wenigstens die Prognosen zur deutschen Revolution positiv ausfallen. Brandler redet vom Zersetzungsprozess der SPD und der wachsenden Stärke der KPD. 250 000 Kämpfer in den Proletarischen Hundertschaften stünden in Sachsen, Thüringen und Teilen des besetzten Gebiets bereit, erklärt er in maßloser Übertreibung. Eberlein fabuliert über die Bewaffnung: »Außer Großkampfmitteln und schweren Geschützen, die nicht oder erst im Kampfe zu beschaffen sein werden, werden wir doch so viele Maschinengewehre und Handschusswaffen in die Hände bekommen, um die notwendigen Kräfte [...] tatsächlich zu bewaffnen.«[30]

Stalin, Sinowjew und andere haben derweil einen Plan ausgearbeitet, den die deutschen Genossen zu befolgen haben. Am 26. September wird die Delegation der KPD, der Clara Zetkin, Brandler, Eberlein, Thälmann und andere angehören, nachdrücklich instruiert, wie sie mit der SPD umzugehen hätten. Die Spaltung zwischen Linken und Rechten in der Sozialdemokratie müsse beschleunigt und die Führer der Linken möglichst schnell diskreditiert werden, »weil diese Führer die unzuverlässigsten Elemente sind, deren Einfluss im entscheidenden Moment verhängnisvoll werden kann«.[31] Konkret schlagen die führenden Bolschewisten vor, die linkssozialistische Arbeiterschaft von ihren Führern »abzusprengen«. Im passenden Moment soll ihr der Kampf um die »Arbeiter- und Bauernregierung« in einem offenen Brief vorgeschlagen werden. Eine »schriftliche Anregung« des »Genossen Stalin« soll für die Abfassung desselben als Grundlage dienen. Ausgangspunkt für die deutsche Revolution sollen die Betriebskomitees sein. Sie sollen dieselbe Rolle spielen, die die Sowjets im Jahre 1905 und 1917 bis zum Beginn des offenen Kampfes um die Macht gespielt hätten. Sie sollen deshalb gestärkt und ausgebaut werden und das Bindeglied zu den Proletarischen Hundertschaften, der revolutionären Kampftruppe, sein.

Als Sofortmaßnahme wünscht Sinowjew, dass die KPD unverzüglich in die Landesregierungen Sachsens und Thüringens einzutreten habe. Bei den deutschen Genossen, in deren Reihen sich immer noch Ruth Fischer und ihre Gefolgsleute der Linie der Zentrale widersetzen, ist das auf Bedenken gestoßen. Und auch Brandler ist der Auffassung, eine Revolution lasse sich nicht »erschleichen« und eine Bewaffnung der Arbeiter könnten die Regierungen nicht leisten. Doch gemacht wird, was die Bolschewisten entscheiden. Am 1. Oktober telegrafiert Sinowjew an die Berliner Zentrale: »Unter der Bedingung, dass die Zeigner-Leute bereit sind, Sachsen wirklich gegen Bayern und Faschisten zu verteidigen, müssen wir eintreten. Sofortige Bewaffnung von 50–60000 wirklich durchführen, den General Müller zu ignorieren. Dasselbe in Thüringen.«[32] Eben um diese Bewaffnung geht es. Sie soll über die Regierungsbeteiligungen und die Besetzung von Schlüsselpositionen in den Regierungen ermöglicht werden. Unverzüglich machen sich Abgesandte der Berliner Zentrale nach Sachsen und Thüringen auf, um den dortigen linken Sozialdemokraten einen Regierungseintritt der KPD vorzuschlagen.

Von hervorgehobener Bedeutung für die Moskauer Diskussion ist die Festlegung des Termins für die deutsche Revolution. Trotzki hat darüber einen »äsopischen Artikel« im Zentralorgan der sowjetischen Kommunisten *Prawda* geschrieben, in dem er den Verlauf der russischen Revolution und der Entwicklung im Deutschen Reich vergleicht. Den nimmt Radek am 1. Oktober zum Anlass, in einem Brief an Trotzki auf die entscheidende Bedeutung des Revolutionstermins hinzuweisen. Er schreibt: »Unser Sieg kann nur gelingen, wenn die spontane Bewegung des Proletariats mit einer organisierten Offensive der Kampfkräfte der Partei zusammenfällt. [...] Wir werden zerschlagen, wenn wir organisiert zum falschen Zeitpunkt in die Offensive gehen, genauso, als wenn wir es unorganisiert zum richtigen Zeitpunkt tun.« Den Unterschied der russischen Revolution zur deutschen hervorhebend meint Radek, »dass wir es in Russland mit einer kompletten Paralyse der Macht zu tun hatten«.[33] Er will damit dazu auffordern, sich nicht allzu sehr an dem Verlauf der russischen Revolution zu orientieren, wozu die Moskauer Bolschewisten neigen.

Am 4. Oktober tagt das Politbüro der KPR in streng geheimer Sitzung. Als zentrales Problem – wie aus dem handschriftlichen Protokoll hervorgeht – wird die mangelnde Übereinstimmung der »revolutionären Orientierung der Führungsebene der deutschen Kompartei mit der objektiven Lage und den Stimmungen der Arbeitermassen« diagnostiziert.[34] Deshalb beschließt das Politbüro, drei erprobte Revolutionäre – Georgi Pjatakow, Jan Rudsutak, Valerian Kuibyschew – zusammen mit Radek nach Berlin zu entsenden, um dort unter Einbeziehung des sowjetischen Botschafters Nikolai Krestinski die Leitung über den »deutschen Oktober«, der durch einen Sonderfonds von einer halben Million Goldrubel finanziert werden soll, zu übernehmen. Die Entsendung Trotzkis, wie sie von Brandler und anderen gefordert wurde, lehnt das Politbüro strikt ab, wäre doch eine Verhaftung des namhaften Bolschewiken in Deutschland für die offizielle Außenpolitik Moskaus von enormem Schaden. Unter dem Vorbehalt, dass letztendlich die KPD vor Ort darüber zu entscheiden habe, wird auch ein Termin für den Beginn der Revolution in Deutschland festgelegt. Es soll der 9. November sein. Es ist der Tag, an dem eine Reichsbetriebsrätekonferenz stattfindet. Es ist aber auch der Tag, an dem Karl Liebknecht die sozialistische Republik ausrief und sich mit den russischen Genossen solidarisierte.

7

Oktober

Der Sieg des deutschen Proletariats wird ohne Zweifel das Zentrum der Weltrevolution aus Moskau nach Berlin versetzen.

Stalin in der Roten Fahne vom 10. Oktober 1923

In den ersten Oktobertagen des Jahres 1923 ist jeder politisch Denkende von Konstanz bis Flensburg und von Aachen bis Königsberg sich dessen bewusst, dass Deutschland an einer entscheidenden Wegemarke steht. Wird noch einmal eine Regierung zustande kommen, die die Demokratie rettet und das Land aus der Finanz- und Wirtschaftskrise führt und in der nimmer enden wollenden Reparationsfrage doch noch irgendwie zu einem Ausgleich mit Frankreich gelangen wird? Oder wird der Versuch scheitern, die Separatisten obsiegen und die Nation ins Chaos abdriften, indem sie zur Beute der Radikalen wird, was zwangsläufig in einen blutigen Bürgerkrieg münden würde – an die außenpolitischen Folgen gar nicht zu denken. Es ist wohl nicht zu viel gesagt, dass es um nicht mehr und nicht weniger als um den Fortbestand der staatlichen Einheit Deutschlands geht.

Vielleicht ist es ja gerade diese Einsicht, die sich im kurzzeitigen Machtvakuum, seitdem Stresemann bei Ebert seine Demission hat einreichen wollen, bei manchem Demokraten durchsetzt und zu einem Sinneswandel führt. Es ist aber auch das unermüdliche Werben Stresemanns für die Neuauflage der Großen Koalition. In unzähligen Einzelgesprächen versucht der DVP-Politiker, hinter dem ein halbherziger Reichspräsident steht, die Gruppe um Stinnes in seiner Partei umzustimmen. Der Industrieflügel sähe statt der SPD lieber die DNVP in der Regierung. Das ist aber mit der DDP und dem Zentrum nicht zu machen, die wiederum ihre ganz eigenen Vorstellungen haben. Auch hier tut Stresemann alles in seinen Kräften Stehende. Doch diese Kräfte sind aufgrund seiner labilen Gesundheit begrenzt, weshalb er sich in jenen langen Nächten nicht selten schon jenseits des Limits bewegt.

Erschwert wird für Stresemann alles nicht zuletzt dadurch, dass sich die Rechten in der DVP um Stinnes und vor allem auch die DNVP von der Demokratie endgültig verabschiedet haben. Dort wollen sie die nationale Diktatur. Vorstellungen eines Direktoriums an der Spitze des Reiches geistern durch die Wandelgänge des Wallot-Baus. Friedrich Minoux, die rechte Hand von Stinnes, hat dafür Pläne geschmiedet. Und auch Namen für das Direktorium werden genannt. Es heißt, Minoux selbst, Seeckt, der Siemens-Generaldirektor Otto Henrich sowie der Botschafter in den Vereinigten Staaten, Otto Wiedfeldt, sollen ihm angehören. Zu Fürsprechern einer nationalen Diktatur schwingen sich auch zahlreiche antirepublikanische Gruppen auf, wie der einst mächtige Alldeutsche Verband oder der Reichs-Landbund, die Interessenvertretung der Landbevölkerung, aber auch die mitteldeutschen Führer des Stahlhelms – Bund der Frontsoldaten, die ehemaligen Weltkriegsoffiziere Theodor Duesterberg und der Graf Wolf von Helldorff. Immer wieder taucht im Zusammenhang mit der nationalen Diktatur beziehungsweise mit dem Direktorium auch der Name Ludendorffs auf. Sie alle, die sich dem Kampf gegen den Marxismus verschrieben haben, flankieren das Ringen um die Fortsetzung der Großen Koalition mit mehr oder weniger radikalen Begleittönen.

Am Ende gelingt es Stresemann doch noch, das zusammenzufügen, was nicht so recht zusammenpassen will. Im Morgengrauen des 6. Oktober 1923 einigen sich die Parteien nach einer langen Sitzungsnacht auf einen Kompromiss in Sachen Arbeitszeit, wonach der Achtstundentag die Norm bleiben soll, aber unter bestimmten Bedingungen zur Steigerung der Produktivität verlängert werden kann. Die Arbeitszeitregelung und die Einschränkung von staatlichen Sozialleistungen soll dann bei dem noch zu verabschiedenden Ermächtigungsgesetz ausgenommen werden. Das leidige Problem mit dem Freistaat Bayern ist vertagt worden. In personellen Fragen verständigen sich die Parteien auf ein »Kabinett der Persönlichkeiten«, das letztendlich aber nichts anderes ist als eine Neuauflage des alten. An die Stelle Raumers tritt als Wirtschaftsminister der parteilose Joseph Koeth. Außerdem muss Hilferding das Kabinett verlassen. Seinen Posten übernimmt Luther, dessen Ernährungsministerium bald von Gerhard Graf von Kanitz geleitet werden wird, der am 22. Oktober aus der DNVP austreten und damit als weiterer Parteiloser der Regierung angehören wird.

Vor dem Reichstag stellt Stresemann, der von den Kommunisten als »Vertreter von Stinnes« beschimpft wird, das neue Kabinett vor. In seiner Rede verteidigt er den Parlamentarismus und attackiert jene, die seiner Auffassung zufolge dessen jüngste Krise entscheidend mitverantwortet haben. Er stellt die rhetorische Frage, ob denn nicht auch die Wirtschaft versagt habe, indem sie sich nicht dem Staat zur Verfügung gestellt habe. Der neue und alte Kanzler, der damit vor allem die Eisen- und Stahlindustriellen meint, rechtfertigt auch noch einmal den Abbruch des passiven Widerstands. Er habe, als er die Regierung übernommen habe, nur die »unerbittlichen Konsequenzen aus einer unhaltbar gewordenen Situation« gezogen. Die Idee aber leuchte weiter, denn »unser ist der Boden! Unser ist das Land, unser ist die Hoheit in diesem Lande!« Stresemann geht auch auf die deutschen Reparationsangebote ein, die weit über den Versailler Vertrag hinausgingen; er betont mit Blick auf Bayern, dass Reichsrecht vor Landesrecht gelte, und er fordert Vertrauen gegenüber der Reichswehr ein. Das Wichtigste sei in dieser Stunde allerdings, so fährt er fort, »die Währungskatastrophe zu überwinden und neues Geld zu schaffen«. Hierbei sei sowohl der Besitz als auch die Arbeit in der Pflicht. Er schließt mit den Worten: »Unsere Lage in allen diesen Beziehungen kann hoffnungslos und verzweifelt aussehen. Trotzdem werden wir nicht untergehen, wenn wir nicht an uns selbst verzweifeln. Wir müssen hin zum Staat und weg von den Parteien, weg von der Ichsucht. Das Reich ist das einzige, was uns geblieben ist in all dem Zusammenbruch, den wir erlebt haben. Es jetzt zu erhalten, ist die

Pflicht, die wir zu erfüllen haben nicht nur gegenüber der Gegenwart, sondern auch gegenüber den Generationen, die nach uns kommen!«[1]

Während die *Kreuz-Zeitung* von einer Niederlage der DNVP schreibt[2] und das *Berliner Tageblatt* mit Genugtuung feststellt, »dass hinter den deutschnationalen Reihen weder eine feste Marschroute noch eine führende Idee stand«,[3] ist das Echo in der Auslandspresse auf Stresemann verhalten positiv. Aus Frankreich, wo die allzu schrillen antideutschen Töne seit dem Abbruch des passiven Widerstands ausbleiben, sind mitunter realistische Einschätzungen über die Hintergründe der deutschen Regierungskrise zu lesen, wenn etwa das *Petit Journal* meint, Stresemann wisse, »was er von Stinnes zu erwarten habe. Jetzt sei ein Kompromiss geschlossen, weil Stresemann den mächtigen Stinnes lieber zum Mitarbeiter haben wolle, als zum Feinde, wenigstens solange als möglich. Aber der Gegensatz der beiden Männer bleibe unverändert. Stinnes wolle die Reparationen hauptsächlich durch die Arbeiter bezahlen lassen, Stresemann wünscht, auch der Großindustrie ihren Teil an den Lasten aufzuerlegen. Stinnes sei der Mann der uferlosen Inflation und habe durch seine Spekulationen den deutschen Mittelstand ruiniert. Stresemann wolle eine gesunde Währung erreichen und den Mittelstand retten, den er für ein wichtiges Glied im wirtschaftlichen Organismus halte«.[4]

Die ausschließlich von wirtschaftlichen Interessen geleitete Haltung der Großindustriellen zeigt sich, als Hugo Stinnes, Peter Klöckner, Albert Vögler und Otto von Velsen am 6. Oktober in Düsseldorf mit Degoutte über eine Wiederaufnahme der Arbeit im Ruhrgebiet sprechen. Frankreich hat sie förmlich dazu eingeladen. Denn ein Vorstoß der Reichsregierung vom 27. September, über die Wiederherstellung des normalen Wirtschafts- und Verkehrslebens im besetzten Gebiet mit der französischen Regierung verhandeln zu wollen, ist von dieser mit dem Hinweis zurückgewiesen worden, dies mit den lokalen deutschen Behörden und den Unternehmensvertretern tun zu wollen. Für das Treffen mit Degoutte hat die Gruppe unter Leitung von Stinnes, die darauf gehofft hat, die im Reichskabinett mühsam ausgehandelten Abmachungen zumindest in der Frage der Arbeitszeiten unterlaufen zu können, einen ganzen Forderungskatalog mit nach Düsseldorf gebracht, der auch den Abzug des französischen Militärs aus den Zechen und Fabriken, die Rückkehr der Ingenieure und Techniker sowie die Gewährung von französischem Anschubkapital beinhaltet. Doch der Befehlshaber der Besatzungsmacht ist offenbar aus Paris nicht instruiert und lehnt alles ab.

Die Industriellen wenden sich daraufhin mit umfassenden Beteiligungs- und Geldforderungen an die Reichsregierung. Ultimativ verlangt Stinnes bei einem Treffen mit Stresemann und Maltzan am 7. Oktober binnen zweier Tage klare Ansagen, unter anderem, ob die Reichsregierung mit der Reparationskommission verhandeln werde oder es den Industriellen überlasse, »einen modus vivendi mit den Besatzungsmächten zu treffen, um […] den Bestand der Werke nach Möglichkeit zu sichern«.[5] Stinnes vertritt dabei die Auffassung, dass ohne Bezahlung der Reparationskohle durch die Reichsregierung eine Wiederaufnahme der Förderung nicht möglich sein werde. Als sich kurz nach dem Dreiertreffen die beteiligten Fachminister damit beschäftigen, lehnen sie das ab, solange Berlin nicht über die Zoll-, Steuer- und sonstigen Hoheitsrechte des besetzten Gebietes die volle Verfügung wiedererlange. Sie verständigen sich darauf, die Antwort auf die Anfrage abzuwarten, mit der Paris und Brüssel ersucht wurden, definitive Aussagen in der Frage der Wiederaufnahme der Arbeit im Ruhrgebiet zu machen.

Während die liberale und sozialdemokratische deutsche Presse, allen voran die *Vossische Zeitung*, auf Stinnes einschlägt – Georg Bernhard spricht von einer »Diktatur« des Großindustriellen[6] und der *Vorwärts* gar von einem »schwerindustriellen Landesverrat«[7] –, lässt eine offizielle französische Reaktion auf das deutsche Ersuchen auf sich warten. Poincaré sieht Deutschland nach wie vor mit den Reparationen in der Pflicht, ohne die könne nicht an gemeinsame Abmachungen an der Ruhr gedacht werden, erklärt er. Und Kriegsminister André Maginot spricht sogar davon, dass »die Schlacht« weitergehe. Das *Berliner Tageblatt* sieht die Gründe für die französische Verweigerungshaltung und die Verbissenheit, mit der sie vorgetragen wird, im »Rachebedürfnis«, in der »stillen und lauten Wut« und in »der Verranntheit der Empfindung, die nur das schlechte Gewissen in diesem Grade zustande bringen kann«.[8]

Dass sie Wege ohne Berlin im Ruhrgebiet geht, macht die französische Regierung, in der die Gruppe um Poincaré immer noch an eine Abtrennung der besetzen Westgebiete vom Reich und damit an seinen »Pufferstaat« denkt, mit einer aufsehenerregenden Vereinbarung klar, die zwei Tage nach dem Düsseldorfer Treffen an die Öffentlichkeit gelangt. Degoutte und die Interalliierte Kontrollkommission für Fabriken und Bergwerke im besetzten Ruhrgebiet, die Mission interalliée de Contrôle des Usines et des Mines (MICUM), haben mit dem von Otto Wolff vertretenen Phönix-Konzern und den Rheinstahlwerken vereinbart, die Kohlelieferungen nach Frankreich im Rahmen des Programms der Reparationskommission wiederaufzunehmen. Die Firmen bezahlen rückwirkend die von den Franzosen beanspruchte Reichskohlesteuer und erhalten im Gegenzug die Genehmigung, Kohle und andere Produkte auch in Deutschland und im Ausland abzusetzen. Das ist kein Kompromiss, sondern der Vorschlag vom 11. Januar, als die französischen und belgischen Truppen im Ruhrgebiet einrückten.

Angesichts dieser eigenmächtigen Abmachung der Großindustrie, mit der sich Stresemann hintergangen fühlt, wird es in Paris und Brüssel für opportun gehalten, einige »Zugeständnisse« im Hinblick auf die Ausgewiesenen zu machen. Da sie sich ja nicht mehr verweigerten, sollen Fachkräfte unter gewissen Bedingungen zurückkehren können. Die Interalliierte Rheinlandkommission hat über ihr Organ *Echo du Rhin* außerdem mitgeteilt, dass sich Frankreich und Belgien nach eingehender Prüfung eines jeden Falls der »Rückberufung einzelner deutscher Beamter« nicht widersetzen würden.[9] Dies soll allerdings nur für Beamte rheinischer und nicht preußischer Herkunft gelten. Es sind insgesamt nur ein paar Hundert Deutsche, die in ihre Heimat zurückkehren dürfen. Das ist die »Milde«, die Poincaré, der sich als Sieger in der Auseinandersetzung um das Ruhrgebiet brüstet, gegenüber den Deutschen walten lässt.

Für Stresemann ist es ernüchternd, mitansehen zu müssen, dass die französische Seite in ihrer Ruhrgebietspolitik systematisch die Reichsregierung ausbremst. So bleibt ihm nichts anderes, als auf Zeit zu spielen und zu hoffen, dass Frankreich seine Position über kurz oder lang nicht wird behaupten können. Diese Hoffnung ist nicht unbegründet, denn Großbritannien drängt auf eine Lösung der »deutschen Frage«. Darin sind sich Curzon und Baldwin jetzt einig. Am 5. Oktober kritisiert der britische Außenminister in einer viel beachteten Rede die französische Politik scharf. Die Regierung in London zeigt zwei Möglichkeiten auf, um in der Reparations- und Ruhrfrage weiterzukommen. Die eine sieht eine große internationale Konferenz vor, an der alle involvierten Mächte und damit auch Deutschland teilnehmen sollten. Die andere Möglichkeit basiert auf dem Vorschlag, den der amerikanische Außenminister Hughes im Dezember 1922 unterbreitet hat. Dahinter stellt sich am 9. Oktober auch der neue amerikanische Präsident Coolidge, was den Druck auf Poincaré erhöht.[10]

In den Vereinigten Staaten hat sich in den zurückliegenden Monaten die Stimmung zugunsten Deutschlands verändert. Dazu beigetragen hat nicht zuletzt der einflussreiche britische Kriegspremier Lloyd George, der in vielen Vorträgen jenseits des Atlantiks für eine europäische Friedens- und Wirtschaftsordnung geworben hat. Letztendlich sind aber die ökonomischen Interessen der Vereinigten Staaten ausschlaggebend. Ende September hat die einflussreiche American Bankers Association ein aktiveres Engagement in Europa und einen Schuldenerlass für die Verbündeten des Weltkriegs gefordert. Andere Verbände tun es ihr nach. Und da 1924 gewählt wird, nimmt Coolidge die Vorlage auf. Stresemann hat darauf gesetzt, als er schrieb, dass der Tag kommen werde, an dem die Vereinigten Staaten aus ihrer zögernden beobachtenden Haltung gegenüber dem europäischen Problem schon um der Rücksicht auf ihre eigenen wirtschaftlichen Interessen willen heraustreten müssten.[11]

Anfang Oktober geht es für den Kanzler vor allem darum, das Ermächtigungsgesetz durch den Reichstag zu bringen. Schon bei der Parlamentssitzung am 6. Oktober zeigt sich, dass sein Appell, nur mit einem weit gefassten, den Zustand einer »legalen Diktatur« begründenden Ermächtigungsgesetz werde die rasche und durchgreifende Lösung der Wirtschafts- und Finanzfrage möglich sein, bei Weitem nicht von allen Parlamentariern der Koalitionsparteien mitgetragen wird. Auch bei der Reichstagssitzung am 8. Oktober kommt es nach stundenlanger hitziger Redeschlacht nicht zur Abstimmung, bei der eine Zweidrittelmehrheit erforderlich ist – zur Genugtuung der Deutschnationalen und Deutschvölkischen sowie der Kommunisten.

Nachdem der Reichspräsident bereits per Verordnung nach Artikel 48 eine zentrale Voraussetzung für die Sanierung des Haushalts geschaffen hat, indem die Steuern fortan in Goldmarkwerte umgerechnet werden müssen, wird schließlich am 13. Oktober über das Ermächtigungsgesetz abgestimmt. Ebert hat im Vorfeld wieder einmal mit der Auflösung des Reichstags gedroht. Und Stresemann hat alles versucht, die Gegner und Skeptiker von der Notwendigkeit des Gesetzes zu überzeugen. Außerdem hat eine regelrechte Mobilisierungskampagne stattgefunden. Reisende Abgeordnete wurden zurückbeordert und selbst Kranke herangekarrt. Nach einer turbulenten, von Kommunisten wie Wilhelm Koenen und dem USPD-Mann Georg Ledebour dominierten Geschäftsordnungsdebatte kommt eine knappe Zweidrittelmehrheit zustande. Von den 347 der insgesamt 459 Abgeordneten, die noch im Saal sind, nachdem die Kommunisten, linke Sozialdemokraten, Deutschnationalen und Deutsch-Völkischen ihn verlassen haben und damit vergeblich versuchten, die Beschlussunfähigkeit des Hauses herbeizuführen, votieren bei der namentlichen Abstimmung 316 mit Ja (305 wären erforderlich gewesen). Die 24 Neinstimmen kommen fast ausschließlich von den Abgeordneten der BVP und der Bayerischen Bauernpartei. Sieben Enthaltungen werden gezählt; unter diesen auch die von Stinnes und Vögler.

Gestützt auf das Ermächtigungsgesetz beschließt das Kabinett bereits zwei Tage später die ersten Schritte zur Einführung der neuen Währung. Die Zeit drängt, denn das Papiergeld ist faktisch als Zahlungsmittel nicht mehr zu gebrauchen, wenn der Dollar am 1. Oktober 242 Millionen Mark kostet, am 8. Oktober

838 Millionen und am 12. Oktober bereits vier Milliarden. Dennoch soll die Papiermark – so will es Reichsfinanzminister Luther – vorerst noch gesetzliches Zahlungsmittel bleiben. Daneben soll die Rentenmark »in einigen Wochen« als wertbeständiges Umlaufmittel eingeführt werden. Ausgegeben werden soll sie von der Deutschen Rentenbank, deren Gründung an diesem 15. Oktober beschlossen wird. Mit der Ausgabe der neuen Währung will die Reichsbank die Diskontierung von Schatzanweisungen des Reiches einstellen. Dadurch soll die Inflationsquelle der Papiermark geschlossen und für die Reichsbank der Weg zur Wiedergewinnung ihrer Eigenschaft als eine wahre Goldnotenbank frei gemacht werden. Die getroffenen Maßnahmen sollen eine Zwischenstufe zur endgültigen Lösung der Währungsfrage sein, die nur in der Rückkehr zur Goldwährung bestehen könne.

Voraussetzung jeder endgültigen Regelung sei neben der Klärung der außenpolitischen Lage die Wiederherstellung der finanziellen und wirtschaftlichen Ordnung im Inneren, heißt es. Im Zuge der angestrebten Konsolidierung des Reichshaushalts müssen auf der einen Seite die Steuereinnahmen neu geregelt werden, wobei der inflationsunabhängige Goldwert zugrunde gelegt werden soll. Andererseits bedarf es rigider Sparmaßnahmen, die den öffentlichen Dienst am härtesten treffen. Bald wird eine »Verordnung zur Herabminderung der Personalausgaben des Reichs« erlassen. Diese sieht vor, 20 Prozent der in der Reichsverwaltung tätigen Beamten und Angestellten abzubauen. Das sind mehr als eineinhalb Millionen Staatsdiener. Vorgesehen ist, dass zunächst die Älteren in den früheren Ruhestand geschickt werden. Der Personalabbau, mit dem eine Einstellungs- und Beförderungssperre einhergeht, ruft den scharfen Protest der DNVP hervor, sind doch viele ihrer Wähler unter den Beamten und Angestellten.

Unterdessen ist die KPD – wie von Moskau angeordnet – in die sächsische Regierung eingetreten. Dem »revolutionären Kampfkabinett«, wie sich die Regierung nennt, gehören drei KPD-Funktionäre an: Paul Böttcher als Finanzminister, Fritz Heckert als Wirtschaftsminister und der soeben aus der Sowjetunion zurückgekehrte Brandler als Chef der Staatskanzlei, als der er über die sächsische Polizei gebietet. Just an diesem 10. Oktober veröffentlicht die *Rote Fahne* einen Brief Stalins an den Genossen Thalheimer, in dem er die »kommende Revolution in Deutschland als das wichtigste Weltereignis unserer Tage« bezeichnet. Und er fährt fort: »Der Sieg der Revolution in Deutschland wird für das Proletariat in Europa und in Amerika eine größere Bedeutung haben als der Sieg der russischen Revolution vor sechs Jahren. Der Sieg des deutschen Proletariats wird ohne Zweifel das Zentrum der Weltrevolution aus Moskau nach Berlin versetzen«.[12] Das zeitliche Zusammenfallen des Eintritts der Kommunisten in die sächsische Landesregierung mit der Veröffentlichung des Stalin-Briefes bleibt in der Reichsregierung nicht unbeachtet. Nicht nur im Geßler-Ministerium steigt die Nervosität. Per Notverordnung lässt der Reichswehrminister die *Rote Fahne* verbieten, weil sie zum Umsturz aufwiegele. Als am 13. Oktober der sächsische Reichswehrbefehlshaber General Müller darüber hinaus die Auflösung der kommunistischen Revolutionstruppe verfügt, fordert Böttcher auf einer Kundgebung im Leipziger Zoologischen Garten vor 5000 Genossen, die Arbeiterschaft für den bevorstehenden Kampf zu bewaffnen, einen Kampf, der entweder in einer weißen oder einer roten Diktatur enden würde.[13]

In Thüringen treten die Kommunisten Albin Tenner, Karl Korsch und Theodor Neubauer am 16. Oktober in die Regierung ein und stellen dort den Wirtschafts- und Justizminister. Die neue Regierung begreift sich als Teil des »Roten Blocks«, für den vor allem Braunschweig, Hamburg und Lübeck noch gewonnen werden sollen. Ein paar Tage zuvor hat ein Kongress der thüringischen Betriebsräte in Weimar die Mobilisierung der Arbeiter, Angestellten und Beamten beschlossen. Sie sollen die Proletarischen Hundertschaften für den erwarteten Kampf gegen die »faschistische Reaktion« in Bayern und im Reich verstärken. Das zeitweise verbotene *Gothaer Volksblatt* schreibt: »Es ist jetzt Pflicht des gesamten proletarischen Deutschlands, überall den Kampf zu organisieren! Überall müssen rote Regierungen gebildet werden. Es gilt die breitesten Volksmassen aus ihrer Indifferenz herauszureißen. Es gilt aus der deutschen Stinnes-Republik eine rote Republik des Proletariats zu machen.«[14]

Während Müller die sächsische Landespolizei seinem Befehl unterstellt, machen überall im Reich die Untergliederungen der KPD mobil. In Berlin-Brandenburg haben sie am 10. Oktober einen »Kampfparteitag« abgehalten. Im Mittelpunkt stehen auch dort der Ruf nach der Bewaffnung der Proletarier sowie der Ausbau der Einheitsfront mit den linken Sozialdemokraten. In Braunschweig haben in den Großunternehmen der Stadt mehr als hundert Betriebsräte die Arbeiterschaft aufgefordert, über die Bildung gemeinsamer Aktionsausschüsse und die Schaffung einer sozialistisch-kommunistischen Arbeiterregierung zu verhandeln. Auch sind zwischen den beiden Arbeiterparteien und dem ADGB Verhandlungen über die Bildung einer Arbeiterregierung begonnen worden. In anderen Städten Deutschlands ist es nicht anders. Denn der politische Massenstreik in den Betrieben wird für die Machtergreifung der hungernden Arbeiterklasse – in Berlin brechen in diesen Tagen Lebensmittelunruhen aus – die entscheidende Voraussetzung sein, glaubt die KPD-Führung.

Am 19. Oktober richtet sich der Reichskommissar für Überwachung der öffentlichen Ordnung mit einem Bericht über den Stand der kommunistischen Revolutionsvorbereitungen an den Reichswehrminister. Er schreibt, dass die KPD für den Bürgerkrieg gegen die Bourgeoisie »politisch, organisatorisch und technisch« bereit sei. »Hierfür steht das revolutionäre Proletariat in höchster Alarm- und Kampfbereitschaft, wobei nicht zu verkennen ist, dass die Massenbewegung stetig von unten wächst.«[15] Und das Proletariat rechne mit dem baldigen Beginn des Bürgerkriegs. Dass die Strippenzieher in Moskau zu suchen sind, darüber macht sich der Autor des Berichts keine Illusion, wenn er darin auf die Publikationen der Komintern und deren strikte Umsetzung in der Politik der KPD hinweist.

Dies verschreckt niemanden mehr in der Reichsregierung, wohl aber die Berichte des deutschen Botschafters in der sowjetischen Hauptstadt, Ulrich Graf von Brockdorff-Rantzau. Der will nämlich erfahren haben, dass ein Vertreter des sowjetischen

Außenkommissariats namens Viktor Kopp Gespräche in Warschau geführt und von der dortigen Regierung ein Durchmarschrecht für die Rote Armee verlangt habe. Im Anschluss daran soll der sowjetische Diplomat in Kaunas sondiert haben, wie sich die litauische Regierung im Falle eines russisch-polnischen Krieges verhalten würde. Dass passt gar nicht zu den Beteuerungen Tschitscherins, der sich bei jeder Gelegenheit gegenüber Brockdorff-Rantzau, mit dem er sogar befreundet ist, von der Agitation der Komintern distanziert. Niemand, so meinte er zu dem Botschafter, habe doch jemals König Leopold (II.) von Belgien für die Zweite Internationale verantwortlich gemacht, nur weil sie ihr Hauptquartier in Brüssel hatte.[16] Als Staatssekretär von Maltzan den verschlagenen sowjetischen Außenkommissar auf die Sache anspricht, erhält er zur Antwort, dass diese nicht dem Kurs der Moskauer Regierung entspreche, die den Frieden wünsche. Brockdorff-Rantzau protestiert dennoch schärfstens gegen die fortgesetzte »Aufreizung« der deutschen Kommunisten und die illegale Einreise Radeks, von dem Maltzan sagt, er sei »ein gefährlicher und skrupelloser Kerl mit einem schlechten Charakter«.[17] Der Botschafter fordert in Verkennung der Moskauer Verhältnisse ein Abrücken der Sowjetregierung von der Komintern.[18]

Tatsächlich sind zu diesem Zeitpunkt die Planungen für den Einmarsch der Roten Armee ins Reich abgeschlossen. Die Reservisten sind eingezogen, die Wirtschaft ist auf Kriegsproduktion umgestellt, und in den russischen Ostseehäfen sind die »Baltische Flotte« sowie zahlreiche Truppentransporter zum Auslaufen bereit. Ein Plan der Militärkommission des Zentralkomitees (ZK) der russischen Partei sieht die »Mobilmachung von bis zu 2,5 Millionen Angehörigen der Roten Armee vor, die dem deutschen Proletariat, falls erforderlich, militärisch zu Hilfe eilen sollen. Der Plan beinhaltet die Aufstellung von 20 neuen Divisionen. Deutsche Sprachkenntnisse, die bei den Russen zumeist aus der Gefangenschaft im Ersten Weltkrieg stammen, […] [sind] besonders gefragt«.[19]

Welche Bedeutung die sowjetische Führung der deutschen Revolution beimisst, verdeutlichen die Ausführungen Trotzkis, die dieser später, im April 1924 in Tiflis, machen wird. Er sagt, »darin sahen wir eine grundlegende Tatsache der weltpolitischen Entwicklung. Wenn die deutsche Revolution siegreich verlaufen würde, würden sich die Kräfteverhältnisse auf der Erde vollständig verändern. Die Sowjetunion mit ihrer 130 Millionen starken Bevölkerung, mit ihren unzähligen Bodenschätzen auf der einen Seite und Deutschland mit seiner Technik, seiner Kultur und seiner Arbeiterklasse auf der anderen Seite ergäben einen unschlagbaren Block und einen machtvollen Bund, der in kürzester Zeit die Entwicklung in Europa und auf der ganzen Welt beeinflussen würde«.[20]

Wegen der Dimension des Bevorstehenden soll dann auch die Gesamtführung des revolutionären Umsturzes in den Händen der Abgesandten aus Moskau um Radek liegen, dem die anderen dafür vorgesehenen Politbüromitglieder nach Deutschland folgen. Sie werden in der sowjetischen Botschaft in Berlin stationiert. Brandler soll mit einem Stab von Dresden aus die Aktivitäten in Sachsen koordinieren. Oberster militärischer Leiter ist der schlachterprobte sowjetische Divisionskommandeur Vol'demar Roze, der gleichzeitig den Militärapparat (M-Apparat), also vor allem die Proletarischen Hundertschaften, der KPD, führt. Als Brigadekommandeur war der lettischstämmige Bolschewist maßgeblich an der Niederschlagung des Kronstädter Matrosenaufstands im Jahr 1921 beteiligt. Stellvertreter von Roze, der einer der wenigen Kommandeure der Roten Armee ist, dem die »Revolutionäre Ehrenwaffe« verliehen wurde, ist der deutsche Mitarbeiter der sowjetischen Geheimpolizei (GPU) Otto Steinfest.

Dieser hat einen Plan zur Eroberung Berlins vorgelegt. In einer ersten Phase soll danach der Generalstreik ausgerufen werden. Ordnerdienst- und Hundertschaftsfunktionäre sollen hierzu in die Betriebe gehen, um die Arbeiter zu mobilisieren. Zur gleichen Zeit sind Überfälle auf schwache Polizeikräfte vorgesehen. In einer zweiten Phase sind Demonstrationszüge der Arbeiter in den bürgerlichen Westen der Stadt geplant. »Zweck: Irreführung und Bindung von gegnerischen Kräften«, während das Gros der Arbeiter unter der Deckung bewaffneter Hundertschaften auf das Regierungsviertel marschieren soll. Die Einleitung »dieses wuchtigen Stoßes« habe durch Kampfgruppen der in der Umgebung befindlichen Bezirke zu erfolgen, die sich im »Kolonnenkampf« unter dem Einsatz von »Dachschützen« vorarbeiteten. Nach der Einnahme des Regierungsviertels gelte es, in einer dritten Phase die bewaffneten Kräfte umzugruppieren und den Kampf in den bürgerlichen Vierteln aufzunehmen. Schließlich ist geplant, in einer vierten und letzten Phase die Hauptkräfte der Reaktion im Umfeld von Berlin zu stellen und »durch Flanken- und Rückenangriffe« entscheidend zu schlagen. Abschließend heißt es in Steinfests Plan: »Das Wichtigste beim Entschluss des bewaffneten Aufstandes ist: Durch rasche Aufeinanderfolge dieser offensiven Phasen die Initiative endgültig in unserer Hand zu behalten und den Gegner zu überrennen.«[21]

Die Bedeutung Berlins und des »kompakten Hauptterritoriums« für den Ablauf der deutschen Revolution, wie sie ihn sich im Kreml vorstellen, geht aus einem Brief an den Stalin-Vertrauten Wjatscheslaw M. Molotow hervor, der wahrscheinlich von dem bolschewistischen Westexperten Iwan Maiski stammt. Danach müsse die Mitte des Landes und vor allem seine Hauptstadt das vorrangige Ziel des revolutionären Kampfes sein, der in Sachsen und Thüringen seinen Ausgang nehmen werde; denn wer dieses Gebiet besitze, werde mit gutem Recht im Namen Deutschlands sprechen und internationale Beziehungen führen können. Sodann heißt es: »Dies wird die Möglichkeit geben, sich offiziell an die ihm freundschaftlich gesonnene Sowjetregierung zu wenden und um materielle und militärische Hilfe zu bitten.«[22] Dies soll dann der Startschuss für die Intervention der Roten Armee sein, die zusammen mit dem Proletariat Deutschland freikämpfen wird, das nach Einschätzung der sowjetischen Planer zunächst nur noch ein Torso sein wird: Denn sie gehen davon aus, dass Polen bei Ausbruch der Revolution in Ostpreußen und Schlesien einmarschiert, dass die Briten die deutschen Seehäfen besetzen und die Franzosen Rhein und Ruhr abspalten, genau wie im Süden eine Abspaltung von Bayern erwartet wird.

Dort hat man freilich nicht die blasseste Ahnung von den

konkreten russischen Aufmarschplänen. Generalstaatskommissar Kahr und seine Anhänger gehen aber beim Blick auf Sachsen und Thüringen von einer unmittelbar bevorstehenden roten Revolution aus, bei der die Bolschewisten in irgendeiner Form die Fäden ziehen werden. Für Kahr ist es dann nur eine Frage der Zeit, ehe Berlin vollends in die Hände des Marxismus fallen werde. Deshalb unterhalten er, Lossow und Seißer Kontakte zu Minoux und anderen, die auch eine solche Entwicklung durch die Ausrufung einer nationalen Diktatur abwenden wollen. Zu gegebener Stunde wollen sie sich mit der Militärmacht des Freistaats der nationalen Revolution, die von Berlin ausgehen soll, anschließen.

Die immer wieder hinausposaunten Absichten Hitlers, auf Berlin marschieren zu wollen, passen den bayerischen Lokalmatadoren also nicht ins Konzept. Hitler hat ihren Vorstellungen zufolge eine untergeordnete Rolle zu spielen. Um diesen »zur weiß-blauen Raison«[23] zu bringen, verbietet der Generalstaatskommissar Versammlungen und Publikationen der Partei. Anfang Oktober trifft den *Völkischen Beobachter* ein zehntägiges Erscheinungsverbot wegen der Veröffentlichung von Rekrutierungsanzeigen und Aufrufen zum Bürgerkrieg. Das zieht Reaktionen der Nationalsozialisten nach sich. Hitler schimpft auf Kahr. Der Nationalsozialist Wilhelm Frick, der Leiter des Sicherheitsdienstes der Münchner Kriminalpolizei, ein früher Mitstreiter des ehemaligen Polizeipräsidenten und Hitler-Anhängers Ernst Pöhner, weigert sich, fortan im Stab des Generalstaatskommissars mitzuarbeiten. Kriebel widersetzt sich dem Befehl des Kronprinzen an alle ehemaligen bayerischen Offiziere, sich Kahr anzuschließen. Und Göring versteigt sich sogar dazu, in einer Besprechung im Wehrkreiskommando 7 Lossow »mit dem Tode zu bedrohen«.[24]

Als der umtriebige Hitler merkt, dass er so nicht weiterkommt, ja dass er damit die Spaltung der Wehrverbände heraufbeschwört, ändert er seine Taktik. Er sei nicht feindschaftlich gegen Kahr eingestellt, erklärt er jetzt. Am Abend des 25. Oktober trifft er, begleitet vom Führer des »Bundes Oberland«, Friedrich Weber, mit Seißer und Lossow zusammen und entwickelt, nachdem er

Kahr eingangs als »Schachfigur der bayerischen Staatsregierung« bezeichnet hat,[25] seine Vorstellungen von der weiteren Vorgehensweise. Hitler will nicht nur gemeinsamen losschlagen, sondern auch ein Reichsdirektorium schaffen. Diesem sollen neben ihm Lossow, Seißer und Ludendorff angehören. Der Landeskommandant der Reichswehr und der bayerische Polizeichef haben sich das alles angehört, haben den einen oder anderen Einwand vorgebracht, ohne jedoch klar Stellung zu beziehen. Den Chef der Nachrichtenabteilung der Regierung von Oberbayern, den Hauptmann Adolf von Bomhard, veranlassen die Äußerungen Hitlers zu dem voreiligen Schluss, dass dieser eingestanden habe, »dass er eine Sonderaktion nicht unternehmen kann, da die Reichswehr und die Landespolizei zu gefestigt seien, dass er gegen sie nichts unternehmen könne, dass er aber auch keine Sonderaktion gegen Berlin unternehmen könne ohne Mitwirkung der übrigen Verbände. Diese Zusicherung hat er Oberst von Seisser gegenüber in einer Unterredung [...] gemacht. Er hat damit seinen ausgesprochenen Kampfstandpunkt gegen Kahr aufgegeben«.[26]

Der Konflikt um den bayerischen Reichswehrchef von Lossow passt Hitler, der den General mehrfach aufsucht, ins Konzept, denn dieser, so nimmt er an, vergrößere die Neigung im Freistaat, gegen Berlin vorzugehen. Und dieser Konflikt hat an Schärfe gewonnen, seitdem der Reichswehrminister im Kabinett eine Erklärung verlesen hat, wonach er ein »weiteres Lavieren« in der Frage Lossow für unmöglich halte. Hier müsse, genau wie in Sachsen, im Interesse des Ansehens des Reichs »scharf durchgegriffen« werden. Von Seeckt hat sich ganz ähnlich geäußert. Es müsse jedem klar sein, dass sich das militärische Oberkommando des Reichsheeres »nie und nimmer dem Diktat von München beugen« werde oder sich mit »dem Versagen des Gehorsams abfinden werde«.[27] Über die Reaktion in Bayern berichtete die Vertretung der Reichsregierung in München, dass die beabsichtigte Maßregelung des Generals »allgemein größte Verbitterung« hervorgerufen habe. Der *Bayerische Kurier*, das Organ der BVP, spreche offen davon, dass Bayern nicht das Geringste tun werde, um einen wirklichen Gegensatz zwischen Reich und

Ländern heraufzubeschwören, »einen aufgezwungenen Konflikt aber auf sich nehmen und bestehen werde«.[28]

Da Stresemann alles gebrauchen kann, nur keinen Bruch mit dem südlichen Reichsland, bemüht er sich um eine Schadensbegrenzung im Fall Lossow, indem er mit Knilling und mit seinem Reichswehrminister spricht. Wie Haniel am 14. Oktober aus München berichtet, habe der Vermittlungsversuch des Kanzlers einen »vorzüglichen Eindruck« gemacht. Dieser sei »letzten Endes mit dafür verantwortlich gewesen, dass die Bayerische Volkspartei sich bei der Abstimmung über das Ermächtigungsgesetz einer obstruktiven Stellungnahme enthalten und sich auf ›loyale Opposition‹ beschränkt hat«.[29] Mit anderen Worten: Indem die BVP nicht das Plenum verlassen und an der Abstimmung teilgenommen hat, sind die Beschlussfähigkeit des Reichstags und damit das Ermächtigungsgesetz erst ermöglicht worden. Die bayerische Führung glaubt nun nach dem Motto »eine Hand wäscht die andere«, dass die leidige Angelegenheit um die Befehlsverweigerung Lossows vom Tisch sei.

Das wäre vielleicht sogar im Bereich des Möglichen, würde Lossow auf den Vorschlag Geßlers eingehen. Der Reichswehrminister hat nämlich den dienstältesten General der bayerischen Reichswehr, Friedrich Kress von Kressenstein, beauftragt, dem Befehlsverweigerer im persönlichen Gespräch eine Brücke zu bauen. Danach soll diesem ein ehrenhafter Abschied aus dem aktiven Dienst ermöglicht werden. Auch Stresemann meint, dass der »Appell an die Opferwilligkeit des Herrn von Lossow kein unberechtigter« sei.[30] Doch der Chef der bayerischen Reichswehr weist Kress' Ansinnen weit zurück und informiert Knilling und Kahr über den Vorgang. Nachdem auch ein weiterer Vorstoß Geßlers »in dieselbe Richtung« in der allgemeinen Erregung der bayerischen Führung fehlgeschlagen ist, befiehlt von Seeckt, gestützt auf eine Notverordnung des Reichspräsidenten, Lossows sofortige Entlassung als Landeskommandant der bayerischen Reichswehr.

Begleitend dazu wendet sich Stresemann am 20. Oktober in einem Schreiben an Knilling, in dem er noch einmal den Sachverhalt schildert und um Verständnis wirbt. Abschließend heißt es, dass die Angelegenheit nicht zu einem Konflikt zwischen Bayern und Reich führen dürfe. Denn »unsere beiderseitige Auffassung ist, alle inneren Meinungsverschiedenheiten im Reich in dieser Zeit zurücktreten zu lassen gegenüber den Aufgaben, vor die [...] der Vernichtungswille unserer Gegner das ganze deutsche Volk stellt«.[31] Doch in München haben die Verantwortlichen, die die weiß-blaue Eigenständigkeit bedroht sehen, kein Ohr mehr für die Worte des von den »Sozis« abhängigen Kanzlers. Deren Gemütsverfassung verlangt nach einem »groben Klotz«, der nicht lange auf sich warten lassen wird.

Noch an diesem 20. Oktober 1923 antwortet Kahr mit einer pathetischen Erklärung. In ihr preist er Bayern als »Hochburg des bedrängten Deutschtums« und tut kund, dass die bayerische Staatsregierung im Einverständnis mit dem Generalstaatskommissar den Generalleutnant Lossow mit der Führung des bayerischen Teils des Reichsheeres betraut hat.[32] Verschärft wird alles noch durch die Ausfälle von Kahrs Stellvertreter, Hubert Friedrich Karl Freiherr von und zu Aufseß. Der spricht vom Reichskabinett als »Judenregierung« und bezeichnet Ebert in Anspielung auf dessen früheren Beruf als Sattler als »Matratzeningenieur an der Spitze«.[33] Kurz darauf lässt Kahr die Offiziere und Mannschaften der 7. Reichswehrdivision einen gesonderten Eid auf die »Bayerische Staatsregierung als Treuhänderin des deutschen Volkes« ablegen und begründet dies alles mit der marxistischen Bedrohung des Freistaats. Nach Zeitungsmeldungen erklärte dabei Generalleutnant von Lossow den Offizieren, dass er sich dafür verbürge, dass die deutschen Interessen von der Reichswehr und von Bayern überhaupt gewahrt blieben und eine bayerische weiß-blaue Separation niemals eintreten werde.[34]

Was in München als legitim angesehen wird, sehen sie in Berlin als offene Rebellion gegen das Reich. Von Seeckt spricht in einem Tagesbefehl an die Truppe zurückhaltend von einem »gegen die Verfassung gerichtete[n] Eingriff in die militärische Kommandogewalt«.[35] Und Ebert ist fassungslos, zumal Kahr, hinter dem die allermeisten Führer der zahlreichen bayerischen Wehrverbände stehen, seinen Rücktritt fordert. Der Konflikt zwischen München und Berlin ist damit auf einem Höhepunkt angelangt. Das führt auf Betreiben des württembergischen Staatspräsidenten Johannes Hieber zu einer Intervention der Reichsländer. Als ihre Vertreter mit dem Reichskabinett zum Reichsrat zusammentreffen, stellen sie sich »einmütig« gegen Bayern. Sie halten den Rücktritt Lossows für unerlässlich und bitten Reichsregierung und Kanzler, möglichst bald direkte Verhandlungen mit Bayern aufzunehmen, um den Konflikt aus der Welt zu schaffen.[36] Eine militärische Durchsetzung der Abberufung Lossows steht außerhalb der Erwägungen. Um diese durchzusetzen, stünden die von Berlin entsandten Reichswehreinheiten den bayerischen Kameraden von der 7. Division unter Lossow gegenüber. Von den bayerischen Wehrverbänden ganz zu schweigen. Dies alles würde zu schlimmen Verwerfungen nicht nur in der Reichswehr führen, die der einzig noch verbliebene Stabilitätsanker der strauchelnden Republik ist. Auf der anderen Seite kann Berlin nicht tatenlos zusehen, dass sich Bayern, das der Reichsregierung das Recht abspricht, sich in die inneren Angelegenheiten des Freistaats einzumischen, sich immer mehr separiert.

»Was soll werden?« Ob es wirklich zum Bruch zwischen dem Reich und Bayern kommen wird, fragt der Kommentator des *Berliner Tageblatts* und fährt fort: »Soll der ›Temps‹ recht behalten, der als Sprachrohr des französischen Ministerpräsidenten vor wenigen Tagen schrieb: ›Das Reich wird zusammenstürzen [...]. Sie werden die Arbeit selbst besorgen.‹«[37] Bei der Ausrufung der autonomen Pfalz am 24. Oktober hat die französische Besatzungsmacht ihre Hände mit im Spiel. Der von dieser protegierte ehemalige bayerische Ministerpräsident und Reichstagsabgeordnete Johannes Hoffmann von der SPD ist die treibende Kraft. Er und seine Mitstreiter, der zweite Bürgermeister von Ludwigshafen Paul Kleefoot und der Rechtsanwalt Friedrich Wilhelm Wagner, spalten damit die Pfalz vom bayerischen Freistaat ab, zu dem sie gehört. In dem Aufruf heißt es: »In Anbetracht der gegenwärtigen Verhältnisse in Bayern haben die Unterzeichner beschlossen, aus der Pfalz unverzüglich einen selbstständigen Staat im Rahmen des Reiches zu bilden unter

Zusammenarbeit sämtlicher politischer Parteien der Pfalz.« Sie verpflichten sich »feierlich und unbedingt, für die Gegenwart und für die Zukunft gegenüber der hohen Rheinlandkommission zur loyalen Mitarbeit bezüglich der Erfüllung aller Verpflichtungen des Friedensvertrages von Versailles«, heißt es in dem Aufruf weiter, in dem ausdrücklich hervorgehoben wird, dass dies auch gelte, wenn Berlin die Bestimmungen des Friedensvertrags nicht mehr anerkennen würde.[38]

Doch der Coup Hoffmanns, der noch alte Rechnungen mit den BVP-Politikern offen hat, verläuft nicht so glatt, wie er es sich gedacht hat. Denn als der französische Major Louis die Erklärung vor den pfälzischen Abgeordneten in Speyer verliest, lässt er kurzerhand die Passage »im Rahmen des Reiches« weg. Daraufhin werden die Abgeordneten auch der SPD stutzig und stimmen mit denen der bürgerlichen Parteien gegen die Erklärung.[39] Die Franzosen, die freilich eine vom Reich unabhängige Pfalz wollen, versuchen, das Ganze wieder zu reparieren, indem sie von einem »Übersetzungsfehler« sprechen. Das gelingt ihrem Militärbefehlshaber François Alexandre de Metz, und die autonome Pfalz unter Führung von Franz Josef Heinz aus Orbis wird Wirklichkeit, auch wenn sie in München toben, die Geldmittel streichen und die bayerischen Beamten anweisen, sich einer verfassungswidrigen Regierung nicht zur Verfügung zu stellen.

Schon am 21. Oktober haben sie im Aachener Kaisersaal die freie und unabhängige Republik Rheinland unter der Führung von Leo Deckers und Emil Karl Guthardt ausgerufen. Bevor etwa 2000 bewaffnete Separatisten einige zentrale Positionen der Stadt besetzt haben, sind der Polizeipräsident und andere wichtige Vertreter der Verwaltung von den Belgiern festgenommen und ausgewiesen worden. Die arbeiten mit den Franzosen Hand in Hand. Denn als in Bonn die Nachricht eintrifft, dass separatistische Verbände anrücken, wird die dortige Schutzpolizei von den französischen Besatzungstruppen entwaffnet. Bald werden in Eschweiler und Stollberg von den Separatisten Aufstände angezettelt. In Wiesbaden, Koblenz und Mainz spielt sich Ähnliches ab. Als Führer der dortigen Bewegung wird der Amtsgerichtsrat Bernhard Liebing genannt. Informierte Kreise wollen wissen, dass die dortigen Separatisten von den Franzosen an Handfeuerwaffen ausgebildet worden seien.[40]

Schnell weiten die Separatisten ihren Einfluss über das gesamte Rheinland aus. In Dutzenden Städten, wie Euskirchen, Mönchengladbach, Düren oder Trier, werden Rathäuser besetzt und die grün-weiß-rote Fahne aufgezogen. Und besonders Frankreich ist offenbar trotz der ablehnenden Haltung des Gros der deutschen Bevölkerung, in deren Folge es auch vielerorts zu Gewalt kommt, entschlossen, weiterhin den Separatisten zur Verwirklichung ihres Vorhabens zu verhelfen. Während in Aachen deutsche Polizei, unterstützt von Einheiten der Feuerwehr, gegen die Freibündler weiterkämpft, bestätigt der französische Hochkommissar und Präsident der Rheinlandkommission, Paul Tirard, diese als die Inhaber der tatsächlichen Macht. Sie sollten unter »selbstverständlicher Achtung der Besatzungsbehörde [...] alle notwendigen Maßnahmen einleiten. Die Generalvollmachten dazu werden Dorten und Matthes rasch erteilt«.[41]

An demselben 21. Oktober, an dem sie in Aachen die rheinische Separatistenrepublik mit ihrem Regierungssitz Koblenz ausrufen, wollen die Kommunisten auf der Chemnitzer Arbeiterkonferenz – also nicht mehr erst am 9. November, wie in Moskau anvisiert – mit der Ausrufung des Generalstreiks das Fanal für den Beginn der deutschen Revolution setzen. Bereits am Vorabend haben sie Kuriere mit der Direktive entsandt: »Am Montag marschiert Sachsen auf, am Dienstag Kiel und Mecklenburg, am Mittwoch Hamburg.«[42] Die Vorverlegung des Aufstands ist der dramatischen Entwicklung geschuldet, denn Sachsen droht der Einmarsch der Reichswehr, weil Zeigner die ultimative Drohung Müllers in den Wind geschlagen hat, die Proletarischen Hundertschaften unverzüglich aufzulösen. Stattdessen hat der Ministerpräsident am 18. Oktober an die Reichsregierung appelliert, den aus seiner Sicht verfassungswidrigen Aufmarsch der Reichswehr zu unterbinden. Er hat deren Demokratisierung gefordert und wieder einmal die illegale »Schwarze Reichswehr« kritisiert, zu deren Abwehr die Proletarischen Hundertschaften gebraucht würden.

Zu dem Chemnitzer Treffen, das als »Konferenz der Betriebsräte, Gewerkschaftsvertreter und Hundertschaftsführer für das ganze Reich« gedacht ist,[43] sind knapp 400 Teilnehmer vorwiegend aus Mitteldeutschland gekommen. Die Diskussion kreist um die Ernährungssituation der Arbeiter und die finanzielle Lage der Arbeitslosen, mündet aber bald in das Thema Generalstreik ein. Als Brandler fordert, diesen unverzüglich auszurufen, stößt das auf heftigen Widerstand. Linke Sozialdemokraten vertreten die Meinung, dass man den Streik nicht beginnen könne, ohne sich eine Unterstützung auch anderer Zentren gesichert zu haben. Als die Kommunisten auf ihrer Forderung bestehen, drohen die Sozialdemokraten, den Saal zu verlassen. Damit sehen sich Erstere genötigt, auf eine eigenständige Aktion zu verzichten, weil sie eine Spaltung der Arbeiterschaft befürchten und damit der Aufstand von vornherein zum Scheitern verurteilt wäre. Welch ein Desaster für die KPD.

Radek, der am Tag darauf nach Dresden eilt, berichtet, dass er Heckert und Böttcher, die beiden kommunistischen Minister, angetroffen habe, die »den sofortigen Austritt aus der Regierung und die Ausrufung des Streiks« gefordert hätten. Er rät dringend davon ab.[44] Zur gleichen Stunde rücken Einheiten der Reichswehr in Leipzig, Dresden, Meißen und bald auch in Pirna ein. Von Teilen der Bevölkerung werden die Soldaten bejubelt. Viele im sächsischen Freistaat glauben zunächst, der Aufmarsch gelte einer anlaufenden Reichsexekution gegen Bayern. Doch sie irren sich. In Berlin tun sich selbst die Sozialdemokraten schwer mit der konfrontativen Haltung Zeigners. Hart geht das liberale *Berliner Tageblatt* mit ihm und der sächsischen SPD ins Gericht, wenn die Zeitung schreibt, dass »die Klassenkampfseele der Sozialdemokratie hemmungslos über die selbstverständlichsten Gebote der politischen Demokratie« triumphiert habe.[45]

Anders als in Sachsen, wo es bislang nur vereinzelt zu Zusammenstößen zwischen Angehörigen der Proletarischen Hundertschaften und der Reichswehr kommt, entfachen die Hamburger Genossen unter Führung Ernst Thälmanns in den Morgenstunden des 23. Oktober den Aufstand. Später wird gemutmaßt werden, dass die Informationen aus Chemnitz beziehungsweise aus

Berlin dort nicht angekommen seien. Tatsächlich aber gehört Thälmann zu den Linken in der Partei – wie Ruth Fischer und Hugo Eberlein, die am Vorabend in der KPD-Zentrale vehement ein Losschlagen in Sachsen gefordert haben. Doch der militärische Leiter Roze widersetzte sich dem. Eine solche Aktion bedeute die sichere Vernichtung der Aufständischen, denn man verfüge in Sachsen lediglich über 800 Gewehre und in Hamburg über gar keine. Auch der Sowjetgeneral hat auf die Dynamik gesetzt, die ein Generalstreik mit sich bringen würde – eine Dynamik, die ausgeblieben ist, weil die deutsche Arbeiterschaft nicht revolutionsbereit ist.

So gelingt es auch Thälmann in Hamburg nicht, die Arbeiter, besonders die streikenden in den Werften, zu gewinnen. Er schafft es nicht einmal, die 14000 KPD-Mitglieder der Hansestadt zu mobilisieren, obwohl die Stimmung in den Arbeiterbezirken mehr als angespannt ist und es immer wieder zu Hungerunruhen gekommen ist. Am Ende kämpfen dreihundert, »ohne ein Flugblatt oder eine Waffe zu besitzen«, einen aussichtslosen Kampf.[46] Der sowjetische Konsul in Hamburg, Grigori Schklowski, der in Wirklichkeit ein GPU-Mann ist, berichtet, dass sie um vier Uhr morgens in Gruppen von 10 bis 15 Mann Polizeiwachen in Eimsbüttel, Uhlenhorst, Barmbek, Wandsbek, Horn, Hamm und Borgfelde besetzt hätten, um sich in den Besitz von Waffen zu bringen. Doch auch Altona ist Schauplatz der Revolte, von der sie in der Innenstadt kaum etwas mitbekommen. In Bargteheide rufen die deutschen Kommunisten eine »Sowjetrepublik Stormann« aus. Von den Außenbezirken wollen sie konzentrisch auf das Zentrum vorstoßen.

Doch gegen die rasch einschreitende, haushoch überlegene Polizei und gegen die herangeholten Reichswehrverbände haben sie keine Chance. Die Revolutionäre geraten hoffnungslos ins Hintertreffen. Sie müssen sich hinter errichteten Barrikaden, Straßensperren und in Revieren verschanzen. Schon nach wenigen Stunden bricht der Widerstand zusammen. Lediglich in der stormarnischen Ortschaft Schiffbek und in den Hamburger Stadtteilen Eimsbüttel und Barmbek kämpfen sie noch am darauffolgenden Tag. In Barmbek, wo die KPD bei den letzten

Wahlen auf 20 Prozent gekommen ist, halten sie am längsten durch, denn hier werden sie aus der Bevölkerung beim Barrikadenbau unterstützt und auch mit Lebensmitteln versorgt. Doch am Abend wird auf der Versammlung der KPD-Unterbezirke beschlossen, die Kampfhandlungen einzustellen, worauf sich die Aufständischen im Schutze der Nacht absetzen. In dem Bericht des »Konsuls« an Sinowjew ist die Rede von »einem Wunder an Tapferkeit, Standhaftigkeit, Disziplin und Selbstlosigkeit«, die »die Genossen [...] unter Beweis stellten«.[47] Um Thälmann, den Stalin 1925 zum Vorsitzenden der KPD machen wird, rankt sich bald im Zusammenhang mit dem Hamburger oder auch Barmbeker Aufstand ein regelrechter Heldenmythos.

Als die Polizei in Barmbek die Sicherheit und Ordnung wiederhergestellt hat und der Leichte Kreuzer *Hamburg*, der mit zwei Torpedobooten von Kiel in die Hansestadt verlegt worden war, bereits wieder auf dem Rückmarsch ist, wird Bilanz gezogen: Etwas über einhundert Tote sind zu beklagen, 17 Polizisten, 24 Aufständische und 61 unbeteiligte Zivilisten, die zur falschen Zeit am falschen Ort waren.[48] Mehr als 300 Menschen wurden verletzt. 1400 Personen werden im Zusammenhang mit dem Aufstand festgenommen, darunter sieben Mitglieder der Hamburger Bürgerschaft, die der KPD angehören. Es ist der traurige Abschluss eines Unternehmens, mit dem – wie sie in Moskau erklärt hatten – die Weltrevolution in eine neue, entscheidende Phase treten werde. Größer hätte die Diskrepanz zwischen Anspruch und Wirklichkeit nicht sein können.

Es ist eine Blamage für die KPD, in der sie sich jetzt gegenseitig die Schuld an dem Desaster geben. Schklowski, der sich nach Berlin begeben hat, berichtet, dass er dort eine ganz andere Stimmung vorgefunden habe als in Hamburg. Während die verbitterten und empörten Hamburger wenigstens die Genugtuung hätten, gekämpft zu haben, erlebten die Berliner das Gefühl der äußersten Frustration. »Alle speien Gift und Galle gegen das ZK, die Unzufriedenheit hat sich auch auf die Berliner Bezirksleitung übertragen, die das ZK ›deckt‹.«[49] Im Mittelpunkt der Aggressionen steht Brandler, der Selbstkritik übt, wie es sich für einen guten Kommunisten gehört.

Unter Rechtfertigungsdruck sind auch diejenigen Bolschewisten geraten, die führend an der Vorbereitung der deutschen Revolution beteiligt waren. Sie fürchten, von Moskau zur Verantwortung gezogen zu werden. Umso schonungsloser schlagen sie jetzt auf die Zentrale ein. Radek schreibt in einem gemeinsam mit Pjatakow verfassten Brief »über die Untätigkeit der KPD vor dem Aufstand« an Sinowjew zur Weiterleitung an das sowjetische Politbüro, dass die deutschen Funktionäre in Moskau ein »völlig irreales Bild« über die Revolutionsvorbereitung vermittelt hätten. »Alles, was Brandler über den Stand der Bewaffnung erzählt hatte, ist blanker Unsinn.« Die beiden Bolschewiken belassen es jedoch nicht dabei. Sie gehen auch mit Eberlein ins Gericht, »dem leichtfertigsten Mitglied des ZK«, der erzählt habe, dass man nach einem Regierungseintritt in Sachsen den dortigen Reichswehrchef Müller verhaften werde. Und über Ruth Fischer schreiben sie, dass ihr »Geschrei« von der Notwendigkeit des Aufstands »ein Ausdruck ihrer Unfähigkeit« gewesen sei. »Ernsthafte Vorbereitungen gab es jedoch nicht und konnte es auch nicht geben. Nicht, weil es keine Zeit gegeben hätte, sondern weil die [...] Genossen und die Linke den Sinn technischer Vorbereitungen nicht verstehen«, lautet das vernichtende Fazit Radeks und Pjatakows.[50]

In nichts aufgelöst hat sich die Hoffnung der Zentrale auf die linke SPD, mit der man soeben noch zusammengearbeitet hat und in Sachsen und Thüringen regiert. Sie wird mit Verachtung und Hass geradezu überhäuft – auch von den sowjetischen Genossen. Die Sozialdemokraten hätten ihre »wahre Natur« gezeigt.[51] Mit einem Generalstreik seien sie nicht einverstanden gewesen und hätten stattdessen einen Weg zur Verständigung mit der Reichsregierung gesucht. »Es sind Zeigner und Co., die vor einem Kampf zurückschreckten und ihren üblichen Sprung nach rechts vollführten.«[52] Wie hatte doch Stalin gewarnt: Die linken Sozialdemokraten seien eine Gefahr für die Revolution, weshalb sie – wenn diese in Gang gekommen sei – unverzüglich zu liquidieren seien. Ganz anders die deutschen Proletarier, meint Schklowski. Sie hätten den Kampf gewollt. Das zeigten die zahlreichen Berichte über »Aktivitäten« gegen die Reichswehr sowie die »unzähligen Zusammenstöße, bei denen Opfer zu beklagen waren«.[53] Hier übertreibt Moskaus »Konsul«, um den wahren Grund für das Scheitern der Erhebung – die mangelnde Bereitschaft der deutschen Arbeiterschaft zur Revolution – nicht benennen zu müssen. Denn der passt nicht so recht in die Ideologie der Bolschewisten vom Klassengegensatz und Klassenkampf.

So glaubt Sinowjew weiterhin, dass Deutschland revolutionsreif sei. Deshalb soll die politische und organisatorische Arbeit der KPD weiterhin auf die Vorbereitung des Umsturzes ausgerichtet sein. Die militärischen Vorbereitungen in der Sowjetunion werden aufrechterhalten. Die Einheitsfront mit der Sozialdemokratie ist allerdings vom Tisch. Auf der Sitzung der Komintern am 30. Oktober in Moskau erklärt er, dass es an der Zeit sei, mit der SPD zu brechen, da sie weiterhin ein Faktor der Konterrevolution bleibe. »Wir wissen nicht, ob heute oder in einem halben Jahr, aber wir werden kämpfen gegen die Sozialdemokraten und trotz der Sozialdemokraten, nicht mit ihnen. Sonst haben wir die Lehren der letzten Wochen nicht beherzigt.«[54] Zu der Einschätzung Sinowjews trug auch eine Analyse Eugen Vargas bei, in der dieser schrieb, dass die Lage in Deutschland heute genauso revolutionär sei wie vor einem Monat.

Radek sieht die Dinge anders. Er räumt ein, dass die Arbeiterschaft nicht so geschlossen hinter der KPD gestanden habe wie erwartet. Und er sorgt sich um die drohende Spaltung im ZK der deutschen Partei, wo sich Ruth Fischer, die Führerin der linken Opposition, durch das Scheitern der Einheitsfrontstrategie bestätigt fühlt. Auf dem ZK-Plenum der KPD vom 3. bis 5. November will die von den Linken scharf kritisierte Brandler-Gruppe davon nichts wissen. Sie hätten sich nichts vorzuwerfen. Der Rückzug sei richtig gewesen. Radek und Pjatakow hätten die gleiche Auffassung vertreten, argumentieren sie. Und sie stellen als Erklärung für die Ereignisse der zurückliegenden Wochen die These auf, dass der Faschismus in Deutschland die Novemberrevolution von 1918 besiegt habe. Als Antwort darauf bekräftigen sie, dass sie Kurs auf den bewaffneten Aufstand halten wollten, denn dies sei der einzige Weg zur Überwindung dieses Faschismus. Das halten sie in einem mit 40 zu 13 Stimmen angenommenen

Papier fest, das in Moskau als Kapitulation der KPD angesehen wird.

Dort hat das Politbüro bei der Komintern einen »geschlossenen Brief« an das ZK der KPD in Auftrag gegeben, in dem die sowjetischen Kommunisten deren Oktober-Politik scharf missbilligen. In dem Schreiben, das das Datum vom 5. November trägt, aber nicht mehr den Parteitag der KPD erreichte, heißt es unter anderem: »Für uns ist es schon jetzt vollständig klar, dass Eure Mitteilungen in Moskau über den Grad der organisatorisch-technischen Vorbereitung, insbesondere der Bewaffnung, unerhört übertrieben waren«. Zum Eintritt der KPD in die sächsische Regierung schreibt die Komintern: Sie hätte sich die Sache so gedacht, dass dieses Vorgehen »die Eroberung eines bestimmten Aufmarschgebietes bedeutet, wo wir beginnen könnten, die Kräfte unserer Armeen zu entfalten. Ihr habt es glücklich fertiggebracht, die Teilhaberschaft an der sächsischen Regierung in eine banale parlamentarische Kombination mit den Sozialdemokraten zu verwandeln. Das Ergebnis war unsere politische Niederlage«.[55] Der Brief, der gegen Quittung jedem Mitglied des ZK zur Durchsicht ausgehändigt wird, ist eine brutale Abrechnung, die kein gutes Haar an der deutschen Partei lässt. Von Selbstkritik, etwa, dass es Moskau war, das, aufgepeitscht von Weltrevolutionsvisionen, die KPD geradezu in das Umsturzabenteuer trieb, ist kein Wort zu lesen.

Sinowjew entwickelt sogar eine Jetzt-erst-recht-Haltung. Im Vorwort seiner noch 1923 in Deutschland erschienenen Schrift *Probleme der deutschen Revolution,* in der er noch einmal mit der linken Sozialdemokratie abrechnet, gibt er die Losung aus, »den Gürtel fester zu schnallen«, denn: »Die revolutionären Ursachen, die die Krise in Deutschland hervorriefen, wirken weiter. Weder Kahr noch General Müller, weder Hitler noch sogar Stresemann ›selbst‹ werden diese objektiven Ursachen beseitigen können. Die ökonomische Krise spitzt sich von Tag zu Tag mehr zu. Die Bourgeoisie kann nicht regieren. Die inneren Gegensätze spitzen sich ebenfalls zu. Die internationale Lage des bürgerlichen Deutschlands aber wird nicht nur nicht besser, sondern verschlimmert sich mit großer Geschwindigkeit«, schreibt der Bolschewist.[56]

Derweil geht der offen ausgebrochene Kampf um die Nachfolge Lenins, dessen Tod täglich erwartet wird, weiter. Dabei zeichnet es sich ab, dass die sogenannte Troika – Stalin, Sinowjew und Kamenew – auf die Linken im ZK der KPD um Ruth Fischer setzt, während Radek und Pjatakow, unterstützt von Trotzki, die Brandler-Gruppe favorisieren. Da Stalin und Sinowjew sowohl im Politbüro als auch im ZK in Moskau die stärkeren Bataillone haben und der Georgier außerdem den Parteiapparat kontrolliert, ist der Ausgang dieses Machtkampfs und damit auch die Antwort auf die Frage nach den konkret schuldigen KPD-Funktionären für das Oktoberdesaster vorausbestimmt. Bis dahin reden sie im Berliner Karl-Liebknecht-Haus weiter von der Revolution. An deren Realisierung glauben allerdings immer weniger Genossen.

8

Oktober und November

Wir kämpfen jetzt um die nackte Existenz des deutschen Volkes und müssen diesem Gesichtspunkte alles andere unterordnen.

Stresemann in einem Brief an Stinnes am 12. Oktober 1923

Von einem »Deutschen Oktober«, als der der von Moskau befohlene Aufstand in die Geschichte eingehen wird, spricht im Jahr 1923 niemand. Nur diejenigen kommunistischen Funktionäre, die mit der Vorbereitung des Unternehmens befasst waren, wissen um dessen eigentliche Dimension. Was die Deutschen in jenen Oktobertagen mit Blick auf Hamburg wahrnehmen, ist ein Aufstand mehr in der langen Reihe der kommunistischen Revolten seit dem Kriegsende. Und die allermeisten sind davon überzeugt, dass dies nicht die letzte gewesen ist. Die Umstände sprechen zumindest dafür: Die Industrie liegt am Boden, die Arbeitslosigkeit ist in diesem Monat auf 19,1 Prozent gestiegen. Im September war es noch die Hälfte. Vergrößert werden Not und Elend in der Bevölkerung durch das wertlos gewordene Geld, dessen Kursverfall einem surrealen Spektakel gleicht, wenn der Dollar am 1. Oktober 242 Millionen Mark und am 26. desselben Monats 65 Milliarden Mark kostet. Die Folge davon ist, dass sich die Bauern weigern, Lebensmittel für das wertlose Geld zu verkaufen, und damit die Versorgung der Menschen noch schwieriger machen, zumal die Devisen fehlen, um ausreichend Getreide im Ausland zu kaufen. Das wiederum befördert immer neue Hungerunruhen. Die Stimmung im Reich ist daher aufgeladen wie selten zuvor. Der Regierungspräsident von Oberbayern vergleicht sie mit den Novembertagen des Jahres 1918 und den Apriltagen des Jahres 1919. »Äußerungen, die dahingehen, dass es schon gleich sei, wenn einmal alles zusammengeschlagen würde, sind [...] keine Seltenheit«, heißt es in seinem Bericht.[1]

Und wie immer in solchen Zeiten werden Schuldige gesucht und gefunden. Neben dem jeweiligen politischen Gegner sind es jetzt immer öfter die Juden, gegen die sich besonders der Hass der völkischen Nationalisten richtet. Für sie sind sie die Träger linksradikalen Gedankenguts. Bei anderen ist es bloßer Sozialneid. In Bayern kanalisiert der Antisemit Kahr diesen Hass, indem er seine Ausweisungsaktion gegen die »Ostjuden« fortsetzen lässt. Das befördert wiederum brutale Übergriffe wie den auf den jüdischen Verbandsfunktionär Sigmund Fraenkel, der in München auf offener Straße attackiert wird. In Nürnberg werden Juden »von uniformierten Banden überfallen und niedergeschlagen oder niedergestochen«. In den kleineren Orten sei die Unsicherheit teilweise noch größer, besonders augenblicklich in Bamberg, Kronach und Kitzingen, heißt es in einem Bericht von Ende Oktober, der der Reichskanzlei zur Kenntnisnahme zugesandt wird.[2]

Die Reichsregierung, in der SPD-Minister von »mittelalterlichen Judenaustreibungen« sprechen,[3] hält dies unisono für untragbar. Und als Stresemann informiert wird, verspricht er, der Sache nachzugehen. Im Protokoll wird seine Reaktion wie folgt wiedergegeben: »Werde es feststellen! Das ginge nicht.«[4] Doch persönlich einmischen will sich der Kanzler offenbar nicht, hat er doch schon genug Probleme mit Bayern, denn eine Lösung in dem letzten Akt des jahrelangen Konflikts, der mit der Befehlsverweigerung Lossows so eskalierte, ist nicht in Sicht. Und da ist ja auch noch die Dauerkrise mit Sachsen und Thüringen. Alles türmt sich für die Reichsregierung zu einem gewaltigen Berg von Problemen auf, zu dem noch das größte dazukommt. Es ist das Schicksal des besetzten Teils Westdeutschlands, das in einer Wechselwirkung mit den anderen Problemen gesehen wird. So schreibt die *Kölnische Volkszeitung:* »Aus der tiefen Not am Rhein rufen wir es nach Bayern und nach Sachsen mahnend und eindringlich: Bändigt Euer Ungestüm! Indem Ihr das Gefüge des Reiches lockert, zertrümmert Ihr hier das Vertrauen. In Bayern wird jetzt an dem Grabe geschaufelt, in der der deutsche Westen versinken könnte.«[5]

Alle Anstrengungen des Reiches und Preußens, auf die Besatzungsmächte einzuwirken, die Produktion anzukurbeln, um die deutsche Bevölkerung wieder in Arbeit und Brot zu bringen und damit die Staatsfinanzen zu entlasten, sind erfolglos geblieben. Und auch die Verhandlungen zwischen den Industriellen und der französischen Besatzungsmacht gehen nur schleppend voran, sollen doch 40 Prozent der Produktion an Frankreich abgegeben werden. Um sie dennoch zu beschleunigen, wird die Reichsregierung trotz der trostlosen Finanzlage die Garantie für die Kohlelieferungen an Frankreich übernehmen und die Reichskohlesteuer aufheben, weil sie sich moralisch verpflichtet fühlt – wie es Stresemann später sagen wird. Trotzdem ist es deprimierend, mitanzusehen, dass das Schicksal des besetzten Gebiets zu einem Gutteil in den Händen von ausschließlich profitorientierten Industriellen liegt, denen die Nation letztendlich gleichgültig ist. Und was die französische Seite anlangt, drängt sich der Eindruck auf, dass sie das Chaos und die Verelendung der Massen will, um die verzweifelte Bevölkerung in die Arme der Separatisten zu treiben.

Denn die Lebensmittelversorgung ist nicht mehr gewährleistet. Es fehlt nicht nur an Devisen, ausreichende Mengen Getreide zu kaufen, sondern auch an der Logistik, dieses zu verteilen. Reichsverkehrsministers Rudolf Oeser hat deshalb die Reichsbahner aufgefordert, den Dienst bei der französischen Eisenbahnregie aufzunehmen. Denn »wenn es in einigen Tagen nicht gelingt, den Eisenbahnbetrieb in größerem Umfange wieder aufzunehmen, muss eine Hungersnot furchtbarster Art im Ruhrgebiet ausbrechen«, warnt am 19. Oktober der preußische Wohlfahrtsminister, der von einem »sadistischen Vernichtungstrieb der Franzosen« spricht.[6] Hilfe für das Ruhrgebiet, dessen Schicksal inzwischen weite Teile Europas erschüttert, kommt aus dem Ausland, von den skandinavischen Ländern, aus Holland, der Schweiz, aus Spanien, aus den Vereinigten Staaten, aus südamerikanischen Ländern und vor allen von den »österreichischen Brüdern«, denen in St. Germain das Zusammengehen mit

Deutschland, für das sich die Mehrheit im Wiener Parlament aussprach, verweigert wurde. Ihnen allen dankt Stresemann. Besonders hebt er dabei die Hilfsbereitschaft Deutsch-Österreichs hervor. »Alles das wird bei uns, auch wenn wir staatlich getrennt sind, ein brüderliches Echo finden in diesen Zeiten der Not.«[7]

Am 25. Oktober ist der Kanzler in Hagen. Auf der Konferenz, zu der die Reichs- und preußische Staatsregierung die Ältestenräte der Provinziallandtage und führende Persönlichkeiten aus Politik und Wirtschaft aus dem besetzten Gebiet ins Kreishaus eingeladen haben, soll die dortige dramatische Lage beraten werden. Die Leitung der Konferenz, an der auch der preußische Ministerpräsident Braun und die Reichsminister Sollmann und Fuchs teilnehmen, obliegt dem Duisburger Oberbürgermeister Karl Jarres von der DVP, weil er als Vorsitzender des rheinischen Provinziallandtags als oberster Repräsentant der hauptbeteiligten Landesteile gilt. Schon am Vorabend ist er mit den Vertretern aus dem besetzten Gebiet im Rathaus in Barmen zusammengekommen, um die Konferenz vorzubereiten. Themen sind angesichts der jüngsten Ereignisse in Aachen und Speyer der Separatismus, die schwierige Lebensmittelversorgung der Bevölkerung und die finanzpolitische Lage, denn der gesamte Zahlungsverkehr wird im besetzten Gebiet mit ungedecktem Notgeld abgewickelt, das Gemeinden und Betriebe ausgeben. Jarres schreibt, dass die Versammlung »den Tiefpunkt der damaligen verzweifelten Stimmung und Depression« darstellte.[8]

In Hagen will die Gruppe um Adenauer für ihr Projekt eines von Preußen unabhängigen Rheinlandes werben, da »das Reich und die Länder trotz des besten Willen uns nicht weiterhelfen können«.[9] Als Erster spricht der Kölner Handelskammerpräsident und Vertraute des domstädtischen Oberbürgermeisters Geheimrat Louis Hagen.[10] Er fordert wegen des Mangels an wertbeständigen Zahlungsmitteln eine separate, auf Gold basierende Währung für das besetzte Gebiet, dem angesichts der zumeist geschlossenen Bergwerke, wie er sagt, eine beispiellose Arbeitslosen- und Hungerkatastrophe bevorstehe. Mit der jetzigen Währung sei die Ernährung nicht mehr möglich. Auch die für das

Reich geplante Rentenmark sei mit den Besatzungsmächten nicht einzuführen. Deshalb spricht er sich für die Schaffung einer rheinischen Goldnotenbank aus, über die eine Gruppe Bankiers, wie von Schröder und von Oppenheim, sowie Industrieller, wie Vögler und Stinnes, unter seiner Führung mit der Interalliierten Rheinlandkommission verhandelt.

Im Zuge der weiteren Aussprache werden verschiedene Zukunftsszenarien für das besetzte Gebiet erörtert. Sie kommen unisono von den rheinischen Vertretern. Ein Professor Moldenhauer fordert, der Realität Rechnung zu tragen. Und zu dieser Realität gehöre, dass die Souveränität des Reiches und mittelbar auch die Preußens auf dem Gebiet der Finanzen, der Zölle, der Währung und namentlich der Eisenbahn ohnehin schon nicht mehr existiere. Deshalb, so Moldenhauer, solle das besetzte Gebiet von der Reichsregierung nunmehr seinerseits Vollmachten erbitten, um eine eigene Währung, ein eigenes Budget und ein eigenes Steuerrecht einführen zu können.

Adenauer hält dies für wenig tauglich. »Die Ausführung dieses Vorschlags würde dazu führen, dass wir de facto zu einer französischen Kolonie würden«, sagt er. Der Katholik mit dem antipreußischen, antiprotestantischen Ressentiment redet dann einer Loslösung des Rheinlands von Preußen das Wort. Von einer solchen verspricht er sich einen Ausgleich mit Frankreich. »Er hoffe, dass es auf dem Weg dieser Verständigung möglich sei, das Reich von dem Versailler Friedensvertrag los zu machen und die ganzen Lasten dieses Vertrags dem Reich auf diese Weise zu nehmen. Er hoffte weiter, [...] [dass] auch das besetzte Gebiet vielleicht von der Besatzung ganz freikomme.«

Jarres, der für eine Aufkündigung des Versailler Vertrags ist, spricht sich für eine vorübergehende Preisgabe des Rheinlandes aus und meint damit die Kappung des gewaltigen Geldstroms, der ins besetzte Gebiet fließt. Die Mehrheit der Reichsminister – mit Ausnahme der beiden Rheinländer Sollmann und Fuchs – hält einen solchen Schritt für die wirtschaftliche und finanzielle Erneuerung des Reiches für genauso unausweichlich wie der preußische Ministerpräsident. Umso gespannter sind die Versammelten auf die Rede Stresemanns, der natürlich um die Problematik bestens Bescheid weiß und eine solch bittere Maßnahme längst in sein Kalkül miteinbezogen hat.

Um den düsteren Befürchtungen der meisten entgegenzutreten, erklärt er gleich zu Beginn seiner Ausführungen, dass er »als Kanzler des Deutschen Reiches ganz selbstverständlich jede Diskussion über Trennung von Gliedern des Deutschen Reiches von dem heutigen Reiche ablehne«. Vor allem an die Adresse Adenauers gerichtet, dem Stresemann extrem kritisch gegenübersteht, meint er: »Meine Herren, welche Utopie, wenn Sie glauben […], dass irgendeine Entschließung der Bildung eines Rheinstaates die Rheinfrage löst (Zustimmung.) Auch wenn dieses ganze Gebiet etwa politisch nicht mehr zu uns gehören sollte, dann werden die Drangsalierungen und Sanktionen von Frankreich nicht aufhören.« Denn die Franzosen wollten ihr Land gegen »ein wiedererstehendes Deutschland« am Rhein verteidigen und würden deshalb ihre Haupttruppenmacht dort dauernd halten.

Stresemann versichert dann den in Hagen Versammelten, dass die Zahlungen des Reiches für Gehälter, Renten und für die Arbeitslosen weiter fließen würden. Auf die Nachfrage, wie lange dies möglich sei, weicht er aus. Er könne dies nicht vorhersagen, seien die Dinge doch sowohl innen- als auch außenpolitisch im Fluss. Einerseits hänge das davon ab, wann die Rentenmark eingeführt werde. Solange dies noch nicht geschehen sei, könnten die Zahlungen weitergehen. Und Luther hat ihm vor seiner Abreise nach Hagen versichert, dass dies erst in ein paar Wochen der Fall sein werde. Andererseits ist etwas Bewegung in die Reparationsfrage gekommen, was Auswirkungen auf die Lage an Rhein und Ruhr haben könnte.

Denn am Vorabend des Hagener Treffens ist eine deutsche Note an die Reparationskommission ergangen, in der das Reich seine Verpflichtung anerkennt, Reparationen zu leisten; gleichzeitig aber seine Zahlungsunfähigkeit anzeigt und eine entsprechende Nachprüfung durch eine unabhängige Kommission erbittet, wie es der Artikel 234 des Versailler Vertrags vorsieht. Hoffnung vermittelt die Nachricht, die Stresemann soeben von der Washingtoner Botschaft erhalten hat. Danach finden Verhandlungen zwischen den Vereinigten Staaten, Großbritannien und Frankreich über die Einsetzung eines Sachverständigenausschusses statt, der sich mit den Reparationsleistungen des Reiches beschäftigen soll.[11] Dem vorangegangen ist offenbar die Poincaré abgenötigte Zustimmung.

Stresemann erklärt in Hagen seine Politik, auch weshalb er den Vertrag von Versailles nicht aufkündigt. Versailles, so sagt er, gebe, so schlimm es auch sei, Deutschland auch Rechte, mindestens das, dass das Ruhrgebiet rechtswidrig besetzt worden sei. Hinzu komme, dass eine Abkehr von Versailles den Druck von der britischen Politik nähme. So müsse diese, wenn sie nichts unternehme, bekennen, dass sie zu »schwach und ohnmächtig« sei,[12] die Verhältnisse zu ändern, erklärt Stresemann seine Position, ohne explizit zu erwähnen, dass dies einer Weltmacht nicht anstünde. Es sind dies freilich Artikulationen der Hoffnung, einer wachsenden Hoffnung, die aufzugeben einer totalen Kapitulation gliche. Und das geht nicht für den Kanzler des Deutschen Reiches. Auch die Vertreter aus dem besetzten Gebiet wollen nicht als die Verzagten dastehen. Jarres notierte über sie, dass sie in Gegenwart des Reichskanzlers und des preußischen Ministerpräsidenten »keine klare Sprache mehr« gesprochen hätten. Umso eindringlicher appelliert Stresemann zum Schluss an die Einigkeit des deutschen Volkes, das sich von »parteipolitischer Verbissenheit« und von den »Gegensätzen der Stämme« frei machen müsse.

Die Veranstaltung in Hagen hat Stresemann an die Grenzen seiner körperlichen Leistungskraft gebracht. Er soll bei der Auseinandersetzung mit Adenauer, die sich seiner Rede angeschlossen hat, kurzzeitig die Besinnung verloren haben. Offenbar hat ihn der kalt erscheinende, stets kontrollierte Adenauer bis aufs Blut gereizt. Dennoch spricht er noch am selben Abend, wie es geplant war, in der neuen Hagener Stadthalle zur Bevölkerung. Dabei wendet er sich an den Allmächtigen, nachdem er auf die Gefahren für das Reich eingegangen ist: »Aus tiefer Not schrei ich zu Dir. Aber eines ist klar. Gott hilft nur denen, die sich selber helfen.«[13] Dennoch scheint er an der Ohnmacht, der er sich ausgesetzt fühlt, und an all den Problemen, die in diesen Oktobertagen kulminieren, manchmal zu zerbrechen.

Eines ist das bayerische. In einer seiner Hagener Reden hat Stresemann wieder einmal einen seiner Leitsätze zum Besten gegeben und gesagt, dass die Deutschen lernen müssten, »das Große groß und das Kleine klein zu sehen«. Und er hat noch hinzugefügt: »All die Dinge, die zwischen München und Berlin vorgegangen sind, sind klein.«[14] Das sieht man in München weiß Gott anders. Im Freistaat ist der Konflikt mit dem Reich das alles beherrschende Thema. Die dortigen Konservativen fragen sich, ob sie denn schlechtere Patrioten seien, wenn sie ihre Eigenständigkeit unter dem Dach des Reiches hervorhöben. Und was Geßler und Seeckt mit »ihrem« Generalleutnant Lossow machen, wird als ungerecht empfunden, und für die komplexen verfassungsrechtlichen Fragen interessiert sich die bayerische Volksseele eh nicht. So poltern die Blätter der Landeshauptstadt, denn der Reichsrat pocht auf die Wiederherstellung der verfassungsmäßigen Ordnung. Doch Kahr, der die diplomatischen Beziehungen Bayerns zu Sachsen abgebrochen hat, denkt gar nicht daran, in dem Streit mit dem Reich nachzugeben, und schon gar nicht daran, zu verhandeln. Der gemäßigtere Knilling sieht auch keinen Ausweg, denn seine Regierung könne ihren Standpunkt mit Rücksicht auf die öffentliche Meinung im Freistaat nicht aufgeben.

Als am 26. Oktober das Kabinett in Berlin tagt, fordert Geßler ein rasches Eingreifen, denn »die scheinbare Energielosigkeit des Reiches schade ungeheuer«.[15] Der Reichsminister für Ernährung und Landwirtschaft, Graf von Kanitz, pflichtet ihm bei: »Gestützt auf die sieben preußischen reichstreuen Divisionen müsse Bayern zum Bewusstsein gebracht werden, dass es nachgeben müsse.« Am Ende beschließen sie auf Antrag Stresemanns, von der Regierung in München eine »bedingungslose Erklärung« zu verlangen, ob diese bereit sei, die verfassungsmäßigen Zustände anzuerkennen und wiederherzustellen. »Sonst sei das Reich veranlasst, Maßnahmen zu treffen, die die Lage verschärfen würden.«[16] Bereits am Tag darauf verlässt ein von Stresemann unterzeichnetes Memorandum der Regierung die Reichskanzlei. Es ist an den bayerischen Ministerpräsidenten adressiert, von dem eine möglichst baldige Rückäußerung erwartet wird. Der ist nun in einer überaus schwierigen Lage, über die Haniel nach Berlin berichtet. Der Vertreter der Reichsregierung in München will nicht ausschließen, dass das Kabinett Knilling zurücktreten werde und damit »den rechtsradikalen Elementen« in den Sattel verholfen werden würde, also das bewirkt werden würde, »was Herr Knilling zu hindern bestrebt war«. Haniel fährt fort: »Ich darf dazu bemerken, dass die Einigung zwischen Hitler und Kahr sehr weit vorgeschritten, wenn nicht bereits vollzogene Tatsache ist.«[17] Tatsächlich ist das nicht der Fall, aber undurchsichtig ist die Sache allemal.

Die gleichen Argumente führt Knilling in seiner Antwort an, in der er sein Bestreben zum Ausdruck bringt, den Konflikt zwischen Bayern und dem Reich »auf gütliche Weise aus der Welt zu schaffen«. Ansonsten stehe die bayerische Regierung auf dem Standpunkt, »dass die Verfassung ihrerseits nicht gebrochen sei und dass damit die bayerische Division aus dem Reichsverbande der Reichswehr nicht ausgeschieden sei«. Der Konflikt, so Knilling weiter, sei darauf zurückzuführen, dass die Weimarer Verfassung »konstruktive Fehler« enthalte. Der Freistaat sei bereit, darüber zu verhandeln.[18] Mit anderen Worten: Der bayerische Ministerpräsident will Zeit gewinnen. Denn die Lage in seinem Land droht der Regierung aus den Händen zu gleiten. Kahr verselbstständigt sich zunehmend, und die gesteigerten Aktivitäten der Wehrverbände und der Nationalsozialisten machen glauben, dass seine Macht schwinde und die Hitlers zunehme.

Das hat auch damit zu tun, dass die Angst vor dem Angriff der »Roten« aus Mitteldeutschland, genauer gesagt aus Thüringen, eine Dynamik entwickelt hat, die kaum noch steuerbar erscheint. Wer in Bayern eine Waffe tragen kann, schaut nach Norden. Das Grenzgebiet zu Thüringen, wo der »Grenzschutz Nord« aus Landespolizei und Vaterländischen Verbänden, der Polizei Nothilfe Bayern, steht, ist zu einem regelrechten Tummelplatz der Wehrverbände geworden. Mit dabei ist auch der von Kriebel geführte »Kampfbund«, der sich am Aufbau des Grenzschutzes nach Norden beteiligt, das Ganze aber eher als die militärische Vorbereitung des Marsches auf Berlin ansieht. Auf einer Besprechung am 23. Oktober verlangt Göring die Anfertigung von

»schwarzen Listen«. Es müsse mit schärfstem Terror vorgegangen werden. Hierfür sei es notwendig, »dass die Führer sich jetzt schon die Persönlichkeiten heraussuchen, deren Beseitigung notwendig ist«.[19]

Auf der thüringischen Seite, wo die Landespolizei mit den Proletarischen Hundertschaften zusammenarbeitet, wird das genau aufgeklärt. Der Leiter der dortigen Landespolizei Hermann Müller-Brandenburg informiert am 26. Oktober Berlin, dass »die unmittelbar an der Grenze Thüringens, insbesondere im Raume Nordhalben – Kronach – Lichtenfels – Ebern – Maroldsweisach – Koburger Kessel stehenden illegalen Kampfformationen sehr erhebliche Kräfte gesammelt haben«.[20] In einem weiteren Bericht Müller-Brandenburgs wird ausgeführt, dass Einheiten der Brigade des aus einem preußischen Gefängnis geflohenen Ex-Putschisten Erhardt bei Coburg konzentriert seien. Bei Bamberg wimmele es von Verbänden aller Art: Erhardt, Nationalsozialisten, Oberland, Reichswehr, österreichische Stoßtrupps. »Bewaffnung ist gut, sehr viel Maschinengewehr-Fahrzeuge sind zu sehen.« Ein thüringischer Stadtrat namens Brill will sogar wissen, dass Hitler im Raum Coburg gesehen worden sei.[21] Und auch Informationen kursieren, dass an der Grenze bereits geschossen werde.

Es herrscht ein großes Durcheinander. Während die einen, wie im oberfränkischen Neustadt, Schützengräben ausheben, um sich vor der »roten Sturmflut« aus »Sowjetthüringen« verteidigen zu können, hört man im Coburger Stab Erhardts, der aus seinem Salzburger Versteck gekommen ist – analog zu den Vorstellungen Hitlers –, viel reden vom bevorstehenden Marsch auf Berlin und vom Sturz der Regierung. Auf der thüringischen Seite wird derweil versucht, alle jenseits der Grenze als faschistische Armada und als »ungeheure Gefahr für Thüringen und das Reich« hinzustellen, »deren Abwendung nur umgehende Reichsmaßnahmen herbeiführen kann«.[22] Doch das kann Stresemann und seine bürgerlichen Kabinettsmitglieder nicht vergessen machen, dass in demselben Thüringen und vor allem auch in Sachsen SPD/KPD-Regierungen mit Moskauer Unterstützung aus Deutschland eine »Arbeiter- und Bauernrepublik« machen wollen.

In Sachsen hat sich die Lage zugespitzt, seit Reichswehreinheiten in dem Land vorrücken. Zusammenstöße zwischen Angehörigen der Proletarischen Hundertschaften und der Truppe sind an der Tagesordnung. In Pirna und in Freiberg kommt es am 27. Oktober zu regelrechten Feuergefechten, in deren Folge 23 Tote und 31 Verwundete zu beklagen sind. Derweil haben die sächsischen Bergarbeiter einen Streik begonnen, durch den die Elektrizitätswerke stillgelegt werden sollten. Begleitet wird alles durch eine aggressive Propaganda der Kommunisten, die sich über die zahlreich ergangenen Verbote mit Aushängen und Plakaten hinwegsetzen.

Aufgrund dieser Entwicklung hat sich am 27. Oktober das Reichskabinett mit der Lage in Sachsen befasst. Geßler hat den Rücktritt der KPD-Minister und damit der sächsischen Regierung verlangt. Der Kanzler pflichtet ihm bei. Eine solche Regierung »könne er als verfassungsmäßig nicht anerkennen«. Besonders dringlich sei jedoch die Lage durch die Zuspitzung der Verhältnisse in Bayern. »Die Reichsregierung dürfe es nicht dahin kommen lassen, zwischen dem Rechtsradikalismus Münchens und dem Linksradikalismus Sachsens erdrückt zu werden.« Um auch ein Signal der Entschlossenheit nach München zu senden, hält Stresemann mit Blick auf Sachsen »ein energisches, klares Handeln im gegenwärtigen Augenblick für unerlässlich. Gerade bei der jetzigen Verbesserung der außenpolitischen Lage sei es unbedingt erforderlich, die Autorität der Reichsregierung zu stärken«.[23]

Mit der »Verbesserung der außenpolitischen Lage« meint der Kanzler die Imperial Conference in London, auf der Kritik am Verhalten Frankreichs gegenüber Deutschland laut geworden ist. Der südafrikanische Premierminister und britische General Jan Christian Smuts, der schon den Versailler Vertrag verurteilt hat, ist dort mit einer kraftvollen Rede für das darniederliegende Deutschland in die Bresche gesprungen. Auf einem Bankett erklärte er am 23. Oktober, dass der Weltkrieg auf wirtschaftlichem Gebiet weitergeführt werde, was die unrechtmäßige Besetzung des Ruhrgebiets zeige. Alle seien die Verlierer. »Es muss daher verlangt werden, dass man die bestehenden Verträge revidiert.

Jetzt ist die Stunde gekommen, um eine internationale Konferenz zwischen den interessierten Mächten einzuberufen.« Er glaube nicht, dass sich eine Macht weigern werde, an solchen Verhandlungen teilzunehmen, sagte Smuts mit Blick auf Frankreich, dem er vorwarf, für die »bevorstehende Zerstückelung Deutschlands« verantwortlich zu sein. Und wenn doch, »müssten die anderen Nationen zusammentreten, um sich ernsthaft mit der Lage zu befassen«. Es sei wichtig, so Smuts weiter, dass sich die Vereinigten Staaten an einer solchen Konferenz beteiligten.[24]

Das meiste, was Smuts in London gesagt hat, deckt sich mit den Vorstellungen des konservativen britischen Premierministers Baldwin. Bei Stresemann löst die Rede des Südafrikaners Begeisterung aus. Mit überschwänglichen Worten bedankt sich der deutsche Kanzler: Es sei für Deutschland ein »erhebendes Gefühl von einem Manne von Ihrer Weltbedeutung und Kenntnis der Verhältnisse der Völker und Geschichte so viel Verständnis für die wirklichen Zustände in Deutschland und für die Notwendigkeit der Änderung dieser Verhältnisse zu finden«. Smuts' Vorschlag einer internationalen Konferenz begrüße er mit Freude, schreibt Stresemann und fügt noch hinzu, dass diese Konferenz schnell zusammentreten müsse, denn die jetzige Lage könne nicht länger andauern, »ohne dass eine verheerende Katastrophe über uns hereinbricht«.[25]

Um diese zu verhindern, kämpft Stresemann seinen »Mehr-Fronten-Krieg« unermüdlich weiter. Was die »sächsische Front« anlangt, fordert er noch am 27. Oktober – nach der Kabinettssitzung – in einem Schreiben Zeigner im Auftrag der Reichsregierung auf, »den Rücktritt der Sächsischen Landesregierung zu vollziehen, weil die Teilnahme kommunistischer Mitglieder an dieser Landesregierung angesichts des Gesamtprogramms der kommunistischen Partei [...] mit verfassungsmäßigen Zuständen unvereinbar ist«.[26] Der Kanzler droht im Falle einer ausbleibenden Umbildung der Regierung ultimativ, dass der Inhaber der vollziehenden Gewalt einen Reichskommissar bestellen werde, der die Verwaltung des Landes in die Hand nehmen werde, bis die verfassungsmäßigen Zustände wiederhergestellt seien. In seiner überaus knappen Antwort weist Zeigner am Tag danach Stresemann darauf hin, dass das Verlangen Berlins – der Reichsverfassung zufolge – unzulässig sei und deshalb die sächsische Regierung auf ihrem Posten »ausharren« werde.[27] Ebert, der Zeigner für einen politisch naiven Mann hält, der zu rasch auf der Karriereleiter nach oben geklettert ist, ermächtigt daraufhin die Reichsregierung zur Reichsexekution gegen Sachsen.

In der Mittagszeit des 29. Oktober zieht dann das 2. Bataillon des 7. Infanterieregiments mit einem Musikzug unter dem Kommando eines Hauptmanns Friedrich Olbricht mit klingendem Spiel auf dem Dresdener Postplatz auf. Er lässt das Ministerialgebäude besetzen und gibt Zeigner seine Amtsenthebung und die Ernennung des bereits angereisten Rudolf Heinze, des früheren Reichsjustizministers von der DVP, zum Reichskommissar für Sachsen bekannt. Zeigner und die Minister hätten ihre Amtshandlungen eingestellt und das Gebäude verlassen. »Lediglich Minister Böttcher erklärte, dass er Protest einlege, aber der Gewalt weiche«, heißt es in einem Telefonbericht aus der sächsischen Metropole.[28] Bereits am 31. Oktober ist in Dresden unter dem bisherigen Wirtschaftsminister Alfred Karl Fellisch eine von der DDP tolerierte sozialdemokratische Minderheitsregierung zusammengestellt worden, wodurch der Existenz des Reichskommissars die Grundlage entzogen wurde. Mit galligem Unterton wendet sich der neue sächsische Ministerpräsident, der den Demokraten eine Kursänderung zugesagt hat, in einem Schreiben an Stresemann und sieht darin »der sofortigen Abberufung« Heinzes entgegen.[29] Doch der bleibt, ebenso General Müller, sehen sie doch in Fellisch nichts anderes als einen neuen Zeigner. Und sie sollen recht behalten, denn der SPD-Parteitag am 1. und 2. Dezember wird für die Zukunft beschließen, »mit den Kommunisten wieder zu einer gemeinsamen Regierungsplattform zu kommen«.[30]

Obwohl die sozialdemokratischen Reichsminister das Ultimatum mitgetragen haben, herrscht unter ihnen Verstimmung. Justizminister Radbruch meint, dass sie nur der Absendung des Ultimatums zugestimmt hätten, nicht aber dem, was danach gekommen sei, worauf Stresemann entgegnet, dass sich dies doch aus dem Ultimatum ergeben habe.[31] Innenminister Sollmann erklärt, dass er vor der Ernennung des Reichskommissars eine Unterrichtung des Kabinetts erwartet hätte und dass er die Ernennung eines DVP-Politikers für »verfehlt« halte.[32] In der SPD-Fraktion wollen andere wissen, dass Zeigner, mit dem sich inzwischen sein thüringischer Kollege Frölich solidarisiert hat, auch ohne die Berliner Intervention seine Regierung umgebildet hätte. Scharf kritisiert wird dort der Reichspräsident. Rudolf Breitscheid meint, dass ihn die Verantwortung treffe. Der Abgeordnete Gustav Hoch glaubt, dass Ebert »erledigt« sei. »Wie konnte er eine solche Verwendung unterschreiben?«[33]

Am zugkräftigsten ist in den Reihen der Sozialdemokraten das Argument vom unterschiedlichen Maß, das der Kanzler bei Sachsen und Bayern anlege. Hier die Reichsexekution, dort ein Memorandum, obwohl das Kahr-Regime nicht nur die Verfassung mit Füßen trete, sondern auch dem Ansehen des Reichs schade, wenn ausgewiesene Juden bei den Alliierten im besetzten Gebiet Schutz suchten. Forderungen, auch für Bayern einen Reichskommissar zu ernennen, werden laut. Unterstützung für die SPD, die der Münchner Regierung die Schuld an der Ausrufung der autonomen Pfalz gibt, kommt in der Angelegenheit von der DDP. Am 30. Oktober hat deren Fraktionsvorsitzender Carl Petersen dem Kanzler bei einem Parteiführertreffen eröffnet, dass der Vorstand seiner Partei ihn beauftragt habe, diesem zu sagen, »wie unbedingt und ernst die Forderung unserer Fraktion ist, dass gegen Bayern mit aller Bestimmtheit und Schärfe die Forderung gestellt wird, der Verfassung des Reiches Rechnung zu tragen und für den Fall der Weigerung alsbald die Folgerungen zu ziehen«.[34] Stresemann hält dem entgegen, dass er es in Bayern nicht zu einem Rechtsputsch kommen lassen dürfe. »Bayern kommt erst in Ordnung, wenn sächsische Entspannung!« Der SPD-Parteichef Wels vertritt hingegen die Auffassung, dass man gegen einen »Vormarsch auf Berlin« alle reichstreuen Elemente sammeln müsse, also auch die Regierung in Sachsen, worauf Stresemann anmerkt: »Sind Kommunisten in sächsischer Regierung, dann geht hiesige Reichswehr zu Bayern über.«[35] Unüberbrückbar sind letztendlich die weltanschaulichen Gräben und Auffassungen zwischen den Sozialdemokraten und dem pragmatischen Kanzler.

Das Problem mit der SPD thematisiert der Geschichtsphilosoph Oswald Spengler, der gute Beziehungen nach Südafrika unterhält und sich bei Smuts für die Sache des Reichs einsetzt, ein paar Tage zuvor in einem Brief an Stresemann. Einem Wehgesang gleich, macht der Autor des Bestsellers *Der Untergang des Abendlandes*[36] seinem Ruf als Endzeit-Apostel alle Ehre, wenn er beklagt, dass die »nationale Haltung in München auf dieselbe Stufe gestellt wird, wie die antinationale in Dresden«. Für das Scheitern der Nation hält er diejenige Partei für verantwortlich, »die innerhalb der Regierung alle Schritte beherrscht« und »in Mitteldeutschland in offenem Kampf« gegen diese arbeite. »Die Versuche, mit dieser Partei oder richtiger, mit dem Parteiklüngel [...] auszukommen, haben alle Fehler, Niederlagen und Verwüstungen verschuldet«, schreibt Spengler dem »Herr[n] Kanzler«.[37] Was der darauf antwortet, ist nicht bekannt.

Bei der Kabinettssitzung am 1. November zeichnet sich dann bereits der Bruch der Großen Koalition ab. Die derzeitige politische Lage sei durch das »überstürzte Vorgehen in Sachsen« herbeigeführt worden. »Dies sei die einmütige Anschauung der sozialdemokratischen Fraktion«, poltert Sollmann.[38] Sachsen wird nun in der Rhetorik der SPD zum basisdemokratischen Experimentierfeld, zum Schauplatz unglücklich agierender Demokraten. Von der dort proklamierten Revolution, von der »Arbeiter- und Bauerregierung«, die sie dort gewollt haben, ist keine Rede mehr; und vom Einfluss der Bolschewisten auch nicht, wenn der sozialdemokratische Reichsinnenminister feststellt: »Russland und Sachsen zweierlei.«[39] Der Reichsinnenminister versteigt sich sogar zu der Äußerung, dass »viele von uns [...] bereit [wären], gegen Bayern zu marschieren, aber nicht gegen Frankreich wegen Bedrückung des Rheinlandes«. Ultimativ fordert die SPD, neben einem konsequenten Vorgehen gegen Bayern und der Bereinigung der Reichswehr von ehemaligen Angehörigen rechtsradikaler Wehrverbände, die Beendigung des reichsweiten Ausnahmezustands, was nur dem Parlament obliegt. Stresemann weist das zurück. In der Frage Bayerns habe man den Weg der Verständigung beschritten, doch »der sei solange nicht möglich, solange die Sozialdemokratie in der Reichsregierung sei«; die Reichswehr sei zu schwach, um ohne Verstärkungen Aktionen durchzuführen, und den Ausnahmezustand könne man alleine mit Blick auf die Lage im bayerisch-thüringischen Grenzgebiet nicht aufheben.[40]

Argumente zählen jetzt bei der SPD nicht mehr. Es ist wie Anfang August, als die Partei ihr Tolerierungsquantum gegenüber Cuno aufgebraucht hatte. Schon ehe das Ultimatum an Dresden herausgegangen ist, sind die SPD-Minister auf ihre Demission eingestellt. Am 31. Oktober hat Herrmann Müller, der die Reichsexekution gegen Sachsen abgelehnt hat, vor der Fraktion erklärt: »Unsere Minister seit Samstag [27.10.] bereit zum Rücktritt.«[41] Auch wenn er kein Freund Stresemanns ist, soll der Reichspräsident entsetzt gewesen sein, als er von der Absicht seiner Parteigenossen erfahren hat. Doch ändern kann er daran nichts mehr. Am 2. November tagt das Kabinett der Großen Koalition zum letzten Mal, denn danach beschließt die SPD-Reichstagsfraktion, ihre Minister – Robert Schmidt, Radbruch und Sollmann – zurückzuziehen, denn »in der Bayernfrage kann dieses Kabinett zu keinem für die Partei zu tragenden Ergebnis kommen. […] Es besteht Gefahr, dass Faschisten nach Norden ziehen und wir mit Schimpf und Schanden davongejagt werden«.[42]

Mit dem Austritt der Sozialdemokraten aus der Großen Koalition, der das an diese gebundene Ermächtigungsgesetz vom 13. Oktober außer Kraft setzt, entsteht eine regelrechte Hysterie im politischen Berlin. Das bleibt nicht ohne Auswirkungen auf den Kurs der Mark, der zwischen dem 31. Oktober und dem 2. November von 73 auf 320 Milliarden Mark je Dollar in die Tiefe rauscht. Die Reichsbank druckt jetzt Geldscheine zu einer, zwei und fünf Billionen, weil sie sonst den Bedarf nicht decken kann.[43] Die Preise auf den Märkten steigen nunmehr innerhalb weniger Minuten um Milliardenbeträge, sofern überhaupt noch etwas angeboten wird. In Berlin steigt der Brotpreis innerhalb von sieben Tagen von 5,5 auf 140 Milliarden pro Kilogramm. Die Folge sind Krawalle und Plünderungen, nicht nur der Bäckereien. Kurzum: Es herrscht das Chaos.

Am 3. November scheint das politische Berlin in diesem zu versinken. Beim Reichspräsidenten ist die »unrichtige Nachricht« eingegangen, wonach Kahr mit der 7. Division die Reichshauptstadt angreifen wolle, falls nicht innerhalb von 24 Stunden eine nationale Regierung gebildet werde. Den sonst so überlegten Ebert, der sogleich den Kanzler rufen lässt, veranlasst dies, den »sofortigen Aufmarsch« der Reichswehr gegen Bayern anzuordnen. Der bereits anwesende Seeckt, der glaubt, dass sich das bayerische Problem nach dem Ausscheiden der SPD aus der Regierung von allein löst, lehnt dies jedoch ab, weil »wir nicht in der Lage seien, sowohl nach Zahl wie Stimmung unserer Truppen«.[44] Seine Haltung, die hinter dieser Verweigerung steht, beschreibt Seeckt in einem Brief an Kahr, in dem es heißt: »Die Reichswehr darf nicht in die Lage gebracht werden, sich gegen Gesinnungsgenossen für eine ihr wesensfremde Regierung einzusetzen. Andererseits kann sie nicht dulden, dass ›von verantwortlicher und berufener Seite‹ mit Gewalt eine Änderung herbeizuführen unternommen wird. Sie wird zerbrechen in diesem Kampf, wenn sie nach zwei Seiten die Staatsautorität verteidigen muss. Dann haben wir Frankreichs Spiel gespielt. Dann dem Moskauer Kommunismus die letzte Chance zum Erfolg geboten. Ich fürchte den Kommunismus nicht, auch nicht das drohende auf unseren Zusammenbruch harrende Polen – aber unsere Kräfte müssen zusammengehalten werden.«[45] Die Illoyalität des Chefs der Heeresleitung gegenüber dem Reichspräsidenten, auf dessen Seite Geßler steht, wird nicht zum Drama, da sich die Information, dass der Süden losschlage, bald als unseriös erweist. So erreicht Seeckt Eberts Zustimmung für die Reichsexekution und damit für einen Einmarsch der Reichswehr in Thüringen, »als besten Gegenschutz gegen die Absichten der Ehrhardt-Leute«.[46] Beginnen soll die Operation am 6. November.

An diesem 3. November – kurz bevor die Falschmeldung eingetroffen ist – hat Seeckt dem Reichspräsidenten seine politischen Vorstellungen erläutert. Er empfiehlt die Verständigung mit den Rechten, »weil sonst die Truppe zwischen zwei Feuer kommt«.[47] Der General denkt daran, ein mit außerordentlichen

Vollmachten ausgestattetes Reichsdirektorium an die Stelle der Reichsregierung zu stellen – ohne Stresemann. Denn Seeckt schätzt Stresemann im Gegensatz zu Cuno gering. Er hält ihn für einen Opportunisten und dessen Kabinett für nicht lebensfähig. Er sieht sogar einen Bürgerkrieg mit dieser Reichsregierung »mit Sicherheit« voraus. Und das Schlimmste dabei: Der Kanzler habe nicht das Vertrauen der Truppe. Ebert soll die Vorstellungen von Seeckt abgelehnt und diesen angewiesen haben, sich mit Stresemann und Geßler zu treffen und sich zu erklären.

Am Tag nach der Besprechung mit Ebert wendet sich der General an den deutschen Botschafter in Washington Wiedfeldt, der dem Direktorium vorsitzen und damit die Rolle des Kanzlers übernehmen soll. »Ich schreibe Ihnen nicht nur mit dem Wissen, sondern auf Wunsch des Reichspräsidenten, mit dem ich in den letzten Tagen eingehende Unterredungen hatte, die in vielen Fragen zur Verständigung führten«, heißt es in seiner Depesche, die nicht zur ablehnenden Haltung Eberts gegenüber einem Direktorium passen will. Das Gleiche gilt auch für Seeckts Aufforderung an den Botschafter, er möge sich bereithalten und dem Ruf nicht versagen, denn eine erfolgreiche Regierung sei nach dem Ausscheiden der SPD ausgeschlossen.[48]

Stresemann versucht unterdessen die durch den Austritt der drei SPD-Minister heraufbeschworene Regierungskrise zu meistern. Als eine Lösungsmöglichkeit wird wieder einmal die Hereinnahme der DNVP in die Regierung betrieben. Unterstützung erfährt das durch die deutschnationale Presse, die hinausschreit, dass jede Regierung der Schwäche »hinweggefegt« werden wird, womit sie jede Regierung ohne Beteiligung der DNVP meint.[49] Doch der erschöpfte Stresemann lehnt das strikt ab, was viele annehmen lässt, seine Tage als Kanzler seien gezählt. Das ist der Hintergrund, vor dem sein Gespräch mit Seeckt und Geßler stattfindet, in dessen Verlauf der Chef der Heeresleitung ihm ins Gesicht gesagt haben soll: »Herr Reichskanzler, mit Ihnen ist der Kampf nicht zu führen. Sie haben das Vertrauen der Truppe nicht.« Stresemann erwidert darauf: »Sie kündigen mir damit den Gehorsam der Reichswehr?« Da wirft Geßler ein: »Herr Reichskanzler, das kann nur ich.« Seeckt soll wortlos gegangen sein und einen konsternierten Stresemann zurückgelassen haben.[50]

Seeckt glaubt offenbar an die Realisierbarkeit des Plans von der Rechtsregierung, denn auch in der DVP wird jetzt offen gegen den Kanzler obstruiert. Bei einer Fraktionssitzung, bei der dieser nicht anwesend ist, trägt Ernst Scholz vor, dass von der DNVP-Führung verlangt werde, dass Wiedfeldt Stresemann ablösen müsse. Als Letzterer dazukommt, verliert er die Fassung. »Ich bin das Hundeleben satt – Intrigen aus der D.V.P.«, vermerkt er voller Verbitterung.[51]

Das war am 4. November. Am 5. geht die Demontage des Kanzlers weiter. Die Stresemann-Gegner vom rechten DVP-Flügel fordern, dass die Partei auf das Ansinnen der DNVP eingehe und Stresemann opfere. Leute wie Reinhold Quaatz und Oskar Maretzky stehen mit Seeckt in enger Verbindung. Maretzky meint dann auch: »Die Basis des Kabinetts Stresemann ist zu schmal [...] Die Kräfte der Wirtschaft und der Industrie gehören Stresemann nicht mehr. In der eigenen Partei Massenabfall.«[52] Wider Erwarten bringt Stresemann doch noch eine Mehrheit der DVP-Parlamentarier hinter sich. Und da auch DDP und Zentrum an ihm als Kanzler festhalten wollen, verständigen sie sich auf eine Minderheitsregierung. Von den drei vakanten Ressorts wird nur das Innenministerium neu besetzt. Wohl als Konzession an die Rechten in seiner Partei wird Jarres (DVP) der Nachfolger Sollmanns. Und Ebert, dessen Abdankung die nationalistisch-völkische *Deutsche Zeitung* fordert, spielt mit.

In München, wo diejenigen, die die Macht haben, entschlossen sind, eine Rechtsdiktatur zu unterstützen und gegebenenfalls auch mit der in Bayern versammelten Militärmacht nach Berlin zu marschieren, nimmt man das Ausscheiden der Sozialdemokraten aus der Reichsregierung mit Genugtuung auf. Das entspannt aus dortiger Sicht die Großwetterlage. Hinzu kommt, dass das »Rumpfkabinett« die Zahlungen für die Bayerische Landespolizei wiederaufnimmt, die Sollmann gestoppt hat. »Bei der durchaus loyalen Haltung der Landespolizei an der thüringischen Grenze, sowie auch mit Rücksicht auf die jetzige Einstellung der 7. Division, welche sich als vollkommen im Verbunde der Reichswehr befindlich betrachte und täglich ihre Meldungen an den Reichswehrminister erstatte, halte er es für politisch richtig, diese Entspannung zu fördern«, begründet der Kanzler am 5. November diesen Schritt.[53]

Mit Befriedigung wird es von der bayerischen Staatsmacht auch aufgenommen, dass die Reichswehr im »roten« Thüringen tätig wird, das heißt dort einmarschiert und der Volksfrontregierung die Exekutivgewalt entzieht. Dies erscheint aus Berliner Sicht erforderlich. Und General Reinhardt, der Wehrkreiskommandeur, hat noch einmal das thüringische Staatsministerium informiert, dass die Lage bedrohlich sei und Reichswehrverstärkung erfordere. »Täglich laufen beim Militärbefehlshaber zahlreiche Hilferufe der [...] Bevölkerung ein, die um Beistand gegen den Terror aller Art durch die Proletarischen Hundertschaften bitten. Diese Hundertschaften sind trotz der Weitergabe meines Auflösungsbefehls durch die Thür. Regierung in der Tat nicht aufgelöst oder sie sind in republikanische Notwehren umgewandelt worden, ohne, dass ihre Zusammensetzung und die Art ihrer öffentlichen Betätigung geändert ist.«[54]

Unter Führung ihres Kommandeurs, Generalleutnant Paul Hasse, rückt die 3. Kavalleriedivision am 6. November in Gotha ein. Noch bevor die Truppen Weimar besetzen, protestiert der dort ansässige thüringische Regierungschef gegen den Einmarsch in sein Land beim Reichswehrminister, woraufhin dieser Frölich mitteilen lässt, »dass die Truppen dazu bestimmt seien, nötigenfalls über die Grenze dringende nordbayerische Banden abzuwehren. Vorher müssten natürlich die unsicheren Elemente und die Proletarischen Hundertschaften im Rücken der Truppe beseitigt werden«.[55] Zunehmend unter Druck geraten kündigt Frölich, der offenbar nicht das Schicksal Zeigners teilen will, bald darauf der KPD die Zusammenarbeit auf. Die drei kommunistischen Minister verlassen daraufhin die Regierung, und bald wird sich auch das Rumpfkabinett auflösen.

An dem Tag, an dem Hasses Kavallerie durch die Straßen Gothas reitet, an dem Tag, an dem Ebert und Stresemann in einem Aufruf an die Einheit des Reichs appellieren und ankündigen, jedweden Putschversuch mit der ganzen Härte der Staatsmacht zu ahnden,[56] erläutert Kahr zusammen mit Lossow und Seißer vor den versammelten Führern der gemäßigten bayerischen Wehrverbände sowie denen des »Kampfbunds« noch einmal seinen Standpunkt. Vorausgegangen ist der Münchner Veranstaltung ein Treffen zwischen Seißer und Seeckt am 3. November in Berlin. Bei der Gelegenheit hat sich der bayerische Polizeioberst über den Stand der Dinge informiert; will heißen: Er wollte vom Chef der Heeresleitung wissen, wie es um dessen Pläne zur Bildung eines Direktoriums stehe, und sicherlich auch, ob militärische Unterstützung aus Bayern erforderlich sei. Die Informationen aus der Reichshauptstadt, die Seißer mit zurück nach München gebracht hat, finden dann ihren Ausdruck in den Ausführungen des Generalstaatskommissars. Der spricht von der eventuellen Möglichkeit, dass im Zuge einer Machtübernahme einer nationalen Regierung in Berlin der Fall eintreten könnte, diese mit Waffengewalt unterstützen zu müssen. Wenn es so weit sei, würde er, Kahr, das Signal zum Handeln geben, aber bis dahin kein unabhängiges Vorgehen irgendeiner Organisation dulden. Und Lossow, der sich wie Seißer hinter Kahr stellt, merkt noch an: »Ich bin bereit, eine Rechtsdiktatur zu unterstützen, wenn die Sache Aussicht auf Erfolg hat. Wenn wir nur in einen Putsch gehetzt werden sollen, der in 5 bis 6 Tagen ein klägliches Ende finden muss, tue ich nicht mit.«[57]

Hitler ist damit in eine aussichtslose Lage geraten. Schon am 1. November hat er vergeblich versucht, mit allerlei Argumenten den Generalstaatskommissar zum Handeln zu bewegen. Er hat insistiert, dass es »allerhöchste Zeit« sei. »Die wirtschaftliche Not treibt unsere Leute, so dass wir handeln müssen, oder unsere Kreise schwenken zu den Kommunisten ab.«[58] Viele von denen, die Hitler gefolgt sind, haben längst nichts mehr zu verlieren und drängen zur Tat. Abgesehen von der Stimmung in seiner SA und in den Wehrverbänden ist Hitler inzwischen zum Gefangenen seiner eigenen Propaganda geworden. Immer wieder hat er einen Marsch auf das »rote Berlin« angekündigt und mit den »Novemberverbrechern« ein für alle Mal abrechnen zu wollen. Er läuft daher längst Gefahr, in den Augen seiner Gefolgschaft als Maulheld und Phrasendrescher dazustehen und seinen Anspruch zu verwirken, der Führer des künftigen neuen, nationalsozialistischen Deutschlands zu sein. Auf der anderen Seite braucht er für die Verwirklichung seines Putschplans die Reichswehr, die Polizei und die zahlreichen Wehrverbände – gleichsam die gesamte Militärmacht des Freistaats – an seiner Seite. Doch die hat er nicht, und ohne sie ist ein solches Vorhaben – bei rationaler Betrachtung – von vornherein zum Scheitern verurteilt. Dennoch entschließt er sich am 6. November, alles auf eine Karte zu setzen und den Putsch zu wagen. Er ist dabei geleitet von der Vorstellung, keine Alternative mehr zu haben, aber auch von seinem wahnwitzigen Selbstverständnis, derjenige zu sein, der von einer höheren Macht berufen ist, Deutschland und den abendländischen Kulturkreis vor der großen »jüdischen Verschwörung« zu retten.

Am 7. November kommen Hitler und die Führer des »Kampfbunds« – Kriebel, Göring, Weber, Scheubner-Richter und weitere – zusammen und bekräftigen noch einmal den Beschluss zum Putsch. Der Plan, auf den man sich einigt, sieht vor, die Angehörigen des »Kampfbunds« auf der Fröttmaninger Heide in der Nacht zum 10. November zusammenzuziehen und in den Morgenstunden in München einrücken zu lassen, so wie Mussolini auf Rom marschiert ist. Noch während man berät, welche Schaltstellen der bayerischen Staatsmacht besetzt werden sollen, wen es festzunehmen gilt, trifft eine Nachricht ein, die Hitler in seinem Entschluss bestärkt, alles zu wagen, mutet diese Nachricht doch wie ein »Fingerzeig der Vorsehung« an: Für den Abend des 8. November ist im *Bürgerbräukeller* kurzfristig eine Rede Kahrs angesagt, zu der das gesamte Politestablishment der bayerischen Hauptstadt erwartet wird. In dieser Nacht zum 9. November, auf den Tag fünf Jahre nach der »großen deutschen Schmach«, soll diese nun getilgt werden. Wie hat Hitler doch soeben verkündet: »Es gibt kein Zurück, nur ein Vorwärts! Dass die Stunde gekommen ist, fühlen wir alle, und deshalb werden wir [uns] ihrem Gebote nicht entziehen, sondern wie der Soldat im Felde dem Befehl folgen: Tritt gefasst, deutsches Volk, und vorwärts marsch!«[59]

Der 8. November 1923 scheint ein Tag wie jeder andere in

diesem dramatischen Herbst zu werden. Gerüchte über einen bevorstehenden Putsch zirkulieren, wie sie dies schon während des ganzen Jahres immer wieder getan haben. Man hat sich in München schon daran gewöhnt und nimmt daher selbst konkretere Hinweise, wie sie am späten Nachmittag bei einigen Polizeistellen einlaufen, nicht so recht ernst, ist doch in den vorangegangenen Wochen trotz solcher Meldungen auch nichts passiert. Und so halten sich die Sicherheitsvorkehrungen in Grenzen. Neben 150 Polizisten einschließlich einer berittenen Abteilung, neben Ordnungshütern an den Eingängen zum *Bürgerbräukeller* und mehreren Kriminalbeamten in seinem Inneren ist in der ein paar Hundert Meter entfernt gelegenen Schwere-Reiter-Kaserne eine kleine Polizeieinheit als Eingreifreserve für eventuelle Störungen bereitgestellt worden. Als sich vor dem überfüllten Saal eine Menschenmenge drängt, der der Einlass verwehrt werden muss, werden noch zwei Dutzend Polizisten von der Münchner Hauptwache entsandt, um die Disziplin und Ordnung auf jeden Fall gewährleisten zu können.

Im brechend vollen *Bürgerbräukeller* hat sich an diesem Abend alles versammelt, was in der bayerischen Politik Rang und Namen hat, angefangen von Lossow über Seißer und Karl Mantel, den neuen Polizeipräsidenten, bis hin zu Ministerpräsident Knilling und den meisten Ministern seines Kabinetts. Einer fehlt jedoch. Es ist Ludendorff, der am Vormittag noch vergeblich versucht hat, Kahr für ein Losschlagen von München aus zu gewinnen. Der General, der schon im Herbst 1918 ein bemerkenswertes Geschick an den Tag gelegt hat, Verantwortung anderen zu überlassen, weiß offenbar, dass der ehemalige Gefreite va banque spielen wird, und zieht es daher vor, erst einmal abzuwarten, wie sich die Dinge entwickeln.

Als die Veranstaltung im *Bürgerbräukeller* beginnt, beziehen bewaffnete Einheiten der SA und des »Bundes Oberland« ihre Verfügungsräume unweit der neuralgischen Stellen der Stadt. Zur gleichen Zeit verlässt Hitler sein Stammlokal *Torbräu*, gefolgt von seinen Getreuen und dem nach ihm benannten Stoßtrupp, den der Leutnant Joseph Berchtold führt. Als er kurz nach 20 Uhr vor dem *Bürgerbräukeller* ankommt – drinnen liest Kahr bereits die

Richtlinien seiner künftigen Politik und seine Stellung zum Marxismus vom sorgfältig vorbereiteten Manuskript ab –, treten Probleme auf. Die Menschenmenge, die keinen Einlass gefunden hat, ist inzwischen so angewachsen, dass die Hitler folgenden Lastkraftwagen mit Berchtolds Stoßtrupp und weiteren SA-Männern weder heranfahren noch diese den *Bürgerbräukeller* im Handstreich besetzen können. Geistesgegenwärtig redet Hitler gegenüber dem Einsatzleiter der Polizei die Gefahr einer Panik herbei und schlägt diesem vor, die Straße zu räumen. Der Beamte greift Hitlers Vorschlag dankbar auf und lässt tatsächlich räumen.

Unmittelbar darauf rollen die Lastkraftwagen mit der SA heran, und der »Stoßtrupp Hitler« umstellt ohne jegliche Gegenwehr der wenigen noch anwesenden, völlig verwirrten Polizisten den *Bürgerbräukeller.* Nachdem sich der im Vorraum wartende Hitler dies von seinem Leibwächter Graf hat melden lassen, wirft er mit pathetischem Gestus sein Bierglas beiseite, zieht seine Browning und betritt, gefolgt von Ulrich Graf, Max Amann, Rudolf Heß, Ernst Hanfstaengl und Josef Gerum, den Versammlungssaal. Während an dessen Haupttür ein schweres Maschinengewehr in Stellung gebracht wird, drängen sich die Putschisten durch die aufgebrachte Menge vor zur Rednertribüne zu dem konsternierten Kahr, der seine Rede abbricht. Hitler feuert einen Schuss in die Decke. Nachdem es schlagartig still geworden ist, ruft er: »Die nationale Republik ist proklamiert!« Der Saal sei besetzt. Es gelte jetzt, Ruhe zu bewahren. Dann bittet er Kahr, Lossow und Seißer in ein Nebenzimmer und ruft den Versammelten im Hinausgehen noch zu, dass in zehn Minuten alles erledigt sein werde, denn sie (die Putschisten) hofften, »dass alle nationalen Elemente den Ernst der Stunde erkennen«.[60]

Im Nebenzimmer erklärt Hitler, dass niemand ohne seine Erlaubnis den Raum lebend verlassen werde. An Kahr gewandt versucht er nun, diesen vor vollendete Tatsachen zu stellen, indem er verkündet, dass die neue Reichsregierung gebildet und die bayerische Regierung abgesetzt sei. »Bayern ist das Sprungbrett für die Reichsregierung, in Bayern muss ein Landesverweser sein. Pöhner wird Ministerpräsident mit diktatorischen Vollmachten. Sie [Kahr] werden Landesverweser. Reichsregierung: Hitler, Nationalarmee Ludendorff, Seißer Polizeiminister.«[61] Während er mit seiner Browning herumfuchtelt, fährt er fort: »Jeder hat seinen Platz einzunehmen, auf den er gestellt wird; tut er das nicht, so hat er keine Daseinsberechtigung. Sie müssen mit mir kämpfen, mit mir siegen oder mit mir sterben.«[62] Auf die unverhohlene Drohung erwidert Kahr, dass Hitler ihn ruhig erschießen könne. Sterben oder Nichtsterben sei für ihn bedeutungslos. Als sich Hitler Seißer zuwendet, konfrontiert ihn dieser mit einem dem bayerischen Innenminister vor Wochen gegebenen Versprechen, nicht putschen zu wollen, worauf Hitler erwidert, dass er im Interesse des Vaterlands gehandelt habe. Lossow fragt dann, wie Ludendorff zu dieser Sache stehe. Der sei bereit und werde gleich geholt werden, erhält er zur Antwort. So verstreichen Minuten, ohne dass etwas passiert.

Alles auf eine Karte setzend kommt Hitler nun in den Saal zurück, in dem sein SA-Führer Göring unterdessen die Regie übernommen hat. Völlig unberührt von der aufbrandenden Welle der Erregung – seine alleinige Rückkehr aus dem Nebenzimmer kann nichts anderes bedeuten, als dass man sich nicht einig geworden ist –, geht er zur Rednertribüne und ergreift das Wort. »Was dann folgte, war ein rednerisches Meisterstück, das jedem Schauspieler Ehre gemacht hätte«, erinnert sich der anwesende Historiker Alexander von Müller und fährt fort: »Er begann völlig ruhig, ohne jedes Pathos. Was geschehe, richte sich in keiner Weise gegen Kahr. Dieser habe sein volles Vertrauen und solle Landesverweser Bayerns werden. Gleichzeitig müsse aber eine neue Regierung gebildet werden: Ludendorff, Seißer, Lossow und er. Ich kann mich nicht erinnern, je in meinem Leben einen solchen Umschwung der Massenstimmung in wenigen Minuten, fast Sekunden erlebt zu haben [...] Laute Zustimmung rauschte auf, kein Widerspruch war mehr zu hören. Jetzt erst sagte er in tiefem Ernst, wie mit Rührung in der Stimme: ›Draußen sind die Herren Kahr, Lossow, Seißer, sie ringen schwer mit dem Entschluss. Kann ich ihnen sagen, dass Sie hinter Ihnen stehen werden?‹ ›Ja! Ja!‹ scholl es sturmartig anschwellend von allen Seiten.«[63]

Kaum hat Hitler seine Rede mit den Worten beendet, dass nun

»mit der ganzen Kraft dieses Landes und der herbeigezogenen Kraft aller deutschen Gaue« der Vormarsch angetreten werde in das »Sündenbabel Berlin«, um »das deutsche Volk zu retten«,[64] trifft der herbeigeholte Ludendorff ein. Der General appelliert nun gemeinsam mit Hitler an die drei im Nebenzimmer, denen er rät, mit ihnen zu gehen. Im Banne der nationalen Symbolfigur und vor dem Hintergrund der völlig umgeschlagenen Stimmung im Saal, in dem sich die emotionalisierte Masse als Zeuge einer herbeigesehnten historischen Wende begreift, erklärt schließlich zunächst Lossow, dann Seißer und schließlich – zögernd – auch Kahr seine Zustimmung. Gemeinsam kehren sie in den Saal zurück, in dem sie auf Hitlers Drängen einer nun begeisterten Menschenmenge verkünden, die ihnen angetragenen Ämter zu übernehmen, wobei Kahr noch hervorhebt, dass er sich »als Statthalter der Monarchie« begreife, »die vor fünf Jahren von frevelnden Händen zerschlagen worden ist«.[65] Ludendorff, nach eigenem Bekunden von der »Größe des Augenblicks« ergriffen, verspricht, dass es sein Bestreben sein werde, »der alten schwarz-weiß-roten Kokarde die Ehre wiederzugeben, die ihr die Revolution genommen hat«. Und Hitler verkündet, nun zu erfüllen, was er sich »heute vor fünf Jahren als blinder Krüppel im Lazarett gelobte, nicht zu ruhen und zu rasten, bis die Novemberverbrecher zu Boden geworfen sind«.[66]

Deutlicher können diese Worte der Beteiligten, nach denen man im Saal das *Deutschland, Deutschland über alles* angestimmt hat, ihre unterschiedlichen Motive nicht widerspiegeln. Hitler will als Voraussetzung für die Schaffung eines nationalsozialistischen Reichs die große Abrechnung mit denen, die nach seiner Auffassung mit der »Novembertat« endgültig das Verderben über die Deutschen gebracht haben – er will die große Abrechnung mit dem eigentlichen Feind, als den er schon längst die Juden ausgemacht hat. Sie soll bereits in dieser Nacht beginnen: So ist dem ehemaligen Weltkriegshauptmann Max Müller vom 2. Bataillon des »Bunds Oberland« die Aufgabe übertragen worden, zu verhindern, dass die Juden aus der Stadt fliehen. Auch im *Bürgerbräukeller* hat Hitler sämtliche jüdischen Veranstaltungsteilnehmer als Geiseln festhalten lassen.

Ludendorff, Lossow, Seißer und Kahr sind hingegen noch ganz der für sie heilen Welt des Kaiserreichs beziehungsweise der bayerischen Monarchie verhaftet, in die sie zurückwollen. Wenn sie zunächst gezögert haben, mit dem braunen Agitator zu gehen, dann nicht, weil sie seine tatsächlichen Ziele durchschaut haben, sondern weil sie ihn ablehnen und ihm schon gar nicht in ein unkalkulierbares Abenteuer haben folgen wollen. Jetzt haben sie den Schritt dennoch getan, weil sie der durch Hitlers Rede hervorgerufenen rauschhaft-patriotischen Aufbruchsstimmung im *Bürgerbräukeller* erlegen sind. Doch schon bald weicht bei den Inhabern der bayerischen Macht die angesichts der dramatischen Ereignisse aufgekommene Anspannung der Ernüchterung. Als sie sich bewusst werden, was sie da tun, entscheiden sie sich zur Umkehr.

Ein Fehler Hitlers erleichtert das: Er verlässt den *Bürgerbräukeller,* nachdem die Nachricht eingegangen ist, dass es in der Münchner Pionierkaserne zwischen Truppen der Reichswehr und den Putschisten zu einer bedrohlichen Situation gekommen ist. Statt seiner übernimmt nun Ludendorff das Kommando im Versammlungslokal, das zur Zentrale der Putschisten umfunktioniert wird. Der General, der es für ausgeschlossen hält, dass Kahr, Lossow und Seißer ihren Entschluss revidieren würden, lässt ihre Bewacher abziehen. Während Heß, gemäß einer von Hitler festgelegten Liste, Ministerpräsident Knilling, Justizminister Gürtner und andere festnehmen und in die Villa des Verlegers und Mitglieds des »Bundes Oberland« Julius Friedrich Lehmann bringen lässt, entfernen sich Lossow, Seißer und Kahr aus dem sich leerenden Saal, entschlossen, das soeben gegebene Versprechen Versprechen sein zu lassen. Bald darauf mobilisieren sie die Reichswehr und die Landespolizei und schlagen in der Kaserne des 19. Infanterieregiments auf dem Oberwiesenfeld ihr Hauptquartier auf. Sie setzen von dort einen Spruch an alle deutschen Funkstationen ab, in dem es heißt: »Im Bürgerbräukeller erzwungene Unterschrift hinfällig. V. Kahr, Schweyer,[67] Lossow, Seißer bekämpfen Hitler-Putsch. Vorsicht vor Missbrauch obiger Namen. Unterschrift v. Lossow.«[68]

Nach Berlin hat der Gesandte Haniel gegen 23 Uhr telefonisch erste Informationen über den Putsch übermittelt. Genaueres weiß er aber noch nicht. Lediglich, dass die Lage »kritisch« sei. Stresemann beruft daraufhin sofort eine Krisensitzung des Kabinetts in der Reichskanzlei ein. Von Seeckts Adjutant Hans-Harald von Selchow, der zu seinem Chef befohlen wird, hält in seinem Tagebuch dessen Reaktion fest: »Das Schlimmste aber sei, dass man keine Nachricht habe, wie Lossow und Kahr dazu stehe [!], d.h. beide schienen mitzumachen, ob aber die Reichswehr, d.h. die 7. Div. mitmache, das wäre eben die Frage. Denn Hitler habe im Frühjahr 1923 Lossow gesagt, eine Revolution könne man nur mit, nie ohne Heer machen.« In der Reichskanzlei gehen sie zunächst davon aus, dass der große Angriff aus Bayern begonnen hat. Entsprechend hektisch geht es zu. Es habe – so der Adjutant – »ein großes Durcheinander« geherrscht. »Zum Schluss erscheint Ebert. – Er ist außer Seeckt der ruhigste von allen. Ganz aus dem Häuschen ist Reichskanzler Stresemann.«[69]

Während der ebenfalls anwesende Severing die Schutzpolizei alarmiert hat, die im Regierungsviertel aufzieht, eine Nachrichtensperre ergeht und die nicht bayerischen Wehrkreise in Alarmbereitschaft versetzt werden, überträgt der Reichspräsident die vollziehende Gewalt und alle militärische Gewalt an Seeckt. Dieser ist jetzt nur noch Ebert Rede und Antwort schuldig, notiert Selchow, der sich später nach dem Funkspruch vom Oberwiesenfeld fragt: »Haben sie [Kahr, Lossow und Seißer] sich nicht zu weit mit den Rechtsorganisationen eingelassen?«[70] Als man um zwei Uhr an diesem 9. November auseinandergeht, ist zwar ein Aufruf an das deutsche Volk verfasst worden, in dem die Putschisten als »bewaffnete Horde« bezeichnet werden, deren Beschlüsse »null und nichtig« sind, doch immer noch herrscht viel Unklarheit, wer auf welcher Seite steht, denn die allermeisten Verbindungen nach Bayern sind unterbrochen.[71]

In München ist Hitler und seiner Gefolgschaft lange entgangen, dass das Triumvirat die Seiten gewechselt hat. Geblendet von seinem Erfolg, Kahr, Lossow und Seißer zu sich herübergezogen zu haben, überlässt Hitler auch nach seiner Rückkehr in den *Bürgerbräukeller* die Dinge im Wesentlichen seinen »Kampfbund«-Führern. Deren Aktivitäten sind zunächst durchaus vielversprechend angelaufen, obwohl sie schlecht geplant und völlig unzureichend koordiniert wurden: Röhm und den Männern der »Reichskriegsflagge« ist es gelungen, das Wehrkreiskommando unter Kontrolle zu bringen; Gerhard Roßbach ist an der Spitze eines SA-Trupps zur Infanterieschule marschiert und hat dort die schon zuvor von ihm indoktrinierten Offiziersschüler für den Putsch gewonnen. Die Einnahme der Stadtkommandantur im Hofgarten und auch der Münchner Kasernen scheitert jedoch. Im Polizeipräsidium hat Pöhners ehemaliger Mitarbeiter Frick zwar dessen Übernahme durch die Putschisten optimal vorbereitet, doch ist es den Heranrückenden auch hier nicht gelungen, in das Gebäude zu gelangen. Vor dem Generalstaatskommissariat wäre es beinahe zu einem Blutbad gekommen. Der mit Infanterieschülern aufgezogene Roßbach hat bereits den Befehl zum Feuer auf den nur ein paar Meter entfernten Polizeikordon gegeben, als eine andere Direktive aus dem *Bürgerbräukeller* das Abrücken befiehlt.

Auch als die Lage nach Mitternacht immer schwieriger wird, änderte dies nichts an Hitlers Verhalten. Noch immer davon überzeugt, den Putsch erfolgreich zu Ende führen zu können, ordnet er – schon in der Attitüde dessen, auf den in den nächsten Stunden nicht nur ganz Deutschland blicken würde – recht wahllos dies und jenes an, sofern er sich nicht gegenüber seinem nächsten Umfeld in Monologen ergeht. Selbst die ihm so ureigene Sache der Propaganda überlässt er anderen: Abgesehen von den Redaktionsräumen des *Völkischen Beobachters*, wo Alfred Rosenberg mit seinem Stab fieberhaft arbeitet, ist in den Geschäftsräumen der Bayerischen Siedlungs- und Landbank eine Propagandastelle eingerichtet worden, in der Aufrufe und Plakate entworfen werden – darunter eine »Proklamation an das deutsche Volk!«, in der es mal wieder heißt, dass »die Regierung der Novemberverbrecher in Berlin [...] heute für abgesetzt erklärt worden« und eine provisorische deutsche Nationalregierung gebildet worden sei.[72]

Als die »Proklamation« während der langen Nacht an die Litfaßsäulen und Häuserwände Münchens gekleistert wird, arbeiten zwei der darin als Mitglieder der provisorischen Nationalregierung Aufgeführten – Lossow und Seißer – mit Kahr unermüdlich an der Niederschlagung des Putsches. In Regensburg bilden die bayerischen Minister Franz Matt und Heinrich Oswald, die im *Bürgerbräukeller* nicht dabei gewesen sind, derweil eine Exilregierung. Sie setzen im Laufe der Nacht einen Aufruf ab, in dem es heißt: »Die verfassungsmäßige Regierung besteht weiter. Sie fordert die gesamte Beamtenschaft, Polizei und das bayerische Kontingent der Reichswehr auf, ihrer verfassungsmäßigen Regierung treu zu bleiben und den Revolutionären den Dienst zu versagen [...] Die Regierung erwartet, dass das bayerische Volk in Stadt und Land dem Preußen Ludendorff und seinem Anhang, der es unternommen hat, unser bayerisches und deutsches Vaterland in namenloses Unglück zu führen, die Gefolgschaft versagt [...].«[73]

Mit jeder Stunde, die vergeht, verschlechtert sich die Lage der Aufständischen, denn mit Anbruch des Tages werden die Kasernen ihre volle Truppenstärke erreichen. Außerdem wird das Eintreffen neuer Reichswehr- und Polizeiverbände aus dem Umland in der bayerischen Hauptstadt erwartet. Nachdem sich das Gros der in der Stadt stationierten Reichswehr- und Polizeikräfte geweigert hat, sich mit den Putschisten zu verbünden, muss sich – irgendwann vor Tagesanbruch – Hitler darüber klar geworden sein, dass das Triumvirat, wie es sein alter Weltkriegskamerad Max Amann sagt, »desertiert« sei.[74] Die ersten Entwaffnungen und Festnahmen von Putschisten zwingen die Hitler-Männer schließlich dazu, dem etwas entgegenzusetzen. Während Röhm fest entschlossen ist, den Befehl Ludendorffs auszuführen – er soll das Wehrkreiskommando gegen jeden Angreifer verteidigen –, sucht Hitler im *Bürgerbräukeller* verzweifelt nach Mitteln und Möglichkeiten, das Blatt vielleicht doch noch zu wenden. Am Ende dieser hektischen Überlegungen steht sein Entschluss, an der Spitze eines Propagandazugs ins Zentrum Münchens zu marschieren. Getragen von der tiefsten Überzeugung, sein Putsch sei mehr als legitim, will er damit ein Zeichen setzen, ähnlich wie es der Sozialistenführer Eisner am 7. November 1918 mit einigen Hundert Anhängern getan und damit – einem Fanal gleich – die rote Revolution entfesselt hat, die zur Abdankung des bayerischen Königs führte. Vielleicht, so hofft Hitler, gelinge es ihm, mit seinem Aufzug der nationalen Revolution doch noch zum Durchbruch zu verhelfen, zumal – wie er später verächtlich festhalten wird – »die Offiziere in der Umgebung Lossows [...] wahrhaftiger Gott schon eine Übung hatten im Kokardenwechseln«.[75]

Als in Berlin der Morgen des 9. November graut, herrscht dort einigermaßen Klarheit über die Ereignisse in der bayerischen Hauptstadt, in der das Standrecht verhängt wurde. Denn es sind inzwischen weitere Nachrichten eingetroffen, darunter ein Drahtbericht aus Nürnberg, wonach Lossow hoffe, »in ganz kurzer Zeit« mit der Revolution fertigzuwerden und die Bewegung bis »heute Vormittag« unterdrückt zu haben. Mittags tritt das Reichskabinett zusammen. Über die jüngste Entwicklung informiert der Chef der Heeresleitung, in dessen Tagesbefehl an die Truppe es heißt: »Deutsche Reichswehr! Auf Dich sieht dein Volk mit Vertrauen: gehe ihm voran auf deutschen Wegen!«[76] Seeckt vertritt die Auffassung, dass die gesamte Reichswehr in Bayern fest in der Hand des Generals von Lossow sei. Man müsse also annehmen, dass die Erhebung in München bald niedergeschlagen werde,[77] sagt er und beantragt die Aufhebung der über Bayern verhängten Bahn- und Postsperre.

Zu diesem Zeitpunkt hat sich in München bereits der aus fast 2000 Mann bestehende Zug, in dem *O Deutschland hoch in Ehren!* angestimmt worden ist, vom *Bürgerbräukeller* aus in Bewegung gesetzt. Sein Ziel ist zunächst das Wehrkreiskommando, wo man sich mit Röhms Verband vereinigen will. Obwohl Karabiner und sogar Maschinengewehre mitgeführt werden, gehen die wenigsten davon aus, dass es zum Kampf kommen wird. Dies scheint allein schon die Teilnahme Ludendorffs zu gewährleisten, der Seite an Seite mit Hitler, Heß, Göring, Esser, Scheubner-Richter und anderen den Zug anführt, ist der Weltkriegsgeneral doch der festen Überzeugung, dass »eher [...] der Himmel ein[fällt], als dass sich die bayerische Reichswehr gegen mich wendet«.[78] Aus diesem Grunde ist auch der Vorschlag des SA-Chefs Göring verworfen worden, die Stadträte, die sich geweigert haben, an ihren Amtsgebäuden die Hakenkreuzfahnen aufzuziehen, als Geiseln im Zug mitzuführen. Stattdessen hat Hitler noch vor dessen Abmarsch am *Bürgerbräukeller* jedem Teilnehmer zur Motivationssteigerung zwei Billionen Mark, was 3,17 Dollar entspricht, in die Hand drücken lassen. Das Geld stammt aus den 20 Kisten mit insgesamt 14 605 Billionen Mark, die ein SA-Kommando am Morgen in zwei »jüdischen« Gelddruckereien hat beschlagnahmen lassen.

Als der Zug die Ludwigsbrücke erreicht, entwaffnen die aufmarschierenden Putschisten einige Polizisten, die sich ihnen in den Weg gestellt haben. Vor der Residenz im Zentrum der Stadt, wo ihnen abermals der Weitermarsch verwehrt wird, fallen dann die ersten tödlichen Schüsse des Hitler-Putsches, in deren Folge vier Polizisten sterben. Als die Nationalsozialisten den Odeonsplatz vor der Feldherrnhalle erreichen, tritt der Polizeioberleutnant Michael Freiherr von Godin mit seinem Polizeiverband »zum Gegenstoß [...] an. Beim Einbruch in den Gegner wurden wir mit gefälltem Bajonett und entsichertem Gewehr und vorgehaltenen Pistolen empfangen«. In Godins Bericht für seine vorgesetzte Behörde heißt es dann weiter: »Plötzlich gab ein Hitlermann, der einen Schritt halblinks vor mir stand, einen Pistolenschuss auf meinen Kopf ab. Der Schuss ging an meinem Kopf vorbei und tötete einen hinter mir stehenden Wachtmeister [...] Noch bevor es mir möglich war, einen Befehl zu geben, gaben meine Leute Feuer, was die Wirkung einer Salve auslöste. Zur gleichen Zeit nahmen die Hitlertruppen das Feuer auf, und es entspann sich etwa 20 bis 30 Sekunden ein regelrechter Feuerkampf. Aus dem Preysingpalais und aus dem Haus der Konditorei Rottenhöfer wurden wir von den Hitlertruppen mit starkem Feuer überschüttet. Gegen diesen Gegner nahm Zug Demmelmeyer von Mitte 5 den Feuerkampf auf [...].«[79]

Neben einem völlig unbeteiligten Passanten finden dabei 13 Putschisten den Tod, unter ihnen Theodor Freiherr von der Pfordten, der Landgerichtsrat, in dessen Tasche die Ausarbeitung einer neuen Reichsverfassung steckt, und Scheubner-Richter, der den neben ihm laufenden Hitler mit zu Boden gerissen hat, wobei dieser an einem Gewehr hängen geblieben ist und sich die Schulter ausgerenkt hat. In Sekundenschnelle stieben die Putschisten auseinander und suchen ihr Heil in der Flucht. Auf dem Odeonsplatz bleiben neben den Toten nur noch einige schwer verwundete Putschisten zurück. Einzig Ludendorff ist – ohne Deckung gesucht zu haben – erhobenen Hauptes weiter in Richtung Polizeikordon gegangen, wo er sich schließlich hat festnehmen lassen.

Mit den Schüssen vor der Feldherrnhalle bricht der Putsch in sich zusammen. Am Wehrkreiskommando, wo nach einem Schusswechsel zwei tote Nationalsozialisten und zwei verwundete Soldaten zu beklagen sind, kapituliert Röhm, nachdem ihm ein entsprechender »Befehl« des in Polizeigewahrsam befindlichen Ludendorff überbracht wurde. Und auch im *Bürgerbräukeller* ergibt sich die dort zurückgebliebene Besatzung den herangeführten regierungstreuen Kräften. Dass die Putschisten auch Sympathien in der Bevölkerung genießen, geht aus dem Bericht eines der dort eingesetzten Landespolizisten hervor. Er schreibt, dass sie von den Passanten beschimpft worden seien »mit Ausdrücken wie: ›Pfui! Judenbeschützer! Vaterlandsverräter – Bluthunde – Heil Hitler – Nieder mit Kahr – usw.‹ Als wir den Odeonsplatz passierten, brüllten die Passanten, pfiffen und johlten, drohten mit der Faust.«[80]

Während Knilling fernmündlich in Berlin Bericht über die Niederschlagung des Putsches durch bayerische Reichswehr und Polizei erstattet und sich dort mancher erst in die neue Lage hineinfinden muss, versteckt sich der Mann, der nicht nur die Macht im »roten Berlin« übernehmen, sondern auch einen »Weltkampf« gegen das »internationale Judentum« führen wollte und dabei schon in München kläglich gescheitert ist, in der oberbayerischen Provinz. In der Villa seines Gefolgsmanns Hanfstaengl in Uffing am Staffelsee hat er Unterschlupf gefunden, während sich Heß und der ebenfalls flüchtige, von zwei Kugeln getroffene Göring nach Österreich abgesetzt haben. Im Gegensatz zu ihnen wird Hitler bereits am späten Nachmittag des 11. November 1923 gefasst, nachdem Hinweise aus der Bevölkerung bei der Weilheimer Landpolizei eingegangen waren. Hanfstaengl schreibt später in seinen Memoiren, dass Hitler, unmittelbar bevor die Beamten das Haus betreten hätten, geschrien habe, dass dies das

Ende sei; seine Ehefrau habe Hitler in letzter Sekunde noch die Pistole aus der Hand gerissen. Von Uffing, so heißt es in einem Bericht der oberbayerischen Regierung, sei Hitler nach Weilheim gebracht worden, wo sich »besonders Juden angesammelt [hatten], um sich das Schauspiel anzusehen. Oberleutnant Rudolf Belleville ließ sie verächtlich Beiseite schaffen«[81] – gelten doch auch seine Sympathien ganz dem Putschisten, den er am darauffolgenden Morgen auf die Festung Landsberg bringt. Dort muss der von der äußersten Rechten als Nationalheld verklärte Eisner-Attentäter Arco auf Valley seine Zelle für ihn räumen.

In München kommt es noch zu einer Reihe von Sympathiebekundungen und Demonstrationen für die Hitler-Leute, erscheint doch das brutale Einschreiten der Landespolizei vor der Feldherrnhalle vielen als übertriebene Gewalt der freistaatlichen Macht. Dem Inhaber derselben wird zugeschrieben, dass er mit List den Putsch vereitelt habe – List, indem er zunächst sein Mittun vorgegaukelt habe. So berichtet es jedenfalls Gustaf Braun von Stumm von der Vertretung des Reiches bei der bayerischen Staatsregierung nach Berlin.[82] So ist es auch in den weiß-blauen Blättern zu lesen. Dennoch ist Kahr, von dem sich Knilling abwendet, angeschlagen. Umso konsequenter muss er gegen die Nationalsozialisten vorgehen. Er verfügt noch in der Putschnacht über den Rundfunk ein Verbot und die Auflösung der Hitler-Partei samt ihrer Sturmabteilung sowie der Wehrverbände »Oberland« und »Reichsflagge«. Das Vermögen der Organisationen wird eingezogen.

Braun von Stumms Kollege Haniel meint: »Die Hitlerbewegung ist zur Zeit erledigt. Es fehlt am Führer.«[83] Was den kommenden Prozess gegen den Putschisten anlangt, so ist er der Auffassung, dass das Leipziger Reichsgericht die Sache nicht an sich ziehen sollte, um nicht neuen Konfliktstoff zwischen Bayern und dem Reich zu schaffen. Knilling habe ihm gesagt, dass das nicht gehe. Im Übrigen sei der Ministerpräsident der Ansicht, »Hitler müsse zum Tode verurteilt werden. Ob man das Urteil vollstrecke, sei spätere Sorge«. Der Mitputschist Pöhner, der ehemalige Münchner Polizeipräsident, der wie Röhm und Frick inhaftiert ist, müsse eine langjährige Gefängnisstrafe erhalten.[84] Ins Blickfeld Knillings ist auch Ehrhardt geraten, »das »dunkelste Pferd im Rennen«, das sich Kahr angeschlossen habe. Normalerweise, so Knilling, müsste in den rechtsradikalen Kreisen darauf gedrungen werden, dass er sich von der Anklage eines gemeinen Verbrechens (Rathenau-Mord) reinige. Wenn er sich indessen nicht freiwillig stelle, so sei es für die Regierung gänzlich ausgeschlossen, ihn etwa verhaften und nach Leipzig abtransportieren zu lassen. »Für die öffentliche Meinung würde dies die ›Auslieferung eines Nationalheros an die Tscheka‹ darstellen.«[85] Ludendorff, zusammen mit Hitler der Anführer des Putsches, ist kein Thema bei dem Gespräch zwischen Haniel und Knilling. Der Generalquartiermeister des großen Krieges ist zwar am 9. November festgenommen, aber noch am selben Tag auf freien Fuß gesetzt worden – einen Nationalhelden wie ihn kann man nicht einsperren. Das ist Common Sense in der bayerischen Führung und gilt auch für diejenigen, die über ihn zu Gericht sitzen werden.

Der Ausgang des Hitler-Putschs entspannt den Konflikt zwischen dem Reich und Bayern, löst ihn aber nicht, denn schon beginnt ein neuer Streit, nämlich um die Zuständigkeit für dessen juristische Aufarbeitung, die sowohl das Münchner Volksgericht als auch der Leipziger Staatsgerichtshof für sich reklamiert. Dass Seeckt am 23. November per Verordnung des Reichspräsidenten sämtliche Organisationen und Einrichtungen der NSDAP, der DVFP und der KPD im ganzen Reichsgebiet hat verbieten lassen, betrachtet Bayern als obsolet, sind doch schon die eigenen Verbote ergangen. Bemerkenswert an Seeckts Begründung ist, dass bei den Rechtsparteien zuallererst angeführt wird, dass sie versucht hätten, »die Soldaten der Wehrmacht zum Ungehorsam zu verleiten«. Erst danach folgt der Putsch beziehungsweise dessen Unterstützung. Bei der KPD sind es eine ganze Reihe von Gründen, die aufgelistet werden – vom Hamburger Aufstand über die Umtriebe in Sachsen und Thüringen, die Aufrufe zum Umsturz und schließlich auch bei ihnen die Versuche, die Soldaten der Wehrmacht zum Ungehorsam gegenüber ihren Vorgesetzten zu verleiten. Der Kommentator des *Berliner Tageblatt* fragt sich da, ob ein KPD-Verbot wirklich hilfreich sei, denn: »Alle jene verwerflichen Versuche der Kommunisten wurzelten bisher schon nicht in der offiziellen Organisation, sondern in der daneben einhergehenden illegalen Organisation. Jetzt wird die gesamte Tätigkeit der Kommunisten in das Dunkel verdrängt.«[86]

Die sich in den Ereignissen manifestierende Radikalisierung, besonders aber der Hitler-Putsch, zieht ein verheerendes internationales Echo nach sich. In Großbritannien erklärt Baldwin, dass seine Regierung bei einem Staatsstreich im Deutschen Reich nicht gleichgültig bleiben könne. In der Presse wird der Hitler-Putsch als direkte Konsequenz auf die Gewaltpolitik an Rhein und Ruhr dargestellt. In Frankreich sehen sie in den Münchner Ereignissen schon ein Widererstarken des deutschen Revanchismus. Die Rückkehr des Kronprinzen, die in diesen Tagen auch in Deutschland für viel Wirbel sorgt, passt da gut dazu. In Neuilly spricht Poincaré von der deutschen Innenpolitik als »bedrohlichen Faktor« und rechtfertigt damit die französische Sanktionspolitik. Gleichzeitig will er die Gespräche über die einzusetzenden Expertenkommissionen sabotieren, indem er am 13. November vorschlägt, die Reparationskommission möge eine begrenzte Untersuchung der deutschen Zahlungsfähigkeit vornehmen.[87] Der deutsche Geschäftsträger Leopold von Hoesch kabelt in diesen Tagen aus Paris, Poincarés Reaktionen sei zu entnehmen, dass Frankreich das besetzte Gebiet nicht vor Erfüllung der Vertragsbedingungen und völliger Sicherheit vor einem deutschen Angriff räumen werde.[88]

Dabei machen die Ereignisse in Deutschland, das ganz und gar am Boden liegt, Poincaré nachdenklich. Obgleich ihn die Lage im Reich tief befriedigt haben dürfte, muss er nämlich befürchten – wie der Münchner Putsch gezeigt hat –, dass er im Falle einer Fortsetzung seiner Angriffe auf dessen Souveränität dort früher oder später eine militante, revisionistische Regierung an die Macht bringen würde. Ausschlaggebend für die Überlegungen des Deutschlandhassers sind jedoch seine Beziehungen zu den angelsächsischen Mächten, von denen die größere sich gerade anschickt, auf die politische Bühne Europas zurückzukehren. Eine neue Allianz mit den Vereinigten Staaten und Großbritannien ist der Garant für die Sicherheit Frankreichs. Setzt er seine bisherige Deutschlandpolitik fort, gefährdet er das.

Derartige Überlegungen trüben Poincarés Genugtuung über die Entwicklung im besetzten Gebiet, wo es aus deutscher Sicht den Anschein hat, als käme Frankreich seinem Ziel näher, das Rheinland und vielleicht auch das Ruhrgebiet aus dem deutschen Staatsverband herauszureißen. Denn die Besatzer verhindern weiterhin jegliche Normalisierung des Lebens, indem sie die Verhandlungen mit der Industrie über eine Inbetriebnahme der Bergwerke und Eisenhütten mit maßlosen Forderungen befrachten und zu keinem Abschluss kommen lassen. Jarres hat zum Monatswechsel Oktober/November an den Kanzler geschrieben, dass in der Rheinprovinz die Stimmung verzweifelt sei. »Unter dem Drucke der Separatistenherrschaft, die los zu werden die Besatzung mit allen erdenklichen und örtlich wechselnden Mitteln verhindert, macht sich immer mehr auch in rechtsstehenden Kreisen und auch in der Sozialdemokratie die Überzeugung Raum, dass ›etwas geschehen müsse‹, dass man ›das Geschick in die eigene Hand nehmen müsse‹.«[89]

Das tut die Gruppe um Adenauer, die das Projekt einer von Preußen losgelösten Rheinisch-Westfälischen Republik verfolgt, seit Langem. Der Schwerpunkt ihrer Arbeit liegt weiterhin auf der Schaffung einer wertbeständigen Währung. Hierfür wollen sie eine Goldbank ins Leben rufen. Am 3. November haben Informationen Berlin erreicht, wonach deren Gründung unmittelbar bevorstehe »und dass Herr Tirard sich neuerdings sehr freundlich zeige«. Für den gleichen Abend ruft Stresemann sein Kabinett zu einer Sondersitzung zusammen. An deren Ende setzt Staatssekretär Adolf Kempkes ein Telegramm nach Köln ab, in dem er darum bittet, die Bank nicht zu errichten. Denn die Reichsregierung habe intensive Schritte unternommen, »um dafür Sorge zu tragen, dass die Rentenbank auch im besetzten Gebiet tätig sein kann«.[90]

Ungeachtet dessen hat Louis Hagen am 4. November an Reichsfinanzminister Luther telegrafiert: »Vorhaben Errichtung Goldnotenbank besetzten Gebietes grundsätzlich beinahe beendet.« Ein Vertreter der Regierung möge nach Barmen kommen, um sich zu informieren.[91] Dort tagt vom 5. bis 8. November der Provinziallandtag. Adenauer und die ihm folgenden Industriellen und Bankiers wollen von den Delegierten die Unterstützung für ihr Projekt. Doch die bleibt ihnen zumindest von den DNVP- und von der Mehrheit der SPD-Delegierten versagt. Zustimmung kommt aus dem Zentrum und von der DDP. Doch auch dort sind sie »recht peinlich berührt«, als die Nähe des Kölner Oberbürgermeisters zu Tirard, mit dem er schon mehrmals in Koblenz zusammengetroffen ist, offenkundig wird.[92] Ansonsten herrscht »helle Verzweiflung« in Barmen, wie der angereiste Reichsminister für die besetzten Gebiete, Fuchs, berichtet, denn die Delegierten des Provinzialtags befürchten, dass ihnen an Rhein und Ruhr noch das Schlimmste bevorsteht. »Zwar wurde dankbar erkannt, dass das Reich und Preußen helfen, soweit es nur irgend möglich ist. Man war sich jedoch darüber klar, dass es für die Regierungen des Reichs und der Länder nicht möglich ist, Zahlungen immer weiter zu leisten«, berichtet Fuchs nach Berlin.[93]

Bei der dortigen Kabinettssitzung am Nachmittag des 9. November, an der auch Otto Braun und einige preußische Minister teilnehmen – in München ist zu diesem Zeitpunkt der Putsch bereits niedergeschlagen –, diskutieren sie wiederum über die rheinische Goldnotenbank. Die Rahmenbedingungen haben sich inzwischen geändert. Die Rheinlandkommission lässt die neuen Steuer- und Währungsgesetze des Reichs und damit auch die Rentenbank vorerst nicht zu. Hinzu kommt die Notwendigkeit, die Zahlung der Erwerbslosengelder für das besetzte Gebiet »von einem bestimmten, kurz bevorstehenden Zeitpunkt an« einstellen zu müssen, da ansonsten das Währungsprojekt scheitern würde. Unter diesen Umständen spricht sich Fuchs für eine rheinische Goldnotenbank aus. Otto Braun ist dagegen. Er argumentiert, Tirards eigentliches Ziel sei nicht, das besetzte Gebiet von Preußen loszulösen, sondern vom Reich. Die Bank sei ein Schritt in diese Richtung. Ihre Gründung müsse deshalb untersagt werden, genauso wie »die Fühlungnahme privater Kreise auf politischem Gebiet mit den Besatzungsmächten«. Luther teilt die Auffassung, Brauns und Stresemann auch.[94] Das Kabinett entscheidet sich dann noch für eine »Veröffentlichung«, mit der die Welt darauf aufmerksam gemacht werden soll, dass mit der Einführung der Rentenmark die notwendigen finanziellen Leistungen des Reichs für das besetzte Gebiet nicht mehr tragbar seien und die Verantwortung für die Folgen den Mächten zur Last fallen müsse, die für die Verhältnisse im besetzen Gebiet verantwortlich seien.

Nachdem die Reichsregierung schweren Herzens den im sogenannten Fünfzehnerausschuss vertretenen Repräsentanten des besetzten Gebietes, die unter Führung Adenauers wieder einmal nach Berlin gereist sind, angekündigt hat, für die zwei Millionen Arbeitslose und Kurzarbeiter nicht mehr aufkommen zu können, beschließt sie am 15. November mit Stichtag 25. November, die Zahlungen einzustellen. Ein einmaliger Beitrag in Höhe von 100 Millionen Goldmark soll auf Betreiben Stresemanns noch für die kurze Übergangsphase bereitgestellt werden, von dem 88 Millionen auf die Erwerbslosenfürsorge entfallen sollen. Resigniert stellt der preußische Ministerpräsident fest: »Wir müssen gewissermaßen das besetzte Gebiet seinem Schicksal überlassen.«[95] Besser gesagt: Es soll in die Hände internationaler karitativer Einrichtungen gelegt werden, an die entsprechende Aufrufe gehen. Ins Leben gerufen wird auch eine »Deutsche Nothilfe«, die an die Nation appelliert: »Helft mit Geld und Gut! Gedenkt der ungeheuren Leiden, die Eure Brüder und Schwestern im Westen seit vielen Monaten erdulden. Gedenkt des Verzweiflungskampfes, den sie jetzt um das nackte Dasein, um ihre Zugehörigkeit zum Reiche führen.«[96]

Bei den Deutschnationalen geht jetzt das Wort von der erneuten Kapitulation des Reiches um. Die Sozialdemokraten hadern damit, dass die Maßnahme der Regierung die Bedürftigsten an Rhein und Ruhr trifft. Hinzu kommt die nachwirkende, tief sitzende Verwundung durch das als einseitig und unangebracht empfundene Vorgehen Stresemanns gegen Thüringen und Sachsen. Das hat bei vielen in den Reihen der SPD die Empfindung aufkommen lassen, dass man trotz des Rückzugs der Minister aus dem Kabinett noch nicht »fertig« mit dem Kanzler ist. Schon ehe die Große Koalition zerbrochen ist, hat der SPD-Co-Vorsitzende Müller eine »aktive Politik« angekündigt, »weil eine Rechtsregierung nicht dauernd regieren kann«.[97] Reichstagspräsident Paul Löbe hat während einer Fraktionssitzung sogar gefordert, zum »reinen Klassenkampf zurückzukehren«[98] – nicht zuletzt auch, weil die Genossen selbst unter Druck sind. Denn immer mehr aus der Arbeiterschaft wenden sich von der sozialdemokratischen Partei ab und den Kommunisten zu.

Zunächst hat Stresemann geglaubt, sich irgendwie auch mit einer oppositionellen SPD arrangieren zu können. Doch nun stellt sich für ihn die Frage, ob und wie lange er mit seinem Minderheitskabinett ohne den Reichstag weiterregieren kann. Bereits am 12. November erfährt er, dass die SPD-Fraktion über die Einberufung des Reichstags beraten will, der zusammentritt, wenn es von einem Drittel der Abgeordneten beantragt wird. Die SPD-Parlamentarier stimmen dafür, und zusammen mit den Kommunisten und den Deutschnationalen haben sie mehr als genug Stimmen, um den Zusammentritt durchzusetzen. Stresemann versucht, diesen beim Ältestenrat abzuwenden. Doch er scheitert damit, und Reichstagspräsident Löbe legt den 20. November als Sitzungstermin fest. Der Kanzler braucht nun eine parlamentarische Mehrheit. Da die SPD ausfällt, wird in der DVP wieder einmal der Eintritt der DNVP erwogen. Doch deren Vorsitzender, der ehemalige königlich-preußische Staatsminister Hergt, hängt nach wie vor dem Plan einer reinen Rechtsregierung an, dem Direktorium mit Minoux, Wiedfeldt, Seeckt, Stinnes und anderen. Er bietet Stresemann nun sogar die Mitgliedschaft darin an. Doch der lehnt ab.

In der DNVP erwägen sie nun, einen Misstrauensantrag zu stellen. Bei den Kommunisten ist ein solcher bereits beschlossene Sache. In der SPD diskutieren sie darüber. Ebert versucht, dies abzuwenden, unter dem Einsatz seiner ganzen Autorität. Doch die hat bei den Genossen gelitten, seitdem er die Reichsexekution gegen Sachsen zugelassen hat. Dem Kanzler bleibt jetzt noch die Möglichkeit, beim Reichspräsidenten eine Vollmacht zur Auflösung des Reichstags zu beantragen. Vielleicht ließe sich ja auf diese Weise der SPD doch noch eine Tolerierung abnötigen, denn an Neuwahlen kann ihr nicht gelegen sein. Dies machen die Bremer Bürgerschaftswahlen vom 18. November klar. Dort hat die SPD schwere Verluste hinnehmen müssen, während die KPD sich von 6 auf 18 Sitze verbessern konnte. Neuwahlen bergen neben all der damit verbundenen Stagnation im Inneren und den damit einhergehenden Folgen für das Land auch im Hinblick auf das besetzte Gebiet Unwägbarkeiten, denn dort würden die Separatisten als eigene Partei antreten. »Einziger Gedanke, der ihn von Auflösung zurückhalte: Besetztes Gebiet«, beendet der um die Reichseinheit besorgte Stresemann laut Protokoll eine Ansprache im Kabinett.[99]

Aus Mangel an Alternativen folgt er schließlich dem Drängen seiner Minister Brauns und Koeth und entschließt sich, bei Ebert die Auflösungsordre zu beantragen. Doch ob sie der Reichspräsident Stresemann erteilen wird, ist auf einmal unklar. Denn der hält am 19. November fest: »Ebert bezügl. Auflösung noch keine bindende Zusage gemacht.«[100] Schließlich gibt er sie dem Kanzler nicht. Von Stockhausen schreibt in seinen Erinnerungen, »in den Rücken gefallen« sei ihm [Stresemann] Ebert, »dem die eigenen Parteigenossen inzwischen die Hölle heiß gemacht hatten«.[101] Dass Ebert Stresemann als Kanzler nicht mehr will, meint auch D'Abernon.[102] Als der Reichstag am nächsten Tag zusammentritt, verhindert ein Zwischenfall, dass Stresemann, dem bereits das Wort erteilt worden ist, sprechen kann. Der kommunistische Abgeordnete Remmele, der von der Sitzung ausgeschlossen wurde, weigert sich unter lautstarken Unwillensbekundungen, das Plenum zu verlassen. Löbe vertagt daraufhin die Sitzung des Parlaments auf den 22. November. Inzwischen liegen drei Misstrauensanträge vor. Der der SPD wird mit der ungleichen Behandlung Sachsens und Bayerns begründet. Das *Berliner Tageblatt* schreibt: Es sei eine »beschämende Tatsache, dass die Oppositionsparteien in Zeiten höchster vaterländischer Not, wo am Rhein und an der Ruhr das Volk um seine Existenz kämpft, wo der Hunger durch die Lande schleicht, und wo subversive Elemente wieder an den Grundfesten der Republik zu rütteln drohen, sich nicht rechtzeitig darüber klar geworden sind, was danach kommen [wird]«.[103]

Stresemann entscheidet sich nun seinerseits, über die bürgerlichen Parteien ein Vertrauensvotum im Reichstag zu beantragen, da er nicht »auf der Hintertreppe abgelehnter Misstrauensanträge« im Amt bleiben will.[104] Zunächst spricht bei der Sitzung am 22. November der SPD-Vorsitzende Wels, dann Stresemann. Bis zuletzt sind die Ansichten im Reichstag über das Schicksal der Regierung geteilt. Bis zuletzt haben manche an das Wunder geglaubt, als am darauffolgenden Nachmittag die Sitzung fortgesetzt wird. Mehrere Plätze der Sozialdemokraten sind leer. Unter anderen haben der preußische Ministerpräsident Braun und der Innenminister Severing den Saal verlassen. Unter den Volksparteilern ist Stinnes nicht anwesend. Das passt zu dem »systematischen Feldzug seines Organs, der ›Deutschen Allgemeinen Zeitung‹, gegen den Kanzler«, schreibt das *Berliner Tageblatt*.[105] Schließlich wird das Vertrauensvotum mit 231 zu 151 Stimmen bei 7 Enthaltungen abgelehnt. Kurz darauf demissioniert das Kabinett, bleibt aber vorerst geschäftsführend im Amt.

In seiner Rede am Vortag hat Stresemann noch einmal seine Politik begründet. Er spricht über die politische und soziale Zerrüttung in Deutschland, die die Folge der französischen Politik sei. Er spricht über die Ruhr- und Reparationspolitik, über das problembeladene Verhältnis zu Bayern und den Föderalismus. Er rechtfertigt sein Vorgehen gegenüber Sachsen und Thüringen, was in den Reihen der Kommunisten zu krawallartigen Reaktionen führt, die er mit den Worten zurückweist, dass sie lärmten, »als wenn sie den ganzen Reichstag verträten. Von Sachsen sagen Sie, sie wären das sächsische Volk, während die auch dort eine Minderheit sind. Das ist ihre ganze Taktik«. Dann thematisiert er die Ausgabe des wertbeständigen Geldes. Zum Abschluss seiner Rede zitiert er die Worte, mit denen sich Cuno am 13. August von ihm verabschiedet hat. Er habe zu ihm gesagt: »Ich verlasse dieses Haus gern, in dem ich keine glückliche Stunde meines Lebens verlebt habe. Was uns veranlasst hat, die Geschäfte zu führen, das war die Verantwortung vor dem Lande. Wir haben die Pflicht, Ihnen unsere Auffassung zum Ausdruck zu bringen. Ich habe sie Ihnen vorgelegt ohne jede Verschönerung, ohne jede Vertuschung, ohne jeden Willen, hiermit irgendwie Beifall zu erwecken. Schließlich gibt es eins, das über uns allein entscheidet: das ist unser Gewissen, und wir haben die Überzeugung, dass wir gewissenhaft unsere Pflicht gegenüber Volk und Reich getan haben.«[106] Er habe die Regierungskrise mit »einem Sterben in Schönheit abgeschlossen«, schreibt das *Berliner Tageblatt* über den gestürzten Kanzler.[107]

9

November und Dezember

> *Obwohl ich diesen Zeitraum miterlebte ... habe ich nicht immer im Augenblick erfasst, wie schicksalsschwer die Lage war.*
>
> Lord D'Abernon in seinem Tagebuch am 31.12.1923

Es entbehrt nicht einer gewissen Tragik, dass Stresemann in dem Moment von den Sozialdemokraten im Zusammenwirken mit der DNVP gestürzt wird und als Reichskanzler abtreten muss, als er den Weg aus der Krise geebnet hat. Durch seine Konzessionspolitik gegenüber München hat er dazu beigetragen, dass der Konflikt zwischen Bayern und dem Reich nicht über die Maßen eskalierte und Hitlers wahnwitziger Angriff auf die Republik zum kläglichen Scheitern verurteilt war. Sein beherztes Vorgehen gegen die radikalen Sozialisten und Kommunisten in Sachsen und Thüringen dämmt den großen linken Umsturzherd in Mitteldeutschland ein. Ohne es zu ahnen, beraubt Stresemann damit Moskau der Operationsbasis für die geplante deutsche Revolution. Vor allem aber ebnet er mit der Einführung der neuen Währung und dem in Angriff genommenen Stabilisierungsprogramm den Weg zu einer Gesundung der deutschen Finanzen.

Am 16. November wurde die Rentenmark ausgegeben. Für die Reichsdruckerei und die ihr angeschlossenen Privatdruckereien war das eine beträchtliche Herausforderung. *Die Zeit* hatte noch am 8. November berichtet, dass sich der Tag, an dem das Rentengeld herauskommen werde, nicht mit Sicherheit angeben lasse. Als in Berlin dann wilde Buchdruckerstreiks ausbrechen und auch die Reichsdruckerei davon betroffen ist, scheint der anvisierte Ausgabetermin des neuen Geldes infrage gestellt. Doch Seeckt verbietet als Inhaber der vollziehenden Gewalt kurzerhand den Ausstand. So kann doch noch alles planmäßig ablaufen. Das ist wiederum das Verdienst Luthers und auch des promovierten Volkswirtschaftlers Hjalmar Schacht, des ehemaligen Vorstandsmitglieds der Darmstädter und Nationalbank, der am 12. November zum Reichskommissar für Währungsangelegenheiten berufen wurde.

Mit der Einführung der neuen Rentenmark hört – wie geplant – »die Inanspruchnahme der Reichsbank durch Diskontierung von Reichsschatzwechseln auf mit der weittragenden praktischen Bedeutung, dass die Inflationsquelle verstopft und die Tätigkeit der Notenpresse stillgelegt wird«.[1] Die Papiermark bleibt aber in Umlauf. Fortan gilt: Eine Billion Papiermark entsprechen einer Rentenmark und eine Rentenmark einer Goldmark. 4,2 Goldmark sind einen amerikanischen Dollar wert. In seiner Reichstagsrede an jenem dramatischen Tag, an dem Stresemann gestürzt wurde, hat Luther noch einmal darauf hingewiesen, dass die Rentenmark eine Übergangslösung sei und dass es währungspolitisch nur »eine wirklich gute Lösung« gebe, die auch angestrebt werde: eine Währung mit Golddeckung.[2]

Es ist eine Grundsatzentscheidung, das neue Geld künstlich auf ein Emissionsvolumen von 2,4 Milliarden zu verknappen und das Kreditvolumen von Staat und Wirtschaft auf jeweils 1,2 Milliarden zu begrenzen. Ihre »Seltenheit« sowie die Annahme der Bevölkerung, die neue Währung sei durch ungeheure Sachwerte gedeckt, machen die Deutschen glauben, die Rentenmark sei wertbeständig, was sie aber nicht ist. Auch die niedrigen Zahlenwerte auf den Geldscheinen mögen nach den Billiarden der Inflation dazu beitragen, dass das neue Geld angenommen wird. Wenn die Rentenmark nach anfänglichen Schwierigkeiten mit der Geldverknappung zum Erfolg werden wird, dann ist das nur möglich geworden durch die parallel zu ihrer Einführung erfolgten konsequenten Beendigung der staatlichen Schuldenwirtschaft und die Herbeiführung eines ausgeglichenen Haushalts. Die Dimension dieser Aufgabe wird beim Blick auf die Zahlen deutlich: Ganze 0,4 Prozent der Ausgaben des Reichs sind zuletzt aus regulären Einnahmen finanziert worden; 99,6 Prozent durch das immer neue Drucken von Papiergeld.

Gerade die Konsolidierung des Haushalts, aber auch die Einführung des neuen Geldes braucht eine entschlossen-handlungsfähige Politik, die unter der geschäftsführenden Kanzlerschaft Stresemanns und durch den Wegfall des an die Große Koalition gebundenen Ermächtigungsgesetzes nicht mehr möglich ist. Nicht zuletzt auch mit Blick auf die dramatische Situation im besetzten Gebiet und angesichts des Umgangs mit dem militärischen Ausnahmezustand ist die rasche Bildung einer Nachfolgeregierung von zentraler Bedeutung. Doch das ist schwierig angesichts der selbst gewählten Isolation der SPD. So wiederholt sich ein hinlänglich bekanntes Spiel: Die Rechten in der DVP wollen die DNVP ins Boot holen, während es beim Zentrum und der DDP starke Vorbehalte dagegen gibt. Schließlich verständigen sich die Mittelparteien darauf, dem Reichspräsidenten Siegfried von Kardorff von der DVP als Kanzler vorzuschlagen. Doch der aus Niedersachsen stammende Jurist, der einst der DNVP angehörte, diese aber nach dem Kapp-Putsch verlassen hat, um sich der Stresemann-Partei anzuschließen, wird von den Deutschnationalen abgelehnt. Ebert beauftragt daraufhin am 25. November den parteilosen ehemaligen Minister für Wiederaufbau aus dem Kabinett Cuno, Heinrich Albert, mit der Bildung einer fraktionsunabhängigen Regierung. Doch das scheitert am vehementen Widerstand der Parteien. Den vorübergehend ins Gespräch gebrachten Jarres verhindern Zentrum und DDP. Dann scheint Ebert mit dem christlichen Gewerkschafter Adam Stegerwald den richtigen Kandidaten gefunden zu haben. Und die Parteien verständigen sich auf ihn. Für ungläubiges Staunen sorgt jetzt, dass die DNVP mehr oder weniger alles akzeptiert, was sie beim Vorgängerkabinett bekämpft hat. Selbst gegen Stresemann als Außenminister hat sie nichts mehr einzuwenden. Doch dann warten die Deutschnationalen mit einer zusätzlichen Bedingung auf, an der alles scheitert. Sie wollen in die preußische Regierung eintreten, um die Verwaltung im Reichsland kontrollieren zu können. Der »Bürgerblock« mit einer parlamentarischen Mehrheit ist damit vom Tisch.

Was bleibt, ist eine neue Minderheitsregierung aus DVP, DDP, Zentrum und BVP mit »wohlwollender Unterstützung der Sozialdemokratie«, wie das *Berliner Tageblatt* spekuliert.[3] Der Fraktions- und Parteivorsitzende des Zentrums Wilhelm Marx hat sie ausgehandelt, und am 30. November wird er vom Reichspräsidenten mit der Regierungsbildung beauftragt. Marx ist kein von der Unrast getriebener Stresemann, kein Staatsmann im eigentlichen Sinn, sondern ein in sich ruhender rheinischer Katholik, der ohne Charisma besonnen und sachlich seine Pflicht erfüllt. Stockhausen schreibt über seinen neuen Chef: »Als langjähriger hoher Richter lag seine Stärke im Ausgleich und in der Vermittlung. Er verstand es, eine bislang unbekannte Atmosphäre der Herzlichkeit und des Gottvertrauens um sich zu verbreiten. Ob diese Gaben allein in stürmischer Zeit ausreichen würden, die Probleme zu meistern, muss die Zukunft lehren.«[4]

Dem Reichstag gehört der Sohn eines Volksschuldirektors, der es als Jurist im preußischen Staatsdienst zum Senatspräsidenten des Berliner Kammergerichts gebracht hat, schon seit 1910 an. Die Schul- und Kulturpolitik sind dort seine Aufgabengebiete. Vom Kurs seines Parteifreundes Adenauer hält Marx, der ebenfalls Kölner ist, nichts. Er teilt nicht das antipreußische Ressentiment des Oberbürgermeisters. Wenn er den Versailler Vertrag billigt, dann aus der Sorge, dass das Rheinland ohne diesen von Preußen oder vom Reich abgetrennt werden würde. Stresemann hat sich aus denselben Gründen immer wieder gegen eine Aufkündigung des Vertrags ausgesprochen.

Noch am 30. November stellt Marx sein Kabinett vor. Er hat im Wesentlichen das des Vorgängers übernommen. Der bleibt auf ausdrücklichen Wunsch des Zentrums, dem sich auch DVP und DDP anschließen, Außenminister. Jarres wird neben seinem Posten als Innenminister, den er erst am 11. November übernommen hat, zusätzlich Vizekanzler. Neu im Kabinett sind lediglich der ehemalige Staatssekretär in der Reichskanzlei Hamm (Wirtschaft) sowie der bayerische BVP-Politiker Erich Emminger (Justiz), von dessen Eintritt in die Regierung man sich eine Beilegung des Verfassungsstreits zwischen dem Reich und Bayern erhofft.

Im Ausland gilt das Interesse im Zusammenhang mit der Berliner Kabinettsbildung ganz und gar Stresemann. Ausführlich schreibt das Pariser *Petit Journal*, das die Regierung Marx als ein neues Kabinett Stresemann bezeichnet, ob Stresemann Kanzler oder Außenminister sei, das sei ganz gleichgültig. Er werde seinen Willen durchzusetzen wissen. Der neue Kanzler Marx sei persönlich eine sympathische Erscheinung und gelte bei allen Parteien als ein Mann von Charakter, berichtet das Blatt. Mit der Tonlage aus der Zeit des passiven Widerstands hat das nichts mehr gemein.[5] In Großbritannien wird wenig über die neue Regierung in Berlin berichtet, befindet sich das Land doch im Wahlkampf.

Marx und seine Fachminister gehen davon aus, dass die Fortsetzung der Sanierung des Haushalts und der Währungspolitik nur mit einem neuen Ermächtigungsgesetz in dem gebührenden Tempo möglich sein wird. Zu dieser Auffassung ist schon das Kabinett Stresemann gekommen, obwohl es seinerzeit über eine parlamentarische Mehrheit verfügt hat. Für ein Minderheitskabinett bedarf es erst recht eines solchen Gesetzes. Um die erforderliche qualifizierte Zweidrittelmehrheit im Reichstag zu erreichen, braucht Marx die SPD, die zunächst ablehnend reagiert. Nachdem sich die Regierung mit den Sozialdemokraten auf die Einrichtung eines beratenden Reichstagsausschusses – sozusagen als Kontrollgremium – verständigt hat, stimmt die SPD-Fraktion am 4. Dezember mit 78 zu 53 Stimmen für das Ermächtigungsgesetz, womit dieses ein paar Tage darauf den Reichstag passiert.

Schon am 4. Dezember hat Marx dort sein Regierungsprogramm vorgestellt. Er hat an die Einheit der Nation appelliert, Taten statt Worte angekündigt. Sein politischer Kurs bleibt der alte. Er will die Reichseinheit bewahren, das Verhältnis zu den Ländern, insbesondere zu Bayern, regeln. Der militärische Belagerungszustand soll vorerst beibehalten werden, aber, sobald es möglich ist, zurückgenommen werden. Priorität hat natürlich die Finanz- und Wirtschaftspolitik, die aus »dem tiefsten Abgrund, in den wir durch den unglücklichen Ausgang des Weltkrieges gestürzt sind«, wieder herausgehoben werden müsse. »In der Finanzfrage sieht sich die Reichsregierung vor einer Aufgabe von einer vielleicht in der Weltgeschichte nie dagewesenen Schwierigkeit gestellt«, sagt Marx, ehe er von Steuerbelastungen und beispiellosen Ausgabenkürzungen spricht, kurzum: Es sei »die Stunde des größten Opferns gekommen«.[6] Was die Außenpolitik angeht, fällt den politischen Beobachtern auf, dass Marx sie ausblendet. Offenbar will er das Terrain ganz und gar seinem Vorgänger überlassen. Und der meint zu seinem Sohn: »Der [Marx] ist ein anständiger Mann, mit dem ich zusammenarbeiten kann.«[7]

Stresemanns Arbeit als Außenminister kann so nahtlos weitergehen. Die internationale Lage hat sich aus seiner Sicht verbessert. Der isolierte Poincaré, in dessen verunsichertem Land der Franc an Wert verliert und die Wirtschaft krankt, kann sich dem Drängen von Briten und Amerikanern nicht mehr widersetzen. So kann sich in der alliierten Reparationskommission zunehmend der Brite John Bradley mit dem Kurs in Richtung auf Expertenkommissionen mit erweiterten Zuständigkeiten durchsetzen. Am 1. Dezember werden zwei Gremien eingerichtet. Das eine soll die Zahlungsfähigkeit des Reiches ermitteln, das andere soll das deutsche Auslandsvermögen feststellen. Unmittelbar nachdem sich die Mitglieder der Reparationskommission darauf verständigt haben, ergeht eine Einladung an die USA, sich an den Kommissionen zu beteiligen. Die Reichsregierung ist optimistisch, deutet doch alles darauf hin, dass Washington sich nicht verweigern wird.

Auch im besetzten Gebiet beginnen sich die Dinge zugunsten Berlins zu bewegen. Schon am Tag des Stresemann-Sturzes hat sich die MICUM mit den Ruhrindustriellen, der sogenannten Sechserkommission, der unter anderen Stinnes, Vögler und Klöckner angehören, verständigt. Nach wochenlangen Verhandlungen – die zuletzt in enger Abstimmung mit der Reichsregierung erfolgten – haben sie ein Abkommen geschlossen. Danach sollen 30 Prozent der Kohleförderung an die Besatzungsbehörden geliefert werden. So erhält Frankreich »Produktionsgarantien« und die deutschen Bergleute erhalten ihre Arbeitsplätze zurück, auf die sie dringend angewiesen sind, um dem Elend zu entkommen.

Für diejenigen, die nach wie vor arbeitslos sind, tut die Reichsregierung alles, um die Zahlungen aufrechtzuerhalten. Auf einer Sitzung des Arbeitsministeriums heißt es am 1. Dezember, dass mit den noch unter Stresemann frei gemachten 88 Millionen Goldmark, die für die Erwerbslosenfürsorge im besetzten Gebiet vorgesehen sind, diese bis Mitte des Monats bestritten werden könne. Mit einer Reihe von Maßnahmen wird versucht, diesen Zeitraum zu »strecken«. So werden die Länder, die von der Besatzung nicht betroffen sind, aufgefordert, den gesetzlich vorgesehenen Landesanteil an den Kosten der Arbeitslosenfürsorge zu übernehmen.[8] Arbeitgeber und Arbeitnehmer sollen höhere Beiträge bezahlen und die Kurzarbeiter keine Unterstützung mehr erhalten. So können Abertausende durchkommen, man »müsse sich jedoch darüber klar sein, dass die Fürsorge sich auf das Notwendigste beschränken werde«.[9]

Das alles gibt den Menschen an Rhein und Ruhr wieder etwas Hoffnung. Und es entzieht dem von Frankreichs Hochkommissar Tirard jetzt umso stärker geförderten Separatismus, den die Briten immer wieder verurteilen, den Nährboden. Es ist aber auch der Wille der Menschen im besetzten Gebiet, bei Deutschland zu bleiben, der die Sonderbündler zurückdrängt. Dafür sind viele auch bereit zu kämpfen. Schon am 2. November sind die Separatisten nach fast zweiwöchigem Ringen aus Aachen verjagt worden. Möglich geworden ist dies nicht zuletzt durch die britische Intervention bei der belgischen Regierung in Brüssel, die eine Änderung der dortigen Politik gegenüber den Separatisten nach sich gezogen hat. Da sie in Aachen fortan nicht mehr unterstützt werden, ziehen sie sich marodierend und plündernd in das französisch besetzte Gebiet zurück. Im Siebengebirge oberhalb von Königswinter widersetzen sich Bauern und Bergleute. Sie bewaffnen und formieren sich unter dem ehemaligen Weltkriegsoffizier Hermann Schneider zu einer Heimwehr, die 4000 Mann gezählt haben soll. Die Erschießung eines Schmieds durch die Separatisten in Aegidienberg bildet den Auftakt zu der nach dem Ort benannten »Schlacht«. Zunächst wurden die Separatisten von der Heimwehr in die Flucht geschlagen. Sie kehren aber mit Verstärkung zurück, und es entwickelt sich ein erbitterter Kampf, der in eine regelrechte Hetzjagd auf die bald »heillos flüchtenden« Sonderbündler mündet. Beendet wird das Ganze, als französisch-marokkanische Truppen eintreffen. Als Ergebnis der Ermittlungen der Militärpolizei ist die Rede von 120 Toten in diesen Tagen Mitte November.[10]

Die »Schlacht bei Aegidienberg« markiert den Wendepunkt in der Geschichte der Rheinischen Republik. Nach und nach werden jetzt die Separatisten aus den Rathäusern vertrieben. In Koblenz, der Hauptstadt, spalten sie sich in zwei Lager. Matthes tritt am 27. November von seinen Ämtern zurück. Dorten hat am 15. November in Bad Ems eine »Vorläufige Regierung« für das südliche Rheinland ins Leben gerufen, die faktisch nur auf dem Papier besteht. Umso mehr schaltet er sich in die Geschehnisse in der »Pfälzischen Republik« ein, wie sich die Herrschaft der Separatisten dort jetzt nennt. Doch auch in der Pfalz will es nicht gelingen, ihren Einfluss auszuweiten. In einer Erklärung mutiger Patrioten heißt es: »Die Bevölkerung der Pfalz ist sich einig in dem Willen, jede staatsrechtliche Änderung in dem historisch gewordenen Verhältnis der Pfalz zu Bayern und dem Reich mit allen zu Gebote stehenden Mitteln zu bekämpfen. Frankreich kann die Pfalz wohl durch landfremde gekaufte Elemente vom Reich und von Bayern zeitweilig lösen; niemals aber wird ein solches Staatsgebilde von der Gesamtbevölkerung als rechtmäßig anerkannt werden.«[11]

Adenauer lässt sich von alldem nicht von seiner Zielsetzung abbringen. Ja, er wähnt sich sogar unter Druck, denn in der Pfalz sind sie inzwischen auch mit der Gründung einer eigenen Bank beschäftigt. Der französische General Alexandre de Metz hat dem Separatistenführer Franz Josef Heinz die Genehmigung dazu erteilt. Ob dieser dazu in der Lage ist, steht auf einem anderen Blatt, denn die Anleitung dazu kommt ohnehin von den Franzosen. Die Währungsbank soll »Banque des Pays Rhénans« heißen, und die Geldscheine sollen das Emblem der französischen Republik tragen.[12] Eine Interessenkollision mit Adenauers Goldnotenbank sehen sie in Paris nicht. Doch dem Kölner Oberbürgermeister gefällt das freilich nicht.

Schon als er mit dem Fünfzehnerausschuss am 13. November

in der Reichshauptstadt geweilt und in einer langen, kontroversen Sitzung mit dem Kabinett erfahren hat, dass das Reich die Zahlungen für die Erwerbslosen einstellen würde (was dann doch nicht geschieht), hat Adenauer – da das besetzte Gebiet jetzt im Stich gelassen werde – mit Nachdruck die administrativen und wirtschaftspolitischen Freiheiten verlangt, um das Überleben des Rheinlands zu sichern. Er hat damit sein Projekt einer Rheinisch-Westfälischen Goldnotenbank gemeint, für das die Verhandlungen mit Tirard und ausländischen Geldgebern bereits weit fortgeschritten sind.

In Berlin ist die Haltung zu Adenauers Vorhaben klar. Doch dagegen zu argumentieren ist schwierig. Die Rentenmark ist im besetzten Gebiet nicht im Umlauf. Die Notwährungen werden von der Reichsbank nicht angenommen, was bald dazu führt, dass dies Bahn und Post an Rhein und Ruhr ebenfalls nicht tun. Und ein wertbeständiges Notgeld, das Schacht als Übergangslösung ins Spiel bringt, existiert bislang nur auf dem Papier. Der Reichswährungskommissar erklärt dennoch am 3. Dezember in der Fachministerrunde, dass er eine Rheinisch-Westfälische Goldnotenbank »weder genehmigen noch billigen würde«, würde sie doch die währungspolitische Einheit des Reichs zerstören und den abebbenden Autonomiebestrebungen neuen Vorschub verschaffen. Für Stresemann ist die Bank ohnehin nur ein Vehikel. Er glaubt, Adenauer treibe ein falsches Spiel. Dessen Begründung für eine Loslösung des Rheinlandes sei »nicht diskutabel«, sagt er während einer Kabinettssitzung und fordert, dass jedwede Verhandlungen, die im besetzten Gebiet geführt würden, berücksichtigen müssten, dass eine Trennung vom Reich nicht möglich sei. Marx wirft noch ein, »dass wir uns die Rheinlande nur mit Gewalt abnehmen lassen dürften, aber keine Zugeständnisse machen dürften«.[13]

Am 6. Dezember treffen im Reichstag die involvierten Fachminister und Ländervertreter mit dem angereisten Fünfzehnerausschuss unter Führung Adenauers zum Meinungsaustausch zusammen. Eine Einigung über die Rheinisch-Westfälische Goldnotenbank, die zu 50 Prozent von deutschem, zu 30 Prozent von französischem und zu 6 bis 10 Prozent von belgischem Kapital gehalten werden und devisengedeckte Banknoten ausgeben soll, wird zur Enttäuschung der aus dem Westen Angereisten nicht erzielt. Am 11. Dezember erlässt das Kabinett auf Betreiben Luthers und Schachts folgende Erklärung: »Gegen die Errichtung der geplanten rheinischen Goldnotenbank bestehen bei der Reichsregierung und der preußischen Regierung erhebliche Bedenken. Eine Währungstrennung zwischen dem besetzten und unbesetzten Gebiet darf unter keinen Umständen eintreten. Vor der Entscheidung ist daher in erster Linie die Frage zu klären, ob die rheinische Goldnotenbank in der zukünftigen deutschen zentralen Notenbank aufgeht.«[14] In Köln wird das mit Verärgerung aufgenommen. Der von der Reichsregierung dorthin entsandte Ministerialdirektor Bail berichtet von einer Versammlung, an der Hagen sowie die Bankiers von Oppenheim, von Schröder, Paul Silverberg und Pferdmenges teilgenommen hätten. »Die Herren hätten ausgeführt, dass eine wirtschaftliche Verständigung mit Frankreich notwendig sei, und dass ferner weite Kreise im besetzten Gebiet sich schon auf Devisen umgestellt hätten.« Sie stünden der Rentenmark »wenig freundlich« gegenüber, und gegen den Währungskommissar hätten sie »eine außerordentlich unfreundliche Stellung« eingenommen.[15]

Die Kölner Finanzkreise setzen ganz auf Poincaré. Doch dessen Stellung unter den Alliierten wird weiter geschwächt, als die Vereinigten Staaten ihre Beteiligung an den Expertenkommissionen in der Reparationsfrage ankündigen. In einer Erklärung bemerkt Präsident Coolidge: »In Anbetracht der Tatsache, dass die Vereinigten Staaten sowohl Gläubiger Deutschlands wie der Alliierten seien und bei der Wiederherstellung Europas mitwirken wollten, habe er beschlossen, die Beteiligung amerikanischer Vertreter zuzulassen.«[16] Kurz darauf nominiert Außenminister Hughes zwei Männer, deren Namen untrennbar mit der Geschichte der Weimarer Republik verbunden sein werden: Es sind der Chicagoer Bankier und einflussreiche Republikaner Charles G. Dawes und dessen Partner Owen D. Young, der Leiter der General Electric Company.

In Frankreich, wo Poincaré auch innenpolitisch zunehmend unter Druck gerät, ist man über die amerikanische Einschaltung in die europäischen Belange alles andere als begeistert. Eher ablehnend sind die Reaktionen der bürgerlichen Presse. Die nationale *Libre Parole* schreibt gar von einem »ärgerlichen Ereignis«, »weil es uns jetzt unmöglich ist, ohne weitere Verhandlung unseren Willen durchzusetzen«.[17] Ganz anders auf der anderen Seite des Ärmelkanals. Der Schritt Washingtons bedeute, dass man dort überzeugt sei, »dass Poincaré die Arbeiten der Kommission nicht zu beschränken gedenke«, spekulieren die Londoner Blätter, von denen die Beteiligung Amerikas aufs Wärmste begrüßt wird.[18]

In Großbritannien haben am 6. Dezember Unterhauswahlen stattgefunden, bei denen die konservative Partei ihre absolute Mehrheit verloren hat. Stärkste Oppositionspartei ist jetzt Labour, gefolgt von den Liberalen, die ebenfalls zugelegt haben. Labour-Chef Ramsay MacDonald, der als neuer Premierminister gehandelt wird, erklärt einmal mehr, dass seine Partei mit der Ruhrpolitik der Franzosen nicht einverstanden sei. »Wir glauben, dass diese Politik den Interessen der Arbeiter schadet«, merkt er zur Begründung an.[19] MacDonald spricht davon, dass er neben der Anerkennung der Sowjetunion die interalliierten Schulden und die Reparationsfrage in Angriff nähme, wenn er Premierminister werden würde.[20]

Letzteres sind wiederum keine schlechten Aussichten für die Reichsregierung. Sie nutzt die Gunst der Stunde und entsendet am 15. Dezember den deutschen Geschäftsträger von Hoesch zu Poincaré, um diesem ein Verhandlungsangebot über die wirtschaftliche Reorganisation in den besetzten Gebieten zu machen. Im Einzelnen geht es um die Wiederherstellung der deutschen Verwaltung, der Möglichkeit der Steuererhebung, Beseitigung der Hemmnisse im Warenverkehr mit dem unbesetzten Gebiet, um den Eisenbahnverkehr und um vieles mehr. Berlin will auch wieder Botschafter nach Paris und Brüssel entsenden, nachdem diese im Januar aus Protest gegen den Einmarsch abgezogen wurden. Das Gespräch verläuft »sehr höflich«, führt aber zu keinem konkreten Ergebnis. Das *Berliner Tageblatt* will wissen, dass sich Poincaré die Mitteilungen des deutschen Geschäftsträgers sehr interessiert angehört und eine Prüfung zugesichert habe. Anschließend werde der französische Ministerpräsident eine endgültige Antwort geben.[21]

Die erfolgt bereits am nächsten Tag und ist mit Brüssel abgestimmt. Darin werden folgende Grundsätze festgehalten: »Ausführung des Friedensvertrages, keine Schmälerung der Rechte der Reparationskommission [sowie] [...] der Rheinlandkommission und keine Diskussion über die von den französisch-belgischen Besatzungsbehörden im Ruhrgebiet getroffenen Maßnahmen.« Unter diesen Vorbehalten sei die französische Regierung bereit, in »allgemeine Verhandlungen« einzutreten, namentlich über administrative Fragen. Und dafür seien Tirard, der Chef der Rheinlandkommission, sowie der Militärbefehlshaber Degoutte zuständig, an die die Sache überwiesen werde.[22] Das ist aus Sicht der Reichsregierung nicht viel, aber besser als nichts.

Die Gruppe um Adenauer befürchtet derweil, dass die Entwicklung ihre Pläne für die Zukunft des Rheinlandes vereiteln könnte. Dazu trägt auch die Absicht der Reichsregierung bei, die Besatzungskosten nicht mehr tragen zu wollen. Da dies das deutsch-französische Verhältnis schwer belasten würde und sicherlich einer weiteren Lockerung des Besatzungsregimes im Wege stehen würde, interveniert der Kölner Oberbürgermeister in Berlin. Parallel dazu setzen die Verfechter der Rheinisch-Westfälischen Goldnotenbank alles daran, dort die erforderliche Konzession zu erhalten. Dabei geraten die Rheinländer zunehmend unter Druck. Denn die Presse schimpft sie als vaterlandslose Gesellen, und auch in der Reichsregierung nehmen die Zweifel an ihrer Reichstreue nicht ab. Als Hagen, Stinnes, von Schröder, von Oppenheim und andere am 17. Dezember wieder in Berlin mit der Reichsregierung und den involvierten Fachministern verhandeln, sieht sich der Bankier Pferdmenges genötigt, seine patriotische Gesinnung hervorzuheben, indem er erklärt, »dass er und seine Freunde gute Deutsche seien und dass sie nichts gegen das vaterländische Interesse unternehmen würden«. Nacheinander insistieren sie darauf, dass die Goldnotenbank und die »Rheinmark«, wie die neue Währung heißen soll, ein Muss seien, insbesondere für die Beziehungen zu Frankreich. In diesem Zusammenhang warnt Stinnes davor, auf die Briten zu setzen. Und auch Hagen bittet darum, nicht auf deren »Lockungen« zu hören, denn »das Verhalten der Engländer sei unaufrichtig und doppelzüngig«.[23]

Einer Lösung in der Frage kommt man nicht näher. Denn die Reichsregierung steht der Sache der Rheinländer nach wie vor ablehnend gegenüber, fürchtet man doch um die Währungseinheit, die zerstört werden könnte, wie es der anwesende Ministerialdirektor Bail am 17. Dezember vorgetragen hat. In der jetzigen Lage muss dies den abflauenden Autonomiebestrebungen neuen Rückenwind verleihen. Auch das Reichsbank-Direktorium ist dagegen. In seiner Stellungnahme für den Reichskanzler vom selben Tag heißt es, das Projekt der rheinischen Goldnotenbank sei »überaus gefährlich« für die Entwicklung der Währung und der Volkswirtschaft. »Soweit wir übersehen können, würde es überdies einen schweren Eingriff in die Rechte und Privilegien der Rbk [Reichsbank] enthalten, ja vielleicht die weitere Betätigung der Rbk im besetzten Gebiet unmöglich machen.«[24]

In der Reichsbank ist unterdessen der Posten des auf Lebenszeit berufenen Präsidenten vakant. Rudolf Havenstein ist am 20. November verstorben. Marx und Luther wollen den Reichswährungskommissar Hjalmar Schacht als Nachfolger sehen. Doch das Direktorium widersetzt sich dem. Es spricht sich einstimmig für Helfferich aus. Schacht sei »in keiner Weise geeignet«, urteilen die Staatsbanker. Sie vermissten, wie sie in ihrer Stellungnahme schreiben, »vor allem [...] an ihm die schöpferische Kraft, deren wir zur Wiederaufrichtung unserer Währung bedürfen«.[25] Doch damit nicht genug: Sie unterstellen Schacht, dass er Helfferichs Leistung bei der Etablierung der Rentenbank in öffentlichen Verlautbarungen für sich beanspruche. Um dessen vermeintliche Unseriösität noch zu bekräftigen, wirft man ihm auch noch vor, während des Weltkriegs, als er in seiner Eigenschaft als Direktor der Dresdener Bank in die Bankabteilung des Generalgouvernements nach Brüssel berufen worden sei, im Interesse seines Geldinstituts gehandelt und damit seine Pflichten verletzt zu haben. Die Sache wird Gegenstand eingehender Erörterungen der Reichsregierung. Am Ende dieser steht die Mitteilung an Schacht, dass die damaligen Vorkommnisse

»keineswegs geeignet seien, auf Ihre persönliche Ehrenhaftigkeit einen Schatten zu werfen oder auch in irgendeiner Weise gegen Ihre Befähigung zur Führung der Rbk zu sprechen«. Schließlich ernennt der Reichspräsident auf Vorschlag des Reichsrats Schacht am 22. Dezember zum Reichsbankpräsidenten. Sein Amt als Reichswährungskommissar behält er.[26]

In der Frage der Konzessionserteilung für die rheinische Goldnotenbank hat die Reichsregierung unter maßgeblicher Beteiligung Schachts derweil ihren Kurs geändert. Sie lehnt das Projekt nun nicht mehr ab. Aber sie verknüpft die Genehmigung mit einer ganzen Reihe von Bedingungen, die die Reichsregierung am 19. Dezember beschließt. Sie dienen allesamt dem Ziel, »eine[r] Zerreißung der deutschen Währungseinheit« vorzubeugen. Zu den Bedingungen gehören unter anderem die Einführung des Rentenmarkgesetzes im besetzten Gebiet sowie die Zulassung eines wertbeständigen Notgeldes, das auf Mark abgestellt ist. Am 22. Dezember informiert der Kanzler den »sehr geehrten Herrn Geheimrat« Hagen über die Entscheidung des Berliner Kabinetts. Es entbehrt nicht einer gewissen Scheinheiligkeit, dass Marx mit den Worten schließt, dass er überzeugt sei, »dass es ihnen gelingen wird, auf dieser Grundlage die Verhandlungen zu einem guten Ergebnis zu führen«.[27] Wenige Tage darauf berichtet Schubert vom Auswärtigen Amt über einen Aspekt der Unterredung des deutschen Geschäftsträgers in Paris mit Poincaré, bei der auch die rheinische Goldnotenbank Thema gewesen sei. Danach habe der französische Ministerpräsident gegenüber von Hoesch erklärt, dass die deutsche Regierung nicht zuständig für die Verleihung des Notenprivilegs sei und er nicht bereit sei, in der vorgeschlagenen Form zur Anerkennung deutscher Rechtsansprüche beizutragen. Schubert merkt noch an, wovon in Berlin ausgegangen wird, nämlich dass Poincaré offenbar die Notenbank »zum Ausgangspunkt für die wirtschaftliche Absonderung des Rheinlands vom übrigen Deutschland« machen wolle.[28]

Das Goldnotenbank-Projekt der Gruppe um Adenauer steckt nun zu deren Verärgerung fest, denn die französischen und belgischen Vertreter in der Rheinlandkommission billigen die Auflagen der Reichsregierung erwartungsgemäß nicht. Schacht ist nicht unzufrieden, denn er hat von Anfang an auf die Briten gesetzt, die eine Beteiligung an der Rheinisch-Westfälischen Notenbank abgelehnt haben. Von dort, namentlich vom britischen Notenbankgouverneur Montagu Norman, mit dem Schacht zum Jahreswechsel in London zusammentrifft, erhält er eine Kreditzusage in beträchtlicher Höhe für die geplante künftige Deutsche Golddiskontbank in Berlin. Mit dem zügig voranschreitenden Vorhaben, für das Schacht bereits im Oktober ein Konzept erarbeitet hat,[29] wird Adenauers Notenbank endgültig die Grundlage entzogen. Vom Tisch ist damit auch dessen Plan des von Preußen losgelösten rheinisch-westfälischen Staates.

Bereits mit ihrem Vorstoß bei Poincaré vom 15. Dezember hat die Reichsregierung klargemacht, dass sie jeglichen Gedanken an einen föderalistischen Rheinstaat ablehnend gegenübersteht. Berlin will vielmehr seine Autorität an Rhein und Ruhr wiederherstellen und interveniert über Hoesch abermals beim französischen Ministerpräsidenten. Am 24. Dezember übergibt der deutsche Geschäftsträger nach Anweisung Stresemanns Poincaré ein Memorandum, in dem die Verhandlungspunkte detailliert aufgelistet sind und um eine französische Stellungnahme nachgesucht wird. Ein Thema in dem Berliner Papier ist der Separatismus. Dabei ist die Rede von »bewaffneten separatistischen Banden, die insbesondere in der bayerischen Pfalz einen Terrorismus sondergleichen ausüben«.[30] Gemeint ist die von den Franzosen nach Kräften unterstützte »Pfälzische Republik«, gegen deren Umtriebe der Reichsaußenminister beim französischen Botschafter in Berlin, de Margerie, kurz vor Weihnachten protestiert.

Während Paris wenig Neigung zeigt, der deutschen Seite entgegenzukommen, fallen an anderer Stelle Entscheidungen, die Poincaré vor vollendete Tatsachen stellen: In den letzten Dezembertagen wird die Besetzung der beiden Ausschüsse der Reparationskommission bekannt gegeben und bald darauf auch deren Leiter. So wird mit der Führung des wichtigen Ausschusses für Währungs- und Budgetfragen, der die finanzielle Leistungsfähigkeit Deutschlands ermitteln soll, der Amerikaner Dawes beauftragt. Dem zweiten Ausschuss, der die Auslandsvermögenswerte des Reiches erfassen soll, steht der ehemalige britische Schatzkanzler Reginald McKenna vor. Bei der Besetzung dieser Führungspositionen hat wiederum der britische Vertreter in der Reparationskommission Bradbury eine entscheidende Rolle gespielt. Sein Ansehen und die Auswahl der Sachverständigen seien eine Garantie dafür, so die *Daily News*, »dass die Kommission ohne Rücksicht auf Poincaré geschäftsmäßig arbeiten und sich nicht zu einem bloßen Spielzeug erniedrigen lassen würde«.[31]

So kommt endlich Bewegung in die Reparationsfrage, an der gleich mehrere Reichskanzler gescheitert sind. Und dem wird sich Poincaré nicht mehr widersetzen können. Dazu hat sicherlich auch beigetragen, dass man sich in Paris zunehmend darüber bewusst geworden ist, dass die Besetzung des Ruhrgebiets ein Fehlschlag war, zumindest unter wirtschaftlichem Aspekt. So erhält Frankreich im Jahr 1923 deutsche Reparationen im Wert von 263 Millionen Franc. Im Jahr davor sind es 11,5 Milliarden Franc gewesen. Gewichtiger ist noch, dass Poincarés Politik die wirtschaftliche Erholung Europas vereitelt und damit nicht nur der französischen Wirtschaft schadet, sondern auch die Interessen Großbritanniens und der Vereinigten Staaten durchkreuzt. Die wollen aus handfestem wirtschaftlichem Interesse ein prosperierendes Europa. Weniger einig sind sich die angelsächsischen Mächte darüber, welchen Platz die Sowjetunion darin einnehmen soll. Der künftige britische Labour-Premierminister MacDonald will die Sowjetunion anerkennen und mit ihr Handel treiben. Die amerikanische Regierung ist da ganz anderer Auffassung. Sogar das Angebot des Kommissars für auswärtige Angelegenheiten Tschitscherin über die Wiederaufnahme normaler Beziehungen zwischen der Sowjetunion und den Vereinigten Staaten wird von Hughes zurückgewiesen. Dafür sehe er »keinen Grund«.[32]

Stalin, der Generalsekretär der KPR, ist dann auch mit ganz anderem beschäftigt – mit dem Kampf gegen seinen Widersacher um die Macht im Sowjetreich Trotzki, den er in der *Prawda* scharf attackiert. Die europäischen Belange oder die deutsche Revolution sind da nachrangig, obwohl die Bolschewisten nach wie vor damit beschäftigt sind, den Fehlschlag vom Oktober aufzuarbeiten. Bald setzt sich dabei die Erkenntnis durch, die der sowjetische Militärexperte beim ZK der KPD, Alexej Strodach, in seinem Bericht für die Komintern dahingehend zusammengefasst, dass die Stimmung der Massen in Deutschland keine kämpferische sei und nicht so »wie sie für eine Machtergreifung notwendig ist. [...] Die Bevölkerung des modernen Deutschlands ist politisch höchst passiv. Einen starken Glauben an die Revolution (so wie es ihn bei uns gab) gibt es dort nicht«.[33]

Das zeigt den Bolschewisten letztlich auch das Scheitern der Nationalsozialisten. Deren Führer sitzt seit seiner Verhaftung in Landsberger Festungshaft. Er hadert mit sich selbst, hat er sich doch, nachdem die bayerische Landespolizei vor der Feldherrnhalle das Feuer eröffnet hat, einfach davongemacht, in einem Sanitätswagen, während 13 seiner Mitputschisten auf dem Straßenpflaster starben. Das passt alles nicht zur jahrelang strapazierten Selbstdarstellung Hitlers als einem, der weder Tod noch Teufel fürchtet. Er hat sich deshalb das Leben nehmen wollen oder zumindest so getan. Zum Gefängnispsychologen soll er gesagt haben: »Ich habe genug, ich bin fertig, wenn ich einen Revolver hätte, würde ich ihn nehmen.«[34]

Als er am 13. Dezember von Staatsanwalt Hans Ehard vernommen wird, ist davon keine Rede mehr. Dem späteren bayerischen Ministerpräsidenten sitzt im Landsberger Verhörraum ein kämpferisch-entschlossen wirkender Hitler gegenüber, der wieder getrieben ist von seiner Mission. Es könne »keinen Hochverrat gegen die Landesverräter von 1918« geben. Der Putsch sei deshalb nicht illegitim gewesen, erklärt der Inhaftierte trotzig und droht, rücksichtslos »auspacken« zu wollen.[35] Er meint damit, die Verstrickung der Mächtigen in Bayern öffentlich machen zu wollen, deren ganze Wut sich jetzt gegen den nationalsozialistischen Führer richtet. Sie setzen sich in dem Streit mit dem Reich durch und werden Hitler vor dem Münchner Volksgericht zur Verantwortung ziehen.

Wenn die Regierung Marx den Streit in der Frage, vor welches Gericht Hitler gestellt wird, nicht eskaliert, dann deshalb, weil die Sache für sie von nachgeordneter Bedeutung ist. Das Augenmerk des Kanzlers ist momentan auf die neue Währung gerichtet. Und mit der Rentenmark geht es trotz zahlreicher Geburtsprobleme voran. D'Abernon beschreibt in den Weihnachtstagen die Situation dahingehend: »Das auffallendste Kennzeichen der neuen Lage ist die erstaunliche Ruhe und Besserung, die wie unter der Berührung des Zauberstabes der Währungsstabilität eingetreten ist. Selbst die fanatischen Befürworter der Stabilisierung […] konnten kaum auf bemerkenswertere Ergebnisse hoffen als die, die sich heute zeigen.«[36]

Doch die rigiden Sparmaßnahmen, der massenhafte Abbau der Beamten und Angestellten im Staatsdienst, die darniederliegende Wirtschaft haben die Not in Deutschland noch einmal dramatisch anwachsen lassen. Mehr als dreieinhalb Millionen Menschen sind im Dezember arbeitslos. Das *Berliner Tageblatt* schreibt in seiner Weihnachtsausgabe: »Das deutsche Volk ist ohne Arbeit, ohne Brot, und ohne Hoffnung!«[37] Tatsächlich ist es ein trauriges Weihnachtsfest für die meisten. Millionen hungern sogar. Dass sie nicht verhungern, ist der anhaltenden weltweiten Solidarität mit dem darbenden Land zuzuschreiben. Am 6. Dezember hat auch das Internationale Komitee vom Roten Kreuz in Genf zu einer globalen Hilfsaktion aufgerufen. Und dem amerikanischen Repräsentantenhaus liegt ein Memorandum vor, das von 20 Millionen Hilfsbedürftigen in Deutschland ausgeht und dringend empfiehlt, Berlin Handelskredite für den Ankauf von Getreide zu gewähren.

Der Reichskanzler dankt dann auch in seiner Weihnachtsansprache, die erstmals vom Rundfunk ausgestrahlt wird, dem Ausland für die Unterstützung der notleidenden Deutschen. »Diese Hilfsbereitschaft menschlich Denkender in allen Ländern der Welt ist wie ein Lichtzeichen, das uns Hoffnung leuchtet in der Finsternis«, sagt Marx, der die Bereitschaft Deutschlands zur Aussöhnung bekundet und die Geschlossenheit der Nation beschwört.[38] Das tut auch Stresemann in einem Beitrag, mit dem das *Berliner Tageblatt* am 25. Dezember aufmacht. Darin schreibt er abschließend, dass Deutschland im Kampf um seine Behauptung als Volk nach außen niemals bestehen könne, »wenn wir nicht lernen, das Trennende zu überwinden im Inneren. […] Lernen wir, einig zu sein […] dann können wir auch in schwerer Zeit auf eine bessere Zukunft hoffen«.[39]

So geht ein dramatisches Jahr in schreiender Not zu Ende. Entsprechend fallen die Kommentierungen in den linken Blättern aus. Da ist viel die Rede von den Profiten der Unternehmer und dem Elend einer geknechteten Arbeiterschaft. Den allermeisten Menschen in Deutschland, die einen armseligen Silvesterabend verleben, ist dabei nicht bewusst, dass die Berliner Politik die entscheidenden Weichenstellungen in Richtung auf eine bessere Zukunft vorgenommen hat. Der Mann, der 120 Tage im Stellwerk gesessen hat – um in dem Bild zu bleiben –,[40] muss damit leben, dass er es niemandem hat recht machen können. Gezeichnet von den Strapazen des zurückliegenden Jahres flieht Stresemann regelrecht aus Deutschland und verbringt die Weihnachtsfeiertage in Lugano.

Vor allem ihn meint der britische Botschafter Lord D'Abernon, wenn er unter dem 31. Dezember in seinem Tagebuch über das Jahr 1923 Bilanz zieht: »Die inneren und äußeren Gefahren waren so groß, dass sie Deutschlands ganze Zukunft bedrohten. Eine bloße Aufzählung der Prüfungen, die das Land zu bewältigen hatte, wird einen Begriff davon geben, wie groß die Gefahr, wie stark der Sturm war. Obwohl ich diesen Zeitraum miterlebte und mich an manchen Ereignissen aktiv beteiligte, habe ich nicht immer im Augenblick erfasst, wie schicksalsschwer die Lage war. Wenn man zurückblickt, sieht man klarer, wie nahe das Land am Abgrund stand. In den zwölf Monaten von Januar bis heute hat Deutschland die folgenden Gefahren überstanden: Die Ruhrinvasion, den kommunistischen Aufstand in Sachsen, den Hitler-Putsch in Bayern, eine Wirtschaftskrise ohnegleichen, die separatistische Bewegung im Rheinland. Jeder einzelne dieser Faktoren, falls er sich ausgewirkt hätte, hätte eine grundlegende Veränderung entweder der inneren Struktur des Landes oder in seinen Beziehungen nach außen herbeigeführt. Jede dieser Gefahren, falls sie nicht abgewendet worden wäre, hätte jede Hoffnung auf eine allgemeine Befriedung vereitelt. Politische Führer in Deutschland sind nicht gewohnt, dass ihnen die Öffentlichkeit Lorbeerkränze flicht. Und doch haben diejenigen, die das Land durch diese Gefahren hindurchgesteuert haben, mehr Anerkennung verdient, als ihnen zuteilwird.«[41]

Der Weg aus der großen Krise

Januar 1924 – September 1926

Für die Deutschen, die sich bei den ersten freien Wahlen im Januar 1919 so eindrucksvoll zu Demokratie und Frieden bekannt hatten, war es ein dornenreicher Weg aus der Krise des Jahres 1923. Zu Beginn des darauffolgenden Jahres veränderte sich für sie zunächst wenig. Ja, da war die neue wertstabile Währung. Weil das kaum jemand für möglich gehalten hatte, sprach man bald vom »Wunder der Rentenmark«. Und die Perspektiven für die Wirtschaft, die sich wieder am ferneren Horizont auftaten? Sie interessierten die nach wie vor Not leidende Bevölkerung wenig. Dass Frankreichs Bemühungen fehlschlugen, die besetzten Gebiete vom Reich abzutrennen, mochten die meisten begrüßen, genauso wie die Abwehr der Umsturzversuche, die von den politischen Rändern ausgegangen waren. Grund zum Jubel oder zu einer besonderen Zufriedenheit mit der Regierung wurde aber nicht gesehen. In der Außenansicht auf das Land stellte sich das ganz anders dar. Dort brachte der unbändige Durchhaltewillen Berlins, mit dem das Chaos abgewendet worden war, dem geschlagenen Land Sympathien zurück, was sicherlich dazu beitrug, dass auf Initiative Großbritanniens und der Vereinigten Staaten die Reparations- und Ruhrfrage neu aufgerollt wurde.

Mit der Gesamtverantwortung der deutschen Parteien für das Land, in dem Ende Februar 1924 der militärische Ausnahmezustand beendet wurde – in Bayern, wo Kahr und Lossow von ihren

Ämtern zurücktraten, blieb er noch eine Zeit lang bestehen –, war es trotz des allmählichen Durchschreitens der Talsohle nach wie vor nicht weit her. Die Sozialdemokraten waren mit den für die Arbeiterschaft harten deflationären Reformen nicht einverstanden. Die Deutschnationalen missbilligten den rabiaten Personalabbau in der Beamtenschaft, aber auch das, was von der Arbeit der Reparationskommissionen an Informationen und Gerüchten an die Öffentlichkeit drang. Deshalb blockierten beide Parteien die Regierungspolitik, die auch nicht mehr auf Grundlage eines Ermächtigungsgesetzes umgesetzt werden konnte. Die Konsequenz war Mitte März die Auflösung des Reichstags und die Ausschreibung von Neuwahlen, die am 4. Mai 1924 stattfanden.

Sie endeten mit bitteren Verlusten für die Mitteparteien DDP (5,7 %, minus 2,8 %) und DVP (9,2 %, minus 4,7 %). Das Zentrum (13,4 %, minus 0,2 %) behauptete sich und die Sozialdemokraten (20,5 %, minus 1,2 %) auch. Die USPD, von der sich der größere Teil den Kommunisten angeschlossen hatte, verschwand nahezu (0,8 %, minus 16,8 %). Die KPD konnte kräftig zulegen (12,6 %, plus 10,9 %) genauso wie die DNVP (19,5 %, plus 5,1 %). Wohl noch unter dem Eindruck des Münchner Hochverratsprozesses, in dessen Verlauf sich Hitler als aufrechter deutsch-nationaler Freiheitskämpfer inszenierte und weitgehend auf seine apokalyptisch-antisemitischen Ausfälle verzichtete, kam seine Partei, die wegen des Verbots in einem Wahlbündnis mit der Deutschvölkischen Freiheitspartei als Nationalsozialistische Freiheitspartei angetreten war, auf 6,6 Prozent der Stimmen.[1]

Wenige Tage nach der Reichstagswahl, in deren Folge Ebert zum zweiten Mal den Zentrumspolitiker Marx mit der Führung eines Minderheitskabinetts betraute, wurde die von der alliierten Reparationskommission erarbeitete Neuregelung der deutschen Zahlungen bekannt. Der sogenannte Dawesplan sah vor, dass sich diese an der Leistungsfähigkeit des Landes orientieren sollten, so wie es mehrere Reichsregierungen lange vergeblich gefordert hatten. Danach sollten sich die Zahlungen bis 1928 auf 5,4 Milliarden Goldmark belaufen und mit jedem Jahr kontinuierlich steigen, von einer Milliarde im Jahr 1924 bis auf zweieinhalb Milliarden von 1928 an. Möglichst rasch sollte parallel dazu eine auf Gold basierende neue Währung geschaffen werden, die die als Übergangszahlungsmittel gedachte Rentenmark ersetzen sollte. Als Hüterin der künftigen Reichsmark war eine reorganisierte, unabhängige Reichsbank vorgesehen.

Das Geld für die Reparationen sollte aus Zöllen, Steuern und aus Hypothekenzinsen stammen, die der Industrie und der Reichsbahn auferlegt werden sollten, aber auch aus einem Kredit der Vereinigten Staaten. Die geschäftstüchtigen amerikanischen Banken liehen nach dem Plan dem deutschen Staat, der im ersten Jahr lediglich 200 Millionen Goldmark selbst aufbringen musste, einen Teil des Geldes, das in die vor allem an Frankreich zu leistenden Reparationszahlungen floss, das damit wiederum seine Schulden bei den amerikanischen Banken beglich. Der Wirtschaftshistoriker Frank Stocker schreibt darüber: »Das System sollte tatsächlich in den kommenden Jahren funktionieren. Gleichzeitig lag darin aber auch eine der Quellen für die Ausbreitung der Weltwirtschaftskrise des Jahres 1929 nach Deutschland, als die amerikanischen Banken plötzlich ihr Geld zurückforderten.«[2]

Im Dawesplan war ursprünglich auch die Räumung des Ruhrgebiets festgeschrieben. Poincaré hatte sich dem widersetzt. Seine politische Stellung war angesichts der eskalierenden Finanzkrise in Frankreich, die neue amerikanische Kredite erforderlich machte, zunehmend geschwächt. Aber auch seine unnachgiebige Haltung, sein Denken in den Kategorien eines fortwährenden Krieges gegen den Erbfeind, wurde von größer werdenden Teilen der französischen Bevölkerung nicht mehr mitgetragen. Am 11. Mai 1924 wurde Poincaré schließlich abgewählt. Der neue Mann hieß Édouard Herriot. Der Politiker, der ein Linksbündnis führte, war das Gegenstück zu seinem Vorgänger. Er bewunderte die deutsche Kultur, hatte eine Kant-Biografie geschrieben und den deutschen Philosophen in seiner Antrittsrede als Ministerpräsident zitiert.

Damit waren die Gegensätze zwischen Franzosen und Angelsachsen in der Reparations- und Ruhrfrage allerdings noch immer nicht ausgeräumt, die Deutschland ins Chaos geführt und eine friedfertige Zukunft eines prosperierenden Europas verhindert hatten. Denn Herriot war schwach, konnte sich gegen die nationalistischen Kräfte in Paris nicht durchsetzen. Und die waren gegen eine Räumung des Ruhrgebiets. Sie drängten auch den neuen Ministerpräsidenten, dafür einzutreten, dass Deutschland nicht an der vom britischen Premierminister MacDonald einberufenen Reparationskonferenz teilnehmen dürfe, die von Juli an in London tagen sollte. Es waren wiederum die Amerikaner, die Druck auf Paris ausübten und die dortige Regierung zum Nachgeben zwangen.

Doch die zweiwöchigen Verhandlungen, an denen auf deutscher Seite Marx, Stresemann und Luther teilnahmen, waren alles andere als leicht. Am 16. August 1924 wurde dann doch das Reparationsabkommen, der Dawesplan, unterzeichnet. In einem zweiten Dokument versicherten die Franzosen, binnen eines Jahres das Ruhrgebiet zu räumen. Der Reichsaußenminister bezeichnete die Londoner Ergebnisse als einen »wirtschaftlichen Waffenstillstand« von einigen Jahren – einen Waffenstillstand, den Deutschland allerdings brauche.[3] Doch mit den Londoner Unterschriften war der Dawesplan keinesfalls durch, denn er musste noch ratifiziert werden. In Deutschland bedurfte es hierzu einer Zweidrittelmehrheit im Reichstag, und das bedeutete, dass ein Teil der DNVP dafür stimmen musste.

Die Partei widersetzte sich einer Zustimmung mit dem Argument: Solange der Kriegsschuldartikel des Versailler Vertrags nicht getilgt worden sei, könne Deutschland sich nicht zu Reparationszahlungen verpflichten. Außerdem wurde aufgrund der Erfahrungen mit Frankreich bemängelt, dass keinerlei Garantien für die Räumung des Ruhrgebiets existierten. Erst die Zusicherung Stresemanns in seiner Eigenschaft als DVP-Vorsitzender, eine Beteiligung der DNVP an der nächsten Reichsregierung zu befürworten, ließ die erforderliche Zweidrittelmehrheit zustande kommen. Die Frage einer Regierungsbeteiligung der DNVP, auf die diese nunmehr drängte, sollte das Ende des zweiten Kabinetts Marx einleiten. Denn die Koalitionspartner der DVP, das Zentrum und die DDP, lehnten einen Regierungseintritt der Deutschnationalen ab. Stresemann kündigte daraufhin den Rückzug seiner Partei aus der Regierung an, woraufhin Ebert für den 7. Dezember Neuwahlen ansetzen ließ.

Inzwischen hatte sich die Lage in Deutschland ein Stück weit konsolidiert. Die Erfolge der deutschen Politik waren trotz aller parlamentarischen Wirren für jedermann sichtbar und auch allmählich erlebbar. Für die Mitteparteien zahlte sich das bei den Reichstagswahlen allerdings kaum aus. Genauso wie die DNVP (20,5 %, plus 1 %) mussten sie sich mit Zugewinnen im Bereich von einem Prozent und weniger begnügen (Zentrum/BVP 17,3 %, plus 0,7 %; DVP 10,1 %, plus 0,9 %; DDP 6,3 %, plus 0,6 %). Einzig die SPD legte kräftig zu (26,0 %, plus 5,5 %). Die Verlierer waren die Kommunisten (8,9 %, minus 3,7 %) und vor allem das Wahlbündnis Nationalsozialistische Freiheitspartei, die – verglichen mit den Mai-Wahlen – mehr als die Hälfte der Stimmen einbüßte (3,0 %, minus 3,5 %). Ihnen war durch die politische Entwicklung in Deutschland der Nährboden entzogen worden.

Obwohl sich für Hitler, der vom Münchner Volksgericht zu einer überaus milden Strafe von fünf Jahren Festungshaft mit der Option einer vorzeitigen Entlassung verurteilt worden war, bereits Weihnachten 1924 die Gefängnistore öffneten, deutete alles darauf hin, dass der Mann mit dem verklemmt-ungelenken Habitus als antisemitischer Sektierer in Vergessenheit geraten und bestenfalls eine Randnotiz der bayerischen Geschichte bleiben würde. Daran änderte auch sein in einer Komfortzelle der Festung Landsberg unter dem späteren Titel *Mein Kampf* zusammengeschriebenes, programmatisches Weltanschauungsbuch nichts, in dem er die »jüdische Weltverschwörung« thematisierte. Und auch seine »Neugründung« der NSDAP im Februar 1925 – im selben Monat starb völlig überraschend Reichspräsident Friedrich Ebert im Alter von nur 54 Jahren – blieb ohne Resonanz in der Öffentlichkeit.

Die Zeit der Extremisten war in Deutschland vorüber, obgleich man sich nach wie vor schwertat, parlamentarisch stabile Verhältnisse herbeizuführen. Zwar gelang es im Januar 1925, eine Mitte-rechts-Regierung unter Luther zu bilden. Mit dem Austritt der DNVP aus der Koalition zerbrach sie jedoch nach einem Jahr. Da sich auch die SPD verweigerte, blieb als einziger Ausweg eine Minderheitsregierung unter Luther, wie bereits unter Cuno und Stresemann. Das zeigte einmal mehr auch die Mängel des parlamentarisch-demokratischen Systems, denn bis zum Sommer 1928 regierten unter Marx zwei weitere Kabinette, die wiederum von Zentrum, BVP, DVP und DDP getragen wurden und über keine parlamentarische Mehrheit verfügten. Erst mit dem Kabinett unter der Kanzlerschaft des Sozialdemokraten Hermann Müller sollte sich das wieder ändern.

Ein Rückschlag für die Republik und die Kräfte, die sie zusammenhielten, war die nicht nur im Ausland skeptisch gesehene Wahl von Paul von Hindenburg zum Reichspräsidenten im Juni 1925. Der populäre Feldmarschall des Weltkriegs, der sich gegen den ehemaligen Kanzler und Kandidaten der politischen Mitte, Wilhelm Marx, durchgesetzt hatte,[4] war loyal gegenüber der Weimarer Reichsverfassung, aber letztlich ein Mann des Kaiserreichs. Hinzu kam, dass ihn besonders in den späten Jahren seiner Reichspräsidentschaft zunehmend seine geistigen Kräfte verließen, was letztendlich den Weg zu Hitlers Kanzlerschaft und besonders der Verschmelzung des Amts des Kanzlers und Reichspräsidenten in dessen Person mit ermöglichte. Unter Marx hätte die deutsche Geschichte gewiss einen anderen Verlauf genommen als unter dem Mann des Gesterns.

Zu Beginn des Jahres 1925 war Deutschland dennoch auf dem Weg in ein besseres Morgen, auch wenn viele durch die Inflation alles verloren hatten und auch die Arbeiterschaft härtere Bedingungen zu ertragen hatte. Aber ihr Land hatte sich unter den denkbar schwierigsten Bedingungen aus eigener Kraft behauptet. Und dieses Land waren sie alle. Auch das konnte die Zeitgenossen stolz machen, für die Vaterland und nationale Ehre fester Teil ihres Selbstverständnisses waren. Letzteres galt besonders für die Reichswehr, die im Herbst 1923, in dem die Diktatur, die Rückkehr zum autoritären Staat, in greifbare Nähe gerückt zu sein schien, treu zur Republik und ihren Institutionen gestanden hatte.

Im Oktober 1925 gelang Deutschland in Locarno dann die endgültige Rückkehr in die Staatengemeinschaft. Die Konferenz in dem schweizerischen Kurort, an der führende Staatsmänner Italiens, Frankreichs, Großbritanniens, Belgiens, der Tschechoslowakei, Polens und eben Deutschlands teilnahmen, galt als eine entscheidende Etappe auf dem Weg zur Friedenssicherung in Europa, die Stresemann als Voraussetzung zur Rückkehr Deutschlands ins Konzert der Mächte ansah. Besiegelt wurde mit dem Vertrag von Locarno der Verzicht auf eine gewaltsame Veränderung der in Versailles festgelegten deutschen Westgrenze, und die dort ebenfalls vorgesehene alliierte Besatzung des Rheinlands bis 1935 wurde bestätigt. Überdies wurde der Beitritt Deutschlands zum Völkerbund vereinbart, der dann im September 1926 erfolgte. Europa schwelgte in dem Rausch, an der Schwelle eines neuen Zeitalters des Friedens zu stehen.

In Moskau wurde Locarno als Umorientierung des Reiches nach Westen gedeutet. Dort hatte man die doppelgleisige Deutschlandpolitik – also eine offizielle und eine inoffizielle – fortgesetzt. 1926 unterzeichneten Stalins Außenkommissar Tschitscherin und Reichsaußenminister Stresemann einen Freundschaftsvertrag zwischen beiden Ländern, mit dem die Sowjetunion an Rapallo anknüpfen wollte. Das Dokument, mit dem diese ihre Isolation weiter unterlaufen wollte, richtete sich vor allem gegen Polen. Was die inoffizielle Deutschlandpolitik anlangte, sah Stalin nach dem Scheitern des Umsturzes vom Oktober 1923 die künftige Linie in einer weiteren Bolschewisierung der KPD und damit in der Schaffung eines schlagkräftigen Instruments im Dienst der außenpolitischen Interessen der Sowjetunion.

Für Stresemann stellte die deutsche Ostpolitik immer auch ein Druckmittel gegenüber den Alliierten zur Durchsetzung seines friedlichen Revisionskurses dar. Seine Ziele waren ambitioniert. Dazu gehörte die staatliche Vereinigung mit Österreich. Vorrangig waren für ihn jedoch die endgültige Lösung der immer noch schwer lastenden Reparationsfrage und vor allem die Korrektur der deutschen Ostgrenzen – die Wiedergewinnung Danzigs und des polnischen Korridors sowie die Verschiebung der Grenze in Oberschlesien. Erreichen wollte er das durch eine Politik der Kooperation mit Frankreich, bei der eine enge Wirtschaftsverflechtung auf europäischer Basis im Mittelpunkt stehen sollte. Aristide Briand, der französische Außenminister der neuen Regierung Painlevé, der zusammen mit Stresemann für Locarno 1926 mit dem Friedensnobelpreis ausgezeichnet wurde, entwickelte in diesem Kontext später eine Konzeption einer »Europäischen Föderalen Union«.

Viel Euphorie war nach Locarno in Deutschland im Spiel – nicht zuletzt durch Stresemanns Nobelpreis und den Abzug der französischen und belgischen Truppen nach fast zweijähriger Besatzungszeit aus dem Ruhrgebiet. Doch der Wirklichkeit konnte sie nicht standhalten. So wollte Briand mit der »Europäischen Föderalen Union« letztendlich nur den territorialen Status quo nach Versailles festigen und die Berliner Revisionspolitik durchkreuzen. Paris lehnte die von Stresemann geforderte Rückgabe Eupen-Malmedys ebenso ab wie die Vorverlegung der in Versailles auf 1935 festgelegten Abstimmung über die Zugehörigkeit des Saarlands zu Frankreich oder dem Deutschen Reich. Erst im Juni 1930 zogen die Besatzungstruppen auch aus dem Rheinland ab, das erst damit entmilitarisiert wurde. Und was die Frage der deutschen Ostgrenzen anlangte, stellte sich die französische Regierung hinter Warschau, das jegliche Modifikation derselben ohne Wenn und Aber ablehnte. Stresemanns anfänglich so gefeierte wirtschaftsliberale Revisionspolitik scheiterte damit letztendlich.

Doch von den Deutschen im Reichsgebiet wurde das kaum wahrgenommen. Not und Elend der Nachkriegszeit, der Jahre der Revolution und der nationalen Demütigungen, traten in ihrem Bewusstsein zunehmend zurück. Die tiefen Risse in der Gesellschaft wurden durch die aufstrebende Wirtschaft, durch den steigenden Lebensstandard und die zunehmende Zufriedenheit der Menschen überdeckt. An der Ruhr, wo die Bergwerke längst wieder arbeiteten, war dies nicht anders. Auch wenn der Glamour in der Metropole des Reiches das Bild von den »Goldenen Zwanzigern« prägte, so waren doch die Menschen zur Normalität zurückgekehrt. Sie lebten einfach wieder. Nichts, aber auch gar nichts deutete in dieser Zeit auf einen Hitler, auf einen Zweiten Weltkrieg oder gar auf einen Holocaust hin. Noch bei den Reichstagswahlen im Mai 1928 kam die NSDAP auf ganze 2,6 Prozent. Die antisemitisch-weltverschwörerische Hassagitation des ehemaligen Weltkriegsgefreiten und seiner Gefolgsleute stieß auf keinen Widerhall bei den Deutschen.

Und daran hätte sich auch nichts geändert, wäre im Herbst 1929 nicht die Weltwirtschaft kollabiert. Nachdem der Young-Plan – die Nachfolgeregelung des Dawesplans – soeben einen neuen Zahlungsmodus festgelegt hatte, der dem deutschen Wunsch nach einer Senkung der Reparationszahlungen auf 112 Milliarden Reichsmark entgegengekommen war, beendete das sich seit Monaten ankündigende Beben jäh die guten Jahre der Republik. Die Weltwirtschaftskrise, die mit dem New Yorker Börsencrash infolge einer Spekulationsblase auf dem völlig überhitzten amerikanischen Aktienmarkt und dem nachfolgenden Kollaps der internationalen Aktienmärkte ihren Ausgang nahm, traf Deutschland wegen seiner vielen laufenden Kredite aus den Vereinigten Staaten besonders hart. Im rasanten Tempo kam nun die Not der frühen Nachkriegszeit zurück, ja sie übertraf sie noch mit einer sich über Jahre erstreckenden Massenarbeitslosigkeit. Verzweiflung, Hoffnungslosigkeit und Hunger bestimmten wieder das (Über-)Leben von Millionen. Und mit ihnen brach der Riss durch die Gesellschaft wieder auf. Die Frage nach den Schuldigen und die hasserfüllten Antworten kamen zurück.

Der Mann, der Deutschland 1923 vor Zusammenbruch und Chaos bewahrt hatte und seitdem ununterbrochen die deutsche Außenpolitik verantwortete, erlebte noch die beginnende Rezession in Deutschland. Drei Wochen vor dem »Schwarzen Freitag« an der Wall Street, am 3. Oktober, starb der gesundheitlich labile Stresemann, verschlissen vom Dienst am Vaterland. Unter dem Eindruck des heraufziehenden Unheils sagte er kurz vor seinem Tod zum britischen Botschafter D'Abernon: »Ihr habt nichts gegeben, und die winzigen Zugeständnisse, die ihr gemacht habt, sind immer zu spät gekommen [...] Die Zukunft liegt in den Händen der jungen Generation. Und die Jugend Deutschlands, die wir für den Frieden und für das neue Europa hätten gewinnen können, haben wir beide verloren. Das ist meine Tragik und eure Schuld.«[5] Ganz offensichtlich ahnte Stresemann, dass eine neuerliche große Erschütterung des Landes mit dieser verlorenen Jugend nicht mehr auf demokratischem und damit friedlichem Wege zu bewältigen sein würde, wie dies 1923 noch möglich gewesen war.

Anmerkungen

Einleitung

1 Golo Mann: Deutsche Geschichte 1919–1945, Frankfurt am Main 1970, S. 32.

2 Hitler begriff »seinen Kampf« als einen globalen. Das Wort »Weltkampf« gebraucht er mehrfach in den Zwanzigerjahren, so zum Beispiel in seinem sogenannten Zweiten Buch, in: Hitler: Reden, Schriften, Anordnungen, Februar 1925 bis Januar 1933, 5 Bde. (13 Teilbände), hrsg. vom Institut für Zeitgeschichte, München u. a. 1992–1996, hier Bd. II A: Außenpolitische Standortbestimmung nach der Reichstagswahl, Juni – Juli 1928 (weiterhin zitiert: Hitler, Zweites Buch), S. 184.

3 Siehe dazu: Ralf Georg Reuth: Hitlers Judenhass. Klischee und Wirklichkeit, München 2009 (weiterhin zitiert: Reuth, Judenhass).

4 Aus der wissenschaftlichen Kontroverse, die in den Achtzigerjahren erbittert geführt wurde, gingen die Sozialhistoriker als Sieger hervor. Ihre Kernthese von der Kontinuität vom Bismarck-Reich bis Ausschwitz ist im Wesentlichen zur Grundlage der deutschen Historiografie geworden, ohne dass dies überhaupt noch diskutiert werden würde.

5 Bemerkenswert sind die Anstrengungen einiger Sozialhistoriker, die sich bemühen, eine durchgängig große Zustimmung der Deutschen zu Hitler bis zu dessen Machtergreifung zu konstruieren. So wartet Ian Kershaw, dessen Hitler-Biografie als das Standardwerk über den deutschen Diktator gilt (ders.: Hitler, Bd. 1, 1889–1936, Stuttgart 1998 [weiterhin zitiert: Kershaw, Hitler], S. 279 ff.), mit einer Reihe von regionalen Ergebnissen bei der Reichstagswahl von 1924 auf, mit denen kaschiert werden soll, dass die Splitterpartei NSDAP bald nach dem Hitler-Prozess rasch in der Bedeutungslosigkeit verschwand. Siehe dazu das letzte Kapitel dieses Buchs.

6 Der Kausalzusammenhang von Nationalsozialismus und Bolschewismus wird in der gängigen deutschen Zeitgeschichtsschreibung aus ideologischen Gründen bestritten, obgleich er offensichtlich ist. Siehe dazu: Reuth, Judenhass sowie ders.: Hitler. Zentrale Aspekte seiner Gewaltherrschaft, München 2021 (weiterhin zitiert: Reuth, Gewaltherrschaft), S. 97 ff. (Kapitel 4: Hitlers Nationalsozialismus. War er die Antwort auf Lenins Bolschewismus?).

7 So zum Beispiel auch in der jüngst erschienenen, detailreichen Darstellung von Mark Jones (1923. Ein deutsches Trauma, Berlin 2022 [weiterhin zitiert: Jones, 1923]). Die aufwendigen Moskauer Vorbereitungen, die bolschewistische Revolution ins Herz Europas zu tragen, und die Furcht der Deutschen davor bleiben in seinem Buch unerwähnt.

Der Weg in die große Krise

1 George Grosz: Ein kleines Ja und ein großes Nein. Sein Leben von ihm selbst erzählt, Frankfurt am Main 2009, S. 181 ff.

2 David Zieblatt in: Andreas Christoph Schmidt: Musste Weimar scheitern? RBB-Dokumentation, Erstausstrahlung 4. 2. 2019, ARD.

3 Ebda.

4 Peter Rindl: Der internationale Kommunismus, München 1961, S. 19.

5 Zit. nach: Ernst Nolte: Die Weimarer Republik. Demokratie zwischen Lenin und Hitler (weiterhin zitiert Nolte, Weimarer Republik), München 2006, S. 57.

6 David Eliasberg: Russischer und Münchner Bolschewismus, in: Die Ausbreitung des Bolschewismus. Süddeutsche Monatshefte, April 1919, S. 69.

7 The Jewish Chronicle vom 4. 4. 1919.

8 Theodor Herzl: Der Judenstaat, Versuch einer modernen Lösung der Judenfrage, Zürich 1988 (Erstausgabe 1896), S. 33.

9 Szajkowski, Zosa: Jews, Wars and Communism, Vol. II, New York 1974, S. 153.

10 Illustrated Sunday Herald vom 8. 2. 1920.

11 Alexander Solchenizyn: Zweihundert Jahre zusammen. Die Juden in der Sowjetunion, München 2003, S. 136 f.

12 Zit. nach Kahl Heinrich Pohl: Gustav Stresemann. Biografie eines Grenzgängers, Göttingen 2015, S. 99.

13 Thomas Weber: Wie Adolf Hitler zum Nazi wurde. Vom unpolitischen Soldaten zum Autor von »Mein Kampf«, Berlin 2016, S. 135.

14 Richard Pipes: Jews and the Russian Revolution, in: Polin, Vol. 9 (1999), S. 55.

15 Klaus Schwabe (Hrsg.): Quellen zum Friedensschluss von Versailles, Darmstadt 1997, S. 156 ff.

16 Versailles 1919. Aus der Sicht von Zeitzeugen, München 2002 (weiterhin zit.: Versailles, Zeitzeugen), Der Wortlaut des Vertrages ist von S. 112 ff. abgedruckt, hier S. 222.

17 John Maynard Keynes: Die wirtschaftlichen Folgen des Friedensvertrages, München/Leipzig 1920, S. 184 f.

18 Jan C. Smuts: Brief an Wilson vom 30. Mai 1919, in: Versailles, Zeitzeugen, S. 100 ff., hier S. 102.

19 Christian Gellinek: Philipp Scheidemann. Eine biographische Skizze, Köln/Weimar/Wien 1994, S. 61.

20 Zit. nach: Lars-Broder Keil/Sven Felix Kellerhoff: Deutsche Legenden. Vom »Dolchstoß« und anderen Mythen der Geschichte, Berlin 2002, S. 33.

21 Wladimir Iljitsch Lenin: Ausgewählte Werke, Bd. I, Ostberlin 1961, S. 713, sowie ders.: Entlarvt ist der Friede von Versailles, Versailles 1919, S. 380.

22 Siehe dazu: Reuth, Gewaltherrschaft, S. 84.

23 Telegramm Lenins an Stalin zur Unterstützung der deutschen Arbeiter durch die Rote Armee, Moskau 17. 3. 1920, in: Hermann Weber/Jakov Drabkin/Bernhard H. Bayerlein (Hrsg.): Deutschland, Russland, Komintern, II. Dokumente (1918–1943). Nach der Archivrevolution: Neuerschlossene Quellen zu der Geschichte der KPD und den deutsch-russischen Beziehungen, Teilband 1 (erschienen in der Reihe: Archive des Kommunismus – Pfade des XX. Jahrhunderts, hrsg. von Bernhard H. Bayerlein, Marc Ferro, John Haynes u. a., Bd. 6/1), Berlin/München/Boston 2015 (weiterhin zitiert: Deutschland, Russland, Komintern), Dok. 21, Anm. 4, S. 99.

24 Ebda., Dok. 32, S. 131.

25 Rote Fahne vom 19. 10. 1920.

26 Ebda., 18. 3. 1920.

27 Ebda.

28 Deutschland, Russland, Komintern, Dok. 35, S. 142.

29 Helmuth Kiesel: Das seltsam tolerierte Mordprinzip, in Frankfurter Allgemeine Zeitung vom 18. 6. 2022.

30 Berliner Tageblatt vom 24. 6. 1922, AA.

31 Die Wirth-Rede findet sich in: Verhandlungen des Reichstags. Stenographische Berichte. I. Wahlperiode 1920, Bd. 356, Berlin 1922, S. 8054 ff.

32 Gemeint ist offenbar der bolschewistische Diplomat Leonid Borissowitsch Krassin.

33 Adam Tooze: Sintflut. Die Neuordnung der Welt 1916–1931, München 2014 (weiterhin zitiert: Tooze, Sintflut), 540 f.

34 Edgar Vincent Lord D'Abernon: An Ambassador of Peace. Lord Abernon's Diary. Vol. II, The Years of Crisis. June 1922 – December 1923, London 1929 (weiterhin zitiert: Lord Abernon's Diary), S. 40.

35 Jones, 1923, S. 44.
36 Sven Felix Kellerhoff: Viele Tricks führten nach Rapallo, in: Welt am Sonntag vom 3. 4. 2022.
37 Deutschland, Russland, Komintern, Dok. 61, S. 225.
38 Akten der Reichskanzlei. Weimarer Republik. Online-Version (weiterhin zitiert: AdR Online-Version), hier: Kabinett Fehrenbach, bearb. von Peter Wulf, Bd. 1, Nr. 217.
39 Berliner Börsen-Zeitung vom 30. 5. 1922, MA.
40 Heinrich August Winkler: Der falsche Charme der Schaukelpolitik, Frankfurter Allgmeine Zeitung vom 7. 2. 2022.
41 Deutschland, Russland, Komintern, Dok. 71, S. 258.
42 Tooze, Sintflut, S. 542.
43 Der Weg des neuen Deutschland. Stresemanns Rede vor dem Nobelpreis-Komitee, 29. 6. 1927, in: Gustav Stresemann: Vermächtnis. Der Nachlass in drei Bänden, hrsg. von Henry Bernhard, Berlin 1933 (weiterhin zitiert: Stresemann, Vermächtnis), hier Bd. III, S. 38.
44 AdR Online-Version, Kabinett Cuno, bearb. von Karl-Heinz Harbeck, Einleitung.
45 Jones, 1923, S. 49.
46 AdR Online-Version, Kabinett Cuno, Bd. 1, Nr. 42, Anm. 6.
47 Lord Abernon's Diary, 2. 2. 1923, S. 165.

Kapitel 1

1 Hanna Vollmer: Chronik 1923. Tag für Tag in Wort und Bild, in Chronik-Bibliothek des 20. Jahrhunderts, hrsg. von Bodo Harenberg, Dortmund 1993 (weiterhin zitiert: Vollmer, Chronik), S. 13.
2 Ebda.
3 Siehe dazu den Beitrag des ehemaligen italienischen Außenministers Francesco Nitti im Berliner Tageblatt vom 18. 1. 1923, MA.
4 Berliner Börsen-Zeitung vom 5. 1. 1923, MA.
5 Ebda., 11. 1. 1923, AA.
6 Ebda.
7 Jones, 1923, S. 220.
8 Vollmer, Chronik, S. 16.
9 Tooze, Sintflut, S. 556
10 Iswestija vom 14. 1. 1923; Berliner Tageblatt vom 15. 1. 1923, AA.
11 Berliner Tageblatt vom 23. 1. 1923, AA.
12 Lord Abernon's Diary, 12. 1. 1923, S. 153.
13 Berliner Börsen-Zeitung vom 14. 1. 1923, MA.
14 Ebda., 20. 1. 1923, MA.
15 Berliner Tageblatt vom 14. 1. 1923, MA.
16 Jones, 1923, S. 79.

17 Konrad Heiden: Adolf Hitler. Das Zeitalter der Verantwortungslosigkeit. Ein Mann gegen Europa, Berlin u. a. 2016, S. 185.
18 Rudolf Heß: Briefe 1908–1933, hrsg. von Wolf-Rüdiger Heß, München/Wien 1984 (weiterhin zitiert: Heß, Briefe), Nr. 290, S. 280.
19 Zitiert nach: Kershaw, Hitler, S. 244.
20 Norbert Kozicki: Das Jahr 1923 im Stadtgebiet von Wanne-Eickel, https://herne-damals-heute.de/ (weiterhin zitiert: Kozicki, Wanne-Eickel).
21 Tooze, Sintflut, S. 552.
22 Lord Abernon's Diary, 21. 1. 1923, S. 159.
23 Hans Otto Eglau: Fritz Thyssen. Hitlers Gönner und Geisel (weiterhin zitiert: Eglau, Thyssen), Berlin 2003, S. 16 f.
24 Vollmer, Chronik, S. 20; Eglau, Thyssen, S. 17.
25 Berliner Tageblatt vom 26. 1. 1923, MA.
26 Stresemann, Vermächtnis, Bd. I, S. 22 f.
27 Otto Geßler: Reichswehrpolitik in der Weimarer Zeit, Stuttgart 1958, S. 380.
28 Otto Braun: Von Weimar zu Hitler, New York 1940, S. 121.
29 Berliner Börsen-Zeitung vom 20. 1. 1923, MA.
30 AdR Online-Version, Kabinett Cuno, Bd. 1, Nr. 61.
31 Deutschland, Russland, Komintern, Dok. 76, S. 273.
32 Ebda., Dok. 75b, S. 270, Anm. 177.
33 Die Internationale, Jg. 6, Heft 3, 1. 2. 1923, S. 92.
34 Neue Zeitung 5. Jg., Nr. 35, 10. 2. 1923.
35 Jeffrey L. Sammons: Die Protokolle der Weisen von Zion. Die Grundlage des modernen Antisemitismus – eine Fälschung. Text und Kommentar, Göttingen 1998.
36 Henry Ford: Der internationale Jude, Leipzig 1921.
37 Joachim Fest: Hitler. Eine Biographie, Berlin/München 2002, S. 237.
38 Harold J. Gordon: Hitlerputsch 1923. Machtkampf in Bayern 1923–1924, München 1978 (weiterhin zitiert: Gordon, Hitlerputsch), S. 171.
39 Ralf Georg Reuth. Hitler. Eine politische Biographie, München/Zürich 2003 (weiterhin zitiert: Reuth, Hitler), S. 139.
40 Völkischer Beobachter vom 31. 1. 1923.
41 Karl Alexander von Müller: Im Wandel einer Welt. Erinnerungen, Bd. 3: 1919–1932, München 1966 (weiterhin zitiert: Müller, Wandel), S. 144 f.
42 Berliner Tageblatt vom 29. 1. 1923, AA.
43 Ursachen und Folgen vom deutschen Zusammenbruch 1918 bis 1945 bis zur staatlichen Neuordnung Deutschlands in der Gegenwart. Eine Urkunden- und Dokumentensammlung zur Zeitgeschichte, hrsg. und bearb. von Herbert Michaelis und Ernst Schraepler, 26 Bde., Berlin 1958 ff. (weiterhin zitiert: Ursachen und Folgen), hier Bd. V, S. 57 f.

44 AdR Online-Version, Kabinett Cuno, Bd. 1, Nr. 58.
45 John P. Birkelund: Gustav Stresemann. Patriot und Staatsmann, Hamburg/Wien 2003 (weiterhin zitiert: Birkelund, Stresemann), S. 276.
46 AdR Online-Version, Kabinett Cuno, Bd. 1, Nr. 63.3.
47 Ebda, Anm. 15.
48 Berliner Tageblatt vom 6. 2. 1923, MA.
49 Ebda.
50 AdR Online-Version, Kabinett Cuno, Bd. 1, Nr. 101.
51 Ralf Georg Reuth: Goebbels. Eine Biographie, München 2021, S. 67 f.
52 Vollmer, Chronik, S. 64.
53 Lord Abernon's Diary, 9. 2. 1923, S. 170.
54 Ebda., 9. 4. 1923, S. 191.
55 Berliner Tageblatt vom 14. 2. 1923, AA.
56 Daily Herald vom 10. 4. 1920.
57 Rainer Pommerin: Sterilisierung der Rheinlandbastarde. Das Schicksal einer farbigen deutschen Minderheit 1918 bis 1937 (weiterhin zitiert: Pommerin, Rheinlandbastarde), Düsseldorf 1979, S. 17 f.
58 Simplicissimus vom 5. 2. 1923. Überschrieben war die Titelseite mit: »An das Weltgewissen«.
59 Jones, 1923, 149 f.
60 Pommerin, Rheinlandbastarde, S. 18.
61 Farbige Franzosen am Rhein. Ein Notschrei der deutschen Frauen, Berlin 1921.
62 Friedrich Ebert: Schriften, Aufzeichnungen, Reden, Bd. 2, Dresden 1926, S. 290.
63 Hitler, Mein Kampf. Eine kritische Edition, 2 Bde., hrsg. v. Christian Hartmann, Thomas Vordermayer, Othmar Plöckinger u. Roman Töppel, im Auftrag des Instituts für Zeitgeschichte, München/Berlin 2016 (weiterhin zitiert: Hitler, Mein Kampf), Bd. I, S. 851.

Kapitel 2

1 Berliner Tageblatt vom 7. 3. 1923, MA.
2 Lord Abernon's Diary, 13. 2. 1923, S. 174.
3 Ebda., 8. 3. 1923, S. 183.
4 Berliner Tageblatt vom 7. 3. 1923, MA.
5 Ebda.
6 AdR Online-Version, Kabinett Cuno, Bd. 1, Nr. 134.
7 Ebda., Nr. 100.
8 Lord Abernon's Diary, 28. 4. 1923, S. 204.
9 Harry Graf Kessler. Das Tagebuch. Siebter Band: 1919–1923, hrsg. von Angela Reinthal, Stuttgart 2007 (weiterhin zitiert, Kessler Tgb.), 8. 3. 1923, S. 732.
10 Ebda., 15. 3. 1923, S. 736.

11 Jones, 1923, S. 223.
12 Kessler Tgb., 17. 3. 1923, S. 740.
13 Manchester Gardian vom 27. 3. 1923.
14 Berliner Tageblatt vom 28. 3. 1923, MA.
15 Kessler Tgb., 29. 3. 1923, S. 752.
16 Berliner Tageblatt vom 31. 3. 1923, MA.
17 AdR Online-Version, Kabinett Cuno, Bd. 1, Nr. 110.
18 Die Woche vom 31. 3. 1923.
19 Jones, 1923, S. 175 (französische Angaben).
20 Berliner Tageblatt vom 14. 3. 1923, MA.
21 Ebda.
22 Ebda., 5. 4. 1923, AA.
23 Leipziger Illustrirte Zeitung vom 16. 4. 1923.
24 Vollmer, Chronik, S. 79.
25 Zitiert nach: Otto Wenzel: 1923. Die gescheiterte deutsche Oktoberrevolution, in: Diktatur und Widerstand, hrsg. von Manfred Wilke, Bd. 7, Münster 2003 (weiterhin zitiert: Wenzel, Oktoberrevolution), S. 147.
26 Gerd-Ulrich Herrmann: Der Putsch von Küstrin, https://www.cuestrin.de/ (weiterhin zitiert: Herrmann, Küstrin).
27 Wenzel, Oktoberrevolution, S. 147.
28 Ernst Hanfstaengl: 15 Jahre mit Hitler. Zwischen Weißem und Braunem Haus, München/Zürich 1970 (weiterhin zitiert: Hanfstaengl, 15 Jahre), S. 67.
29 AdR Online-Version, Kabinett Cuno, Bd. 1, Nr. 102.
30 Berliner Tageblatt vom 13. 4. 1923, MA.
31 Vorwärts vom 12. 4. 1923.
32 Frank Stocker: Die Inflation von 1923. Wie es zur größten deutschen Geldkatastrophe kam, München 2022 (weiterhin zitiert: Stocker, Inflation), S. 140.
33 Vollmer, Chronik, S. 62.
34 Ebda.
35 Stresemann, Vermächtnis, Bd. I, S. 42 f.
36 Berliner Tageblatt vom 18. 4. 1923, MA.
37 Kessler Tgb., 16. 4. 1923, S. 775.
38 Berliner Tageblatt vom 21. 4. 1923, MA.
39 Kessler Tgb, 22. 4. 1923, S. 778.
40 AdR Online-Version, Kabinett Cuno, Bd. 1, Nr. 146.1.
41 Ebda., Nr. 134.
42 Kessler Tgb, 16. 5. 1923, S. 788 f.
43 Stocker, Inflation, S. 147.
44 Ebda., S. 144 f.
45 Rote Fahne vom 22. 4. 1923.
46 Vollmer, Chronik, S. 22.

47 AdR Online-Version, Kabinett Cuno, Bd. 1, Nr. 131, Anm. 17.
48 Berliner Tageblatt vom 11.4.1923, AA.
49 AdR Online-Version, Kabinett Cuno, Bd. 1, Nr. 121.
50 Ebda., Nr. 113, Anm. 4.
51 Ebda, Nr. 113.
52 Gordon, Hitlerputsch, S. 180.
53 Ebda., S. 183.
54 Anton Joachimsthaler: Hitlers Weg begann in München. 1913–1923, München 2000, S. 311.

Kapitel 3

1 AdR Online-Version, Kabinett Cuno, Bd. 1, Nr. 146. I.
2 Max von Stockhausen: 6 Jahre Reichskanzlei. 1922–1927, Bonn 1954 (weiterhin zitiert: Stockhausen, Reichskanzlei), S. 76.
3 Kessler Tgb., 2.5.1923, S. 782.
4 Berliner Tageblatt vom 3.5.1923, MA.
5 Kessler Tgb., 25.5.1923, S. 798.
6 Ebda., 13.5.1923, S. 787.
7 Lord Abernon's Diary, 14.5.1923, S. 209.
8 Ebda., 24.5.1923, S. 218 f.
9 AdR Online-Version, Kabinett Cuno, Bd. 1, Nr. 153.
10 Zit. nach: Kozicki, Wanne-Eickel.
11 Stocker, Inflation, S. 135 f.
12 Vollmer, Chronik, S. 72.
13 Stefan Zwicker: »Nationale Märtyrer«. Albert Leo Schlageter und Julius Fucik. Heldenkult, Propaganda und Erinnerungskultur, Paderborn 2006, S. 59.
14 Paul Wentzcke: Schlageter und der Ruhrkampf, Lübeck 1934, S. 43.
15 Trierer Volksfreund vom 22.5.1923
16 AdR Online-Version, Kabinett Cuno, Bd. 1, Nr. 176.
17 Ebda.
18 Rote Fahne vom 17.5.1923.
19 Kozicki, Wanne-Eickel.
20 AdR Online-Version, Kabinett Cuno, Bd. 1, Nr. 131.
21 Vollmer, Chronik, S. 79.
22 Carl Severing: Mein Lebensweg, Köln 1950, Bd. 2, S. 117.
23 AdR Online-Version, Kabinett Cuno, Bd. 1, Nr. 155.
24 Ebda., Nr. 173. (Politische Lage und Reparationsfrage)
25 Ebda.
26 Ebda.
27 Ebda.
28 Ursachen und Folgen, Bd. V, S. 145.
29 Berliner Börsen-Zeitung vom 8.6.1923, MA.

30 AdR Online-Version, Kabinett Cuno, Bd. 1, Nr. 178.
31 Ebda., Nr. 181.
32 Das berichtet die Leipziger Illustrierte Zeitung. Siehe dazu: Vollmer, Chronik, S. 76.
33 Ebda.
34 Vorwärts vom 27. 5. 1923.
35 Hugo Weidenhaupt: Düsseldorf. Geschichte von den Anfängen bis ins 20. Jahrhundert, Bd. 3, Düsseldorf 1989, S. 330.
36 Düsseldorfer Nachrichten vom 7. 6. 1923.
37 Christian Bommarius: Im Rausch des Aufruhrs. Deutschland 1923, München 2022 (weiterhin zitiert: Bommarius, Rausch), S. 139.
38 Zitiert nach Jones, 1923, S. 186.
39 Ute Scherb: »Dem Freiburger Studenten Alb. Leo Schlageter aus Schönau im Schwarzwald«. Heldenverehrung an der Universität Freiburg, in: Freiburger Universitätsblätter, 38, Nr. 145, 1999, S. 145 ff.
40 Eberhard Jäckel/Axel Kuhn(Hrsg.): Hitler. Sämtliche Aufzeichnungen 1905–1925, Stuttgart 1980, 10. 6. 1923, Nr. 534, S. 934 f.
41 Zitiert nach: Jones, 1923, S. 186.
42 Junge Freiheit vom 26. 5. 2013.
43 Berliner Tageblatt vom 8. 6. 1923, MA.
44 Ebda., 13. 6. 1923, MA.
45 Ebda., 12. 6. 1923, MA.
46 Vollmer, Chronik, S. 92.
47 Ebda., S. 95.
48 Jones, 1923, S. 166.
49 Clara Zetkin: Ausgewählte Reden und Schriften. Band II: Auswahl aus den Jahren 1918 bis 1923, Berlin 1960, S. 723, 726 f.
50 Maximilian Becker: »Der Wanderer ins Nichts«. Karl Radeks Schlageter-Rede, aventinus nova Nr. 49 (31. 8. 2014), https://www.aventinus-online.de/home/index.html (weiterhin zitiert Becker, Radeks Schlageter-Rede); auch: Rote Fahne vom 26. 6. 1923.
51 Friedrich Freksa: Der Wanderer ins Nichts, München 1920.
52 Arthur Moeller van den Bruck: Das dritte Reich, Berlin 1923.
53 Becker, Radeks Schlageter-Rede
54 Sämtliche Beiträge Moellers in der Zeitschrift finden sich in dem Band: Schlageter. Eine Auseinandersetzung, hrsg. von Karl Radek, P. Frölich, Graf Ernst Reventlow, Moeller van den Bruck, Berlin 1923, hier S. 9 ff.
55 Wenzel, Oktoberrevolution, S. 119 f.
56 Vorwärts vom 23. 8. 1923.
57 Wenzel, Oktoberrevolution, S. 129.

Kapitel 4

1 Stocker, Inflation, S. 265.
2 Nolte, Weimarer Republik, S. 115.
3 Ernst Boepple: Adolf Hitlers Reden, München 1933 (weiterhin zitiert: Boepple, Hitlers Reden), S. 71.
4 Berliner Tageblatt vom 19.7.1923, MA.
5 AdR Online-Version, Kabinett Cuno, Bd. 1, Nr. 233.
6 Ebda., Kabinette Stresemann I/II, bearb. von Karl Dietrich Erdmann und Martin Vogt, Bd. 1, Nr. 87, Anm. 3.
7 Ebda., Kabinett Cuno, Bd. 1, Nr. 233.
8 Fest, Hitler, S. 247.
9 AdR Online-Version, Kabinett Cuno, Bd. 1, Nr. 202.
10 Ebda.
11 Ebda., Kabinette Stresemann I/II, Bd. 1, Nr. 23.
12 Ebda., Kabinett Cuno, Bd. 1, Nr. 207, Anm. 4.
13 Berliner Tageblatt vom 19.7.1923, MA.
14 Ebda., 22.6.1923, MA.
15 Ebda., 24.6.1923, MA.
16 Ebda., 6.7.1923, MA.
17 Ebda., 9.7.1923, AA.
18 Deutsche Stimmen 35, 1923, S. 48.
19 Birkelund, Stresemann, S. 277.
20 Preußische Allgemeine vom 27.7.2013.
21 Kessler Tgb., Bd. 8, 1923–1926, hrsg. von Angela Reinthal, Günter Riederer und Jörg Schuster, Stuttgart 2009, Einleitung, S. 21.
22 Berliner Tageblatt vom 13.7.1923, MA.
23 Ebda., 16.7.1923, AA.
24 Jones, 1923, S. 227.
25 Berliner Tageblatt vom 26.7.1923, MA.
26 Deutschland, Russland, Komintern, Dok. 80, S. 281.
27 Zit. nach Joachim Fest: Die geschuldete Erinnerung. Zur Kontroverse über die Unvergleichbarkeit der nationalsozialistischen Massenverbrechen, in: Historikerstreit. Die Kontroverse um die Einzigartigkeit der nationalsozialistischen Judenvernichtung, München/Zürich 1987, S. 107.
28 Deutschland, Russland, Komintern, Dok. 82, S. 284 f.
29 Ebda., Dok. 84, S. 293.
30 Vollmer, Chronik, S. 121.
31 Berliner Tageblatt vom 25.7.1923, MA.
32 Birkelund, Stresemann, S. 325.
33 Vollmer, Chronik, S. 112.
34 Stresemann, Vermächtnis, Bd. I, S. 65.
35 Germania vom 27.7.1923.

36 Stresemann-Nachlass, Bd. 260, Film-Nr. 3098.
37 Lord Abernon's Diary, 7.8.1923, S. 227.
38 Berliner Tageblatt vom 12.8.1923, AA.
39 Ebda.
40 Birkelund, Stresemann, S. 279.
41 Rote Fahne vom 11.8.1923.
42 Vorwärts vom 11.8.1923.
43 Stocker, Inflation, S. 175.
44 Deutscher Oktober 1923. Ein Revolutionsplan und sein Scheitern, hrsg. von Bernhard H. Bayerlein u.a., Berlin 2003 [weiterhin zitiert: Deutscher Oktober], S. 67.
45 AdR Online-Version, Kabinett Cuno, Bd. 1, Nr. 249.
46 Ebda.
47 Wortlaut in: AdR Online-Version, Kabinett Cuno, Bd. 1, Nr. 248 (Regierungswechsel), Anm. 5.
48 Stockhausen, Reichskanzlei, S. 72.
49 Berliner Tageblatt vom 12.8.1923, MA.
50 AdR Online-Version, Kabinett Cuno, Bd. 1, Nr. 249.

Kapitel 5

1 Friedrich Meinecke. Werke, hrsg. von Hans Herzfeld, Walter Hofer, Gisela Bock, Jürgen Kocka und Gerhard A. Ritter, Göttingen 1958, Bd. 2, S. 358.
2 Protokoll der Verhandlungen des Parteitages der SPD in Görlitz, 18.–24.9.1921, S. 192, zit. bei L. Albertin, Historische Zeitschrift 205 (1967), S. 583.
3 Lord Abernon's Diary, 13.8.1923, S. 231.
4 Gustav Radbruch: Der innere Weg. Aufriß meines Lebens, Stuttgart 1951, S. 124.
5 Berliner Tageblatt vom 15.8.1923, MA.
6 Ebda.
7 Berliner Börsen-Zeitung vom 14.8.1923, AA.
8 Birkelund, Stresemann, S. 300.
9 AdR Online-Version, Kabinette Stresemann I und II, Bd. 1, Nr. 14 (Finanzielle Situation des Reiches).
10 Vollmer, Chronik, S. 149.
11 Berliner Tageblatt vom 19.8.1923, MA.
12 Ebda., 23.8.1923, AA.
13 Ebda., 25.8.1923, AA.
14 Ebda., 29.8.1923, MA.
15 Ebda., 26.8.1923, MA.
16 Vollmer, Chronik, S. 134.
17 AdR Online-Version, Kabinette Stresemann I und II, Bd. 1, Nr. 6.

18 Vollmer, Chronik, S. 131.
19 Boepple, Hitlers Reden, S. 78.
20 AdR Online-Version, Kabinette Stresemann I und II, Bd. 1, Nr. 25, Anm. 4.
21 Ebda., Nr. 28, Anm. 1.
22 Ebda., Nr. 21.
23 Ebda., Nr. 17, Anm. 2.
24 Ebda., Nr. 26, Anm. 5.
25 Ebda., Nr. 31.
26 Vossische Zeitung vom 6. 9. 1923, MA.
27 AdR Online-Version, Kabinette Stresemann I und II, Bd. 1, Nr. 53 (Differenzen zwischen dem Reichswehrminister und Ministerpräsident Zeigner).
28 Stresemann, Vermächtnis, Bd. I, S. 94.
29 AdR Online-Version, Kabinette Stresemann I und II, Bd. 1, Nr. 75.
30 Stockhausen, Reichskanzlei, S. 86.
31 AdR Online-Version, Kabinette Stresemann I und II, Bd. 1, Nr. 23.
32 Jones, 1923, S. 267.
33 Reuth, Judenhass, S. 214.
34 Hitler, Zweites Buch, S. 185.
35 Boepple, Hitlers Reden, S. 79 f.
36 Deutscher Oktober, Dok. 12, S. 130; hier Wortlaut nach: Deutschland, Russland, Komintern, Dok. 85, S. 300.
37 Deutscher Oktober, Dok. 10, S. 121 f.
38 Ebda., S. 119 f.
39 Ebda., Dok. 9, S. 111 f.
40 Ebda., Dok. 15, S. 134 f.
41 Ebda., S. 115.
42 Ernst Deuerlein: Der Hitler-Putsch. Bayerische Dokumente zum 8./9. November 1923, Suttgart 1962, S. 170.
43 Boepple, Hitlers Reden, S. 87.
44 Jones, 1923, S. 260.
45 Lord Abernon's Diary, 24. 8. 1923, S. 240.
46 AdR Online-Version, Kabinette Stresemann I und II, Bd. 1, Nr. 33, Anm. 1.
47 Stocker, Inflation, S. 194.
48 Ebda., S. 196.
49 Ebda., S. 197; Stockhausen, Reichskanzlei, S. 78.
50 AdR Online-Version, Kabinette Stresemann I und II, Bd. 1, Nr. 33, 1.
51 Ebda.
52 Gustav Stresemann. Reden, hrsg. und bearbeitet von Wolfgang Elz, https://neuestegeschichte.uni-mainz.de/ (weiterhin zitiert: Elz, Stresemann-Reden), S. 36 ff., hier S. 39.

53 AdR Online-Version, Kabinette Stresemann I und II, Bd. 1, Nr. 70.
54 Ebda., Nr. 39.
55 Ebda., Nr. 57.
56 Ebda., Nr. 60.
57 Vollmer, Chronik, S. 148.
58 Heß, Briefe, Nr. 315, S. 303 f.
59 Reuth, Hitler, S. 145.
60 Bommarius, Rausch, S. 190.
61 Ebda.
62 Reuth, Hitlers Judenhass, S. 232.
63 Ebda.
64 Ebda.
65 Ebda.
66 Harald Sander: Hitler. Das Itenerar. Aufenthaltsorte und Reisen 1889 bis 1945, Bd. I: 1889–1927, 19. 9. 1923, S. 350 f.
67 Ebda., 20. 9. 1923, S. 351.
68 Boepple, Hitlers Reden, S. 75.
69 Vollmer, Chronik, S. 144.
70 Hans-Peter Lux: Die oberbadischen Unruhen von 1923, in: Allmende. Zeitschrift für Literatur, Heft 12/1986, S. 64 f.
71 Raimund Wagner: Die revolutionäre Bewegung in den Bezirken Hessen-Frankfurt und Baden im Herbst 1923, in: Beiträge zur Geschichte der Arbeiterbewegung, Heft 1, 1965, S. 91.
72 Rote Fahne vom 23. 9. 1923.
73 Ebda., 24. 9. 1923.
74 Deutscher Oktober, Dok. 21, S. 151 ff., hier S. 154.
75 Ebda., Dok. 22, S. 162 ff., hier S. 164.
76 Ebda., S. 165.
77 Berliner Tageblatt vom 23. 9. 1923, MA.
78 AdR Online-Version, Kabinette Stresemann I und II, Bd. 2, Nr. 210, Anm. 13.
79 Die Zeit vom 25. 8. 1923.
80 AdR Online-Version, Kabinette Stresemann I und II, Bd. 1, Nr. 79.
81 Ebda.
82 Akten zur Deutschen Auswärtigen Politik 1918–1945. Aus dem Archiv des Auswärtigen Amts Baden-Baden 1950 ff. (weiterhin zitiert: ADAP), Serie A, Bd. VIII, S. 422.
83 Vollmer, Chronik, S. 147.

Kapitel 6

1 Wolfgang Stresemann: Mein Vater Gustav Stresemann, Frankfurt am Main 1985 (weiterhin zitiert: Wolfgang Stresemann), S. 222 f.
2 Boepple, Hitlers Reden, S. 87.
3 Reuth, Hitler, S. 146 f.
4 Ebda., S. 147.
5 Jones, 1923, S. 277.
6 Fest, Hitler, S. 251.
7 AdR Online-Version, Kabinette Stresemann I/II, Bd. 2, Nr. 140, Anm. 11.
8 Ebda., Anm. 12.
9 AdR Online-Version, Kabinette Stresemann I/II, Bd. 1, Nr. 87.
10 Bayerischer Kurier vom 28. 9. 1923.
11 Ursachen und Folgen, Bd. V, S. 264 ff.
12 Berliner Tageblatt vom 1. 10. 1923, AA.
13 Rheinische Zeitung vom 18. 9. 1923.
14 Zit. nach Stocker, Inflation, S. 247.
15 AdR Online-Version, Kabinette Stresemann I/II, Bd. 1, Nr. 90.
16 Elz, Stresemann-Reden, S. 230.
17 Herrmann, Küstrin.
18 Ebda.
19 Bernhard Sauer: Schwarze Reichswehr und Fememorde: Eine Milieustudie zum Rechtsradikalismus in der Weimarer Republik, Berlin 2004, S. 309 ff.
20 Reuth, Gewaltherrschaft, S. 27.
21 Hanfstengl, 15 Jahre, S. 77.
22 Houston Stewart Chamberlain: Die Grundlagen des neunzehnten Jahrhunderts, München 1899.
23 Ebda., S. 259.
24 Zit. nach Brigitte Hamann: Winifred Wagner oder Hitlers Bayreuth, München/Zürich 2002, S. 82.
25 Ebda., S. 84.
26 Ebda., S. 86.
27 Stocker, Inflation, S. 231.
28 Birkelund, Stresemann, S. 312.
29 Berliner Tageblatt vom 4. 10. 1923, AA.
30 Wenzel, Oktoberrevolution, S. 189.
31 Deutscher Oktober, Dok. 23, S. 179.
32 Ebda., Dok 28, S. 187.
33 Deutschland, Russland, Komintern, Dok. 88, S. 305.
34 Ebda., S. 306.

Kapitel 7

1 Elz, Stresemann-Reden, S. 61 ff., hier S. 96; siehe auch: Berliner Tageblatt vom 7. 10. 1923, MA.
2 Berliner Tageblatt vom 9. 10. 1923, AA.
3 Kreuz-Zeitung vom 6. 10. 1923.
4 Berliner Tageblatt vom 8. 10. 1923, AA.
5 AdR Online-Version, Kabinette Stresemann I/II, Bd. 2, Nr. 120, Anm. 2.
6 Vossische Zeitung vom 7. 10. 1923.
7 Vorwärts vom 10. 10. 1923.
8 Berliner Tageblatt vom 13. 10. 1923, AA.
9 Ebda., 9. 10. 1923, AA.
10 Jones, 1923, S. 324.
11 Birgelund, Stresemann, S. 361.
12 Rote Fahne vom 10. 10. 1923.
13 Jones, 1923, S. 283.
14 AdR Online-Version, Kabinette Stresemann I/II, Bd. 2, Nr. 152.
15 Ebda.
16 Hans W. Gatzke: Von Rapallo nach Berlin. Stresemann und die deutsche Russlandpolitik, in: Vierteljahrshefte für Zeitgeschichte, 4. Jahrgang 1956/1. Heft, S. 4.
17 Lord Abernon's Diary, 21. 5. 1923, S. 215.
18 Wenzel, Oktoberrevolution, S. 202.
19 Ebda., S. 201 f.
20 Deutscher Oktober, S. 104.
21 Deutschland, Russland, Komintern, Dok. 94, S. 329 f.
22 Ebda., Dok. 92, S. 316.
23 Fest, Hitler, S. 253.
24 Gordon, Hitlerputsch, S. 214.
25 Reuth, Hitler, S. 149.
26 Gordon, Hitlerputsch, S. 215.
27 AdR Online-Version, Kabinette Stresemann I/II, Bd. 2, Nr. 117.3.
28 Ebda., Nr. 129.
29 Ebda., Nr. 135.
30 Ebda., Nr. 154.
31 Ebda.
32 Reuth, Hitler S. 149.
33 Vollmer, Chronik, S. 160.
34 AdR Online-Version, Kabinette Stresemann I/II, Bd. 2, Nr. 170.
35 Vollmer, Chronik, S. 160.
36 AdR Online-Version, Kabinette Stresemann I/II, Bd. 2, Nr. 174.
37 Berliner Tageblatt vom 20. 10. 1923, AA.
38 AdR Online-Version, Kabinette Stresemann I/II, Bd. 2, Nr. 171, Anm. 4.
39 Ebda., Nr. 180.

40 Berliner Tageblatt vom 22. 10. 1923, AA.
41 Der 23. Oktober 1923 – Die Separatisten in Koblenz an der Macht, Landesarchivverwaltung Rheinland Pfalz.
42 Deutschland, Russland, Komintern, Dok. 96, S. 333.
43 Deutscher Oktober, Dok. 41, S 241.
44 Ebda., Dok. 47, S 253.
45 Berliner Tageblatt vom 24. 10. 1923, AA.
46 Deutscher Oktober, Dok. 50, S. 265.
47 Ebda., S. 266.
48 AdR Online-Version, Kabinette Stresemann I/II, Bd. 2, Nr. 168, Anm. 4.
49 Deutschland, Russland, Komintern, Dok. 96a, S. 336 ff.
50 Ebda., Dok. 96, S. 332 ff.
51 Deutscher Oktober, Dok. 50, S. 266.
52 Ebda.
53 Ebda.
54 Fridrich I. Firsov: Ein Oktober, der nicht stattfand. Die revolutionären Pläne der RKP (B) und der Komintern, in: Deutscher Oktober, S. 35 ff., hier S. 51.
55 Ebda., Dok 64, S. 320 f.
56 Georgij Sinowjew: Probleme der deutschen Revolution, Hamburg 1923, S. IV.

Kapitel 8

1 Gordon, Hitlerputsch, S. 219.
2 AdR Online-Version, Kabinette Stresemann I/II, Bd. 2, Nr. 211.
3 AdR Online-Version, Kabinette Stresemann I/II, Bd. 2, Nr. 215.
4 Reiner Pommerin: Die Ausweisung der »Ostjuden« aus Bayern 1923, in: Douglas Bokovay und Stefan Meinung (Hrsg.) Versagte Heimat, Jüdisches Leben in Münchens Isarvorstadt 1914–1945, S. 79.
5 Stresemann zitiert hier aus der Kölnischen Zeitung; in: Elz, Stresemann-Reden, S. 219 ff., hier S. 249 f.
6 AdR Online-Version, Kabinette Stresemann I/II, Bd. 2, Nr. 150.3.
7 Elz, Stresemann-Reden, S. 219 ff., hier S. 229.
8 AdR Online-Version, Kabinette Stresemann I/II, Bd. 2, Nr. 179, Anm. 4.
9 Stresemann, Vermächtnis, Bd. I, S. 182.
10 AdR Online-Version, Kabinette Stresemann I/II, Bd. 2, Nr. 179.
11 ADAP, Bd. VIII, S. 530 f.
12 AdR Online-Version, Kabinette Stresemann I/II, Bd. 2, Nr. 179.
13 Elz, Stresemann-Reden, S. 178 ff., hier 190.
14 AdR Online-Version, Kabinette Stresemann I/II, Bd. 2, Nr. 179.
15 Ebda., Nr. 184.
16 Ebda., Bayerische Frage.
17 Ebda., Nr. 201.

18 Ebda., Nr. 207.
19 Fest, Hitler, S. 255
20 AdR Online-Version, Kabinette Stresemann I/II, Bd. 2, Nr. Nr. 211, Anm. 7a.
21 Ebda., Anm. 8 sowie 7a.
22 Ebda., 7a.
23 Ebda., Nr. 186.
24 Ebda., Nr. 200, Anm. 4.
25 Ebda., Nr. 200.
26 Ebda., Nr. 188.
27 Ebda., Nr. 191.
28 Ebda., Nr. 196.
29 Ebda., Nr. 206.
30 Berliner Tageblatt vom 15. 12. 1923, AA.
31 AdR Online-Version, Kabinette Stresemann I/II, Bd. 2, Nr. 192.
32 Ebda., Nr. 194.2.
33 Ebda., Anm. 9.
34 Ebda., Nr. 193 (Sachsen), Anm. 13.
35 Ebda., Nr. 193.
36 Oswald Spengler: Der Untergang des Abendlandes. Umrisse einer Morphologie der Weltgeschichte, Erster Band: Gestalt und Wirklichkeit, München 1920.
37 AdR Online-Version, Kabinette Stresemann I/II, Bd. 2, Nr. 158.
38 Ebda., Nr. 212.2.
39 Ebda., Anm. 16.
40 Ebda., Nr. 212.
41 Ebda., Nr. 192, Anm. 5.
42 Ebda., Nr. 215.1, Anm. 9.
43 Stocker, Inflation, S. 292.
44 AdR Online-Version, Kabinette Stresemann I/II, Bd. 2, Anhang, Nr. 1.
45 Ebda., Nr. 4.
46 Ebda., Nr. 1.
47 Birkelund, Stresemann, S. 337.
48 AdR Online-Version, Kabinette Stresemann I/II, Bd. 2, Anhang, Nr. 5.
49 Berliner Tageblatt vom 3. 11. 1923, AA.
50 Geßler, Reichswehrpolitik, S. 299; Birkelund, Stresemann, S. 338.
51 Stresemann, Vermächtnis, Bd. I, S. 196.
52 Ebda., S. 198 f.
53 AdR Online-Version, Kabinette Stresemann I/II, Bd. 2, Nr. 222.4.
54 Ebda., Nr. 230, Anm. 3.
55 Ebda., Anhang, Nr. 1.
56 Berliner Tageblatt vom 6. 11. 1923, MA.
57 Reuth, Hitler, S. 151.

58 Ebda., S. 152.
59 Ebda., S. 152 f.
60 Der Hitler-Prozess 1924. Teil 1–4, hrsg. vom Institut für Zeitgeschichte, Teil 1 (weiterhin zitiert: Hitler-Prozess), Dok. 10, S. 343.
61 Ebda., Dok. 6 (Anklageschrift), S. 308 ff., hier S. 310.
62 Ebda.
63 Müller, Wandel, S. 163.
64 Hitler-Prozess, Dok. 6, S. 310.
65 Ebda, S. 312.
66 Reuth, Hitler, S. 156.
67 Franz Xaver Schweyer war Staatssekretär im Bayerischen Innenministerium und ein erklärter Hitler-Gegner.
68 AdR Online-Version, Kabinette Stresemann I/II, Bd. 2, Nr. 232.1, Anm. 5.
69 Ebda., Nr. 231, Anm. 1.
70 Ebda.
71 Ebda.
72 Reuth, Hitler, S. 159.
73 Ebda., S. 158.
74 Ebda., S. 159.
75 Gordon, Hitlerputsch, S. 315.
76 Berliner Tageblatt vom 10. 11. 1923, MA.
77 AdR Online-Version, Kabinette Stresemann I/II, Bd. 2, Nr. 232.1.
78 Reuth, Hitler, S. 160.
79 Ebda., S. 161.
80 Ebda., S. 162.
81 Ebda.
82 AdR Online-Version, Kabinette Stresemann I/II, Bd. 2, Nr. 235.
83 Ebda., Nr. 248.
84 Ebda.
85 Ebda., Nr. 256, Anm. 4.
86 Berliner Tageblatt, 23. 11. 1923, AA.
87 Jones, 1923, S. 336.
88 AdR Online-Version, Kabinette Stresemann I/II, Bd. 2, Nr. 267, Anm. 15.
89 Ebda., Nr. 210.
90 Ebda., Nr. 219, Anm. 5.
91 Ebda., Nr. 222, Anm. 19.
92 Ebda., Nr. 210.
93 Ebda., Nr. 233.1.
94 Ebda.
95 Ebda., Nr. 247.
96 Ebda., Nr. 259.3, Anm. 25.

97 Ebda., Nr. 212.2, Anm. 22.
98 AdR Online-Version, Kabinette Stresemann I/II, Bd. 2, Einleitung: Das Rumpfkabinett Stresemann.
99 Ebda., Nr. 268.6, Anm. 56.
100 Ebda., Anm. 36.
101 Stockhausen, Reichskanzlei, S, 95.
102 Lord Abernon's Diary, 24. 11. 1923, S. 274.
103 Berliner Tageblatt vom 24. 11. 1923, MA.
104 Vollmer, Chronik, S. 176.
105 Berliner Tageblatt vom 24. 11. 1923, MA.
106 Elz, Stresemann-Reden, S. 219 ff., hier S. 277.
107 Berliner Tageblatt vom 24. 11. 1923, MA.

Kapitel 9

1 AdR Online-Version, Kabinette Stresemann I/II, Bd. 2, Nr. 223.3., Anm. 10.
2 Vollmer, Chronik, S. 182.
3 Berliner Tageblatt vom 29. 11. 1923, AA.
4 Stockhausen, Reichskanzlei, S. 99.
5 Berliner Tageblatt vom 30. 11. 1923, AA.
6 Ebda., 5. 12. 1923, MA.
7 Stresemann, Wolfgang, S. 287.
8 AdR Online-Version, Kabinette Marx I/II, bearb. von Günter Abromowski, Bd. 1, Nr. 3.
9 Ebda., Nr. 6.IV.
10 Siehe dazu: Karl Gast: Ägidienberg im Wandel der Zeiten, (ohne Ort) 1964.
11 Vollmer, Chronik, S. 181.
12 Stocker, Inflation, S. 244.
13 AdR Online-Version, Kabinette Marx I/II, Bd. 1, Nr. 9.II.
14 Ebda., Nr. 18.I.
15 Ebda., Nr. 24.1.
16 Berliner Tageblatt vom 12. 12. 1923, AA.
17 Ebda., 14. 12. 1923, AA.
18 Ebda.
19 Ebda., 10. 12. 1923, AA.
20 Ebda., 11. 12. 1923, AA.
21 Ebda., 15. 12. 1923, AA.
22 Ebda., 16. 12. 1923, AA.
23 AdR Online-Version, Kabinette Marx I/II, Bd. 1, Nr. 29 (Rheinische Goldnotenbank).
24 Ebda., Anm. 4.
25 Ebda., Nr. 31.

26 Ebda., Anm. 8.
27 Ebda., Nr. 36.
28 Ebda., Anm. 4.
29 Ebda., Nr. 4, Anm. 17.
30 Ebda., Nr. 37.
31 Berliner Tageblatt vom 22. 12. 1923, AA.
32 Ebda., 19. 12. 1923, MA.
33 Deutschland, Russland, Komintern, Dok. 105, 365 f.
34 Otto Gritschneder: Bewährungsfrist für den Terroristen Adolf H., München 1990, S. 35.
35 Ebda., S. 37.
36 Lord Abernon's Diary, 24. 12. 1923, S. 283.
37 Berliner Tageblatt vom 25. 12. 1923, MA.
38 Vollmer, Chronik, S. 204.
39 Berliner Tageblatt vom 25. 12. 1923, MA.
40 Darin eingerechnet ist seine Zeit als geschäftsführender Reichskanzler.
41 Lord Abernon's Diary, 31. 12. 1923, S. 290.

Der Weg aus der großen Krise

1 Diese und sämtliche in diesem Buch angeführten Zahlen zu den Reichstagswahlen stammen von: Ergebnisse der Reichstagswahlen in der Weimarer Republik 1919–1933, veröffentlicht von Statista Research Department, https://de.statista.com/
2 Stocker, Inflation, S. 317.
3 Birkelund, Stresemann, S. 378.
4 Hindenburg setzte sich im zweiten Wahlgang mit 48,3 Prozent gegenüber Marx mit 45,3 Prozent durch.
5 zit. nach Hildebrand, Klaus: Das vergangene Reich: Deutsche Außenpolitik von Bismarck bis Hitler 1871–1945, München 2008, S. 478 f.

Quellen und Literatur

D'Abernon, Edgar Vincent Lord: An Ambassador of Peace. Lord Abernon's Diary. Vol. II, The Years of Crisis. June 1922 – December 1923, London 1929

Akten zur Deutschen Auswärtigen Politik 1918–1945. Aus dem Archiv des Auswärtigen Amts, Serie A, Baden-Baden 1950ff.

Akten der Reichskanzlei. Weimarer Republik. Online-Version (www.bundesarchiv.de), Kabinett Fehrenbach (bearb. von Peter Wulf), Kabinett Cuno (bearb. von Karl-Heinz Harbeck), Kabinette Stresemann I/I[i] (bearb. von Karl Dietrich Erdmann und Martin Vogt) sowie Kabinett Marx I/II (bearb. von Günter Abromowski)

Becker, Maximilian: »Der Wanderer ins Nichts«. Karl Radeks Schlageter-Rede, aventinus nova Nr. 49 (31. 8. 2014), https://www.aventinus-online.de/home/index.html

Bieberstein, Johannes Rogalla v.: »Jüdischer Bolschewismus«. Mythos und Realität, Dresden 2002

Birkelund, John P.: Gustav Stresemann. Patriot und Staatsmann, Hamburg/Wien 2002

Boepple, Ernst: Adolf Hitlers Reden, München 1933

Bommarius, Christian: Im Rausch des Aufruhrs. Deutschland 1923, München 2022

Bournazel, Renata: Rapallo. Ein französisches Trauma, Köln 1976

Braun, Otto: Von Weimar zu Hitler, New York 1940

Chamberlain, Houston Stewart: Die Grundlagen des neunzehnten Jahrhunderts, München 1899

Deuerlein, Ernst: Der Hitler-Putsch. Bayerische Dokumente zum 8./9. November 1923, Stuttgart 1962

Deutscher Oktober 1923. Ein Revolutionsplan und sein Scheitern, hrsg. von Bernhard H. Bayerlein u. a., Berlin 2003

Deutschland, Russland, Komintern, II. Dokumente (1918–1943). Nach der Archivrevolution: Neuerschlossene Quellen zu der Geschichte der KPD und den deutsch-russischen Beziehungen, Teilband 1, hrsg. von Hermann Weber/Jakov Drabkin/Bernhard H. Bayerlein. Erschienen in der Reihe: Archive des Kommunismus – Pfade des XX. Jahrhunderts, hrsg. von Bernhard H. Bayerlein/Marc Ferro/John Haynes u. a., Bd. 6/1, Berlin/München/Boston 2015

Ebert, Friedrich: Schriften, Aufzeichnungen, Reden, Bd. 2, Dresden 1926

Eglau, Hans Otto: Fritz Thyssen. Hitlers Gönner und Geisel, Berlin 2003

Eliasberg, David: Russischer und Münchner Bolschewismus, in: Die Ausbreitung des Bolschewismus, Süddeutsche Monatshefte, April 1919

Farbige Franzosen am Rhein. Ein Notschrei der deutschen Frauen, Berlin 1921

Feldmann, Gerald D.: Hugo Stinnes. Biographie eines Industriellen 1870–1924, München 1998

Ders.: Bayern und Sachsen in der Hyperinflation 1922/23, München 1998

Fest, Joachim C.: Hitler. Eine Biographie, Berlin/München 1973

Ders.: Die geschuldete Erinnerung. Zur Kontroverse über die Unvergleichbarkeit der nationalsozialistischen Massenverbrechen, in: Historikerstreit. Die Kontroverse um die Einzigartigkeit der nationalsozialistischen Judenvernichtung, München/Zürich 1987

Fischer, Conan: The Ruhr Crisis 1923–1924, Oxford 2003

Ford, Henry: Der internationale Jude, Leipzig 1921

Freksa, Friedrich: Der Wanderer ins Nichts, München 1920

Gast, Karl: Ägidienberg im Wandel der Zeiten, (ohne Ort) 1964

Gellinek, Christian: Philipp Scheidemann. Eine biographische Skizze, Köln/Weimar/Wien 1994

Geßler, Otto: Reichswehrpolitik in der Weimarer Zeit, Stuttgart 1958

Die Tagebücher von Joseph Goebbels. Im Auftrag des Instituts für Zeitgeschichte und mit Unterstützung des Staatlichen Archivdienstes Rußlands, 36 Bde., hrsg. von Elke Fröhlich u. a., München u. a. 1987–2008

Gordon, Harold J.: Hitlerputsch 1923. Machtkampf in Bayern 1923–1924, München 1978

Gritschneder, Otto: Bewährungsfrist für den Terroristen Adolf H., München 1990

Grosz, George: Ein kleines Ja und ein großes Nein. Sein Leben von ihm selbst erzählt, Frankfurt am Main 2009

Haffner, Sebastian: 1918/19. Eine deutsche Revolution, Hamburg 1981

Hanfstaengl, Ernst: 15 Jahre mit Hitler. Zwischen Weißem und Braunem Haus, München/Zürich 1970

Hamann, Brigitte: Hitlers Wien. Lehrjahre eines Diktators, München/Zürich 1996

Dies. Winifred Wagner oder Hitlers Bayreuth, München/Zürich 2002

Heiden, Konrad: Adolf Hitler. Das Zeitalter der Verantwortungslosigkeit. Ein Mann gegen Europa. Die Biographie, Berlin u.a. 2016

Herzl, Theodor: Der Judenstaat. Versuch einer modernen Lösung der Judenfrage, Leipzig/Wien 1896

Herrmann, Gerd-Ulrich: Der Putsch von Küstrin, https://www.cuestrin.de/

Rudolf Heß: Briefe 1908–1933, hrsg. von Wolf-Rüdiger Heß, München/Wien 1984

Hildebrandt, Klaus: Das vergangene Reich: Deutsche Außenpolitik von Bismarck bis Hitler 1871–1945, München 2008

Hitler. Mein Kampf. Eine kritische Edition, 2 Bde., hrsg. vom Institut für Zeitgeschichte, München–Berlin 2016

Hitlers Zweites Buch Außenpolitische Standortbestimmung nach der Reichstagswahl Juni – Juli 1928, in: Hitler. Reden. Schriften. Anordnungen, Februar 1925 bis Januar 1933, hrsg. vom Institut für Zeitgeschichte, 5 Bde, (13 Teilbände), München u.a. 1992–1998

Der Hitler-Prozess 1924. Teil 1 – 4, hrsg. vom Institut für Zeitgeschichte, Teil 1, München u.a. 1999

Holtfrerich, Carl-Ludwig: Die deutsche Inflation 1914–1923. Ursachen und Folgen in internationaler Perspektive, Berlin/Boston 2011

Hurwicz, E.: Die Weltexpansion des Bolschewismus. Versuch einer Prognose, in: Die Ausbreitung des Bolschewismus, Süddeutsche Monatshefte, Leipzig/München, April 1919

Jäckel, Eberhard/Kuhn, Axel (Hrsg.): Hitler. Sämtliche Aufzeichnungen 1905–1925. Stuttgart 1980

Jeannesson, Stanislas: Poincaré, la France et la Ruhr (1922–1924) Histoire dúne occupation, Straßburg 1998

Joachimsthaler, Anton: Hitlers Weg begann in München 1913–1923, München 2000

Jones, Mark: 1923. Ein deutsches Trauma, Berlin 2022

Jung, Rudolf: Der nationale Sozialismus. Seine Grundlage, sein Werden, seine Ziele, Aussig 1919

Keil, Lars-Broder/Kellerhoff, Sven Felix: Lob der Revolution. Die Geburt der deutschen Demokratie, Darmstadt 2018

Dies. Deutsche Legenden. Vom »Dolchstoß« und anderen Mythen der Geschichte, Berlin 2002

Kershaw, Ian: Hitler, Bd. 1 1889–1936, Bd. 2 1936–1945, Stuttgart 1998

Kessler, Harry Graf: Das Tagebuch. Siebter Band: 1919–1923, hrsg. von Angela Reinthal, Stuttgart 2007 sowie Bd. 8, 1923–1926, hrsg. von Angela Reinthal/Günter Riederer/Jörg Schuster, Stuttgart 2009

Keynes, John Maynard: Die wirtschaftlichen Folgen des Friedensvertrages, München/Leipzig 1920

Koenen, Gerd: Die Farbe Rot. Ursprünge und Geschichte des Kommunismus, München 2017

Kolb, Eberhard: Der Frieden von Versailles, München 2011
Kozicki, Norbert: Das Jahr 1923 im Stadtgebiet von Wanne-Eickel, https://herne-damals-heute.de/
Krumeich, Gerd/Schröder, Joachim (Hrsg.): Der Schatten des Weltkriegs. Die Ruhrbesetzung 1923, Essen 2004
Large, David Clay: Hitlers München. Aufstieg und Fall der Hauptstadt der Bewegung, München 1998
Lenin, Wladimir Iljitsch: Ausgewählte Werke, Bd. I, Ostberlin 1961
Longerich, Peter: Außer Kontrolle: Deutschland 1923, Wien 2022
Lloyd George, David: Some Considerations for the Peace Conference (1919), in: Hagen Schulze/Ina Ulrike Paul (Hg.), Europäische Geschichte , München 1994
Luxemburg, Rosa: Zur Russischen Revolution (1918), in: Gesammelte Werke, Bd. 4, Ostberlin 1974
Mann, Golo: Deutsche Geschichte 1919–1945, Frankfurt a. Main 1970
Mann, Thomas: Tagebücher, hrsg. v. Peter de Mendelsohn, Frankfurt a. Main 1959
Mayer, Michael: NSDAP und Antisemitismus 1919–1933, in: Münchner Wirtschaftswissenschaftliche Beiträge, Heft Juli 2002
Friedrich Meinecke. Werke, hrsg. von Hans Herzfeld/Walter Hofer/Gisela Bock/Jürgen Kocka/Gerhard A. Ritter, Göttingen 1958, Bd. 2
Meining, Stefan: Ein neuer Ansturm der Antisemiten: 1919–1923, in Bokovoy, Douglas Bokovoy/Stefan Meining (Hrsg.) Versagte Heimat. Jüdisches Leben in Münchens Isarstadt 1914–1945, München 1994
Merz, Kai-Uwe: Das Schreckbild. Deutschland und der Bolschewismus 1917–1921, Frankfurt a. Main/Berlin 1995
Moeller van den Bruck, Arthur: Das dritte Reich, Berlin 1923
Müller, Karl Alexander von: Im Wandel einer Welt. Erinnerungen, Bd. 3: 1919–1932, München 1966
Nitti, Francesco: Europa am Abgrund, Frankfurt a. Main 1923
Nolte, Ernst: Die Weimarer Republik. Demokratie zwischen Lenin und Hitler, München 2006
Noske, Gustav: Von Kiel bis Kapp. Zur Geschichte der deutschen Revolution, Berlin 1920
Pipes, Richard: Jews and the Russian Revolution, in: Polin, Vol. 9 (1999)
Pohl, Kahl Heinrich: Gustav Stresemann. Biografie eines Grenzgängers, Göttingen 2015
Pommerin, Reiner: Die Ausweisung der »Ostjuden« aus Bayern 1923, in: Douglas Bokovay/Stefan Meinung (Hrsg.) Versagte Heimat, Jüdisches Leben in Münchens Isarvorstadt 1914–1945
Ders. Sterilisierung der Rheinlandbastarde. Das Schicksal einer farbigen deutschen Minderheit 1918 bis 1937, Düsseldorf 1979
Radbruch, Gustav: Der innere Weg. Aufriß meines Lebens, Stuttgart 1951

Reuth, Ralf Georg: Hitler. Eine politische Biographie, München 2003
Ders. Hitler. Zentrale Aspekte seiner Gewaltherrschaft, München 2021
Ders. Hitlers Judenhass, Klischee und Wirklichkeit, München/Zürich 2009
Ders. Goebbels, München 2021
Rindl, Peter: Der internationale Kommunismus, München 1961
Rosenberg, Arthur: Entstehung und Geschichte der Weimarer Republik. Hrsg. und eingeleitet von Kurt Kersten, Frankfurt a. Main 1983
Sammons, Jeffrey L.: Die Protokolle der Weißen von Zion. Die Grundlage des modernen Antisemitismus – eine Fälschung. Text und Kommentar, Göttingen 1998
Sander, Harald: Hitler. Das Itenerar. Aufenthaltsorte und Reisen 1889 bis 1945, Bd. I: 1889–1927
Sauer, Bernhard: Schwarze Reichswehr und Fememorde: Eine Milieustudie zum Rechtsradikalismus in der Weimarer Republik, Berlin 2004
Schacht, Hjalmar: 76 Jahre meines Lebens, Bad Wörishofen 1953
Scherb, Ute: »Dem Freiburger Studenten Alb. Leo Schlageter aus Schönau im Schwarzwald«. Heldenverehrung an der Universität Freiburg, in: Freiburger Universitätsblätter, 38, Nr. 145, 1999
Schlageter. Eine Auseinandersetzung, hrsg. von Karl Radek/P. Frölich/Graf Ernst Reventlow/Moeller van den Bruck, Berlin 1923
Schwabe, Klaus (Hrsg.): Quellen zum Friedensschluss von Versailles, Darmstadt 1997
Schulze, Hagen: Weimar. Deutschland 1917–1933, erschienen in der sechsbändigen Reihe: Die Deutschen und ihre Nation, Berlin 1982
Severing, Carl: Mein Lebensweg, Bd. 2, Köln 1950
Sinowjew, Georgij: Probleme der deutschen Revolution, Hamburg 1923
Spengler, Oswald: Der Untergang des Abendlandes. Umrisse einer Morphologie der Weltgeschichte, Erster Band: Gestalt und Wirklichkeit, München 1920
Stocker, Frank: Die Inflation von 1923. Wie es zur größten deutschen Geldkatastrophe kam, München 2022
Stockhausen, Max von: 6 Jahre Reichskanzlei. 1922–1927, Bonn 1954
Gustav Stresemann. Reden, hrsg. und bearbeitet von Wolfgang Elz, https://neuestegeschichte.uni-mainz.de/
Stresemann, Gustav: Vermächtnis. Der Nachlass in drei Bänden, hrsg. von Henry Bernhard, Berlin 1933
Stresemann, Wolfgang: Mein Vater Gustav Stresemann, Frankfurt am Main 1985
Szajkowski, Zosa: Jews, Wars and Communism, Vol. II, New York 1974
Tooze, Adam: Sintflut. Die Neuordnung der Welt 1916–1931, München 2014
Taylor, Frederick: Inflation. Der Untergang des Geldes in der Weimarer Republik und die Geburt eines deutschen Traumas, München 2013

Ullrich, Volker: Adolf Hitler, 1. Bd. Die Jahre des Aufstiegs, Frankfurt a. M. 2013

Ders.: Deutschland 1923. Das Jahr am Abgrund, München 2022

Ursachen und Folgen vom deutschen Zusammenbruch 1918 bis 1945 bis zur staatlichen Neuordnung Deutschlands in der Gegenwart. Eine Urkunden- und Dokumentensammlung zur Zeitgeschichte, hrsg. und bearb. von Herbert Michaelis/Ernst Schraepler, 26 Bde., Berlin 1958 ff. Bd. V

Verhandlungen des Reichstags. Stenographische Berichte. I. Wahlperiode 1920, Bd. 356, Berlin 1922

Versailles 1919. Aus der Sicht von Zeitzeugen. Mit Beiträgen von Sebastian Haffner, Lloyd George, Ernst Jünger u. a., München 2002

Vollmer, Hanna: Chronik 1923. Tag für Tag in Wort und Bild, in Chronik-Bibliothek des 20. Jahrhunderts, hrsg. von Bodo Harenberg, Dortmund 1993

Wagner, Raimund: Die revolutionäre Bewegung in den Bezirken Hessen-Frankfurt und Baden im Herbst 1923, in: Beiträge zur Geschichte der Arbeiterbewegung, Heft 1, 1965

Weber, Thomas: Wie Adolf Hitler zum Nazi wurde: Vom unpolitischen Soldaten zum Autor von »Mein Kampf«, Berlin 2016

Wehler, Hans-Ulrich: Deutsche Gesellschaftsgeschichte, Bd. 4: Vom Beginn des Ersten Weltkrieges bis zur Gründunge der beiden deutschen Staaten 1914–1949, München 2003

Weidenhaupt, Hugo: Düsseldorf. Geschichte von den Anfängen bis ins 20. Jahrhundert, Bd. 3, Düsseldorf 1989

Wentzcke, Paul: Schlageter und der Ruhrkampf, Lübeck 1934

Wenzel, Otto: 1923. Die gescheiterte deutsche Oktoberrevolution, in: Diktatur und Widerstand, hrsg. von Manfred Wilke, Bd. 7, Münster 2003

Winkler, Heinrich August: Geschichte des Westens. Die Zeit der Weltkriege 1914–1945, München 2011

Zetkin, Clara: Ausgewählte Reden und Schriften. Band II: Auswahl aus den Jahren 1918 bis 1923, Berlin 1960

Zwicker, Stefan: »Nationale Märtyrer«. Albert Leo Schlageter und Julius Fucik. Heldenkult, Propaganda und Erinnerungskultur, Paderborn 2006

Personenregister

F

G

H

L

M

N

O

P

T

U

V

W

Y

Z